국가권력과 이데올로기

이 논문 또는 저서는 2017년 대한민국 교육부와 한국연구재단의 지원을 받아
수행된 연구임(NRF-2017S1A5B8057496)

국립순천대학교 인문학술원 연구총서 1

국가권력과 이데올로기

초판 1쇄 발행 2019년 1월 31일

편 자 순천대학교 인문학술원 INSTITUTE OF HUMANITIES RESEARCH
        국립순천대학교 인문학술원 대학중점연구소
펴낸이 윤관백
펴낸곳 도서출판 선인

등 록 제5-77호(1998.11.4)
주 소 서울시 마포구 마포대로 4다길 4(마포동 324-1) 곳마루 B/D 1층
전 화 02) 718-6252 / 6257
팩 스 02) 718-6253
E-mail sunin72@chol.com

정가 31,000원
ISBN 979-11-6068-259-5 93900

· 잘못된 책은 바꿔 드립니다.

국립순천대학교 인문학술원 연구총서 1

국가권력과 이데올로기

국립순천대학교 인문학술원 대학중점연구소 편

발간사

　국립순천대학교 인문학술원이 인문학술원 연구총서를 발간하게 되었습니다. 순천대학교와 지역의 인문학 성과를 모두 담아내기 위해 이번에 인문학 연구총서 출판을 시작합니다. 인문학술원은 2001년에 인문학연구소로 시작했습니다. 지난 18년 동안 인문학연구소는 지속적으로 발전하였고, 특히 2017년에 한국연구재단 대학중점연구소 사업에 선정되면서 큰 발전의 계기를 맞았습니다. 이후 순천대학교 인문학연구소는 인문학술원으로 확대 개편하면서 학술지『인문학술』을 창간하고, 인문학술원 자료총서를 발간하였고, 이어 인문학술원 연구총서를 출판하게 되었습니다.

　인문학술원 연구총서 첫 권은 인문학술원산하 대학중점연구소 연구프로젝트 1년차 결과물입니다. 인문학술원은 2017년에 '아시아-태평양전쟁과 한국전쟁의 역사·문화효과'라는 아젠다로 한국연구재단 대학중점연구소사업에 신청하여 선정되었습니다. 대학중점연구소는 아시아-태평양 전쟁과 한국전쟁을 '전투로서의 전쟁'뿐만 아니라 '문화적 관점'에서 보려고 합니다. 따라서 연구의 대상범위에 전쟁의 군사적 충돌과 전쟁 상황이 일상차원에서 나타나는 모습과 전쟁의 장기적 효과 등이 모두 들어가게 됩니다.

　대학중점연구소는 6년 동안 2단계에 걸쳐 연구를 진행하게 됩니다. 1단계는 〈전쟁과 문화기획〉을 2단계는 〈전시체제'와 일상〉이라는 대주제를 연구합니다. 1단계는 〈국가권력과 이데올로기〉, 〈전쟁과 동원문화〉, 〈제도와 문화현상〉이라는 연차별 목표를 설정했습니다. 1단계는 제도화한 국가주의의 문화효과로서 이데올로기에 주목합니다. 대중 장악을 위한 시도와 선전·선동의 방식이 대중문화와 어떤 관련을 맺는지와 전쟁 동원 문화가 형성되는 지점과 문화현상을 집중적으로 탐색하려 합니다. 2단계는 〈전시체제'와 일상〉이라는 대주제 속에서 〈생산의 규율과 삶의 통제〉, 〈전시 소비문화〉, 〈전쟁의 경험과 기억〉를 매년 다루려고 합니다. 2단계는 일상적 삶과 권력 구성체 사이의 접합에서 문화가 어떤 역할을 하는지 관심을 가지고 연구하려 합니다. 전쟁을 둘러싼 일상의 재편과 냉전적 삶을 통해 한국사회에서 일어난 문화적 패러다임의 변동이 해명될 것입니다.

대학중점연구소는 6년 동안 매년 아젠다 관련 학술 세미나, 콜로키움, 학술대회 등을 통해 축적된 연구성과를 연구총서 6권과 자료총서 6권 모두 12권으로 출판하려고 합니다. 이번에 1단계 〈전쟁과 문화기획〉이라는 대주제의 1년차 주체인 〈국가권력과 이데올로기〉와 관련하여 『국가권력과 이데올로기』를 발간하게 되었습니다.

앞으로 인문학술원 대학중점연구소는 아시아-태평양전쟁과 한국전쟁 관련 연구를 통해 새로운 전쟁연구 프레임 창출을 위해 혼신의 힘을 다하려고 합니다. 이 연구총서는 그러한 노력의 첫 번째 성과입니다. 우리 인문학술원 선생님의 노고가 담긴 이 연구총서를 통해 독자 여러분들이 아시아-태평양전쟁과 한국전쟁에 대해 더욱 많은 관심을 가지게 되는 계기가 되기를 기대합니다.

끝으로 이 책이 출간되기까지 수고해주신 황동하 선생님을 비롯한 학술원 선생님들께 깊이 감사드립니다. 또한 이 자리를 빌려 이러한 방대한 연구 활동이 가능하도록 재정적 지원을 해주신 노정혜 한국재단이사장님께도 고맙다는 말씀을 드립니다.

2019년 1월
국립순천대학교 인문학술원장
대학중점연구소장 강성호

서문

국가는 여러 장치를 통해 '상상의 공동체'를 창출해 '국민'을 만들어 낸다. 이런 과정은 결국 '상상의 소산'이자, 개인을 '집합적 서사'로 포함하는 과정이라 할 것이다. 전쟁과 같은 비정상의 시기에 국가의 역할은 더욱 두드러진다.

무릇 전쟁은 인명피해와 시설파괴만으로 그치지 않는다. 전쟁의 정당성을 확보하고 그 전쟁에 물자와 사람을 동원하는 여러 장치가 가동되면서 사람들의 삶과 사회구조를 재편한다. 전쟁이 끝나고 난 뒤에도 전쟁이 만들어 낸 여러 장치는 계속 힘을 발휘하며 사회 전체에 영향을 미친다. 때때로 전쟁에 대한 기억은 이데올로기가 되어 더욱더 현실을 제약하기도 한다.

이 책이 문제 삼는 것은 아시아-태평양전쟁과 한국전쟁기에 국가권력(식민권력과 남한 국가)과 전쟁을 합리화하는 이데올로기 수사이다. 아시아-태평양전쟁과 한국전쟁기에 '식민권력'과 '남한 국가'가 어떻게 각각의 전쟁을 합리화하는 '수사'를 구사하고, 어떻게 구성원 개개인이 그러한 수사를 내면화하게 되는가를 탐구한다. 국가의 전쟁 수사라는 이데올로기란 현실의 경험에서 출발한 집단적 상징이 특정 의미를 갖는 방향으로 재구성되어 구성원 개인에게 자기동일성으로 내면화한 것이다. 이렇게 내면화한 자기동일성은 현실에 대한 개인의 해석을 지배하고 행위와 실천을 끌어낸다. 다시 말해, 각 개인은 나름대로 전쟁에 대한 해석과 진단을 내리고 그 전쟁을 위해 적극적으로 실천한다.

그것만이 전부는 아니었다. '국가권력과 이데올로기'를 문제 삼으면서, 더 근본적인 물음이 생겼다. 도대체 국가권력이란 무엇인가. 국가란 무엇이고 권력이란 무엇인가. 또 이데올로기란 무엇인가. 꼬리에 꼬리를 무는 질문의 연쇄이다.

그러나 그런 물음에 답하기 전에, 분명한 것은 있다. 비정상 시기라 해서 국가와 권력은 강압과 억압만으로 작동되지 않는다. 전쟁 시기에 모든 국가가 미디어를 장악해서 수많은 '이미지'를 유포하는 것은 바로 그 때문이다. 전쟁 시기에도 '정상'이나 '비정상'은 함께 한다. 국가권력과 개인 욕망의 대립, 국가의 호명과 개인의 반응양식 등등 거대 이데올로기 아래 잠재한 차이와 차별, 또는 균열과 틈새는 드러날 수밖에 없다. '국가 · 전쟁 · 이데올로기'의 자장 안으로 포섭되지 않는 어떤 '누수'가 있기 마련이다. 이 책은 이런 '차이와 차별/균열과 틈새'도 함께 문제 삼는다.

이 책은 여러 학술지에 발표한 논문 묶음이다. 개별 논문을 쭉 늘어놓지는 않았다. 국가권력과 이데올로기에서 파생되는 열쇳말에 따라 책을 3부로 나누었다.

제1부는 전쟁의 수사학을 살핀 4편의 논문을 묶었다. 총력전체제에서 제국 일본이 전쟁을 합리화하고 식민지인을 동원하려고 구사한 수사를 살펴본다.

첫째, 류시현은 『언론매체를 통해 본 식민지 조선인의 아시아-태평양전쟁 인식』에서 전시체제기 '내선일체'의 구성요소와 함의를 분석하면서, 그것이 식민지 조선인에게 아시아-태평양전쟁에 대한 인식에 어떤 영향을 미쳤는지를 언론매체에 수록된 글을 통해 분석한다.

둘째, 임종명은 『아시아-태평양전쟁기, 식민지 조선의 인종 전쟁 담론』에서 아시아-태평양전쟁 시기에 식민지 조선의 담론 공간에 나타난 전쟁 담론의 진상(眞相)과 그 역사적 함의가 무엇인지를 분석한다.

셋째, 이병례는 『아시아-태평양전쟁기 '산업전사' 이념의 형상화와 재현』에서 전시에 생성된 '산업전사'가 어떤 이미지로 포장되고 그것이 어떤 효과를 낳았는지를 살펴본다.

마지막으로 차승기는 『전쟁합리성과 식민주의』에서 식민지 총동원체제가 확립하려 한 일상적 정치윤리를 '전쟁합리성'이라는 개념으로 포착해서 분석한다.

제2부는 전쟁 수사라는 이데올로기의 반향을 집중적으로 분석했다. 특히 냉전체제 아래서 분단국가의 이른바 '전쟁 정치'를 다룬 3편의 논문을 묶었다.

김예림은 『해방기 테러의 위상학과 테러론의 지형』에서 해방과 더불어 빈번히 자행된 폭력의 특수한 형식인 테러의 정치적 의미를 탐색하고 테러가 문제화된 인식론적 계기와 맥락을 분석하고 있다.

임송자는 『반공이데올로기에 기반한 노동담론의 지형(1945~1950)』에서 한국 사회를 제어하고 규율하는 강력한 기제를 반공이데올로기로 파악하면서, 해방 뒤부터 한국전쟁 발발 이전까지 반공이데올로기를 바탕으로 한 노동담론을 분석한다.

장세진은 『학병, 전쟁 연쇄 그리고 파병의 논리』에서 1960~1970년대 중반 한국의 냉전문화, 특히 베트남 파병과 관련된 관민 합동의 자발적 전쟁 동원문화를 이전 시기 한국인이 겪었던 아시아-태평양전쟁과 한국전쟁의 역사적 연속성 속에서 분석한다.

제3부는 한국전쟁 뒤 본격적으로 세계 곳곳이 냉전의 자장 안으로 휩쓸려 들어가면서 미국과 소련 '팩터'가 모든 것을 삼켜 버리는 이른바 '블랙홀'이 된다. 냉전의 세계사적 파동을 다룬 글을 묶었다. 그 가운데 1편은 사례연구이다.

황동하는 『냉전 초(1947~1953년) 소련 포스터에 나타난 '평화' 이미지』에서 냉전의 한 축인 소련에서 나온 '평화'라는 담론이 지닌 함의를 이 시기에 제작된 포스터를 통해 분석한다.

박원용은 『냉전 초기(1950년대~60년대) 유엔의 위상변화』에서 유엔을 이끄는 미국과 소련의 이데올로기 대립 속에서 국제기구로 수립된 유엔의 한계와 가능성을 분석한다.

노경덕은 『탈냉전시대의 냉전적 러시아 역사 재현』에서 한국 세계사 교과서에 묘사된 러시아 역사를 통해 냉전의 최전방이었던 남한에는 탈냉전 시대에도 여전히 냉전의 틀에 갇혀 있음을 분석한다.

이러한 글은 아시아-태평양전쟁, 한국전쟁, 분단, 또 다른 전쟁인 베트남전쟁 등으로 이어진 한국 근현대사에 전쟁이 남긴 우리의 현실을 냉철하게 분석할 수 있는 단초에 지나지 않는다. 과거를 있는 그대로 '복제'하는 것은 역사가의 임무가 아닐 것이다. 지난 그 역사에서 '의미'를 찾아 이야기하는 것이 역사가가 할 일이다.

차례

3부 냉전의 세계사적 파동

1부
전쟁의 수사학

언론매체를 통해 본 식민지 조선인의 아시아 – 태평양전쟁 인식

류시현(광주교육대학교)

I. 머리말

20세기 이후 전쟁의 양상은 전방과 후방의 구별이 없는 총력전의 성격을 지니게 되었다. 중일전쟁과 아시아-태평양전쟁이란 전시체제기(1937~1945) 동안 식민지 조선인에게 전쟁은 일상적인 생활이 되었다. 전쟁 동원 대상이었던 조선인은 식민지 상황 아래 전쟁과 파시즘이 함께 결합된 '근대성'을 체험했다.

아시아-태평양전쟁에 관해서는 전쟁사의 영역,[1] 일제의 지배정책사의 영역,[2] 인적·물적 자원의 강제 동원 영역[3] 등에서 많은 연구 성과가 축적되

---

[1] 가타야마 모리히데, 김석근 옮김, 『미완의 파시즘』, 가람기획, 2013; 이성주, 『전쟁으로 보는 국제정치』, 생각비행, 2016, 3~5쪽 참조.

[2] 宮田節子, 이영랑 역, 『조선민중과 「황민화」 정책』, 일조각, 1997; 방기중 편, 『일제하 지식인의 파시즘체제 인식과 대응』, 혜안, 2005; 김영숙, 「태평양전쟁기 일본의 대외 선전」, 『일본역사연구』 24, 일본사학회, 2006; 인문사 편집부 엮음, 신승모·오태영 옮김, 『아시아 태평

었다. 그럼에도 불구하고 이글에서는 전시체제기를 중일전쟁과 아시아-태평양전쟁으로 나누고, 식민지 조선인의 시선에서 아시아-태평양전쟁을 이해하고 해석하고자 한다.

전시체제기 안에서도 중일전쟁과 아시아-태평양전쟁이 구분될 수 있다. 후자의 경우 서구적 물질문명과 가치관의 세례를 받았음에도 불구하고 일본 제국주의는 미국과 영국을 '적'으로 삼았다. 심지어 서양을 문명에서 야만의 위치로 전락시켰다. 전쟁 기간 동안 '영미(英米)'란 용어가 미영, 구미, 유럽, 서양 등의 용례와 경쟁하거나 대체되었다. 당시 미국(美國)을 미국(米國)이라고 표현했다. 심지어 전쟁이 진행되면서 '영미'는 '미영(米英)'으로 상대방 국호의 앞뒤 순서가 바뀌기도 했다. 일제는 전쟁 과정에서 실제 전투뿐만 아니라 점차 미국적 가치와 정체성과도 대결해야 했다.

개인의 삶과 죽음이 밀접하게 연결된 전쟁체제기란 상황 속에서는 관련 정보와 향후 대책에 관해서 민감할 수밖에 없다. 그런데 전시체제기를 일제의 전쟁 수행 전략과 정책을 중심으로 할 것인가 아니면 식민지 조선인에게 부여된 정책을 기준으로 할 것인가에 따라 전쟁 인식에 차이가 존재한다. 예를 들면 식민지 조선인의 입장에서는 1942년 5월 8일 징병제 실시 발표, 같은 해 8월 1월의 '징병제' 실시 공포 및 해군특별지원병제 실시, 1944년 1월 학병 동원 등이 중요한 구분점일 수 있다.

물론 당대를 살았다고 해서 전쟁의 전황에 대해 정확히 알기 어렵다고 판단된다. 다양한 증언과 회고 속에서 전쟁 진행과정과 추이는 크게 두 입장으로 나뉘었다. 하나의 입장은 소수의 사람들로 일제의 패망을 미리 예측했지만, 이들이 일제에 저항하는 실제 행동을 나타내기는 쉽지 않았다. 다른 입장으로 대부분 식민지 조선인들은 전쟁의 추이를 제대로 이해하지 못한 상태로 전선과 총후에서 전시체제기를 보냈다고 판단된다. 최근에 전시체제기 내의 시기구분과 민중 저항의 양상과 성격이 규명되고 있지만,[4]

양전쟁과 조선』, 제이앤씨, 2011 참조.
3) 정혜경, 『조선 청년이여 황국 신민이 되어라』, 서해문집, 2010 참조.

아시아-태평양전쟁 시기를 대상으로 한 식민지 조선인의 전쟁 인식을 시기적으로 검토하는 것은 이루어지 않았다.

이글에서는 식민지 조선인의 아시아-태평양전쟁 인식을 언론 매체에 수록된 글을 중심으로 검토하고자 한다. 구체적으로 아시아-태평양전쟁의 추이와 결과를 전쟁 관련 전쟁사에서 일반적으로 미국과 일본의 공방(攻防)을 기준으로 시기구분 했던 첫째, 1941년 12월 진주만 습격 이후 둘째, 1942년 6월 미드웨이 해전과 1943년 5월 애투섬의 '옥쇄' 전후 셋째, 1944년 7월 사이판 함락 이후부터 1945년 8월까지로 나누어 각 시기에 식민지 조선인에게 투영된 전쟁 초반의 '성취'와 중반의 '동요'와 패망의 '비논리'를 살펴보고자 한다. '비논리'는 단순히 논리가 없음을 의미하는 것이 아니라 과학을 토대로 한 근대 총력전에서 가정문(假定文)으로 이루어진 비과학적 논리를 의미한다.

그런데 공식적인 언론 매체의 글에서 식민지 조선인의 전쟁 인식을 확인하기는 쉽지 않다. 또한 검열과 통제 등으로 표현이 제한된 점이 고려되어야 한다. 전형적인 서술 구조 속에서 차이점을 살펴보기 위해 이글에서는 아시아-태평양전쟁 시기 발표된 글의 내용 가운데 '다만', '그러나', '그런데' 등 제한적 표현을 쓴 부분에 주목하고자 한다. 당대 언론매체에 투고된 필자들의 속내가 반영된 이러한 내용에 주목함으로써 당대 전쟁 인식에 내재한 '징후', '불안' 등을 살펴보고자 한다. 이를 통해 아시아-태평양전쟁을 식민지 조선인의 관점에서 재조명하는 계기로 삼고자 한다. 참고로 논의의 편의를 위해 본문 가운데 '그러나' 등의 표현에 대해서는 굵은 글씨로 강조했다.

---

4) 전시체제기 조선 민주의 전쟁 체험과 인식 전반에 관해서는 변은진, 『파시즘적 근대체험과 조선민중의 현실인식』, 도서출판 선인, 2013; 전시체제기 일본의 지역주의 구상 속에서의 조선 문제에 관해서는 이형식, 「'내파(內波)'하는 '대동아공영권」, 『사총』 93, 2018 참조.

Ⅱ. 전쟁의 시작과 승리에 대한 '불안감'

1939년 9월 독일이 폴란드를 침공하면서 제2차 세계대전이 일어났다. 1940년 2월 식민지 조선에서 '창씨개명'이 실시되고 같은 해 6월 독일이 프랑스를 점령했고 9월 일본은 북부 인도차이나 지역을 침공했다. 같은 달 독일, 이탈리아, 일본은 '3국 동맹'을 맺었고, 미국은 석유와 철의 일본 수출을 금지했다. 1941년 10월 도조 히데키 내각이 출범하고, 12월 8일 진주만을 습격함으로써 태평양전쟁이 발발했다. 당대 언론매체의 기고문을 보면 중일전쟁과 아시아-태평양전쟁은 구분되어 인식되었다.

> '일지사변(日支事變-중일전쟁을 의미함)'으로 말하면 공존공영의 향토, 신동아를 건설하려는 팔굉일우(八紘一宇)의 대정신과 이것을 완수시키려고 모든 희생과 노력을 다하여 온 제국의 성심을 종내 이해치 못하고 끝까지 반항하여 온 충칭(重慶)정권을 응징하고 각성시키려는 천의적(天意的) 정벌 전쟁이 있다. 그러나 이번 타도 영미를 부르짖고 봉화를 든 태평양전쟁으로 말하면 과거 1세기 동안 그릇된 우월감에 빠져서 동아민족을 멸시하여왔고 자기나라의 이익을 위하여 세계의 약소민족을 희생시켜온 영미, 또 최근에는 동아를 유지하고 세계의 평화를 기원하는 제국의 진의를 역이용하여 동아를 침략하고 세계의 패권을 노리는 오만무례한 앵글로 색슨 영미를 타도하여 동아의 평화 한걸음 나아가서는 세계의 신질서를 재건하려는 도의적(道義的) 성전(聖戰)이다.[5]

이글은 진주만 습격 다음 해 2월 화신백화점의 사장인 박흥식의 전쟁인식이었다. 윤치호도 진주만 습격 이틀 뒤인 1941년 12월 10일 부민관에서 열린 결전보국 대강연회에 참석하여 "결전체제와 국민의 시련"이란 제목의 강연을 했다. 이 강연회에서 그는 "제국의 1억 국민뿐 아니라 동양의 전 민족의 운명이 여기에 달려 있다. 이 성스러운 목적 관철에 우리 반도 민중도

---

5) 박흥식, 「광명의 천지를 향하여」, 『조광』 8-2, 1942.2, 113~114쪽; 친일반민족행위진상규명위원회, 『친일반민족행위관계사료집』 10, 도서출판 선인, 2009, 290쪽 재인용.

한 몫을 맡아 협력치 않으면 안 될 것"[6]이라고 밝혔다. 1억 국민은 일본, 조선, 대만을 의미한다. 진주만 습격으로 시작된 아시아-태평양전쟁은 서양인 대 동양인의 전쟁으로 확장된 것이다.

동아(東亞)가 대동아(大東亞)로 확장되었다. 1941년 12월 12일 일본 정부는 태평양전쟁을 '대동아전쟁'이라고 명명했다. '대동아공영권'이란 일본에서 시작하여 '동아', '대동아'로 확장되는 지역 전체를 관리하는 제국적 통합 시스템을 갖추는 것을 의미한다.[7] 그리고 '대동아'에 관해 시간적으로는 구미 제국주의의 침략을 받았다는 '공통의 역사 경험'이 강조되었고, 공간적으로는 아시아와 태평양 지역으로 침략전쟁의 확대에 따라 그때그때 편의적으로 영역이 규정되었다.[8] 이렇듯 일제는 전쟁 수행을 위해 '대동아'란 지역을 수시로 편의적으로 범주화했던 것이다.

첫 전쟁을 승리로 이해했던 일제와 이에 협력했던 조선 지식인은 전쟁 승리에 대한 기대감을 표명했다. 이광수는 아시아-태평양전쟁이 본격적으로 시작되기 이전에도 "영국의 이민족(異民族) 통치는 완전히 이기주의적이어서, 피통치자의 향상과 발전 등은 전혀 염두에 없다. 단지 자기의 부(富) 증가를 위해 소용이 되면 좋을 뿐 …… 황도주의와 저 영국류 제국주의의 대척성이 있는 것이다. 그것은 도리와 탐욕의 차이이다"[9]라고 밝혔다. 태평양전쟁을 '인종전'으로 규정한 일제의 공식적 발언과 일치한 것이다. 전쟁 결과에 관해서도 '대동아' 안에서의 장밋빛 전망이 연동되었다.

이번 전쟁이 우리의 승리로 돌아오는 날 그대의 우리 국력의 진전은 문자 그대로 호화스러울 것이다. 우리 반도인이 각각 자기의 직역(職域)을 통하여 대

---

6) 윤치호, 김상태 편역, 『물 수 없다면 짖지도 마라』, 산처럼, 2013, 569쪽.
7) 신지영, 「'대동아 문학자 대회'라는 문법, 그 변형과 잔여들」, 『한국문학연구』 40, 동국대학교 한국문학연구소, 2011, 35쪽.
8) 임성모, 「역사, 사상, 이론과 동아시아: 세계정치와 동아시아 공간」, 『세계정치』 4, 서울대학교 국제문제연구소, 2005, 109쪽.
9) 이광수, 「영국이여, 물러나라」, 1941.7.23; 김원모·이경훈 편역, 『동포에 고함』, 철학과현실사, 1997, 209쪽.

동아공영권 내에 일대약진을 하여야 될 기회도 이때이다. …… 호주까지를 그 권내에 넣게 된다면 지금의 일본, 조선, 사할린, 대만, 만주를 합한 약 200만 평방킬로미터의 면적은 약 12배나 되는 2,400만 평방킬로미터의 면적으로 변하여 실로 광대하고 광명 있는 천지가 될 것이다.[10]

전쟁 승리에 관한 희망과 기대에도 논리가 존재했다. 함상훈[11]은 "미영 양국은 태평양 상 여러 섬의 기지에서 잠수함 비행기를 날려 남양해상의 제국함선을 저격하여 통상로를 파괴할 것이다. 또는 소련을 위협 또는 유인하여 연해주 방면에 공군기지를 획득하여 제국본토를 공격할 지도 모른다. 그러나 소련은 독소전(獨蘇戰)이 아직 끝나지 않은 금일 제국에 감히 도전해 오지 않을 것이요, 알래스카의 알류산군도 상공을 비상해 오는 미의 항공대는 원거리라 큰 성능을 발휘할 수 없을 지며 태평양 상의 각 기지에서 오는 저격은 큰 전투가 있을 수 없다. 문제는 미국이 2년 내지 3년 후 대군비를 완성하여 대거 제국 근해에 진공해 오는 것인데 2~3년 내에 제국은 네덜란드령 인도의 석유와 주석과 고무, 프랑스령 인도차이나의 쌀과 철, 미얀마의 면화, 필리핀 제도의 마, 사탕 등으로 국내의 식량문제, 생산문제를 해결하고 군비를 확장할 대로 확장할지니 미국이 아무런 군비를 가지고 2~3년 후 진공해 와도 겁날 바는 하나도 없다"라고 보았다.

그런데도 같은 글에서 함상훈은 "동아공영권 내의 영토를 점령하는 것은 2개월 내지 3개월로서 대략 완수될 것으로 믿는다. 그러나 미영이 이 영토를 상실하고서 강화조약을 체결하자고 말하지 않을 것은 사실이다. 왜 그런가 하면 미영은 그래도 세계의 최대국의 하나로서 본국에는 강대한 해군 및 육군공군이 있고 금후 장기적으로 전쟁할 인적·물적 자원이 풍부하기 때문이다"라며 장기전의 가능성을 언급했다. 전쟁의 진행과정이 쉽지 않겠다

---

10) 박홍식, 앞의 글, 113~114쪽; 친일반민족행위진상규명위원회, 『친일반민족행위관계사료집』 10, 도서출판 선인, 2009, 291쪽 재인용.
11) 함상훈, 「시국해설－대동아전쟁」, 『반도의 빛(半島の光)』 51, 1942.2, 12~13쪽.

는 예상은 전쟁 초기부터 대두되었다. '진주만 습격' 얼마 후인 1942년 2월 임숙재는 "그러나 우리는 결코 이 승리에 흥분하고 취해서는 안 됩니다. 이 전쟁이 물론 장기전이 될 것은 각오해야 합니다. 앞으로 우리는 십년 혹은 이십년이라도 싸워나가지 아니하면 안 될 것입니다"[12]라고 언급하기도 했다.

장기전에 대한 불안감이 존재하는 상황에서 제국 일본을 중심으로 '공영(共榮)'의 공간을 설정하는 것은 쉽지 않았다. 식민지 조선의 협력 지식인의 경우 이러한 어려운 문제에 어떻게 접근했을까? 이를 위해 일제는 서구의 식민 지배를 받은 공간이란 공감대를 넘어 일본의 전쟁 목적과 동기로써 '도의'를 강조했다. 이광수는 "6억 민중이 일본의 지도하에 하나의 대민족을 만들 수 있다는 것은 과연 공상일까. 더 나아가 베트남, 말레이시아, 남양제도의 사람들도 똑같은 얼굴이 될 날이 멀지 않을 듯한 기분이 든다"[13]라고 해서, '동양인' 사이에 '일체'됨을 확산시킬 것을 주장했다. 이러한 '똑같은 얼굴'과 같은 과장된 수사법은 일본과 조선 사이에서도 '일체'되기 어렵다는 속내를 반영한 것이라고 판단된다.

또한 장기전에 대한 전망은 비관과 낙관이 상호 교차하는 상황을 만들기도 했다. 전쟁의 미래를 낙관적으로 전망했던 박흥식은 같은 글에서 "이번 전쟁은 종래의 사변과도 달라 어느 때 우리 머리 위에 우리 적기가 떠오를지도 예측하지 못할 바이요. 어느 때 공습의 참극을 눈앞에 볼지도 알 수 없다는 것을 우리는 각오하여야 할 것"[14]이라고 밝혔다. "이번 전쟁은 종래의 사변과도 달라"라고 해서 중일전쟁과 아시아-태평양전쟁을 구분한 것이다. 그리고 '적기의 공습'으로 인한 훨씬 심한 피해도 예견했다. 공습은 전쟁터가 아닌 후방 지역에서 실제 전쟁과의 직면함을 의미했다.

---

12) 豊川淑宰(이숙재), 「필승태세 하의 반도국민에게 - 만대의 유산을 남기자」, 『半島の光』(鮮文版) 51, 1942.2, 10쪽.

13) 이광수, 「얼굴이 변한다」, 『문예춘추』, 1940.11; 이경훈 편역, 『춘원 이광수 친일문학전집』 2, 평민사, 1995, 142쪽.

14) 박흥식, 앞의 글, 113~114쪽.

그러나 한참 동안은 중국에 있는 미국 공군의 일본본토습격계획의 소식이 빈번히 전하는 때인 만큼 이제는 전쟁이 목전에 당도하였구나, 참으로 적기의 폭탄이 우리의 머리 위에 떨어지게 되는구나 하는 불안과 공포에서 전일의 연습 때에는 도저히 볼 수 없던 긴장한 기분과 현실 인식의 태도를 각자가 가지고 활동하게 되는 것을 목격하였다.[15]

위의 글은 단정(檀庭)이란 필명으로 발표된 박완(朴浣)의 글이다. 그는 1940년 11월부터 국민총력조선연맹 천도교연맹 상무이사로 활동하고 있었다.[16] 공습의 논의는 아시아-태평양전쟁 직후부터 전쟁 말까지 이어졌다. 공습과 같은 장기전에 관한 전망은 세계정세 인식과 연결되었다.

그런데 유럽전쟁은 동아전쟁보다 더 장기화 할 가능성이 많다. 왜 그러냐하면 독소전이 겨울철에 들어가 중지 상태에 있은즉 봄이 되면 결전을 하지 않으면 안 될 처지에 있고 지중해에 영국군이 아직 완강히 버티고 있으니 이탈리아의 해군이 있더라도 독일이 근동, 북하, 수에즈작전을 함에 상당한 고난이 없을 수 없다.[17]

'고난'이 언급되었다. 같은 글에서 세계정세 변화는 "대동아전이 정치전쟁에 준 영향도 막대하니 이것은 유럽전쟁을 속히 종결에 인도케 하고 세계 신질서를 건설함에 큰 효과가 있을 것이다. 실로 태평양전쟁은 동아공영권의 확립에 있는 동시에 세계 신질서 건설에 중대한 역할을 연출하는 것"이라고 해서 제2차 세계대전과 연결시켰다. 아시아-태평양전쟁의 승리의 확신 속에서 '불확실성'이 언급되었다.

---

15) 단정(박완), 「결전과 전투배치」, 『신인간』 181, 1943.10, 6~9쪽; 친일반민족행위진상규명위원회, 『친일반민족행위관계사료집』 14, 도서출판 선인, 2009, 494쪽 재인용.
16) 친일인명사전편찬위원회, 『친일인명사전』 2, 민족문제연구소, 2009, 71쪽.
17) 함상훈, 「시국해설-대동아전쟁」, 『半島の光』 51, 1942.2, 12~13쪽; 친일반민족행위진상규명위원회, 『친일반민족행위관계사료집』 10, 도서출판 선인, 2009, 380쪽 재인용.

세계 총인구의 20분의 1에 해당하는 1억 신민을 갖고 있는 우리 일본이 저 영국·미국·장제스를 물리치고 대동아공영권을 수립하는 것은 불가능한 일이 아니다. 그러나 국민의 일부에는 아직 이런 생각을 하고 있는 사람이 상당수 있는 모양이다. 즉 '5년 동안이나 계속된 지나사변이 아직 끝나지 않았는데 새로 영국·미국 두 대국을 상대로 전쟁을 하게 되었다. 사태가 심각해지고 있다. 다행히 서전에서 큰 전과를 올렸다. 바라건대 최후까지 행운이 이어지길 바란다'라는 식으로 생각하는 사람이 아직 일부 있는 것 같다. 그러나 이는 필승의 신념이라 할 수 없다. 인식이 크게 부족하다.[18]

승리의 가능성을 전망했지만 불안했다. 위의 글은 서춘의 글이다. 1894년 출생한 그는 정주 오산학교를 졸업하고 일본 유학을 한 후 동아일보 경제부장과 조사부장을 역임했다. 1941년 1월부터 국민총력조선연맹 사상부 참사와 선전부 이사를 지냈다.[19] 기자 생활을 했던 그의 글을 보면 같은 단락 안에서 두 개의 '그러나'가 등장한다. 중일전쟁이 끝나지 않은 상황에서 아시아-태평양 전쟁을 벌려야 하는 상황에 관한 고민의 반영이라고 할 수 있다.

일제의 침략전쟁을 지지했던 조선 지식인은 아시아-태평양전쟁과 관련해서 서전(緖戰)의 승리 유지와 함께 비록 전황에 대해 불안했을지라도 표면적으로 지속적인 필승의 신념을 피력해야만 했다. 한편 전쟁의 시작은 미국의 석유와 철이란 물자에 관한 금수(禁輸)가 중요한 원인이었기 때문에, 전쟁 과정에서 미국이 보유한 풍부한 물질적 능력을 어떻게 평가해야 할지가 과제였다. 구체적으로 막대한 생산력의 차이를 어떻게 극복할 것인가에 관한 논리를 만들어야 했다.

---

18) 서춘, 「조선동포의대동아전쟁관」(일문), 『조선』, 1942.3, 25~35쪽.
19) 서춘에 관해서는 친일인명사전편찬위원회, 『친일인명사전』 2, 민족문제연구소, 2009, 272~274쪽 참조.

Ⅲ. 전쟁의 확산과 확신할 수 없는 전황(戰況)

태평양전쟁이 일어난 다음 해 6월 미드웨이 해전을 계기로 일본은 더는 전선을 확장할 수 없었다. 8월에는 미국 해병대의 반격으로 기억되는 과달카날 전투가 시작되었다. 언론 검열과 시차를 둔 전황 소식에 아직 전쟁의 어두움이 본격적으로 두드러지게 나타나지 않았다.

1943년 4월 일본 연합함대 사령관 야마모토 이소로쿠(山本五十六) 해군 대장이 사망했고, 5월 알류산 열도 애투섬 전투가 벌어졌다. 이 전투에서 주둔 일본군 대부분인 2,300여 명은 사망하고 포로가 30명이 채 안 되었다. 같은 달 31일 자 신문에 '옥쇄'라는 용어가 사용되었다. 같은 해인 1943년 9월에는 이탈리아가 항복했다. 그리고 10월부터 육군성령(陸軍省令) 제48호 「육군특별지원병 임시채용규칙」이 시행되면서 일본인과 동등하다는 명분 아래 실제적으로 '비자발적인' 식민지 조선인의 생명을 요구하기 시작했다.

'진주만 습격'으로 시작된 기쁨과 환호는 어느 순간 전쟁에서 패배할지 모른다는 두려움과 불확실성으로 전환되었다. 불확실성은 윤치호가 1943년 1월 1일 일기에서 "우리의 통치자들은 진짜 전쟁은 아직 시작하지도 않았다고 떠들어댄다. 그들은 우리가 적군 전투기들의 내습에 대비해 만반의 준비를 해야 한다고 말한다. 그들은 올해에 주축국과 연합국 간의 결승전을 보게 될 거라고 말한다"[20]라고 한 부분에 잘 나타나듯이, '진짜 전쟁'은 일상에서 체감되는 전시 상황을 의미했다.

점령, 승첩 등 전쟁 승리에 관한 기사가 지속적으로 보도되는 시점에서 전선에 있는 군인들의 어려움, 곤란함을 언급하는 것의 의미는 무엇일까? 예를 들면 1943년 3월의 기사가 한 사례가 된다. 이글에서는 "전선의 장병들은 나무 열매를 따고 풀뿌리를 뜯어서 적어도 독이 들지 않은 물건이면 다 주워서 굶주림을 견디고 바닷물을 마셔서 소금기를 취하였다"라고 육체

---

[20] 김상태 편역, 『윤치호 일기』, 역사비평사, 2001, 491쪽.

적 어려움을 언급했다. 이어 "전쟁에서는 장병의 충용한 정신력이 근원이 되지만은 이 정신력을 충분히 발휘함에는 경제력도 그에 따르지 않으면 안 된다"라고 해서 정신력을 강조했다. 그리고는 "오늘날 근대적 개발에 의하여 약진해서 발달되는 터이니 여기에 인적 자원을 동원하여 전시 생활에 필요한 생산증강에 나아간다면 세계에 부를 자랑하던 미영(米英)도 굴복하고 말 것이다"[21]라고 마무리했다. 무엇 무엇을 한다는 희망과 기대를 일본군의 승리와 연결시킨 것이다. 이러한 낙관적 전망을 어둡게 한 것이 야마모토 사령관의 죽음과 애투섬의 옥쇄였다. 이에 대한 대처 논리가 요구되었다.

> 야마모토(山本) 사령장관이 비행기 위에서 장렬한 전사를 맞았다는 보도가 전해지자 나라 곳곳에서 비분 애석함의 눈물을 흘렸으며 앗스 섬(島) 수비대장이 매우 적은 병력으로서 특종 우수 장비를 가진 10배의 적과 싸우면서도 일병일탄(一兵一彈)의 증원을 요청하지 아니하고 전 부대가 마침내 옥쇄하여 호국의 신이 되었다는 소식을 또 듣게 되자 1억 국민은 누구나 적 미영을 단연코 격멸하지 아니하면 아니 되겠다는 격분과 적개심이 팽배하였다. 그리하여 야마모토 원수의 혼을 계승하자, 앗스 섬 용사의 원수를 갚자는 소리가 열화와 같이 일어났다.[22]

조선인의 입장에서는 육해군 특별지원병제의 실시가 아시아-태평양전쟁의 중요한 분기점이 될 수 있다. 일본군의 승리를 언급하면서도 지원병이 필요함을 부각한 논리가 무엇인지를 살펴보기 위해 1943년 11월경 징집 연령에 해당하는 청년·학생들의 의견이 어떠한지 검토해 보는 것도 중요하다. 잡지 『춘추』에는 한 익명의 필자가 형이 일본 군대에 참전하고 있어 자신은 집에서 부모를 모신다면서, "그러나 적도 적입니다. 그들은 물자와 생산력을 믿고 온갖 힘을 다 기울여 총 반격을 꾀하여 이제야 남쪽 전선에는

---

21) (권두언), 「병역, 국어, 생산」, 『춘추』 4-3, 조선춘추사, 1943.3, 16~17쪽.
22) 단정(박완), 「결전생활에 철저하자」, 『신인간』 179, 1943.8, 6~9쪽; 친일반민족행위진상규명위원회, 『친일반민족행위관계사료집』 10, 도서출판 선인, 2009, 491쪽 재인용.

처참 가열한 결전이 벌어지고 있음은 여러분이 다 아는 바와 같습니다"[23]
라고 표현했다. 무엇인가 마지막을 결정짓는 '결전'이라는 말이 사용되기
시작했다.

> 황국 해군은 첫 전쟁 이래 연전연승으로 적 미영을 쫓고 태평양 위에 불패의
> 지위를 굳게 하였으나 적 미영은 오히려 반격의 계속을 쉬지 아니하니 그것은
> 작년 8월 7일에 시작한 남태평양의 해전을 위시하여 크고 작은 무수한 해전과
> 금년 3월 27일의 북태평양 최초의 해상 전투, 동 28일의 뉴기니아섬 오로만
> (灣) 공세 등 쉬지 않는 해전에 의하여 보아 태평양은 금후 상당한 장기간에
> 걸쳐 대소 무수한 결전이 계속되리라고 보지 않을 수 없다.[24]

장기전과 함께 자주 언급되는 용어가 '공습'이었다. 이기고 있는데 공습
을 왜 걱정해야 하는가에 대해 홍승원은[25] "지금의 싸움은 비행기 싸움이
기 때문에 전선이나 총후에 걸쳐 비행기가 날아오지 않는다고 말할 수 없
는 현상이다. 총후에 있어서는 아직까지 우리 무적 황군의 은혜로 공습도
받지 않고 평안히 생활하고 있지만 언제든지 공습이 있으리라는 각오아래
살고 있는 것이다"라고 밝혔다.

그러면서 역접의 서술을 다음과 같이 활용했다. "대동아전쟁은 우리나라
가 이기고 있는 전쟁이다. 설혹 우리나라가 불리하다 해도 청년은 조국을
위하여 더욱 궐기 할 일이다. 그러나 반도의 남아는 행복하여서 대승리를
거듭하고 있는 전쟁에 참가할 영광을 이룬 것이다"라고 서술했다. 불리하
더라도 전쟁 참여가 영광이라는 논리로 연결된 것이다.

'결전'의 단계에서 주목받던 인물들로 윤치호의 사례처럼 전쟁의 수행과
조선인의 동원을 위해 영미권으로 유학을 갔거나 체류했던 경험이 있던 조

---

23) 「학도의 총출진보」, 『춘추』 4-10, 1943.11, 20~23쪽.
24) 유광렬, 「해군지원병제 실시와 반도 청년의 영예」, 『조광』 9-6, 1943.6, 20~25쪽; 친일반민족
   행위진상규명위원회, 『친일반민족행위관계사료집』 10, 도서출판 선인, 2009, 590쪽 재인용.
25) 홍승원, 「목숨을 애껴말라 - 세상에 나서 값있는 죽음을」, 『매일신보』, 1943.11.17, 4면.

선 지식인들이 활용되기도 했다. 윤치호, 장덕수, 조병옥, 신흥우, 양주삼, 박인덕, 김활란 등이 그들이다. 이들의 '기억' 속에 내재했던 서양은 태평양전쟁을 만나면서 새롭게 소환되었다.

자본주의와 제국주의의 활동은 거듭 '침범'과 '침략'으로 표현되었다. 신흥우는 "구미 각국은 그 자본의 힘을 믿어 각 국가를 침범하였다. 또 미영을 다른 방면으로부터 보면 호주를 침략할 때 그들은 토인(土人)을 인간이라고 생각하지 않았다. …… 미영은 이렇게 정치적, 경제적으로 악한 일을 하였다. 이번 대동아전쟁이 일어나 이들은 여기저기서 쫓겨나고 동아공영권에서 자취를 감추게 된 것이다. 독약을 묻혀 식민지 민족을 죽이는 미영의 악독에 대하여 형제간의 문제라고 하는 것은 목표를 같이하고 행복을 같이하며 이해를 같이하는 데 있다. 따라서 대동아 민족이 모두 일치단결하여 나간다는 것이 정도(正道)인 것은 역사를 아는 사람의 옳은 결론이라고 아니할 수 없다"[26]라고 밝혔다.

긍정의 논리와 함께 부정의 논리도 구사되기도 했다. 기독교 목사인 구자옥은 "우리는 적의 막대한 생산력과 이 막대한 생산력을 배경으로 한 적의 집요한 반격 의도를 과소평가하려는 것은 아니다. 적 미국이 건국 당시에 보인 건국정신, 또는 서부 개척에서 보인 개척 정신은 어느 정도 이것을 인정하는 데 주저하는 것은 아니다"라고 보았다. 그렇지만 같은 글에서 '그러나' 이후 '막대한' 생산력과 물질문명의 '해독'이 대비되었다.

> 그러나 이 정신은 그 후 오랫동안 물질문명의 해독을 입고 자기 민족만이 신의 선민(選民)이며 타민족은 신의 선민을 위해서 봉사해야 한다는 탐욕적인 사상으로 되어 세계제패라는 깜찍한 야망으로 변화하였으며 이것은 그 대의 명분을 상실한 야망만이 백일하에 폭로되게 되었다.[27]

---

26) 신흥우, 「전통의 용맹 보여라」, 『매일신보』, 1943.11.19, 2면.
27) 구자옥, 「필승은 신의 명령」, 『매일신보』, 1944.1.7.

신미양요란 역사적 경험도 소환되었다. 신흥우는 "조선 군사는 이 적을 맞이하여 용감스럽게 총을 들고 나가 싸웠다. …… 그때에는 중국이 서양과 싸워 여러 번 패한 만큼 서양은 강적이었다. 그러나 그분들은 생각할 때 아무리 적이 강하다고 하여도 우리는 나가 싸워야만 한다고 나간 것이다"[28]라고 밝혔다. 미국과의 전쟁 '승리'를 위해 조선군의 신미양요 경험이 언급되었다. 또한 당시 물질적 영역에서 세계 최강인 미국을 대상으로 일제는 전쟁을 수행해야 했다. 새로운 논리의 개발이 요구되었다.

> 바야흐로 대동아전쟁은 적의 소위 총반격으로 나날이 처참 가열의 정도를 가하여 드디어 결전단계에 돌입하게 되었다. …… 국가가 평소부터 가장 큰 기대를 가지고 있는 청년학도 제군에게 이적(夷狄)의 침략을 물리쳐 대동아 성역을 적의 독이빨로부터 방위하라는 위대한 사명을 내린다. …… 제군이 명철한 판단과 확고한 신념을 가지고 단연코 국민을 이끌어 이 곤란을 타개할 것을 나는 믿어 의심치 않는다.[29]

'결전'은 전쟁을 구획하는 중요한 단어가 된다. 전쟁의 승패를 다르게 보는 것이 일반적인 전쟁의 선전 논리였다. 언제, 어떠한 용례로 '결전 단계'가 활용되었는지를 보다 구체적으로 검토해야 한다. 아울러 다음과 같은 논리는 일제의 침략전쟁에 협력했던 조선인의 '모범답안' 가운데 하나였다.

> 대동아전쟁에 젊은 생명을 바쳐 내일의 여명을 위하여 신성한 희생이 되지 않으면 안 된다. 우리는 지금 이 희생을 바칠 성스러운 제단을 향하여 총진군하는 것이다. 미미한 일신은 이 역사적 성단에 바쳐 바야흐로 밝아오는 여명을 위한 역사적 초석이 되려하는 것이다. 일본인은 완전한 한 개의 몸이다. 그러므로 우리는 '앗쓰' 섬과 '과다카날'에서 붉은 피를 흘린 상처를 몸으로써 회복하지 않으면 안 된다.[30]

28) 신흥우, 「전통의 용맹 보여라」, 『매일신보』, 1943.11.19, 2면.
29) 현상윤, 「사(士)는 국지원기-멸사, 구원의 생을 찾자」, 『매일신보』, 1943.11.11, 1면.
30) 武山忠治, 「유구한 대의에 살자」, 『매일신보』, 1943.11.5, 1면.

위의 글은 1943년 혜화전문 흥아과(興亞科) 1년으로 무산충치(武山忠治)
이란 창씨명의 학생이 쓴 것이다. 그는 계속해서 "이때까지 우리의 선배,
혹은 우리들 중의 이기적, 민족주의적 사상은 …… 모두 실패로 돌아갔다.
우선 우리는 이미 이 같은 구사상의 부정적 명제로써 '황민화'라는, 일찍이
인류사상에서 보지 못한 큰 횃불을 높이 들고 일어선 것이 아닌가"라고 전
제했다. 이기적 사상과 민족주의 사상으로 표현되었듯이, 서양을 대변하는
'이기주의'와 조선 민족을 사용하는 민족주의가 등가로 표현되었다. 그리고
양자 모두 서양에 기반을 두고 있다면, '황민화'는 새롭고 유일하다는 측면
에서 서양적 가치관으로부터의 '초극'이었다. 가치관의 승리를 강조할 경우,
실제 전투의 전황 여부는 의미 있는 물음이 되지 않았다.

전선이 확대되면서 대응 논리는 절실해졌다. 미국의 경제력에 관해 1943년
11월경 한 필자는 "적은 결전의 참패를 만회하려고 그 물질력을 믿고 저돌
적인 반격에 나오고 있다"라고 서술했다. '결전의 참패' 보다는 '저돌적인 반
격'이란 표현이 주목된다. 반격에 대한 대응 논리는 '그러나'란 역접의 표현
속에서 다음과 같이 주장되었다.

> 그러나 …… 유구한 역사에서 우리는 한 번도 신주(神洲) 일본에 외적의 침입
> 을 허락하지 아니하였다. 외적의 비망(非望)이 있을 때마다 우리는 철저적으
> 로 격쇄하여 왔다. 그만큼 우리는 전 국민이 한 덩어리가 되어 싸워왔다. 지
> 금까지의 대소 전역(戰役)은 금일의 대동아전쟁의 서곡에 불과하였다. 그리고
> 그것은 필연적으로 금일을 약속하였던 것이다. 동아 십억 민중의 지지와 천의
> (天意)를 받들고 돌진하는 황군의 진로를 그 누가 저지할 수 있으랴.[31]

전쟁의 승리 여부가 총력전의 물질적 능력이 아닌 '불패'란 과거 역사의
경험으로 대체되었다. 정신력의 강조와 함께 "신주(神洲) 일본에 외적의 침
입을 허락하지 아니하였다"라는 표현 속에서 전선이 일본이 될 수 있다는

---

31) 夏山正義, 「국가 있고 개인도 있다」, 『매일신보』, 1943.11.7, 2면.

불안감의 '징후'를 찾아볼 수 있다. 아울러 명확하게 단계가 구분되는 것은 어렵지만, 불안감은 승리에 관한 근거 없는 낙관의 지속을 동반했다.

1943년 12월 시점에서도 백낙준은 여전히 "새 동아의 새벽은 환히 밝아온다. 새로운 중국의 탄생, 필리핀 · 버마의 독립, 말레이 · 네덜란드령 인도의 해방, 인도 가정부(假政府)의 수립 등 일련의 사실은 미 · 영의 최후를 힘차게 증거하고 있다. 이것이야말로 영원히 그 빛을 발할 대동아전쟁이 가지는 역사적 사명"[32])이라고 설명했다. 바람과 희망을 '미 · 영의 최후'로 연결시킨 것이다.

심지어 작은 실마리에서 전세 '역전'을 기다리는 희망과 연결시켰다. 유억겸은 1944년 1월에 "적 미영의 국내 상황은 신문 지상에 보도되는 바와 같이 대전쟁 중임에도 불구하고 동포상극(同胞相剋), 노자상투(勞資相鬪)로 도처에서 발견하는 파업사건으로 추단하면 적국은 사상의 자중지란으로 전력저하가 필지하리라고 확신하며 따라서 패배할 날이 가까운 것이 예상된다"[33])라고 언급했다. 영국과 미국의 정치적 상황에 대해 '사상의 자중지란'이란 '희망'을 담아 표현했지만, 객관적으로 목도된 전황과와 간극이 분명히 드러나게 되었다.

> 전쟁 구역이 중부 인도차이나 방면이나 서남부 태평양에만 국한되리라고는 도저히 생각할 수 없다. …… 차차로 싸움이 크고 넓게 확대됨에 따라 우리는 일본 본토가 전쟁터로 변하여질 것도 미리 각오를 하지 않아서는 안 될 것이다. 그런 의미에서 오늘까지의 전쟁은 한 개 커다란 서전(緖戰)에 지나지 않았던 것이다. 참으로 전국 전체의 중대한 국면을 결정하는 싸움은 이제부터이다. 전쟁에 이겨 공영권 내 10억 민중이 찬란한 새아침과 함께 번영의 대도(大道)로 우렁찬 새 출발을 하느냐, 그렇지 않으면 잔악무도한 미영의 마수에 유린을 당하여 버리고 마느냐 하는 두 가지 가운데 한 가지를 결정하는 것은 지금으로부터 전개되는 전쟁에서 결말이 나는 것이다.[34])

---

32) 백낙준, 「영원히 광망 뻗도록」, 『매일신보』, 1943.12.6, 1면.
33) 유억겸, 「적의 야망을 파채」, 『매일신보』, 1944.1.6.

위의 글은 1943년 12월 최린의 글이다. 그는 일본의 승리를 논의하면서, 태평양전쟁을 '서전'과 '결전'으로 구별했다. 전선의 확대 상황을 선택의 중대 국면이라고 표현했다. 심지어 "전쟁에 이겨"라고 해서 연합군과 일본군 사이의 승패를 도치시켜 일상의 총동원을 독려했다. 전투의 패배를 전쟁의 패배로 연결되는 것을 차단하고자 했다. 아래는 1944년 1월 유억겸의 글 가운데 일부이다.

> 동아 영원의 평화를 확립함으로써 제국의 광영을 보존하고 한 걸음 다시 나가서 세계 영구적인 평화를 도모하는 큰 이상 아래 궐기된 대동아전은 이래 2주년 간 혹은 태평양, 인도양에서 혹은 중국대륙 내지 버마·인도 국경 전선에서 혁혁한 전과와 아울러 결전과 결전의 연속이었다. …… 그러나 우리는 이때 '결전의 해'는 또한 '혈전의 해'이었던 것을 잊어서는 안 된다. 1억의 비분을 자아낸 '앗스'의 옥쇄, '마킨', '타라와' 두 섬을 피로 물들인 3천 5백 영령의 진충, 또한 적군의 '뉴아일랜드' 섬의 상륙 등 적군은 연전연패하여도 항복을 모르고 집요하게 가열히 반격을 반복하고 있다. 이때 우리는 금년 1년을 '결전의 해'라고 부른다.[35]

위의 논지 역시 혁혁한 전과를 거두고 있음에도 불구하고 '결전'을 해야 함이 논의되고 있다. 심지어 연합군의 공세를 '연전연패'라고 표현했다. 승리할 수 없다는 절박함 속에서 '역사적' 존재로서의 개인과 국가의 유구성 등이 강조되기 시작했다. 물론 전쟁의 승리는 지속해서 강조되었다. 1944년 4월의 글에서 백낙준은 "오늘 우리는 전쟁에서 이기고 있습니다"라고 언급했다. 그러면서도 미영의 군사력을 무시 못 한다고 하거나 긴급한 요청을 준비해야 한다고 했다.

---

34) 최린, 「양양하다 반도의 앞날」, 『매일신보』, 1943.12.8, 4면.
35) 유억겸, 「적의 야망을 파채」, 『매일신보』, 1944.1.6.

오늘과 같이 양만 믿고 함부로 덤비는 저 미·영을 때려 부수기는 도저히 쉬운 일이 아니올시다. 전선용사들이 용감하게 싸워 무력으로 저들을 억누르고 매일 승리를 얻고 있는 것은 우리 일억이 다 감사 감격하여 마지아니하는 바입니다. 그런데 이 감사 감격은 전력증강으로 표시하지 아니하여서는 아니 됩니다. 총후에 있는 우리의 일터가 광산이던지 농장이던지 공장이던지 산과 들이던지 또한 우리 각 개인이 하는 일이 무엇이던지 다 전력증강을 위하여 전력을 다하지 아니하여서는 아니 됩니다. 일선에서는 비행기를 한대라도 더 많이 또한 더 빨리 보내주기를 기다리고 있습니다. 이러한 긴박한 요청에 응하도록 전력증강에 총력을 다하는 것이 곧 내일의 채비차림을 잘하는 것입니다.[36]

아울러 이 시기 일제의 침략전쟁에 협력했던 학병(學兵) 가운데 일부는 역사의 '방관자'가 되어서는 안 되고 역사의 '창조자'가 되어야 한다고 강조하거나,[37] "젊은 학도답게 싸우고 황국청년답게 목숨을 바치려고 한다"[38]라고 주장했다. 앞서 언급했던 전쟁에 관해 승리를 '확신'했던 박완의 경우에 전쟁 2주기를 맞이해서 "그러나 아무리 이번 대동아전쟁이 자존자위의 정의에 입각한 전쟁이오, 동아 10억 민중의 해방을 이상으로 하는 인도(人道)의 성전이라 할지라도 전쟁의 승리 그것은 결코 공연히 앉아서 기다리게 되지는 아니한다. 거기에는 반드시 눈물겨운 노력과 피의 희생이 따르지 아니할 수 없다. …… 전국의 추이로 보아서 금년은 작년보다 한층 가열찬 결전이 계속될 것만은 의심할 여지가 없다"[39]라고 전망했다. 이제 질지 모른다는 상황은 과학적이고 기술적인 근대전쟁에 대한 동요와 불안감의 증폭인 '비논리'로 연결되었다.

---

36) 原樂濬(백낙준), 「명일의 승리는 금일의 실천에서」, 『방송지우』, 1944.4, 44~46쪽.

37) 夏山正義, 「국가 있고 개인도 있다」, 『매일신보』, 1943.11.6. 그는 조문환으로 중추원 참의를 지낸 조병상의 2남으로 경성법전 2학년 재학 중 자진하여 학병 가운데 제일 먼저 출전하였다.

38) 梁川勝男, 「일편단심 진충보국」, 『매일신보』, 1943.11.4, 2면. 그는 경성고등상업학교 1학년이었다.

39) 단정, 「금년은 결승의 해」, 『신인간』 183, 1944.1, 6~8쪽.

Ⅳ. 전쟁의 패배 과정과 '비논리(非論理)'의 확산

전투에서의 패배 소식을 공식 언론매체에서 확인하기 어렵다. 1944년 4월 노르망디 상륙작전이 개시되었고, 같은 해 6~9월 미국이 사이판을 비롯하여 마리아나 제도를 점령했다. 이곳의 점령은 "연합군의 해군과 공군이 일본의 남방 제국과 연결되는 병참선을 끊고 B-29 폭격기가 일본 본토에 지속적인 공격을 개시할 수 있는 기지를 제공"한[40] 계기가 되었다.

하지만 보도 통제와 전시 선전 때문에 일반인에게 체감되어 전해지는 전황은 시간적으로 지체되어 인식되었다. 물질적 요소보다 정신적 요소가 강조되는 것에서 위기감을 확인할 수 있다. 1944년의 글에서는 근대전쟁의 물질적 요소를 강조하면서도 연합군에 미치지 못할 때 옥쇄의 논리를 동원했고, 이러한 정신력을 '필사적인 몸부림'으로 묘사했다.

> 야마토 혼에 불타는 황군장병이라고 하더라도, 근대전투에서는 정신만으로 이길 수는 없다. 거기에는 물질의 양과 질의 한도가 있다. 대항이 그 한도의 최고도를 초과했을 경우, 황군에서는 옥쇄라고 하는 진충(盡忠)의 산화(散華)가 취해지는 것이다. …… 어디까지고 물질의 힘을 믿는 맹공은, 적의 유일 최대의 전투적 자신감이다. 이러한 …… 황군은, 그 전투원의 경우, 일 당 십에, 백에, 천에 해당하는 기백과 정신력을 갖고 있다. 그 높은 자질을 갖고 있는 황군장병이 옥쇄하지 않도록 하기 위해서는, 우수한 병기와 탄약을 충분히 가져야 하는 것이다. …… 제일선 장병만의 싸움이 아니다. 국민 전체가 싸우고 있는 것이다. 따라서 총후도 군국(君國)을 위해서 필사적인 몸부림으로 싸우지 않으면 안 되는 것이다.[41]

1944년 8월에 잡지 『춘추』의 권두언에서는 사이판의 공격으로 "적 공세

---

40) 존 키건, 류한수 옮김, 『2차세계대전사』, 청어람미디어, 2007, 827쪽.
41) 白川榮二(특파기자), 「현지보고·결전의직장, ○○항공창 견문기-싸우는 항공창」(일문), 『문화조선』 6-1, 1944.2, 40-43쪽.

는 한층 가중하여 전국은 중대한 단계"에 이르는 '비상한 결전'의 시기라고 규정했다. 그러면서 "국민 된 각자가 다 성실히 노력하고 인내한다면 대동아전쟁의 중대 시국을 무난히 돌파하여 미영의 침공을 넉넉히 배제하고 말 것"[42]이라는 기대감을 피력했다.

명백한 전력 차이를 언급하기도 했다. 1944년 9월의 글에서 이창수는 "아의 적음으로 적의 많음을 무찌를 것"이라고 해서 일본군이 전력적으로 약세임을 인정했다. 하지만 그는 이어 "그러나 요체는 결국 사람문제에 있는 것으로 배치된 사람의 물(物)과 기구를 운용하는 그 태도여하에 따라서 좋게도 되고 나쁘게도 될 수 있다"[43]라고 해서 대응 논리를 만들고자 했다. 그럼에도 불구하고 전쟁에 패배할지 모른다는 객관적 근거가 '무시'되었다. 1945년 5~6월 경 독일의 항복 이후의 전황을 언급한 함상훈의 글이[44] 아시아-태평양전쟁 말기의 모습을 잘 보여준다.

함상훈은 독일 패배 이후의 전황에 관해 "유럽전은 여하간 독일의 항복으로써 일단락을 지었거니와 태평양전쟁 즉 세계전쟁의 일환으로서의 일본 대 미·영·장(장은 장체스를 의미함-인용자)전쟁은 아직 종료되지 않았다. 태평양전쟁은 유럽전쟁의 종료로써 신 단계에 들어간 셈이다. 즉 태평양전쟁이 종료되지 않았기 때문에 유럽에 원정(遠征)갔던 미영의 육해군은 대부분을 태평양전역에 회항시켜 대일전쟁에 향하게 할지니 제국이 받을 압박은 가중할지며 전쟁은 한층 가열 처참할 것"이라고 전망했다.

그는 우선 미영과 소련의 관계에 관해서는 "무력적 충돌에까지 이르지 않을 것"으로 보았다. 이점은 추후의 역사적 결과와 일치했다. 같은 글에서 일본과 소련의 관계에 관해서는 "A.P. 기자가 몰로토프 외상에게 독소 전후 일본과 전쟁하느냐하는 질문에 대하여 '그것은 4월에 말한 것과 변화가 없

---

42) (권두언), 「대화일치로 미영격멸 "소기내각과 아부총독을 환영함"」, 『춘추』 5-4, 1944.8, 12~13쪽.
43) 이창수, 「대화일치와 전의앙양」, 『신시대』 4-9, 1944.9, 20~23쪽.
44) 함상훈, 「독일의 항복과 태평양전국」, 『조광』 11-3, 1945.5·6, 4~9쪽 참조.

다'고 많은 말을 피한 것은 무엇을 의미함인지 심장하다. 일소관계는 현 정부의 선처할 것이므로 태평양 전국과는 전연 무관계에 있는 것으로 간주하고 오직 미영장과의 전쟁만으로 전국을 타진하자"라고 밝혔다. 대소 관계의 민감성을 알고는 있지만, 애써 관계없음을 강조하고 있음이 주목된다.

그리고 이 시점에서 전세가 "용이하지 않다", "낙관할 수 없다"면서, "만일 오키나와가 점령된다 가정하자. 미국은 이것을 공군근거지로 하고 기타큐슈, 조선해협 남조선지방을 행동권내로 하는 전폭비행기가 간단없이 출발하여 대륙과 일본과의 수송로를 차단하기에 여념이 없을 것"이라고 예측했다. 전세가 역전된 것을 전제로 미영 연합군이 중국 혹은 본토 어디로 진격할 것인가를 논의하면서 함상훈은 "본토상륙작전이 감행"될 것이라고 전망했다. 일본군의 방어 능력을 인정하면서 그는 "단시간이나마, 연합군이(인용자) 제공권은 장악할 수 있을 것이며 일부의 상륙도 가능할지 모른다"라고 '부분적' 패배를 언급했다. 그러면서 아래와 같은 가정형 문장으로 글을 마무리했다.

> 백만이란 대군을 상륙시킬 수 있는가 없는가에 달렸으니 만일 이것을 해변가에서 다 격퇴치 못하고 대부대의 상륙을 허락한다면 본토에서 일대 야전(野戰)을 상상할지며 만일 그 주력을 수변에서 격파한다면 아무리 물량을 과장하는 미영이라 할지라도 다시 상륙작전을 계속한다는 것은 단념치 아니치 못할 것이다.[45]

근대전이 총력전의 성격일 때, 국력인 물질력이 승패의 주요 변수였다. 객관적인 물리력의 차이를 극복할 수 없었고, 이에 대한 희망을 더는 확신시킬 수 없는 상황이었다. 물리력에 대응한 도의와 명분이 강조되었다.

1944년 7월 사이판의 패전은 『매일신보』를 통해 조선인에게도 알려졌다. 하지만 심각성이 제대로 전달되지 않았다. 1944년 12월에 발표된 글에서 "문

---

45) 함상훈, 같은 글, 4~9쪽 참조.

화에는 여전히 사이판의 비극적인 소식이 닿지 않는 부분이 많다. …… 위기
는 발밑에 다가오고 있다. 우리의 펜은 검이 되어야 한다. 승리하기 위해 싸
우는 것은 바로 지금이다"[46]라고 보기도 했다. 그리고 같은 해 10월부터 이
른바 필리핀의 레이테 해전이 시작되면서 '가미가제 특공대'가 동원되었다.

　이러한 상황에서 식민지 조선인은 일본의 패전과정을 어떻게 이해했을
까? 사이판의 패배는 "맹세하자! 사이판의 복수 - 지휘관이하 전원 전사 교
포 일본인도 운명을 함께"라는 제목으로 『매일신보』에서 알렸다.[47] 민간인
을 포함한 전투원의 전원 사망이란 소식이 '복수'란 용어와 함께 병행되었
다. 전선의 축소와 전투의 패배는 비논리와 비합리를 토대로 한 동원의 광
기로 연결되었다. 심지어 제1차 세계대전 이후 개조논의와 함께 대두되었
던 정의와 인도라는 서구적 혹은 영미적 가치관의 동양적 전유(專有)가 발
생하기도 했다.

　　우리들에게 정의란 더욱 깊고 높은 도덕적인, 아니 차라리 종교적인 감정조차
　　동반하는 것이다. 영미인의 정의란 있는 그대로 말하면 자기의 획득물을 **빼앗**
　　기지 않는 것이다. 그들은 홍콩이나 말레이시아나 버마나 필리핀을 되찾기 위
　　한 전쟁을 정의의 전쟁이라고 칭하고 있다. 인도를 해방하지 않는 것이 정의
　　이다.[48]

　물질적 영역의 부족함을 정신적 영역으로 극복하고자 했다. 이광수는
"영미인의 복지를 위해서 일본은 이기지 않으면 안 됩니다. 일본이 이기지
못했을 때, 영미인은 동물의 영역에서 탈출해 신의 영역으로 나아갈 수 없
기 때문입니다"[49]라고 해서 동물성과 신성(神性)으로 '구분 짓기'를 시도했
다. 정신력의 강조는 이전부터 활용된 논리였지만, 이제 "무엇, 무엇 하지

---

46) 平沼文甫, 「특집 적국 항복－피안의 경종은 아니다」(일문), 『문화조선』 6-4, 1944.12.25 참조.
47) 『매일신보』, 1944.7.20, 1면.
48) 이광수, 「대동아문학의 길」, 『국민문학』, 1945.1; 이경훈 편역, 『춘원 이광수 친일문학전집』 2,
　　평민사, 1995, 454쪽.
49) 이광수, 「전쟁과 문학」, 『신시대』, 1944.9; 이경훈 편역, 같은 책, 439쪽.

않으면 안 된다"라는 전쟁의 승리에 대한 당위의 언어가 사용되기 시작했다. 또한 '구원의 생'이 논의되기 시작했다.

> 우리 일본의 전쟁 목적을 보라 그 동기를 보라. 미영의 악마주의에 의해 유린된 아시아 십억 민중을 구하고, 아시아의 정신적 전통에 기반하여 도의적 평화 세계를 세우기 위한 전쟁이야말로 우리의 대동아전쟁이다. …… 제군, 바야흐로 이 대전쟁 최후의 결승기는 시시각각 다가오고 있다. …… 그들은 …… 결코 가볍게 볼 적이 아니라는 것은 말할 것도 없다. 적의 비행기가 우리나라 본토를 폭격하는 일도 있을 것이다. …… 전쟁의 양상이 심각 가열해지면 해질수록 …… 최후의 순간에 조금 힘이 남은 쪽이 이기지 않던가. 투지가 강한 쪽이 이기지 않던가. 승패의 요점은 최후 순간의 힘에 있는 것이다.[50]

1944년경부터 '동원'의 논리 이면에 패배의 우려가 생겨났다. 패배의 전조는 아시아-태평양전쟁의 장기성 여부에 관한 인식에서 비롯되었다. 전쟁이 길어질 것에 관한 대비에 첫째로 후방 국민에 관한 대책을 포함한 전쟁 수행 계획의 재조정, 둘째로는 기존보다 공격적이고 적극적인 논리의 개발이 요구되었다. 총후의 동원이 강조되었다.

필리핀의 레이테만 전투가 그러했다. 이창수[51]는 "지금 전국은 바야흐로 중대하다. 레이테섬을 중심으로 나라의 운명을 내걸고 싸우는 대결전이 벌어져 있다"라고 보았다. 그러면서 "우리나라와 적 미국의 전력을 비교할 때에 어느 편이 강하고 강한가, 물적 요소에 있어서는 물론 우리나라보다 적 미국이 다소 우세하다는 것은 사실"이라고 해서 미국의 물질적 우세를 인정했다.

하지만 그는 계속해서 "물자가 있어도 마음대로 가져오지 못하게 되기 때문에 즉 보급이 마음대로 되지 않기 때문에 적은 비록 물자가 풍부하다 하더라도 태평양전선으로 가져오는 것은 한도가 있게 된다. 지금 적의 필

---

50) 이광수, 「청년과 금일」, 『신시대』, 1944.8; 이경훈 편역, 같은 책, 428~430쪽.
51) 이창수, 「필승과 사생을 초월한 정신」, 『조광』, 1944.12, 18~20쪽.

리핀의 레이테섬에서 악전고투하는 것도 말하자면 물자의 보급이 마음대로 되지 않기 때문"이라고 '희망'을 제기했다. 적의 물리력이 강할 때 승리의 요소는 "영적(靈的) 요소 즉 국민의 정신력"에 있다고 보았다. 국민을 동원하기 위해 "총후 국민 전부가 모두 결사돌입의 돌격대와 같은 진충보국의 정신을 가지고 전국토를 들어 병기창화하는 굳은 신념을 가진다면 이 전쟁의 승리는 의심 없이 우리의 것"이라고 주장했다. 아래 글에서 '신취'는 일본 공군을 의미한다.

> 그러나 전선보도는 나날이 가슴이 뜨끔뜨끔 할 뿐이다. …… 과달카날 섬이래, 우리는 절호의 기회를 맞으면서도 비행기가 없어서 공수 방관하고 있다는 전선의 호소를 몇 번이나 들었는가. 황군의 신취(神鷲)는 능히 비행기 한 대로서 군함 한 척을 무찌르고 있으나 이렇듯 용감무쌍한 우리 황군일지라도 비행기가 없으면 맨 주먹으로 대들 수는 없다. 이 난국을 타개할 열쇠는 결코 전선에 있지 않고 총후(銃後)에 있다. 총후 1억 동포가 특공정신으로 신취(神鷲)의 날개로써 필리핀 제도의 하늘을 덮지 않으면 안 될 때다.[52]

조선인의 '의무'를 강조하는 동원 논리는 다음과 같았다. 군인의 죽음은 도리어 영원한 생명을 취하는 방안이며, 개인의 목숨은 그 이전에 국가의 것이기에 역사적 대의를 다해야 한다고 주장되었다. 전체 국민의 희생을 요구하는 것은 오키나와 전투의 전황이 소개된 뒤에도 그러했다. 한 필자는 "매일 아침마다 전해 오는 신문에 또는 라디오의 보도에 의하여 오키나와와의 싸움터로부터 우리 특공대의 혁혁한 전과가 전해 올 때마다 1억 국민은 다 같이 주먹을 불끈 쥐고 신문을 뚫어질 듯이 읽으며 라디오에 귀를 기울일 줄 믿는다. 대동아전쟁이 발발된 이후로 지금까지 오늘의 오키나와 전국(戰局)처럼 국민들의 주목을 끌며 따라서 결사의 각오를 한 때는 없었다"[53]라고 밝혔듯이 특공대의 활동을 보도하면서 '결사(決死)'를 강조했다.

---

52) (권두언), 「나아가자!! 1억 특공대」, 『신시대』 5-1, 1945.1, 10~11쪽.
53) 松村紘一, 「전 국민이 육탄으로-먼저 지도자에 필요한 반성과 과단」, 『매일신보』, 1945.5.25, 2면.

V. 맺음말

익숙한 아시아-태평양전쟁을 다시 소환하는 이유는 일본 제국의 시선이 아닌 식민지 조선인의 처지에서 전쟁을 볼 가능성을 찾고자 함에 있다. 예를 들면 패전이 가시화된 상황에서 구체적으로 일본 본토에 대한 공습이 진행될 때, 일본인은 '화려했던 과거' 구체적으로 러일전쟁 등의 승리를 기억함으로써 이러한 상황을 타개하고자 했다. 하지만 식민지 조선인에게 이러한 역사적 대응은 불가능했다. 왜냐하면 조선인은 러일전쟁을 '동양(인)'의 승리로 이해했지만 자신을 승리의 주체로 설정할 수 없었기 때문이었다.

이글에서는 아시아-태평양전쟁에 임하는 조선인과 일본인의 입장은 달랐다는 전제에서 출발했다. 일제는 '내선일체'를 통해 조선인을 전쟁에 동원하고자 했다. 이를 위해 전쟁의 타자인 서양 특히 미국을 문명적 존재에서 야만적 존재로 전환시키고자 했다. 그리고 명백한 일본의 전쟁 수행 능력 부족을 정신력으로 포장함으로써 전쟁 지속의 명분을 찾고자 했다.

전시체제기 이러한 논리를 바탕으로 식민지 조선인을 '새로운' 일본인으로 만들고자 했다. 구체적으로 '내선일체'의 논리는 조선인을 '신(新)일본인'으로 만들어 전쟁에 동원하기 위한 논리였다. 이를 위해 활용된 것이 대동아란 공간과 황인종 대 백인종이란 인종 논의였다. 나아가 인종론적 대결의식의 과잉은 전쟁의 전황과 상관없는 역사적 대의의 강조로 확장되었다. 언론매체에 수록된 글에 대한 분석이기에 당대 전쟁 인식 전반을 구조화, 유형화하기는 어렵지만, 일제는 일상이 전쟁이 된 전시체제기 조선인을 '새로운' 일본인으로 만드는 과정은 실패했다고 판단된다.

동일한 시간과 공간에서 일상으로 경험되었던 아시아-태평양전쟁에 대한 일본과 한국의 역사적 기억 사이에는 여전히 쉽게 봉합·치유되지 않은 과제가 이어지고 있다. 향후 아시아-태평양전쟁에 대한 일본 제국과 식민지의 인식이 어떻게 다른가를 규명해서 식민지 조선인의 처지에서 아시아-

태평양전쟁을 보는 것이 과제이다. 식민지 조선인의 시선에서 전쟁을 재구성하기 위해 1941년 12월부터 1945년 8월까지의 3년 9개월 사이의 아시아 태평양전쟁을 식민지 조선인의 처지에서 시기 구분하는 것을 하나의 출발점으로 삼고자 한다.

▨ 참고문헌

1. 자료

매일신보
半島の光, 放送之友, 東洋之光, 文化朝鮮, 新時代, 新人間, 朝光, 朝鮮, 春秋

2. 연구 저서

가타야마 모리히데, 김석근 옮김, 『미완의 파시즘』, 가람기획, 2013.
宮田節子, 이영랑 역, 『조선민중과 「황민화」정책』, 일조각, 1997.
김원모·이경훈 편역, 『동포에 고함』, 철학과현실사, 1997.
방기중 편, 『일제하 지식인의 파시즘체제 인식과 대응』, 혜안, 2005.
변은진, 『파시즘적 근대체험과 조선민중의 현실인식』, 도서출판 선인, 2013.
신승모·오태영 옮김, 『아시아 태평양전쟁과 조선』, 제이앤씨, 2011.
윤치호, 김상태 편역, 『물 수 없다면 짖지도 마라』, 산처럼, 2013.
이경훈 편역, 『춘원 이광수 친일문학전집』 2, 평민사, 1995.
이성주, 『전쟁으로 보는 국제정치』 3~5, 생각비행, 2016.
정혜경, 『조선 청년이여 황국 신민이 되어라』, 서해문집, 2010.
존 기건, 류한수 옮김, 『2차 세계대전사』, 청어람미디어, 2007.
친일반민족행위진상규명위원회, 『친일반민족행위관계사료집』 10·14, 도서출판 선인, 2009.
친일인명사전편찬위원회, 『친일인명사전』, 민족문제연구소, 2009.

3. 연구 논문

김영숙, 「태평양전쟁기 일본의 대외 선전」, 『일본역사연구』 24, 일본사학회, 2006.
신지영, 「'대동아 문학자 대회'라는 문법, 그 변형과 잔여들」, 『한국문학연구』 40,

동국대학교 한국문학연구소, 2011.

이형식, 「'內波'하는 '대동아공영권'」, 『사총』 93, 고려대학교 역사연구소, 2018.

임성모, 「역사, 사상, 이론과 동아시아: 세계정치와 동아시아 공간」, 『세계정치』 4, 서울대학교 국제문제연구소, 2005.

■ 류시현 – 「언론매체를 통해 본 식민지 조선인의 아시아-태평양전쟁 인식」
『사총』 94호, 2018에 실린 것을 일부 수정한 것이다.

아시아 – 태평양 전쟁기, 식민지 조선의 인종 전쟁 담론

임종명(전남대학교)

I. 근대 전쟁과 역사, 그리고 아시아-태평양전쟁

근대 역사에서 전쟁은 근대 세계와 역사를 만들어 왔다. 유럽의 '30년 전쟁'은 베스트팔렌조약을 통해 '영토에 대한 단일 주권의 배타적 지배를 특징으로 하는 근대국가와 이들 국가로 구성되는 근대 국제 질서'를 낳고, 다시 베스트팔렌 체제를 통해 일국적 규모에서뿐만 아니라 전세계적 차원에서도 '민족-국가 체제'(nation-state system)를 특징으로 하는 근대 세계와 역사를 구축했다.[1] 이것은 전쟁이 전후 세계와 역사를 만들어 내는 근대 역사를 보여준다. 뿐만 아니라 전쟁은 제국주의/식민주의를 역사적 특징으로 하는 20세기 전반기까지의 근대 세계를 만들어 냈다. 제국주의/식민주의는

---

[1] 베스트팔렌 체제와 민족-국가 시스템의 상관성은 Henry Em, *The Great Enterprise: Sovereignty and Historiography in Modern Korea*, Duke: Duke University Press, 2013, pp.30~43 참고.

군사적 점령과 정치적 지배를 통한 제국의 식민지 지배를 추구했다. 이때, 제국의 식민지 창설과 식민지배의 유지는 때로는 제국과 식민지 대상 지역 사회와의 전쟁, 또는 경쟁 제국과의 전쟁을 통해 이루어졌다. 이러한 것들은 전쟁이 민족-국가 체제와 제국/식민지 체제를 특징으로 하는 근대 세계와 역사를 구축하는 핵심적 구동력의 하나였음을 말해준다.

또 전쟁은 전전(戰前) 역사의 '총화'(總和)이자 전후(戰後) 세계와 역사의 규정력이었다. 홉스봄(Eric Hobsbawm)이 "세계대전 없이는 단기(短期) 20세기를 이해할 수 없다. 전쟁은 그 세기에 흔적을 남겼다. 단기 20세기는 총소리가 나지 않고 폭탄이 터지지 않았을 때조차 세계전쟁의 견지에서 살았고 사고했다"고 진술한다.[2] 실제로 제1차 세계대전은 단기적으로는 1920년대 반전 평화의 시대를 낳았지만, 이어지는 1930년대에는 총력전의 시대를 낳았다.[3] 또 총력전의 시대는 단순히 국가 자원의 배분 문제를 넘어, 일본에서의 '고도국방국가'(高度國防國家)론과 같이, 국가와 사회의 재구성이라는 지향과 그를 향한 노력을 낳았다.[4] 이것은 제1차 세계대전의 경험이 총력전 양상으로 전개된 제2차 세계대전을 낳았을 뿐만 아니라, 세계적 규모에서 전후 사회의 모습을 주조했음을 보여준다. 또한 '민주주의 대(對) 파시즘. 전체주의. 군국주의'의 전쟁으로 규정된 제2차 세계대전은 민주주의 시대라고 일컬어질 정도로 민주주의의 전후 세계적 확산을 낳았다. 이것들은 근대 역사의 이해를 위해서는 그것을 낳았던 전쟁과 전쟁의 전후(戰後) 세계 구성력에 대한 이해가 선결적으로 요청됨을 의미한다.

이에 유념하여, 본 논문은 '제국의 시대'를 마감 짓고, 전세계적 규모에서

[2] Eric Hobsbawm, *Age of Extremes*, New York: Viking Penguin Inc, 1994, p.22. 번역문은 에릭 홉스봄 지음, 이용우 옮김, 『극단의 시대: 20세기 역사』상, 까치, 1997, 34쪽 참고.

[3] Eric Hobsbawm, Ibid., pp.21~53.

[4] 橋川文三著, 筒井淸忠編.解說, 「國防國家の理念」, 『昭和ナショナリズムの 諸相』, 名古屋: 名古屋大學出版會, 1994; Michael Barnhart, *Japan Prepares for Total War*, Ithaca: Cornell University Press, 1987; 임종명, 「여순'반란'의 재현을 통한 대한민국의 현상화」, 윤해동 외, 『근대를 다시 읽는다』, 역사비평사, 2006, 278~279쪽. '(고도)국방국가', '탈근대국가성'에 관해서는 임종명, 「여순사건의 재현과 폭력」, 『한국근현대사연구』32, 2005, 104쪽 각주 4; 임종명, 「제1공화국 초기 대한민국의 가족국가화와 내파」, 『한국사연구』130, 2005, 303, 306~307쪽 참고.

의 '민족(-국가)의 시대'를 낳았던 제2차 세계대전의 성격 검토를 궁극적 목적으로 한다. 우리는 오랫동안 제2차 세계대전을 국제 정치와 전쟁 주체의 측면에서 '연합국 대(對) 주축국의 전쟁'과 같이 단일한 전쟁으로 이해하고, 또 그렇게 규정하여 왔다. 그런데 그와 같은 단일적 이해 · 규정은 유럽 지역에서의 전쟁과는 그 전개 양상과 의미가 다른 아시아-태평양 지역에서의 전쟁이 가진 의미를 이해하는 데 장애로 작용할 수 있다. 이러한 문제점은 제2차 세계대전의 성격 규정과 관련해서 목격된다. 전후 오랫동안 한국에서 제2차 세계대전은 '민주주의를 위한 전쟁' 또는 '파시즘 대 민주주의의 전쟁'으로 이해되고 또 그렇게 규정되어 왔다. 단일한 전쟁 성격 이해 · 규정은 기존의 논의에서 그 문제점이 확인된다. 예컨대, 홉스봄은 "일본 제국주의가 그 유사성에도 불구하고 파시즘은 아니다"라고 설명한다.[5] 또 다우어(John Dower)는 유럽에서의 전쟁과 달리 "무자비한" '인종 전쟁'의 성격을 가진 '태평양전쟁'의 모습을 보여주고 있다.[6] 이것들은 기왕의 제2차 세계대전 이해 방식의 재고를 우리들에게 요청한다. 이에 유의하여, 본 논문은 제2차 세계대전의 성격을 새로이 이해하고자 준비되었다.[7]

새로운 제2차 세계대전 이해를 위한 하나의 시도로, 본 논문은 시론적으로 제2차 세계대전을 전역(戰域)별로 유럽전쟁과 아시아-태평양전쟁으로 분리하고자 한다. 아시아-태평양전쟁은 기본적으로 미국과 일본의 패권 전쟁이라는 성격을 가지면서도 그것으로만 환원될 수 없는, 다층적 · 다면적이고 또 중첩적인 모습과 성격을 지니고 있었다.[8] 즉 그것은 '백색 인종과 황색 · 유색 인종 간(間)의 전쟁', 그리고 이와 연동된 '아시아 대 서구의 전쟁'이라는 성격도 의식되고 강조되면서, 그러한 모습이 재현 · 고취되고 있

5) Eric Hobsbawm, Ibid., pp.130~133.
6) John Dower, *War Without Mercy*, New York: Pantheon Books, 1986.
7) 임종명, 「해방 이후 한국전쟁 이전 미국기행문의 미국 표상과 대한민족(大韓民族)의 구성」, 『사총』 67, 2008, 54쪽.
8) 아시아-태평양전쟁에 있어 미·일간 패권 전쟁의 성격은 Bruce Cumings, "the United States-Japan War", *Parallax Visions*, Durham: Duke University Press, 1991 참고.

었다. 또 아시아-태평양전쟁의 일(一) 주체인 일본 제국에서 더 분명하게 '서구 중심의 근대주의 비판'이 의식되면서, 그 전쟁은 '서구 중심의 근대주의'와 그에 대한 비판, 양자의 충돌이라는 성격 또한 가지고 있었다.[9] 이것은 제2차 세계대전에 관한 기존 관점의 재고와 함께 아시아-태평양전쟁에 대한 심화된 논의를 요청한다.

근래 한국 연구자들은 아시아-태평양전쟁을 새로이 이해할 수 있는 관련 자료들을 개발하면서 기존의 아시아-태평양전쟁 관을 비판적으로 성찰하는 연구물을 산출하고 있다. 그 연구물은 대체로 아시아-태평양 전쟁기 일본 제국과 식민지 조선의 담론 공간에서 이루어지는 '근대의 초극론'과 '대동아공영권론' 등을 검토하면서, 기존의 '아시아-태평양전쟁'상을 재고하고 아시아-태평양전쟁에 대한 심화된 이해의 기회를 제공하였다.[10] 하지만 기존 연구들이 대체로 '근대 초극'이라는 당대 사상·이념의 문제와 '대동아공영권'이라는 지정학적 상상이라는 문제에 초점을 두면서, 일본 제국의 '대동아전쟁'에서 보이는 '인종' 문제는 계속해서 연구의 배면(背面)에 머물러 있어야 했다. 아시아-태평양전쟁이 인종 전쟁의 모습과 성격 또한 가지고 있었다면, 인종 문제가 논외로 되는 기존 연구는 아시아-태평양전쟁에 관한 심화된 이해에 있어 적잖이 문제적이라 할 수 있다.

본 논문은 기존 연구의 제한점에 유의하면서 아시아-태평양전쟁 시기 식민지 조선의 담론 공간에서 생산·회람되고 있던 인종 관련 담론을 검토한

---

9) 나카무라 미츠오·니시타니 게이지 외 저, 이경훈 외 번역, 『태평양전쟁의 사상』, 이매진, 2007. 하지만 일본 제국에서 제기된 서구근대주의 비판에는, 다케시의 표현을 빌리면, "반근대주의 속의 근대주의"가 내장되어 있었다. Naoki Sakai, "Modernity and Its Critique: The Problem of Universalism and Particularism", *Translation & Subjectivity: On "Japan" and Cultural Nationalism*, Minnesota: the University of Minnesota Press, 1997; 사카이 나오키 지음, 후지이 다케시 옮김, 「근대성 속의 비판: 보편주의와 특수주의의 문제」, 『번역과 주체』, 이산, 2005, 특히 277쪽.

10) 예컨대 인문사 편집부 엮음, 신승모·오태영 옮김, 『아시아·태평양전쟁과 조선』, 제이앤씨, 2011; 오태영, 『오이디푸스의 눈: 식민지 조선문학과 동아시아의 지리적 상상』, 소명출판, 2016; 이석원, 「'대동아' 공간의 창출―전시기 일본의 지정학과 공간담론―」, 『역사문제연구』 19, 2008; 임성모, 「대동아공영권 구상에서의 '지역'과 '세계'」, 『세계정치』 26(2), 2005; 나카무라 미츠오·니시타니 게이지 외 저, 이경훈 외 번역, 앞의 책, 참고.

다. 먼저 본 논문은 "객관적인 생물학적 '인종(race)'은 존재하지 않는다."는, 다시 말해 인종은, '인종주의'(racism)와 마찬가지로, "역사적인, 또는 문화적 산물이다."라는 명제로부터 출발한다. 근대 서구 제국주의/식민주의는 "'백인'의 우수성이라는 관념"을 만들어 내면서, 식민지에서도 비(非)서구인의 인종적 정체성을 생산하였다.[11] 다시 말해서 "[서구 제국주의/식민주의의] 인종주의의 희생자(또는 그것의 '대상물')인 [비서구 지역의] 개인들과 집단들이 부득이 자기 자신들을 하나의 [인종적] 공동체로 바라보는" "일종의 거울 이미지(mirror image)"의 작동 속에서 비서구인들 역시 자신의 인종적 정체성을 생산한다.[12] 이것은 동아시아에서도 마찬가지였다. "19세기 말 20세기 초 서세동점"의 상황에서 "서양과 대비되는 동양"은 "지역, 인종, 문명이란 동질성을 가진 단위로 상상"되었다.[13] 이것은 근대 서구 제국주의/식민주의의 전세계적 지배라는 상황 속에서 비서구 세계의 인종이 구성되었음을 말해준다. 이처럼 근대 시기 역사·문화적 구성물로서, 또 관계적(relational) 상상물로서 인종을 바라보는 것, 바로 이것이 인종에 관한 본 논문의 시각이다.

구성주의(constructivism)의 관점에 따라서, 본 논문은 아시아-태평양 전쟁기 식민지 조선의 담론 공간에서 생산·유포된 '백색 인종(백인), 황색 인종(황인종), 흑색 인종(흑인), 유색인종 등 인종' 관련 호명들이 가지는 당대적 함의를 추적한다. 인종 관련 호명의 당대 함의를 추적함에 있어, 본 논문은 '황인종'과 같은 인종 관련 기표뿐만 아니라 '대아시아인, 동아·대동아인, 동양인' 등의 역사·문화적, 지정학적 호명에도 유의한다. 이는 기본적으로 자료 상(上)의 상황과 관련된 것이다. 1941년 12월에 시작된 일본 제국의 대동아전쟁 시기에, 아래 본문 논의에서 보듯이, 그 전쟁의 인종 전쟁성은 이

---

11) Etienne Balibar, "Racism and Nationalism", Etienne Balibar and Immanuel Weallerstein, *Race, Nation, Class: Ambiguous Identities,* New York: Verso, 1991(1992), pp.37~43.

12) Etienne Balibar, "Is There a 'Neo-Racism'?", Ibid., p.18.

13) 김윤희, 「1909년 대한제국 사회의 '동양' 개념과 그 기원-신문 매체의 의미화 과정을 중심으로」, 『개념과 소통』 4, 한림대학교 한림과학원, 2009, 98쪽.

전과는 달리 '공식적'으로 부인되었다. 이와 같은 상황이 반영되어 '대동아전쟁'의 성격과 관련된 담론 자료에서 백인, 황인종과 같은 직접적인 인종 기표들이 조심스럽게 사용되고 있었다. 대신 관련 자료에서는 아시아, 대동아, 동양과 같은 지정학적이거나 역사·문화적 함의를 갖는 기표가 결합된 '아시아인' 등의 호명이 빈번하게 사용되고 있다.

기표 상의 변화는 일본 제국의 '지나(支那) 사변'(중일전쟁)과 '대동아전쟁'(아시아-태평양전쟁) 관련 선전·선동 자료에서 분명히 나타난다. 예컨대 1941년부터 녹기일본문화연구소(綠旗日本文化硏究所) 연구원으로 활동하게 될 배상하(裵相河)는 1940년에 「조국(肇國)의 정신과 조선의 장래」에서 1937년에 개시된 '지나 사변'을 "일본·만주·중국 블록에 의한 동아권(황색권)의 확립"을 목적으로 한 전쟁이고, "일본·만주·중국 블록"인 "동아협동체의 확립"이 "이색인종에 대한 동아 전체의 국방적 성새(城塞)의 구축"을 의미한다고 주장한다.[14] 그의 주장에서 우리는 아시아-태평양전쟁 이전 일본의 전쟁이 '동아권'과 같이 지정학적으로뿐만 아니라 '황색권'에서처럼 인종적으로 규정되고 있는 것을 볼 수 있다

그렇지만 아시아-태평양전쟁의 진행 과정에서 인종적 언어는 지정학적 언어로 대체된다. 이는 일본가정교육회 고문이었던 김두정(金斗禎)이 각각 1939년과 1940년, 그리고 1943년에 썼던 다음 두 문장의 비교에서 단적으로 나타난다. 그는 1939년과 1940년의 글에서 "19세기는 앵글로색슨을 중심으로 한 백색 인종의 전성시대였지만, 20세기부터는 우리 일본을 중심으로 한 황색인종 부흥의 시대로 나아가고 있"다고 썼지만, 1943년 발간 서적에서는 "19세기는 앵글로색슨 전성시대였지만 20세기부터는 우리 일본을 중심으로 한 대동아 번영시대로 세계사는 전환하고 있다."고 기술하였다.[15] 이것은

---

14) 호시노 아이카와b(星野相河), 「肇國の精神と朝鮮の將來」(下), 『綠旗』 5(12), 녹기연맹, 1940, 「조국(肇國)의 정신과 조선의 장래」(하), 친일반민족행위진상규명위원회, 『친일반민족행위관계사료집 X – 일제 침략전쟁 및 식민통치에 대한 협력논리(1937~1945)-』, 2009(이하 『친일반민족행위관계사료집 X』), 136쪽. 호시노 아이카와는 배상하의 창씨명이다.
15) 김두정a, 「東亞問題特輯: 亞細亞復興と內鮮一體」, 『東洋之光』 1(5), 1939, 「아세아부흥과 내선

두 개의 문장이 거의 유사한 대의(大義)를 가졌음에도 불구하고, 1939년 문장 중의 "백색 인종"이 1943년의 문장에서는 생략되고 또 전자 중의 "황색 인종"이 후자 문장에서는 "대동아"로 대체되고 있음을 보여준다. 이는 인종주의적 문제의식이 김두정에게 강하게 자리 잡고 있었지만, '독·이·일 추축국 동맹'이라는 일본 제국의 국제정치로 말미암아 용어 사용에 있어 일부 변화가 있었음을 보여준다. 이에 유의하여, 본 논문은 직접적 인종 기표들과 함께 지정학적, 또는/그리고 역사·문화적 함의를 갖는 호명도 검토될 것이다.

지정학적, 역사·문화적 함의를 가진 호명을 검토하는 데서 선결적인 것은 아시아(인), 동아·대동아(인), 동양(인) 등의 외연과 내포를 확인해 그것들과 황인종 등 인종 관련 호명과의 상관성을 확정하는 것이다. 이러한 필요성에 유념하여 1940년 전후 식민지 조선의 담론 공간에서 앞의 기표들이 사용된 용례를 검토하면, 우리는 앞의 호명들이 기본적으로는 상호 구분되는 내포와 외연을 가지고 있음을 알 수 있다. 먼저, "일본·만주·중국 블록에 의한 동아권(황색권)의 확립" 또는 "일본·만주·중국 블록"인 "동아협동체의 확립"이라는 구절에서 보이듯, '동아'는 "일본·만주·중국"을 내포로 하는 "블록"이었다.[16] 그리고 '아시아'는 '동아'에 더하여 '아라비아의 이집트, 터키, 자바, 필리핀, 시베리아' 등을 외연(外延)으로 하여 '페르시아, 이라크, 아프가니스탄, 말레이반도' 등을 내포하는 '지역'이었다.[17] 또한 "[일본이] 아시아의 일개 소국에 지나지 않았던 것이 동양의 최대 강국으로서

일체」, 『친일반민족행위관계사료집 X 』, 43쪽; 가네코 도테이a(金子斗禎), 「新興亞體制下に於ける朝鮮の使命(齊藤子爵紀念會募集入選論文): 佳作」, 『朝鮮』 307호, 1940, 「신흥아체제하 조선의 사명」, 『친일반민족행위관계사료집 X 』, 51쪽; 가네코 도테이b(金子斗禎), 『半島黃民生活物語』, 조선사상국방협회, 1943, 김두정, 『반도황민생활물어(半島黃民生活物語)』, 『친일반민족행위관계사료집 X 』, 538쪽. 가네코 도테이는 김두정의 창씨명이다. 그리고 김두정이 "수년간 각 신문과 잡지에 발표한 졸고를 주로 수록"해 위의 책이 발간되면서, 책 내용에는 그의 이전 "졸고"와 "중복되는 부분"이 있었다(가네코 도테이b(金子斗禎), 위의 책, 543쪽). 덧붙이면 앞의 1939·40년 문장과 동일한 것이 1943년 그의 책에서도 발견되는데 이는 가네코 도테이b(金子斗禎), 앞의 책, 533쪽 참고.

16) 호시노 아이카와b(星野相河), 앞의 글, 125~136쪽.

17) 김두정a, 앞의 글, 43~44쪽.

인정을 받았다."고 하는 구절에서처럼, '서양'에 대(對)하는 '동양'이 '아시아'와 호환 사용되고 있었는데, 이는 '동양'이 지리적으로 '아시아'와 동연(同延)의 것으로 당대인들에 의해 상상되고 있음을 보여주는 것이라 할 수 있다.[18] 이처럼 1940년 전후 '동아'나 '아시아'는 서로 구별되는 외연과 내포를 가진 지리적 단위로 상상되고 있었다.

그렇지만, '대동아'는 그 외연과 경계가 분명치 않다. 먼저, 김두정은 1943년에 "[아시아인의] 공존공영의 낙원을 건설"하기 위해 "일본·만주·중국. 프랑스령 인도차이나·동인도. 필리핀·버마·말레이·인도 등을 하나로 뭉치는 대동아공영권을 확립"할 것을 주장하였다.[19] 이것은 그의 '대동아'에서 당대 통상적인 '아시아'나 '동양'에서 '인도' 이서(以西) 지역의 '페르시아'나 '아라비아의 이집트', '터키' 등이 제외되어 있음을 보여준다. 이처럼 '인도' 이서(以西) 지역을 삭제한 '축소적' '대동아'는, 경성 제국대학 교수 모리타니 가쓰미(森谷克己) 등에게는, 통상적인 '아시아·동양'에 비해 "대양주(大洋洲)"의 "호주"와 "뉴질랜드"까지를 포괄하는 '팽창적'인 것이었다.[20] 이처럼 1940년대 '대동아'는, 적어도 당대 용례에 있어서, 기존의 '아시아'나 '동양'에 비해 들고 나는 것이 있는, 그러나 아직 외연이 확정되지 않은 것이었다(이것은 '대동아'가 1940년 전반기 일본 제국의 전략적 개념이었음을 표현하는 것이라고 판단된다).

외연이 안정적이지 않은 것은 '동아'나 '아시아', 그리고 '동양'도 마찬가지였다. '동아, 아시아, 대동아, 그리고 동양의 불안정성은 그것의 혼용·착종

---

18) 문명기, 『(眞の世界平和へ)所志一檄』, 盈德: 雲岩書齋(1937년), 「(진정한 세계평화로) 소지일격(所志一檄)」, 『친일반민족행위관계사료집Ⅹ』, 287, 265쪽.

19) 가네코 도테이b(金子斗楨), 앞의 책, 533쪽.

20) 예컨대, 오쿠히라 다케히코(奧平武彦), 「大東亞戰爭の大目的と性格」, 『大東亞戰爭と半島』, 人文社, 1942, 친일반민족행위진상규명위원회 편, 「대동아전쟁의 대목적과 그 성격」, 『친일반민족행위관계사료집Ⅷ─일제의 침략전쟁 확대와 친일협력(1937~1945)─』, 2009(이하 『친일반민족행위관계사료집Ⅷ』), 94쪽; 모리타니 가쓰미(森谷克己), 「大東亞戰爭の經濟的意義」 『大東亞戰爭と半島』, 「대동아전쟁의 경제적 의의」, 『친일반민족행위관계사료집Ⅷ』, 100쪽 참고. 그런데, 모리타니 글의 제목이 『아시아-태평양전쟁과 조선』에서는 「대동아공영권의 경제적 의의」로 번역되어 있다.

된 용례에서 단적으로 나타난다. 먼저 '동아'와 '아시아'의 혼용·착종과 관련해서, 당시 "아시아의 10억 민중"과 "전 동아 10억 대중"이라는 구절은 시사적이다. 그 구절들은 "아시아"와 "동아"가 동일한 대상을 지칭하는 기표로 사용되고 있음을, 따라서 양자가 혼용되고 있음을 보여 준다.[21] 나아가, '동아'와 '아시아', 그리고 '동양'의 혼용과 관련해서, 홍양명(洪陽明)이 1940년에 일본 도쿄에서 들은 무로부세 고신(室伏高信)의 강연 내용을 정리하던 중에 보이는 "동아질서의 확립이 아시아 여러 민족의 세계사적 사명이나 아직 함축이 빈약한 듯한 그 내용을 충실하고 진정한 동양평화의 대궤도(大軌道)로 지나(支那)] 민중을 유인하는 사명"이라는 구절은 시사적이다.[22] 그 구절은 "일만지(日滿支)"의 "동아"가 그것보다도 광역의 "아시아", "동양"과 호환적으로 사용되고 있음을 보여준다.[23] 보다 문제적인 것은 "전동아의 해방운동"인 "대동아전" 또는 "동아전(戰)"이라는 진술에서 보이는 '동아'와 '대동아'의 착종이다.[24] 여기에서 우리는 '동아'가 그 시대 용례에서 최대(最大) 광역(廣域)인 '대동아'와 호환되는 것을 볼 수 있다. 이처럼 '동아, 아시아, 대동아, 그리고 동양은 그 시대 용례에서 혼용·착종되고 있었다.

용례 상의 혼용과 착종은 지역적 주체와 관련해서도 목격된다. '아시아'와 '동양'이 혼용되고 있는 것과 마찬가지로, "동양인"과 "아시아인"이 호환되는 용례는 어렵지 않게 발견된다. 예컨대 내선일체주의자 현영섭은 1939년 글에서 "동양에서 백인의 압박을 배제하는 것, 이를 위해 동양인 전체가 하나가 되어 나아가는 것, 이는 전 아시아인의 생명 의지이다."라고 주장한다.[25]

---

21) 가네코 도테이a(金子斗禎), 앞의 글, 51쪽; 최남선, 『亞細亞의 解放』, 『매일신보』(1944년 1월 1일), 「아세아의 해방」, 『친일반민족행위관계사료집Ⅹ』, 368쪽.

22) 홍양명, 「東京紀行－言語와 槪念」, 『滿鮮日報』(1940년 2월 28일), 「동경기행－언어와 개념」, 『친일반민족행위관계사료집Ⅷ』, 990쪽.

23) 安寅植(안인식), 「東亞ノ建設卜儒道ノ精神」, 『經學院雜誌』 45, 1940, 26~41쪽, 「동아의 건설과 유도정신」, 『친일반민족행위관계사료집ⅩⅢ－일제강점기 유학계의 친일협력과 친일한시－』, 2009(이하『친일반민족행위관계사료집 ⅩⅢ』), 239쪽. 본문의 용례는 적지 않게 발견되는데, 예컨대 경성제국대학 교수 모리타니 가쓰미(森谷克己)가 1942년에 출간한 「대동아전쟁의 경제적 의의」도 그 하나이다. 모리타니 가쓰미(森谷克己), 앞의 글, 특히 96~97쪽.

24) 최남선a, 앞의 글, 367~368쪽.

25) 현영섭b, 「事變の人類史的意義と内鮮一體の東亞協同體完成への寄與－事變第二周年を迎へて考る

이는 지역적 주체로서의 '아시아 인'과 '동양인'이 1940년 전후 식민지 담론 공간에서 혼용되고 있음을 보여준다. 이처럼 혼용되는 것은, 앞에서 보았던 "아시아의 10억 민중"과 "전 동아 10억 대중"의 혼용 사례에서처럼, '동아인'과 '아시아인'과 관련해서도 마찬가지였다. 이처럼 '동아인, 아시아인, 동양인' 역시 당대 담론 공간에서 상호 혼용되면서, 착종되고 있었다. 지금까지 살펴본 바와 같이 공간과 주체의 측면 모두에서 '황인종'과 '유색인종'의 연관어들인 '동아(인), 아시아(인), 동양(인), 대동아'는 상호 혼용되면서, 착종되고 있었다. 이에 유의하면서, 아시아-태평양 전쟁기 식민지 조선의 담론 공간에서 생산. 유포된 '인종'에 대해서 살펴보도록 하자.

Ⅱ. 대동아전쟁과 인종전쟁성(性) 경쟁

일본 제국의 '대동아전쟁'을 인종 전쟁으로 재현·표상하는 것은 제국 일본의 담론 공간에서뿐만 아니라 식민지 조선의 담론 공간에서도 이루어지고 있었다. 1941년 12월 일본 제국 해군의 진주만 기습 직후, 조선영화인협회 상임 이사 안석주(安碩柱)는 자신의 「대동아전과 영화인의 임무」에서 "미영[(米英)]"과의 "대동아전"에서 "동아세아의 해방을 위해서" 뿐만 아니라 "황인종의 미래의 안녕을 위해서 싸운다는 이념도 있어야" 한다고 주장한다.[26] 이어서, 1942년 초 이화여자전문학교 교장 김활란(金活蘭)은 자신의

こと」, 『東洋之光』 7월호(1939년), 「사변의 인류사적 의의와 내선일체의 동아협동체 완성에 대한 기여-사변 제2주년을 맞이하여 생각하는 것」, 『친일반민족행위관계사료집Ⅹ』, 221쪽.
26) 야스다 사카에(安田榮), 「大東亞戰과 映畵人의 任務」, 『매일신보』(1941년 12월 18일), 안석주, 「대동아전과 영화인의 임무」, 『친일반민족행위관계사료집ⅩⅤ-일제강점기 문예계의 친일협력-』, 2009(이하 『친일반민족행위관계사료집ⅩⅤ』), 640쪽. 야스다 사카에는 안석주의 창씨명이다. 물론 야스다 역시 앞의 글에서 "대동아전"을 "동아세아의 해방"과, "대동아공영권과 세계신질서[건설]를 위한 성전"으로도 규정하고 있다.

「여성의 무장」에서 일본 제국의 아시아-태평양전쟁이 "동양인 전부를 저 앵글로색슨 인종의 침해로부터 구하려는 성스러운 싸움"으로, 다시 말해 "앵글로색슨 인종" 대(對) "동양인 전부"의 전쟁으로 규정한다.[27] 또 비슷한 시기 소설가 장혁주(張赫宙)는 1942년 「대동아전쟁에 즈음하여」에서 "반도인 여러분들"에게 "이 전쟁[대동아전쟁]에서 만약에 [일본 제국이] 진다고 한다면 유색인들 전부는 영국과 미국 기타 백인의 완전한 노예가 되는 것이다."라고 '위협'하면서, 인종에 초점을 맞추어 '대동아전쟁'을 "영국과 미국 기타 백인"과 "유색인들 전부", 또는 '백인'과 '유색인'의 전쟁으로 재현·표상하였다.[28] 이제 '대동아전쟁'은 "앵글로색슨 인종" 대(對) "황인종"의 전쟁에서 더 나아가 "백인", 즉 '백색 인종'과 "유색인", 즉 '유색 인종' 간(間)의 전쟁으로 표상되었다. 이것들은 아시아-태평양전쟁 발발 직후 식민지 조선의 담론 공간에서 일본의 '대동아전쟁'이 백색 인종과 여타 유색 인종 간의 인종전쟁으로 재현·표상되고 있었음을 보여준다. 그렇지만 전쟁 직후 재현·표상된 '대동아전쟁'의 인종 전쟁 담론이 식민지 담론 공간에서 지배 담론으로서 안정된 상태에 있었던 것은 아니었다.

인종 전쟁 담론의 불안정과 관련해 주목할 것은 전쟁 진행 과정에서 대동아전쟁의 인종전쟁성(性)이 식민지 담론 공간에서 부인되고 있었다는 점이다. 예컨대 『매일신보』 편집국장이었던 유광렬(柳光烈)은 1942년 『대동아선언의 의의』에서 "제국으로서는 적국 측이 선전(宣戰)한 인종전은 전혀 예상하지 아니하고 그 필요도 인정하지 않는"다고 하는 당시 일본 정부 외상 도고 시게노리(東鄉茂德)의 발언을 인용하고, 일본 제국이 "같은 백인 중에도" "독이(獨伊)와는 동맹"을 맺고 "미영[(米英)]의 세계적 착취제패를 분쇄"하고자 하고 있음을 근거로 제시하면서, "대동아전쟁이 백색인종인 미영과

27) 야마기 카쓰란(天城活蘭), 「女性의 武裝」, 『朝光』 8(2)9(1942년 2월), 김활란, 「여성의 무장」, 『친일반민족행위관계사료집 X』, 555쪽. 야마기 카쓰란은 김활란의 창씨명이다.
28) 장혁주, 「大東亞戰爭に際して」, 『文藝』(1942년 1월호), 「대동아전쟁에 즈음하여」, 『친일반민족행위관계사료집 XV』, 727쪽.

싸운다 하여 인종전쟁이냐 하면 절대로 그런 것은 아니다."라고 주장하면서, 대동아전쟁의 인종 전쟁성을 부인하였다.[29] 또 김두정은 자신의 책 『반도황민생활물어(半島黃民生活物語)』 중 「흥아(興亞)건설에 있어서 반도의 사명」에서 '대동아공영권'에 관해 설명하면서 "우리는 결코 백색인종을 인종적으로 배격하려는 봉건적. 보수적 관념에서 아시아 부흥을 말하는 것이 아니다."라고, 바꿔 말해 "인종적 평등을 쟁취"하기 위하여 그리하는 것이라고 주장하였다.[30] 그의 주장은 '대동아공영권' 건설을 위한 '대동아전쟁'이 인종 전쟁이 아니라고 주장하는 것이다. 이것들은 전쟁 직후 재현 · 표상된 '대동아전쟁'의 인종 전쟁성이 전쟁 진행 과정에서 부인되고 있던 식민지 담론 공간의 모습을 보여준다.

그렇다 하더라도, 인종 중심의 주체. 세계 인식론은 '대동아전쟁' 관련 각종 선전 · 선동에서 자신의 모습을 보여주고 있었다. 이와 관련해서, 먼저, 내선일체주의자 현영섭의 주장은 시사적이다. 그는 1940년 「내선일체 관견(管見)」에서 "'인간', '인류', '세계'를 말하는 추상적인 관념은 현실 생활을 갖고 있는 인종과 민족, 국민에 대해 적지 않은 해독을 끼쳤다."고 주장한다. 이어서, 그는 "인간이라는 이름 아래, 자유라는 이름 아래, 혹은 세계평화라는 이름 아래 수많은 죄악이 유럽인종에 의해 저질러진 역사를 우리는 갖고 있다."고 하여, "'인간', '인류', '세계'"를 "추상적인 관념"으로 지정하고 그것의 '해독성'을 규탄하는 한편 "인종과 민족, 국민"을 "현실 생활을 갖고 있는" 것으로 실체화(實體化)하였다.[31] '인간 · 인류의 관념화와 인종의 실체

---

29) 유광렬b, 「大東亞宣言의 意義」, 『朝光』 8(3)(1942), 「대동아선언의 의의」, 『친일반민족행위관계사료집 X』, 307~312쪽, 특히 301쪽.

30) 가네코 도테이b(金子斗禎), 앞의 책, 538쪽. 본문의 「흥아건설에 있어서 반도의 사명」은 김두정이 1940년에 발표한 「新興亞體制下に於ける朝鮮の使命」의 개제(改題) 논문이며, 본문에 인용된 구절은 그의 여타 글, 예컨대 「東亞問題特輯: 亞細亞復興と內鮮一體」(1939년)에서도 거의 동일한 구절이 발견될 정도로 그의 지견(持見)이었다. 가네코 도테이a(金子斗禎), 앞의 글; 김두정a, 앞의 글, 43쪽.

31) 현영섭c, 「內鮮一體管見: 硏究の一覺書」, 『總動員』 2(1)(1940년 1월), 「내선일체 관견(管見)」, 『친일반민족행위관계사료집 X』, 226쪽. 그렇다고 해서, 그가 곧바로 "인간·인류·세계·평화"를 폐기했던 것은 물론 아니다. 대신, 그는 "일본 정신에 의해 여과된 인간(사람)·인류·세계(사해)·평화는 있다."고 하여 '일본 정신에 의한 여과'를 '인간' 등의 유의미성의 단서 조

화'는 인종 중심의 주체(subject) 인식론을 보여주는 것이다.

인종 중심의 주체 인식론은 소설가 박종화의 1944년 글, 「동양은 동양 사람의 것」에서도 목격된다. 그 글은 "백인"과 "동양 사람"에 관한 설명에서 "저들[백인]의 얼굴빛은 희되 우리들[동양 사람]의 얼굴빛은 누르다. 저들의 머리는 노란 곱슬머리요 우리들의 머리는 검고 윤이 흐른다"고 묘사한다.[32] 이것은 기본적으로 "백인"과 "동양 사람"을 각각 "저들"과 "우리들"로, 다시 말해 '타(他)'라는 객체와 '아(我)'라는 주체로 구성해내는 것이다. 그런데 앞의 글에서 주체/타자 구성법과 함께 주목되는 것은 '얼굴과 머리카락의 색과 모양'이라는 외양적 특징을 기준으로 하여 사람(人)이 '백인'과 '동양인'이라는 종(種)으로 구분되고 있다는 점이다. 물론, 그와 같은 인종 중심의 인간 집단 분류법이 박종화의 것만은 아니었다.

인종 중심의 집단적 인간 분류법은 당시의 많은 전쟁 선전 · 선동에서 어렵지 않게 발견된다. 예컨대, 유광열의 1942년 글, 「대전 후의 세계관」은 "영국 붕괴 이론"을 설명하면서, 영국 제국이 인적인 측면에서 한편으로는 "영 본토인"과 그것의 "동근(同根)"으로서 '영국 본토와 카나다, 호주'에 거주하는 인간, 다른 한편에서는 '아프리카의 흑인'과 '인도, 미얀마, 말레이, 보르네오 등지의 동양인'이라는 "유색인"으로 구성되어 있다고 제시한다.[33] 이것들은 "유색인"에 "흑인"이 더해진 인간 분류법이 영국 제국 내의 인간을 집단으로 분류하는 기준으로 작동하고 있음을 보여준다. 이처럼 지구상 인간을 커다랗게 '얼굴이 하얀 백색(白色) 인종'과 '얼굴에 색깔이 있는 유색(有色) 인종'으로 구분 · 분류하는 인종학은 당시 전쟁 선전 · 선동물에서 주

건으로 하면서 그것들을 일본화(Japanize)하고 있다(현영섭c, 앞의 글, 226쪽). 덧붙이면 그는 이미 중국인들의 항일을 '비난'하는 과정에서 "우리는 싸구려 휴머니즘에 의해 저항하는 중국에 동정할 수는 없다."고 하여, '휴머니즘'을 정치화·국가화 하였다(현영섭b, 앞의 글, 221쪽).

32) 박종화, 「동양은 동양 사람의 것」, 『每日新報』, 1944년 8월 27일~9월 2일자, 김병걸·김규동 편, 『親日文學作品選集』, 실천문학사, 1986, 155~159쪽.

33) 유광렬a, 「大戰後의 世界觀」, 『春秋』 2월호(1942), 「대전 후의 세계관」, 『친일반민족행위관계사료집X』, 303쪽.

체 인식의 기본 틀이었다.

인종 중심의 주체 인식론에 따라 전쟁 선전·선동물에서 '인종'은 일본 제국의 신민을, 따라서 조선인 또한 정체화하는 핵심 자원으로 기능하였다. 앞에서 보았던 인종 중심의 주체 구성법을 배경으로 하여, 1940년 전후의 전쟁 선전·선동물은 "우리 황색 인종" 등의 호명이나 "우리 일본을 중심으로 한 황색 인종" 등의 구절을 곳곳에서 반복 사용하는 것을 통해 자신들의 독자인 조선인들을 '황색 인종'으로 정체화하고자 하였다.[34] 이와 같은 정체화 노력은 적어도 법적으로는 제국 신민이었던 조선인을 정체화하는데 인종이 주요 자원으로 개발·동원되고 있었음을 보여준다.

마찬가지로 '인종'은 1940년 전후 식민지 담론 공간에서 적대적 타자를 구성하는 자원이기도 했다. 예컨대 유광렬은 1942년의 글에서 영국과 미국이 파리강화회의(1919-1920)에서 "호주백인주의(濠洲白人主義)의 이기주의 하에 [일본 제국의] 인종평등안을 부인하여 유색인종을 차별하겠다는 태도를 보였고" 또 실제 "호주영인"(濠洲英人) 즉 영국계 호주인들이 동(同) 회의에서 "영인호주주의(英人濠洲主義)를 고조(高調)하고 인종평등안을 악살(握殺)"하였다고 설명한다.[35] 구체적으로, 유광렬은 1943년의 글에서 "지광인희(地廣人稀)한 호주(濠洲)는 영국의 전단(專斷)하에 백호주의를 고집하여 황색 인종은 한 사람도 들이지 않게 되었"다고, 다시 말해 '백호주의'(白濠主義)를 "고집"하는 "영국의 전단(專斷)"을 들어, '황색 인종'에 대해 수용적이지 않은, 요컨대 인종 차별적인 영국을 재현하였다.[36]

이처럼 인종 차별적인 '백인'상(相·像)의 재현·표상은 미국과 관련해서도 이루어졌다. 예컨대 1923년부터 1936년까지 미국에서 공부하였던 조선

---

34) 예컨대 문명기, 앞의 책, 287쪽; 허하백, 「銃後婦人의 覺寤」, 『大東亞』 14(3), 1942년 5월, 「총후부인의 각오」, 『친일반민족행위관계사료집 X』, 633쪽; 김두정a, 앞의 글, 43쪽; 가네코 도테이a(金子斗禎), 앞의 글, 51쪽.
35) 유광렬b, 앞의 글, 309~310쪽.
36) 유광렬c, 「大東亞戰爭의 聖戰意義」, 『朝光』 9(9), 1943, 「대동아전쟁의 성전 의의」, 『친일반민족행위관계사료집 X』, 317쪽.

58 ▎ 1부＿ 전쟁의 수사학

임전보국단 간부 장덕수는 1942년 「적성(敵性)국가의 정체」에서 "영미에 가서 친히 문견[(聞見)]한 일단(一端)"으로 "흑인의 학대문제는 오늘날에도 오히려 해결되지 못한 사회문제의 중대한 일부면[(一部面)]"이라고 하면서, 그 "일례"로 "뉴-욕의 종로라고 할만한 '부로오드·웨이[(Broadway)]'의 한 식당"에서 자신이 목격했던 사건, 즉 "흑인에게 음식을 팔면 백인 손님들이 오지를 안는다"고 "흑인에게 음식을 팔지 안"아 "점잔은 흑인 한 사람"이 "자리를 차고 나"간 에피소드를 소개하였다.37) 이어서 같은 글에서 그는 자신이 1923년에 도미하여 잠시 공부했던 오리건(Oregon) 주립대학 재학 중 "친히 당한" 경험, 특정하게는 이발(理髮) 경험을 이야기하면서, 다음 일화를 소개한다. 즉,38)

> 오레곤 대학에 있을 때에 그 동리 어떠한 이발소에 이발을 하라 갓음니다. 그런즉 그 집주인이 하는 말이 우리는 동양사람의 머리는 깍지 안는다고, 웨 동양사람의 머리털은 쇠사실인 줄 아느냐 한즉 하여튼 동양사람의 머리는 안 깍는다는데 무슨 잔소리냐 해서 할 수 없이 대학 안으로 도라와서 이발을 한 경험이 있음니다.

위 인용에 이어지는 "미국에는 이와 같이 유색인종에 대한 차별이 심함니다."라는 문장에 분명히 나와 있듯이, 앞 인용은 '미국에서 흑인에 대해서만이 아니라 동양 사람에 대해서도 이루어지는 심각한 유색 인종 차별' 상(相)을 자신의 청중과 독자에게 재현하는 것이었다. 이로써 차별되는 인종은 흑색 인종에서 "중국", "인도나 남양(南洋)이나 아프리카" 등지의 유색 인종으로 확대된다.39)

---

37) 장덕수, 「敵性國家의 正體」, 『三千里』 14(1), 1942년 1월, 24~27쪽, 「적성(敵性)국가의 정체」, 『친일반민족행위관계사료집 X』, 446쪽.
38) 장덕수, 앞의 글, 446쪽. 위 글 중(中) "이러한 나라를 도의의 문명국이라고 할수 있음니가. 박수)"라는 구절에서 분명히 보이듯이, 앞글은 강연문이 잡지에 전재(轉載)된 기사로 보인다(장덕수, 앞의 글, 447쪽).
39) 야나베 에이자부로(矢鍋永三郞), 「大東亞と文化」, 『大東亞』 14(3), 1942년 5월, 「대동아와 문화」, 『친일반민족행위관계사료집 XV』, 92쪽.

유색 인종 일반으로까지 확대된 인종 차별의 주체도 백인 일반으로 확대된다. 문명기는 "일찍이 독일의 폐위된 황제 카이저[빌헬름 2세(Wilhelm II, 1848-1921)]가 주장한 '황화론(黃禍論)'이라는 책을 읽은 적이 있"다고 하면서, 그 책에서 보이는 "황색 인종은 백색 인종의 화근"이라는 주장은 "그들이 인류로서의 우월감에서 우리 황색 인종을 경멸하고 또 차별적 대우를 한다는 의미"라고 해설한다.[40] 이것들은 백색 인종과 유색 인종 간의 인종 평등을 반대하면서 유색 인종을 차별하는 존재로서의 미·영 상(像)을, 나아가 백인 상을 구축하여 백인, 특히 영·미를 유색 인종의 타자, 그것도 적대적인 타자로 표상하고자 한 것이었다.

적대적 타자 표상 작업에는 '유색 인종에 대한 착취적인 지배자'상(相·像)도 개발·동원된다. 예컨대 경성일보 사장 미타라이 다쓰오(御手洗辰雄)는 1942년에 인문사 편집부가 편집·발간한 『아시아-태평양전쟁과 조선』 가운데 「태평양 천 년의 결의」에서 "영국은 세계 육지의 대략 4분의 1, 32,000,020㎢의 토지를 지니고 5억의 인간을 지배하고 있는데, 불과 5천만 앵글로색슨 민족을 제외한 다른 4억 여만의 이[(異)]인종 대부분은 영원한 노예로서 단지 그들의 사치스런 생활을 유지하기 위한 착취의 도구로 전락하고 있다."라고 기술한다.[41] 그리고 장덕수는 영국 엘리자베스 1세 여왕(Elizabeth I, 1533-1603) 시대에 있었던, "영국사람은 누구나 총과 칼을 들고 아프리카(亞弗利加)의 촌락을 습격하야 붓잡히는 흑인은 남녀노유를 물론하고 모다 노예로 팔 수 있다"는 내용의 '노예무역' 관련 칙령을 소개하고 또 "오늘날 영국의 유명한 항구의 하나인 '리바-푸울'[(Liverpool)]과 같은 항구는 이러한 노예의 무역으로써 살진 항구"라고 언급하고서, "영미의 역사를 훑어보면 그 부강의 배후에는 이러한 노예의 억울한 눈물과 분한 피가

---

40) 문명기, 「육해군기 헌납에 대하여」, 앞의 책, 286~287쪽. 앞의 글은 "1935년 4월 7일 해군기 헌납의 날에 마이크를 통해 경성방송국에서 방송한 것으로, 당시 잡지 '국방(國防)'에 게재된 것"이다(문명기, 앞의 글, 286쪽).
41) 미타라이 다쓰오(御手洗辰雄), 「태평양 천 년의 결의」, 인문사 편집부 엮음, 신승모·오태영 옮김, 앞의 책, 43쪽.

뛰고 있음니다."라고 결론 맺는다.[42]

　미타라이 다쓰오나 장덕수의 인종 중심 앵글로색슨 비판은 유광렬의 글에서도 계속해서 나타난다. 그는 키플링(Joseph Rudyard Kipling, 1865-1936)이 "영국의 제국주의를 대표한 시인"이라 하면서, 그의 시(詩)가, '백인의 짐'(White Man's Burden)에서처럼, "백인은 의례히 유색인종을 지배하듯이 구가(謳歌)하였다."고 비판하였다.[43] 이것들은 기본적으로 "영국"의 "앵글로색슨 민족"의 "사치스런 생활"과 "[영국과 미국의] 부강"이 "흑인" 등 "이[異)]인종", 즉 유색 인종을 노예적으로 착취한 것에 기초해 있다고 이야기하는 것이다. 또한 그것들은 자신을 위해 "의례히 유색인종을 지배"하고 "착취"하는 존재로, 요컨대 유색 인종의 지배 · 착취자로 백색 인종을 재현 · 표상하는 것이었다.

　나아가 백색 인종은 더 포괄적으로 유색 인종에게 '불행'을 가져다주는 존재로까지 재현 · 표상되었다. 예컨대 국민총력연맹 문화부장 야나베 에이자부로(矢鍋永三郎)는 1942년 「대동아와 문화」에서 "미 · 영의 문화"를 논하면서, 그것이 "자신[미 · 영]의 이익을 도모하는 방면으로 사용되어 다른 한편으로 다른 인류는 큰 불행에 빠"졌으며, "이[영 · 미]의 문화로 인해 가장 유감스러운 것은 유색 인종"이라고 주장하였다.[44] 이로써 백색 인종은 지배 · 착취자로서만 아니라 문화적으로도 "[자기와는] 다른 인류", 즉 "유색 인종"을, 그것도 황색 인종에게는 가장 유감스럽게도, "큰 불행에 빠"뜨리는 존재로 정체화되었다.[45]

---

42) 장덕수, 앞의 글, 446~447쪽. 물론 장덕수의 글에서 결론은 영·미가 '도의의 문명국이 아니다.'라는 것이다(장덕수, 앞의 글, 447쪽).

43) 유광렬c, 앞의 글, 319쪽.

44) 야나베 에이자부로(矢鍋永三郎), 앞의 글, 92쪽.

45) 덧붙이면 백인이 지배·착취적 존재로 재현·표상되면서, "구미의 제국주의" 또는 "구미적 제국주의"라는 지정학적 호명과 함께 "백인 제국주의"라는 인종 중심의 호명이 전쟁 선전·선동 자료에서 보여졌다(박희도a, 「新東亞의 建設과 我等의 使命」, 『東洋之光』 1(4)(1939년 4월), 「신동아 건설과 우리의 사명」, 『친일반민족행위관계사료집 X』, 92쪽; 김두정b, 「興亞的大使命으로 본 '內鮮一體'」, 『三千里』 12(3)(1940년 3월), 『친일반민족행위관계사료집 X』, 48쪽). 나아가 "영국의 지배를 받는 국민들에게는 내일의 희망도 광명도 생활의 어떤 개선도 부여되고 있지 않다. 이 점에 세계 불안, 세계 동요의 일대 원인이 있다."고 하는, 또 "그들

'백색 인종, 유색 인종'이라는 인종학은 당대 인류 역사를 바라보는 관점으로도 기능하고 있었다. 예컨대 김두정은 1939년의 글과 1943년의 책 등을 통해 "인류사"에서 "19세기는 앵글로색슨을 중심으로 한 백색 인종의 전성시대였지만, 20세기부터는 우리 일본을 중심으로 한 황색 인종 부흥의 시대로 나아가고 있"다고 주장하였다.[46) 여기에서 "인종"이 19세기와 20세기 이후의 세기적 특성과 '인류사'의 "일대 전회(轉回)"를 판별하는 준거(準據)로 기능하면서, 19세기 이후의 시·공간은 주로 인종의 지위 변화라는 관점에서 역사화되고 있다.[47) 이처럼 '인종'은 인류의 최근 과거와 당대를 역사화하는 기표였다.

'인종'이라는 기표는 '유사(有史) 이래의 세계'를 이야기하는 데에도 자신의 모습을 보여준다. 이와 관련해서 김두정의 글과 책에서 보이는 다음 구절은 시사적이다. 즉,[48)

> 유사 이래 세계를 문화적으로 무력적으로 지배하고 지도해온 아시아는 대 몽고의 세계정복이나 터키의 구라파 3대륙 제패의 흔적도 없이 과거 3세기 동안 물질적으로도 정신적으로도 무력적으로도 완전히 백색인종의 말발굽 아래 유린되어왔다. 찬란한 정신문명은 피폐·소멸했고 무진장한 자원은 백색인종에게 강탈당했으며, 게다가 아시아 인종의 거대한 부분은 그들의 노예로 변 했다[또는 "노예가 되었다"].[49)

은 세계를 침략해 세계를 동란 속에 몰아넣고 있는 원흉이다. 그들[미국인들]은 언제나 세계 인류를 착취·위압하는 인류의 공적"이라고 하는 미타라이 다쓰오(御手洗辰雄)의 주장에서처럼 미국과 영국은 유색 인종의 적대적 타자일 뿐만 아니라 '인류의 적대적 타자'로까지 재현·표상되었다(미타라이 다쓰오(御手洗辰雄), 앞의 글, 43, 47쪽).

46) 김두정b, 앞의 글, 48쪽; 가네코 도테이a(金子斗禎), 앞의 글, 56쪽; 가네코 도테이b(金子斗禎), 앞의 책, 533쪽.
47) 김두정b, 앞의 글, 48쪽.
48) 김두정a, 앞의 글, 43쪽; 가네코 도테이a(金子斗禎), 앞의 글, 51쪽; 가네코 도테이b(金子斗禎), 앞의 책, 533쪽.
49) 이어서 김두정의 글은 "백색인종"과 "백색인종의 말발굽 아래 유린"된 지역들을 구체적으로 하나하나 거명하여, '제정 러시아는 시베리아를, 영국은 인도와 아프가니스탄, 버마, 해협식민지(말라카, 싱가포르, 페낭 섬), 홍콩을, 또 프랑스는 인도차이나를, 네덜란드는 말레이 군도를, 스페인과 미국은 필리핀을 자신의 식민지로 하여 지배'하였다고 적시하였다(김두정a, 앞의 글, 44쪽).

여기에서 "인종"은 지정학적 기표와 결합하여 "유사 이래", 특히 [최근]
과거 3세기 동안'의 "세계"를 이야기하는 것에서도 사용되고 있었다. 이것
은 '인종'이 최근세 과거만이 아니라 유사 이래 역사 시기 전체 서사를 관통
하는 시점(視點)으로 기능하고 있음을 보여준다. 또한 그것은 인종이 역사
시대의 세계 전체, 즉 '구라파(歐羅巴), 아세아(亞細亞), 아불리가(阿弗利加,
Africa) 3대륙'을 바라보는 시좌(視座)로도 자리 잡고 있음을 보여준다.

세계 역사 서사(敍事)의 관점으로 자리 잡은 인종은 당연히도 일본 제국
의 과거를 바라보는 시점으로도 기능하였다. 예컨대 김두정은 19세기 말
청·일 전쟁을 "백인의 침략에 각성하지 못한 청국 봉건세력에 대한 일격"
으로, 또 20세기 초 러·일 전쟁을 "백색 인종의 동양 침략에 종막을 고하는
동시에 아시아 민족들에게 반백인적 궐기를 선도"하였던 "흥아대전(興亞大
戰)"으로, 또 1930년대 '만주사변'을 "동양인의 문제를 동양인 자신이 해결"
할 "좋은 기회"로, 또 당시 진행 중인 중·일 전쟁과 아시아-태평양전쟁을
"대동아인의 대동아건설을 완성하려는 성전"으로 규정하였다. 이것은 근대
시기 일본 제국의 전쟁들을 '백색 인종의 동양 침략에 반대하고 자신들의
대동아를 건설하려는 동양인·대동아인의 역사' 위에 위치시키는 것이었
다.[50] 이처럼 일본 제국의 과거는, 이동화(李東華)의 표현을 빌리면, "동양의
나라들"과 "동양 민족들"로 하여금 "그들[서구 국가들]의 인종적 멸시의 압박"
과 "지금까지[의] 백인 오랑캐의 유린을 벗어날 수 있"도록 한 것으로 의미화
되고 역사화되었다.[51] 이는 '인종'이 일본의 과거를 바라보고, 또 그것을 역
사화·의미화하는 척도로 기능하고 있음을 보여준다.

---

[50] 가네코 도테이b(金子斗禎), 앞의 책, 530~531쪽: 가네코 도테이a(金子斗禎), 앞의 글, 57쪽.
특히 일본의 러·일 전쟁은 "아시아 민족들"에게 "반백인적 투쟁에 승리할 수 있었다는데
서 자신감"을 불어 넣으면서 "아시아 민족들의 해방운동"을 1920년대에 터키, 페르시아,
이라크, 아프가니스탄 등 "아시아 전체로 파급"시켜 그 나라들이 "독립"할 수 있게 하였
을 뿐만 아니라 "아라비아의 이집트의 흥기, 자바의 민족해방투쟁 등의 반백인적 민족 궐
기"가 "규모 및 질적으로 발전"하도록 했던 것으로 이야기되었다(김두정a, 앞의 글, 44쪽).
[51] 이동화, 「緒, 朝鮮人への兵役の義務, 日本禮讚」, 『國防と朝鮮人』, 東京: 黃人社, 1933, 『국방과
조선인』, 『친일반민족행위관계사료집 X』, 169쪽.

그뿐만 아니라 일본 제국의 과거 국제적 활동 역시 '인종'이라는 관점에서 이야기되고 있었다. 예컨대, 문명기(文明琦)는 1937년 자신의 책『(진정한 세계평화로) 소지일격(所志一檄)』에서 1919년 국제연맹이 결성될 때 일본 제국이 "진정 평화주의 실현의 일단으로서 인류 차별 철폐, 즉 인종평등주의를 제창하고 그[국제연맹 규약] 조문에 명기할 것을 요구했지만, [영·미 지상주의(至上主義)로 말미암아] 전원일치의 동의를 얻지 못하고 부결되었다."고 이야기한다.[52] 또한 이각종(李覺鍾)은 일본 제국의 1933년 '국제연맹 탈퇴'에 관해서 이야기하면서, "[일본 제국이] 국제연맹을 이탈하여 유색 인종을 위하여 만장의 기염을 토하"였다고 하여, 탈퇴 또한 "유색 인종을 위"한 것과 연관되어 있는 듯 이야기하고 있다.[53] 이러한 이야기들은 일본 제국의 과거 국제적 활동을 "인종평등주의"에 입각한 것이라고 설명하면서, '인종'이 제국 일본의 과거 활동에 관한 서사의 기축(基軸)을 이루고 있음을 보여준다.

마찬가지로 '인종'은 근대 조선 역사에 관한 서사에 있어서도 관점으로 기능하였다. '인종'은 먼저 일본 제국의 조선 식민지화를 정당화하는 담론적 자원을 제공하였다. 예컨대 배상하는 1940년의 글에서 "한일병합"이 없었다면 "지금쯤 조선은 어떤 국가형태가 되었을까?"라고 문제를 던진 다음 그 답을 다음과 같이 상세 설명한다. 즉,[54]

첫 번째로 상상할 수 있는 것[백색인종에 예속]은, 해수면이 얼지 않는 항구를

---

52) 문명기, 『(眞の世界平和へ) 所志一檄』, 盈德: 雲岩書齋(1937년), 「(진정한 세계 평화로) 소지일격(所志一檄)」, 『친일반민족행위관계사료집 X』, 275쪽.

53) 이각종, 『國民精神總動員讀本』, 京城: 新民社, 1938, 『국민정신총동원독본』, 『친일반민족행위관계사료집 X』, 418쪽. 덧붙이면, '인종 평등'을 위한 일본의 국제적 노력의 재현에 있어, 일본의 파리강화회의와 국제연맹 관련 활동이 종종 언급되고 있는데, 예컨대 유광렬은 1943년 「대동아전쟁의 성전 의의」에서 "아국은 이 지구상에 사는 인종으로서 색의 황백을 물론하고 다 같이 생존할 권리가 있음을 주장하여 파리강화회의에서 인종평등안을 주장하였으나 정의를 공렴(空念)하는 미영은 이를 일고도 하지 않았"다고 주장한다(유광렬c, 앞의 글, 317쪽).

54) 호시노 아이카와b(星野相河), 앞의 글, 115~117쪽.

찾아 늘 극동을 물색하고 있는 러시아가 반드시 조선에 그 초점을 발견했으리라는 것이다. 무력에서 현격한 차이가 있는 조선이 무력으로 굴복당해 백색인종의 속국이 되고, …(중략)…. 게다가 조선인들은 황색인종이기 때문에 …(중략)… 흑색인종과 마찬가지로 농노의 운명에 처해 고통을 받을 것이다. …(중략)… 그 뒤 러시아제정의 붕괴와 더불어 조선도 적색 러시아의 공산주의적 농·공장으로서 백인의 본능을 충족시키는 기구라는 존재를 감내할 수밖에 없을 것이다. 설령, 다행히 러시아의 호구(虎口)에서 벗어날 수 있었다 하더라도, 영국과 미국의 극동정책은 반드시 조선에 파급되어 곳곳에 제2의 홍콩이 생겨났을 것이다. 두 번째로 상상할 수 있는 것[중국의 속령]은, …(중략)…. 중국문화의 쇠퇴와 더불어 조선도 세계의 수준에서 뒤처지고 백인이 중국에 가한 온갖 역사적 굴욕을 함께 체험할 수밖에 없었을 것이다. 세 번째로 상상할 수 있는 것[독립국가]은, …(중략)… 국가가 쇠퇴하고 세계의 문화에 뒤처진다는 것 …(중략)…

위의 다소 긴 인용은 "백색인종", "황색인종", "흑색인종"과 같은 인종 기표들과 "예속", "속국", "백인의 본능을 충족", 또 '백인이 가하는 역사적 굴욕'에서처럼 '백색 인종의 유색 인종 지배' 관련 단어·구절을 결합시켜, '한·일 병합이 없었을 경우의 조선 상황'을 "예언"하였다. 여기에서 우리는 인종이라는 관점에서 가정형의 조선 근대사가 이야기되고 있음을 볼 수 있다. 가정형의 서사는 "한일병합은 조선에서의 백인의 횡포, 중국의 침략, 열등국가라는 기록에 찍은 최후의 구두점(句讀點)이다."라는 문장으로 끝난다.[55] "백인의 횡포"로 술부(述部, predicate)가 시작되는 종결 문장은 인종이라는 관점에서 "한일병합"을 정당화한다. 이처럼, '인종'은 조선 근대사 서사의 관점으로 기능하고 있었다.

나아가, '인종'은 식민지 조선의 당대사(事·史)에 관한 서사의 관점으로도 기능하였다. 먼저 김두정은 1939년의 「아세아부흥과 내선일체」에서 "신화적으로 고고학적으로 인종학적으로 고찰해서 일본과 조선의 기간(基幹)

---

55) 호시노 아이카와b(星野相河), 앞의 글, 117쪽.

종족은 몽골리언 중에서 가장 우수한 퉁구스족이며, 여기에 쌍방 모두 북부에서 들어온 아이누족과 남부에 표착(漂着)한 말레이족의 피가 다소 혼합되어 있다.”는 것을 ‘내선일체의 근거’로 제시한다.[56] 또 같은 해 국민정신총동원조선연맹 이사 정교원(鄭僑源)은 「내선일체의 윤리적 의의」에서 “일본과 조선의 관계는 원래 문화적 교류가 있었을 뿐만 아니라 인종도 언어계통도 같고”라고 하여, ‘일본인과 조선인이 동일 인종인 것’을 “내선일체”의 근거로 제시하고 있다.[57] 이것은 배상하의 「조국(肇國)의 정신과 조선의 장래」에서도 공명된다. 그 글은 먼저 ‘인종의 체질’과 ‘자연 지리적 위치’를 연결하여 “국가가 같은 위도와 경도에 위치한다는 것은 인종의 체질이 유사하다는 것으로 귀결되는 중대한 원인이다.”라 하여 인종성 결정력을 공간에 부여한다. 이어서 그는 ‘같은 위도와 경도에 위치’한 “일본민족과 조선민족”이 “황색인종 중”에서도 “참으로 유사한 체질을 갖고 있”으며 이는 “혈액이 섞여 있다는 점을 말해주는 것”이라 주장하여, “피로 연결되지 않았다는 이유로 내선일체를 긍정하지 않는 속론(俗論)”에 반박한다.[58] 이것은 ‘인종의 동일함’이 아시아-태평양전쟁 직전부터 진행되고 있었던 ‘내선일체 운동’의 근거로 기능하였음을 보여준다. 이처럼, ‘인종’은 1930년대 중후반 이후 본격적으로 추진되고 있던 당대 내선일체론과 그 운동을 정당화하는 관점으로 기능하고 있었다.

‘인종’은 현재의 세계와 그것의 문제점을 인식하고, 나아가 장래를 예견하는 관점으로도 기능하고 있었다. 예컨대 김두정은 1940년 전후의 글들에서 “아시아의 대부분은[이] 여전히 백색인종의 지배에서 해방되지” 못해 “아

---

56) 김두정a, 앞의 글, 56쪽.

57) 정교원a, 「內鮮一體の倫理的意義」, 『朝鮮』293(1939년 10월), 「내선일체의 윤리적 의의」, 『친일반민족행위관계사료집Ⅹ』, 200쪽. 본문의 주장은 정교원의 다른 글, 「內鮮一體の倫理的歸結」, 『三千里』13(1), 1940년 1월, 『친일반민족행위관계사료집Ⅹ』, 202쪽에서도 발견된다.

58) 호시노 아이카와a(星野相河), 「肇國の精神と朝鮮の將來(上)」, 『綠旗』5(11), 녹기연맹, 1940년 11월, 「조국(肇國)의 정신과 조선의 장래」, 『친일반민족행위관계사료집Ⅹ』, 113쪽. 또한 그는 “내선일체론의 이론적 근거”의 하나로, “야마토(大和)와 조선 두 민족이 같은 우랄 알타이 계에 속한다”는 “역사적 근거”를 제시하고 있다(호시노 아이카와b(星野相河), 앞의 글, 123~125쪽, 특히 124쪽).

시아 인종의 거대한 부분은[이] 그들[백색 인종]의 노예[로 있는] 상태"라고 기술한다.[59] 이는 김두정이 1940년 전후 아시아의 당대 상황을 판정하는 데서 인종 간(間) 지배·피지배 상황, 요컨대 인종 문제가 초점이었음을, 다시 말해서 '인종'이 현재의 문제를 판정하는 준거였음을 보여준다. 나아가 '인종'은 장래사(事)를 예측하는 가늠자이기도 했다. 예컨대 대동광업주식회사 중역 이성환은 1940년 「지원병사 제군에게―대동아 건설의 젊은 용사여, 오늘과 내일은 너의 것이니라」에서 "명일의 싸움은 동양인끼리 서로 민족적 관념 밑에서 싸울 투쟁이 아니라 동양 대 서양의 싸움 …(중략)… 환언하면 황인종 대 백인종의 전쟁일 것이외다."라고 하였다.[60] 이는 '인종'이 전쟁 주체라는, 나아가 전쟁 자체의 특성이라는 측면에서 "명일의 싸움"의 특성을, 요컨대 장래사(將來事)의 성격을 예측하는 관(管)으로 기능하고 있음을 보여준다. 지금까지 보아 온 바와 같이, '인종'은 1940년 전후 일본과 세계의 과거·현재·미래사(事)를 이야기하고 그 성격을 판단·규정하는 관점으로 존재하고 또 그렇게 기능하였다.

그뿐만 아니라, '인종'은 이후의 당위적 과제를 설정하는 규준(規準)이기도 했다. 예컨대, "동아(東亞)[의] 대지에는 백인의 독니가 움직인 지 오랜지라. 우리[동아인(東亞人)]는 언제나 백인의 제압 하에서 신음하고만 있을 것인가."라는 이각종의 절규에 답변이라도 하려는 듯이, 김두정은 "언제까지나 백색인종의 지배하에 예종해서는 안된다."고 하면서, "백색 인종의 철제하(鐵蹄下)에 유린된 거대한 아세아 제인종을 구제[하는 것]"를 "아국(我國)[일본 제국]의 천부적 대사명"으로 제시하고, 다시 구체적으로 "과거 수세기 동안 백색인종의 노예 상태에서 하루라도 빨리 정치적으로도 경제적으로도 문화적으로도 해방되어 독자적인 발전과 인종적 평등을 쟁취하는 것을

---

59) 김두정a, 앞의 글, 44쪽; 가네코 도테이a(金子斗禎), 앞의 글, 57쪽; 가네코 도테이b(金子斗禎), 앞의 책, 539쪽.

60) 이성환b, 「志願兵士諸君에게―大東亞建設의 젊은 勇士여, 今日과 明日은 너의 것이니라!」, 『三千里』12(7)(1940년 7월), 「지원병사 제군에게―대동아 건설의 젊은 용사여, 오늘과 내일은 너의 것이니라」, 『친일반민족행위관계사료집Ⅹ』, 597~598쪽.

아시아부흥의 근본정신으로 삼는다."고 선언한다.[61] 김두정의 선언은 "백인도 없고 흑인도 없다. 인종평등주의의 큰 깃발을 흔들며 매진할 뿐이다. 이것이 일본의 사명이다."라고 하는 문명기의 글에서 공명된다.[62] 이는 현재의 인종적 문제가 일본 제국의 금후 과제를 규정하는 모습을 바로 보여준다.

심지어 '인종'은 향후 일본 제국의 국가적 정책 과제 설정 관련 논의에서도 자신의 모습을 보여준다. 예컨대, 배상하는 앞에서 보았던 1940년 글에서 "내선일체 후의 장래 문제"를 논하던 중 "황도애[(皇道愛)] 선포의 필연성과 백색인종의 이종적(異種的) 사상의 상극에 기인"하는, 즉 "황도 애를 인식하지 못하는 [백색 인종의] 각종 사상과 대립할 수밖에 없"어 발생할 "미래의 세계 성전"에 대비하기 위한 "일본·만주·중국 블록에 의한 동아권(황색권)의 확립"을 주장한다.[63] 여기에서 우리는 "백색 인종", "황색"과 같은 당대 인종 기표가 사용되어 "동아권(황색권)의 확립"이라는 일본 제국의 국가적 정책이 논의·주장되는 것을 볼 수 있다. 이처럼, '인종'은 아시아-태평양전쟁 직전 식민지 조선의 담론 공간에서 장래 일본 제국의 국가 정책 구상의 인식 틀로 기능하고 있었다.

지금까지 우리는 1940년 전후, 특히 아시아-태평양전쟁 발발 뒤 식민지 담론 공간에서 '인종'의 다양한 용처가 개발·동원되는 모습을 살펴보았다. 여기에서 눈에 두드러지는 것은 백색 인종이 유색 인종을 경멸하고 차별하는, 또 지배하고 착취하는 존재로 재현·표상되고 있다는 점이다. 그와 같은 백인상(相·像)은, 조선군 보도부장 후지오(藤尾) 소장이 1939년 '선내(鮮內) 병사부장(兵事部長)회의 석상'에서 행한 연설 중에 있는 표현을 빌리면, "일부 조선인 중에는 영미에 의존하고 소련을 두려워하는 의식이 상당히 뿌리 깊게 침투해 있는" 상황에서, 이를 "불식"하고 조선인들이 "[일본]군이 기도하는 시책에 대해 적극적인 협력을 아끼지 않는 기백을 함양"하는 데

---

61) 이각종, 앞의 책, 418쪽; 김두정a, 앞의 글, 43쪽.
62) 문명기, 앞의 책, 283쪽.
63) 호시노 아이카와b(星野相河), 앞의 글, 135~137쪽.

이바지할 수 있다.[64]

그렇지만 그와 같은 백인 상(像)은 당대 일본 제국의 국제 정치를 위협할 수 있었다. 1940년 9월 '황색 인종'의 일본 제국은 '백색 인종'의 독일, 이탈리아와 추축국 동맹을 맺었다. 이와 같은 당대 국제 정치 상황을 반영하여 식민지 당국은 "선전"(宣傳)에서 "일·독·이 추축(樞軸)의 강화"를 "특히 중요시해야 할 사항"으로 설정하였다.[65] 일본 제국 정부도 도조(東條) 수상의 1942년 시정 연설의 형식으로 "금차의 태평양전쟁의 지도요령"의 하나로 "독이(獨伊)와의 제휴협력을 더욱 증강하여 세계 신질서건설을 위하여 매진할 것"을 제시하였다.[66] 이러한 상황을 배경으로 식민지 조선의 담론 공간에서는 반복적으로 "독일과 이태리는 제국의 맹방"이라는 것이 강조되고, 독일과 이태리 관련 보도에서 독·이 추축국에 '우호적인' 글들이 회람되고 있었다.[67]

독·이·일 삼국 동맹이 "현상타파"와 "신질서"라는 개념을 통해 이론적으로 정당화되었다. 예컨대 만주국명예총영사 김연수(金季洙)는 1941년 「일억 일심 매진」에서 "우리 일본제국이 □자 일독이(日獨伊) 삼국동맹을 체결한 것은 바른 신질서건설에 매진하는 제국의 대방침을 표시"한 것이라고 설명한다.[68] 그리고 연희전문학교 교수 유억겸은 1942년 「반드시 전쟁에서 승리하여 공을 취하자(戰必勝功必取)」에서 보다 구체적으로 제2차 세계대

---

64) 기타노 켄조(北野憲造)(조선군 참모장), 「조선 내 병사부장회의 서류 제출의 건」, 1939년 8월 30일, 『친일반민족행위관계사료집Ⅷ』, 493쪽.
65) 기타노 켄조(北野憲造), 앞의 자료, 493쪽.
66) 함상훈b, 「東亞共榮圈과 民族政策」, 『新時代』 2(3), 1942, 「동아공영권과 민족정책」 『친일반민족행위관계사료집Ⅹ』, 382쪽.
67) 장덕수, 앞의 글, 445쪽. 독일에 '우호적인 글'은, 예컨대 "독일군의 정예 앞에는 아무리 소련의 대군으로서 완전히 방어할 수 없어 양군에 막대한 희생을 내면서 퇴각을 거듭하였다"고, 또 "소련은 당황한 듯이 …(중략)… 모스크바 방호에 급급한다"고 "독소전쟁의 진전" 상황을 "해설"하는 함상훈의 「時局解說-世界政局의 動向」(1941.11.14)에서 보여진다(함상훈a, 「時局解說-世界政局의 動向」(1941.11.14), 『半島의 光』 1월호(1942), 「시국해설-세계 정국의 동향」, 『친일반민족행위관계사료집Ⅹ』, 376쪽).
68) 김연수, 「一億一心邁進」, 『매일신보』(1941년 1월 4일), 「일억일심매진」, 『친일반민족행위관계사료집Ⅹ』, 250쪽.

전이 "국제체제에 있어 국가주의적, 국수주의적, 전체주의적 입장에서 세계 질서의 건설을 목적하는 일본·이탈리아 등 현상타파의 추축(樞軸)국가와 세계주의적, 자유주의적, 개인주의적 입장에서 추축국가를[*에] 대항하는 미·영 등의 현상유지 국가의 투쟁전이다."라고 주장한다.[69] 이제 전쟁은 "세계질서의 건설을 목적하는 일본·이탈리아 등 현상타파의 추축(樞軸)국 가"와 "미·영 등의 현상유지 국가의 투쟁전"으로 정의되고, 일본 제국과 독일, 이태리의 동맹은 '전세계 신질서 구축 노력'으로 정당화되었다.

그리고 '황색 인종의 국가'인 일본 제국과 '백색 인종' 국가인 독일과 이탈리아의 동맹은 더 정교하게 '전세계 신질서 구축을 위한 지역 분업'으로 설명된다. 예컨대 유광렬의 「대동아선언의 의의」는 "도의적 신질서를 건설"하고자 하는 목적에서 "[미·영과 같은] 같은 백인 중"에 "독이[(獨伊)]는 구주에서의 신질서를 우리나라[일본 제국]는 동아에서의 신질서를 각각 분담"해 "미영의 착취적 구질서"와 "미영의 세계적 착취제패를 분쇄"하기로 한 "굳은 약속"으로 "일독이(日獨伊) 삼국동맹"을 설명하였다.[70] 이처럼 지역 분담·분업으로 설명된 황인종 국가와 백인종 국가의 동맹은 다시 김두정의 「반도황민생활물어(半島皇民生活物語)」에서 "세계 인종"과 같은 새로운 호명의 동원 속에서 일층 정교하게 설명된다. 그 책은 1940년대 전반기를 "구체제·구질서의 지양과 더불어 세계는 바야흐로 신체제·신질서의 건설로 역사적인 추진을 하고 있"는, 그리하여, "정치적으로도 경제적으로도 문화적으로도, 또 사상적으로도 세계사에 있어서 [세계 인종이] 아직 경험하지 못한 위대한 변혁기"라고 정의한다. 그리고 그것은 "동[(東)]에서는 황국 일본의 지도 아래 '대동아공영권'이 건설되고 서[(西)]에서는 독일을 중심으로 유럽 광역권이 건설"되고 있다고 주장한다. 또 그 책은 "세계 신질서 건설전선"과 "자유주의와 공산주의의 세계적 청산"을 위한 "사상"으로 '일본에서의

---

69) 俞億兼(유억겸), 「戰必勝功必取」, 『朝光』 8(2)(1942), 「반드시 전쟁에서 승리하여 공을 취하자(戰必勝功必取)」, 『친일반민족행위관계사료집Ⅹ』, 321쪽.
70) 유광렬b, 앞의 글, 310쪽.

황도사상과 독일에서의 나치즘'을 제시하였다.[71] 이러한 속에서 황인종과 백인종 간의 인종 긴장이 후경화(後景化)되고 대신 서로 다른 인종에 속한 국가들의 동맹이 새로운 세계질서 구축을 위한 '세계 인종'의 지역 분담·분업으로 설명되고 정당화되었다.[72] 바로 이것이 식민지 조선의 담론 공간에서, 일본 제국의 '대동아전쟁'이 '백인종 대 황인종의 인종 전쟁'이 아니라고 강조되던 맥락이었다.

'대동아전쟁'이 백인종과 황인종 사이의 인종 전쟁이 아니라는 것은 '대동아전쟁'의 주체로 상정된 아시아 인종이 황인종만이 아니라는 사실에 기인한 것이기도 했다. 먼저 '대동아전쟁' 담론에서 이전의 시기 '동아'를 대체했던 '대동아'의 '권역'("대동아권"), 아니면 잡지 『三千里』의 사장 김동환(金東煥)의 표현을 빌리면, "동양"은 "인도"는 물론이고 "이집트", 심지어 "오스트리아*오스트레일리아(Australia), 호주]", 나아가 "남양 저쪽의 뉴질랜드"까지 포함하는 것이었다.[73] [물론 호주와 뉴질랜드에서 '대동아인' 또는 '동양인'으로 편입(編入)되는 인간들은 "호주영인"과 같은 '영국계 주민'이 아니라 "풍속, 습관까지가 우리 일본사람들과 흡사하여 훈도시를 매는 방식까지 많이 닮았다"고 하는 '현지 토착민'(indigenous, native population)이었다.

1940년대 '동양학'에 따르면, 일본 제국의 '대동아전쟁'에서 "주인공"으로 상상된 "아시아 인종", 또는 '동양 현지의 토착 인종'이 황인종만은 아니었다.[74] 예컨대, 김두정은, 앞에서 보았듯이, "아국(我國)[일본 제국]의 천부적 대사명"을 규정하는 데서 일본 제국이 "구제"해야 할 대상이 "아세아 제인

71) 가네코 도테이b(金子斗禎), 앞의 책, 510, 513쪽.
72) 대신 "세계 신질서 건설전선" 주장에서 "동쪽", "동아", "동반구"와 "서쪽", "서반구", "구주", "유럽"이 전경화(前景化)되었다(가네코 도테이b(金子斗禎), 앞의 책, 532쪽 ; 가네코 도테이a(金子斗禎), 앞의 글, 50쪽). '동'과 '서'라는 지역(region) 이외에도 전경화된 것은 "세계의 신질서 건설"에서의 "사상적 영도"의 문제였다. 이와 관련해서 김두정은 일본의 "황도사상"을 '신질서 건설의 영도 사상'으로 제기하고, 심지어 "황도사상을 근간으로 일·독 동맹조약도 체결한 것"이라고 주장하면서 일본 제국을 '세계 신질서 건설 전선'의 주역으로 표상하였다(가네코 도테이b(金子斗禎), 앞의 책, 513~514쪽).
73) 김동환, 「愛國精神と志願兵」, 『三千里』 13(6)(1941년 6월), 「애국정신과 지원병」, 『친일반민족행위관계사료집 XV』, 747쪽.
74) 가네코 도테이b(金子斗禎), 앞의 책, 537쪽.

종"이라고 제시한다. 이것은 '아시아의 인종'이 황인종 하나만이 아니라 '여럿'(제(諸))이 있음을 암시한다. 이와 같이 암시된 인종적 다수성은 당대 전쟁 선전·선동물에서 때로는 직접적으로 언급된다. 예컨대 경성제국대학 교수 모리타니 가쓰미(森谷克己)는 "대동아 권"의 범위·자연·역사·인적 구성 등을 개괄 설명하면서, "문화적으로도 더욱 낮은 미개 단계에 정체하는 태평양 제도의 제종족에 이르기까지 모든 단계를 포함"하는 "각종의 인종, 민족, 내지 종족"이 있다고 소개한다.[75] 이것은 "대동아권"에는 "민족, 내지 종족"만이 아니라 '피부색이나 두발(頭髮) 형태'라는 척도로 단일화될 수 없는 "각종"(各種)의, 달리 말하면 "여러 가지 종류"의 "인종" 또한 있음을 모리타니 가쓰미가 의식하고 있음을 말해준다. 다수 종족·민족·인종의 존재는 1939년에 "전동아(全東亞)]를 문제로 삼는 경우, 혈통의 흐름을 달리하는 이민족의 병존을 인정"한다고 쓴 동양지광사(東洋之光社) 사장 박희도(朴熙道)에 의해서도 포착되고 또 시인되고 있었다.[76] 이러한 상황에서 일본 제국의 '대동아전쟁'이 '백인종 대 황인종'이라는 이항(二項) 대립적 인종의 전쟁으로 규정될 수는 없었고, 대신 피부색이 지역 등으로 회수되는 호명인 "아시아 인종"이나 "동양 인종", 또는 "아시아 민족", "동아·민족"이 사용된다.[77] 바로 이러한 상황이 '대동아전쟁의 인종 전쟁성'을 부인하게 했다.

그렇지만 '대동아전쟁'의 인종 전쟁성 부인이 단순히 아시아권역 내 여러 종류의 인종들의 존재로 말미암았던 것만은 아니었다. 그것은 대동아전쟁을 인류적으로 의미화할 필요성으로 말미암은 것이기도 하다. 내선일체주의자 현영섭은 1938년의 「내선일체 완성으로의 길」에서 "만약 세계가 다른 국민·다른 국가·다른 민족 내지 다른 인종을 배척하고 이단시하고 멸시

---

75) 모리타니 가쓰미(森谷克己), 앞의 글, 97쪽.
76) 박희도a, 앞의 글, 93쪽.
77) 김두정a, 앞의 글, 43쪽; 김동환, 앞의 글, 747쪽; 이토 치카우(伊東致昊)·한상룡, 「南總督に 聽く戰時下半島民衆の心構へ」, 『國民總力』 4(2)(1941년 12월 29일), 「미나미(南) 총독에게 듣는다 전시 하 반도 민중의 마음가짐」, 『친일반민족행위관계사료집Ⅷ』, 148쪽. 이토 치카우는 윤치호(尹致昊)의 창씨명이다.

하고 증오하고 침략하고 정복하는 것을 이상으로 삼는 국민·국가·민족·인종에 의해 성립한다면" "편협한 국가주의·침략주의·맹목적 애국심에 의해 인류는 서로 살육할 뿐"이어서 "이 세계는 영원한 전쟁터가 되고 아수라장"이 되고 "인류는 영원히 지옥의 불구덩이에서 모두 불타버리고 말 것"이라고 주장하였다. 이러한 주장은 물론 "내선일체"를 "세계일체적 사고방식"에서 "인류 진보의 코스에서의 한 현상"으로 정당화하는 과정에서 개발·동원된 것이다.[78] 하지만 그의 주장이 내선일체의 정당화를 위한 것만은 아니었다.

현영섭의 주장은 '세계'와 '인류'에 대한 관심의 표현이기도 했다. 현영섭은 1939년 「사변의 인류사적 의의와 내선일체의 동아협동체 완성에 대한 기여」에서 "동아의 신질서 창성(創成)"이라는 관점에서 "동양에서 백인의 압박을 배제하는 것, 이를 위해 동양인 전체가 하나가 되어 나아가는 것, 이는 전 아시아인의 생명 의지"라고 하여 인종과 지정학적 관점에서 일본 제국의 "지나사변"(支那事變)을 정당화한다. 이와 함께 그는 "세계재건"과 '통합'이라는 "인류의 생존의지" 또는 "생활의지"의 관점에서 "지나사변"을 "인류 결합 과정에서의 한 표현"이라고 하면서 "전[(全)]인류"의 '운명'에 대한 '관심'을 촉구한다.[79] 이처럼 현영섭은 인종과 지정학의 관점에서 "백인"에 대한 "동양인" 또는 "전아시아인"의 "동아협동체 완성"을 주장하면서도 "세계"와 "인류"라는 관점에서 일본 제국의 '지나사변'과 '동아협동체'를 설명한다.

'세계'와 '인류'라는 관점에서 일본 제국의 대동아전쟁 규정은 만주국 건국대학 명예교수 최남선(崔南善)의 글에서도 목격된다. 최남선은 아시아-태평양전쟁이 진행되고 있던 1944년에 발표한 「아세아의 해방」에서 "[인류개

---

78) 현영섭a, 「內鮮一體完成への道」, 『綠旗』 3(1)(1938), 「내선일체 완성으로의 길」, 『친일반민족행위관계사료집Ⅹ』, 216~217쪽. 현영섭과 그의 내선일체론은 이승엽, 「내선일체운동과 녹기연맹」, 『역사비평』 50, 2000 참고.
79) 현영섭b, 앞의 글, 220~222쪽.

아직까지도 세계를 통동(通同)하는 계단에 이르지 못하고 극히 굵게 뭉쳐서라도 동양 서양이 두 덩어리가 따로따로 분리 대립"하면서 "역사의 궤도만은 의연히 원심적 배주(背走)를 고집"하고 있으며, 더군다나 "인류의 대부분[아세아인]이 그 소부분[구미]의 압박(壓迫)대상으로 있"으면서 "동양과 서양이 일방은 피압제자, 피착취자"로 존재하고 있다고 지적한다. 그와 같은 상황은, 최남선의 비판에 따르면, "전일(全一)을 구"하는 '인류 역사의 본성'에 반하는 것이자, "도덕성"의 측면에서는 "패륜 현상"으로서 "인류 자신의 죄악, 또 치욕"이었다. 이러한 맥락에서 그는 "아세아의 해방에 말미암는 인류평등"과 "세계의 일체"의 "실현"이 "역사적 양심의 최고명령"이고 또 '인류 평등'과 '세계 일체'가 이루어질 때 "세계사의 출현"을 "기대할 수" 있기 때문에 "아세아의 해방"은 "다만 아세아적 입장뿐 아니라 진실로 인류적, 세계적 입장에서도 마찬가지로 요구되는 일"이자 "이 세기의 역사적 과제"라고 주장한다. 끝으로 그는 "전동아의 해방운동"인 "대동아전" 또는 "동아전(戰)"이 "곧 세계개조의 중대한 사안인 동시에 인류 역사의 '세계'화" 또는 "'세계'의 신역사"를 "현전(現前)케 하는 기연(機緣)"이라고 규정하고, 이러한 점에서 대동아전쟁은 "세계사적 '쏠렌'[*독일어의 'sollen'으로서 sein(존재)에 대(對)한 '당위'를 의미함]성(性)과 인류적 보편타당성으로써 본질을 삼는"다고 주장하였다.[80] 이것은, 현영섭의 주장과 마찬가지로, 인종과 지정학적 문제의식에도 불구하고 내지는 그러한 문제의식으로 말미암아 '세계'와 '인류'를 호명하고 "세계 영원의 평화를 건설"하는 "세계 신평화체제 수립", "세계사의 창조" 등을 강조하면서 "어느 일 국민, 일민족 대 타국민족과의 투쟁"이 아니라고 '강변'하는 1940년 전후 식민지 조선의 담론 공간의 모습을 보여주는 것이라 할 수 있다. 바로 이러한 것이 대동아전쟁의 '인종 전쟁성'이 부인되던 맥락이라 할 수 있다.[81]

그렇다 하더라도 일본 제국의 대동아전쟁에서 그것의 인종적 함의가 식

---

80) 최남선a, 앞의 글, 367~368쪽.
81) 가네코 도테이a(金子斗禎), 앞의 글, 51쪽; 최남선a, 앞의 글, 368쪽.

민지 조선의 담론 공간에서 무효화되었던 것은 아니었다. 이와 관련해서 앞에서처럼 '세계'와 '인류'를 호명하던 현영섭의 주장은 시사적이다. 그는, 앞에서 보았듯이, '인간'과 '인류', '세계'를 추상적 관념화하는 반면에 '국민', '민족'과 더불어 '인종'을 실체화하였다. 이는 '대동아전쟁의' 인종성이 부인 되고 있던 상황에서도 식민지 담론 공간에서 '인종'이 차지하는 위상을 암 시한다.

아시아-태평양 전쟁기 '인종'의 담론적 위상과 관련해서 당대 식민지 담 론 공간에서 나타나는 독일의 모습은 우리의 주의를 끈다. 앞에서 보았던 바와 같이, 독일은 이탈리아와 함께 '대동아전쟁'의 인종 전쟁성을 부인하 게 하였던 추축 동맹국이었다. 대동아전쟁의 성격과 관련해 앞의 의미성을 가진 동맹국 독일에 대한 배상하의 시선은 흥미롭다. 그는 자신의 1940년 글에서 "앞으로 있을 전쟁은 국가 대 국가의 전쟁이 아니라 문화권과 경제 권을 공유하는 군가군(群) 대 국가군의 전쟁이고, 주의(主義) 대 주의의 전 쟁이며, 인종 대 인종의 전쟁일 것이다."라고 하여 자신이 "국가군(群)"(bloc) 과 "주의(主義)", 또 "인종"을 중시하고 있음을 보여준다. 하지만 같은 글의 다른 곳에서 그는 "소련의 공산주의, 독일과 이탈리아의 파쇼, 미국의 자유 주의 등"을 "백색인종의 이종적(異種的) 사상"이라고 거명하여 "사상" 또한 '인종성'을 띠고 있음을 암시한다. 그뿐만 아니라 그는 "일본·만주·중국 블록"인 "동아협동체의 확립"이 "이색인종에 대한 동아 전체의 국방적 성새 (城塞)의 구축"이라고 주장해 "동아권"의 "황색[인종]권"과 "이색인종" 간(間) 의 인종 대립이라는 그리드(grid) 위에 "군가군(群)"을 위치시킨다.[82] 이것은 배상하가 '국가군과 주의'와 등가적으로 나열했던 '인종'이 기실(其實) 자신 의 외면상 등가물인 '블록'(bloc)의 주형(鑄型, template) 내지는 기반(基盤)· 기판(基板)(matrix)이었음을 보여준다.

인종 중심의 시선에서 배상하는 자신의 1940년 글에서 제국 일본의 동맹

---

82) 호시노 아이카와b(星野相河), 앞의 글, 125, 136쪽.

국 독일에 대한 자신의 시선을 당대 독자들에게, 또 후대 연구자들에게 보여준다. 그는 "구질서에 대한 신질서라는 이름으로 설정되고 있는 대[(大)] 경제 블록 획득에 대한 열기"가 "세계의 현 단계를 유도하는 가장 절실한 이념"이라는 관점에서 "세계의 국제적 정세"를 설명한다. 이와 같은 설명은 배상하가 일본과 마찬가지로 '세계 신질서를 구축'하려는 존재로 독일을 정체화하여 그것의 '세계 정치적 의미성'을 인정하고 있음을 보여준다. 그런데 앞의 설명 과정에서 그는 독일이 "오스트리아 · 체코슬로바키아 · 폴란드 · 덴마크 · 노르웨이 · 네덜란드 · 벨기에 · 프랑스 등 8개국의 국가적 붕괴를 강요하고 게르만 민족을 중심으로 한 북구 공동체를 외치"고 있다고 독자들에게 전한다. 이어서 그는 같은 "세계의 국제적 정세"라는 제목의 소절(小節)에서 독일을 "경제 블록 획득을 위해 모든 도덕성을 무시"하는 "미국"과 같은 "열강"으로 호명하면서, 독일이 "순식간에 독 · 소 불가침조약을 체결"했다고 독자들에게 알려준다.[83] 여기에서 "강요", "순식간" 등의 어구 사용이나 독일을 '열강'이라고 호명하는 것, 또 당시 일본 제국에게는 '충격적'인 '독일의 소련과의 불가침조약 체결'의 정보를 전하는 것은 독일에 대한 '비판적 시선'을 암시하는 것이었다.

독일에 대한 비판적 시선은 다른 화자에게서도 목격된다. 박희도는 1939년의 글에서 일본 제국이 추구하는 "동아협동체의 이념"을 상찬(賞讚)하면서, 그것이 "동아 각 민족의 단순한 원자론적인, 혹은 국제연맹적인 연합"은 물론이고 "현대 독일에서 보는 것 같은 전체주의적인 동아 통일을 요구하는 것도 아니다."라고 주장한다. 그리고 그는 "혈통의 순수성을 요구하는 [독일의] 전체주의적인 민족주의는, 국내 문제와 달리 전 동아를 문제로 삼는 경우, 혈통의 흐름을 달리하는 이민족의 병존을 인정하는 이상, 수많은 곤란을 동반하지 않을 수 없다."고 하여, 독일의 전체주의 이념의 지역적 제한성을 지적한다.[84] 일 년 뒤인 1940년, 김두정은 "제2차 세계대전"의 "폭발"을

---

83) 호시노 아이카와b(星野相河), 앞의 글, 137쪽
84) 박희도a, 앞의 글, 93쪽.

낳은 일(一) 요소로 "부흥 독일의 맹목적 영토 확장책"을 지적해 독일 국가정책의 '맹목성'을 비판한다.[85] 그리고 같은 해 말(末)의 글에서 그는 "일본 · 독일 · 이탈리아"가 "중심"이 되어 "세계 신질서건설이 이루어지고 있다."고 한 다음 "세계 신평화 체제 수립에서는 구미의 파괴적 물질문명이나 유럽식 패도(覇道)로는 그 항구성을 보장할 수 없음은 동서고금을 통틀어 인류역사가 증명하는 바이다."라고 주장한다.[86] 여기에서 김두정은 세계적, 또 "서반구"(西半球) 내(內) 신질서의 구축이라는 관점에서 독일과 이탈리아의 의의를 인정한다. 하지만 그는 독일 · 이탈리아가 '세계 신평화 체제를 항구적으로 보장할 수 없는' "유럽식 패도(覇道)" 추진하고 있다고─그것도 "이나"라는 접속조사를 사용해 '유럽식 패도'를 "구미의 파괴적 물질문명"과 '동격화'(同格化)하면서─ 하여 독일을 에둘러 비판한다.[87]

독일에 대한 완곡한 비판은 독일과 이탈리아의 전체주의에 대한 비판에서도 나타난다. 현영섭의 1940년 「내선일체와 총후청년의 임무」는 "독일 · 이탈리아의 전체주의"에서는 "유물론"과 마찬가지로 "개[(個)]인격의 자주성이 부정되므로 도덕적 개체가 성립되지 아니한다."고 하여, '개인의 자주성과 도덕적 개체성'이라는 관점에서 독 · 이의 전체주의를 비판한다.[88] 또 그는 '세계 신평화 체제의 항구적 보장'이라는 김두정의 것과 유사한 관점에서 독 · 이의 전체주의를 비판한다. 즉, 그는 "공산주의보다는 건전"하지만

---

85) 김두정b, 앞의 글, 48쪽.
86) 가네코 도테이a(金子斗禎), 앞의 글, 50~51쪽.
87) 김두정은 「신흥아체제하 조선의 사명」에서 "구미의 파괴적인 물질문명의 최후적 총 결산"과 "서반구에서는 독일 · 이탈리아를 중심으로 구주 신질서 건설"을 언급한 다음 본문에서와 같이 "구미의 파괴적 물질문명"과 함께 "유럽식 패도"를 비평한다(가네코 도테이a(金子斗禎), 앞의 글, 50~51쪽). 이와 같은 맥락에 유의하여, 필자는 본문에서 김두정이 '유럽식 패도를 추구'한다는 이유로 '독일과 이태리'를 비판하고 있다고 기술하였다. 참고로 "이나"의 사전적 의미는 http://dic.daum.net/word/view.do?wordid=kkw000203985&supid=kku000259370 참고.
88) 아마노 미치오(天野道夫), 「內鮮一體와 銃後靑年의 任務」, 『朝光』 6(5)(1940), 「내선일체와 총후청년의 임무」, 『친일반민족행위관계사료집 X』, 229쪽. 아마노 미치오는 현영섭의 창씨명이다. 물론 현영섭이 '개인의 자주성과 도덕적 개체성'을 주장한다 하더라도 그가 "개인주의"를 수용한 것은 아니다. 오히려 "개인주의로는 국가사회가 방편적 도구화되어 국가사회의 현실성, 현재성을 체득하기가 곤란하게 된다."라는 구절에서 보이듯, 그는 '국가사회의 주체성 · 목적성'이라는 관점에서 "개인주의"를 비판한다.

또한 "국가개인주의, 이기적 국가주의의 경향을 많이 가지고 있"어 "독·이 양 국가에서는[즉, 독·이 양 국가가 구상하는 세계에서는] 만기공론(萬機公論)이란 것을 상상할 수가 없"기 때문에, "이것[독·이의 전체주의]으로는 [세계의] 영원한 질서가 창조되지 아니한다."고 비판한다.[89] 나아가 그는 "와해에 임박한 서구 사회는 소련식의 국가공산주의나 독일·이탈리아와 같은 전체주의로써 그 생존을 계속하려고 애를 쓰고 있"다고 하여, '독·이의 전체주의'를 '소련식의 국가 공산주의'와 마찬가지로 "와해에 임박한 서구 사회"의 '계속적 생존을 위한 노력'으로 강격시켰다.[90] 이로써 독·이의 전체주의는, 따라서 독일과 그것의 전체주의는 "서구 사회"라는 지역의, 그것도 소련 공산주의와 동격의 생존 노력으로 제한되고, 또 그렇게 비판되었다. 이처럼 1940년 전후 식민지 조선의 담론 공간에서 독일은 영구적인 지구적 의미성을 갖추지 못한 지역적 이념으로 유럽식 패도를 추구하고 있다고 비판되고 있었다.

독일과 이탈리아, 특히 전자에 대한 비판적 태도는 식민지 조선의 담론 공간에서 독일의 하위 동맹자화가 이루어지고 있음을 보여주는 것이다. 김두정은 앞의 1940년 글에서 "국가체제나 무사도나 일본학 등 일본정신에서 많은 것을 배운 맹방 독일·이탈리아의 신흥(新興) 거동을 보라"고 하여, "맹방 독일·이탈리아"를 "일본 정신에서 많은 것을 배운" 학동(學童)으로 정체화한다.[91] 독일·이탈리아의 일본 학동화가 김두정의 1943년 책에서도 동일하게 이루어지는데, 그 학동화는, 물론, "일본 정신"을 '세계 신평화 체제 수립의 영도 이념'으로, 또 그것의 소유자인 일본 제국을 '세계 신질서건설의 사상적 영도자'로 주체화하는 것이다. 나아가 독일·이탈리아의 학동

---

89) 아마노 미치오(天野道夫), 앞의 글, 229쪽. 물론, 그의 주장은 "역사적으로 현실적으로 또 이념적으로 전체성의 현재성과 개인의 자주성을 종합하여 파악하고 있다."고 하는 "일본 정신", 또 "동양문화의 본질"을 상찬하고자 한 것이다(아마노 미치오(天野道夫), 앞의 글, 229쪽).
90) 아마노 미치오(天野道夫), 앞의 글, 229쪽.
91) 가네코 도테이a(金子斗禎), 앞의 글, 51쪽.

화는 "세계 인류는 세계 신평화체제 수립에서의 황국 일본의 영도를 희구 · 갈망하고 있"다고, 또 "세계 우리 대일본제국을 중추로 일대 전환을 이루고 있다."고 "대일본제국"을 상찬하는 것이다. 독일 학동화와 자천적(自薦的) 일본 상찬과 함께 김두정은 '일 · 독 동맹조약'도 "만방[(萬邦)]으로 하여금 각자 그 직분을 얻게 하고 억조[(億兆)의 사람들]로 하여금 각자 삶의 안정을 찾을 수 있게 한다는 황도[(皇道)]사상을 근간"으로 "체결"된 것이라고까지 주장한다.[92] 이러한 것들은 1940년대 전후시기에, 적어도 담론 공간에서, 독일이 일본의 하위 동맹자로 위치되어 있음을 보여주는 것이기도 하다.

그렇다고 한다면, 제2차 세계대전에서 국제정치상 동맹 구축의 필요에서 대동아전쟁의 인종 전쟁성이 부인된다고 하더라도, 당대 식민지 조선의 담론 공간에서 인종주의적 문제의식과 대동아전쟁의 인종적 함의는 지속될 수밖에 없었다. 더군다나, 앞에서 보았듯이 '인종'은 그때 유색 인종이라는 주체와 그것의 적대적 타자, 백색 인종 또는 백인을 구성 · 생산하는 자료였다. 또 그것은 현재와 과거 세계를 바라보는 관(管)으로 기능하면서 유사 이래, 특히 근대 인류와 일본인의 역사를 생산하고 또 통시적(通時的)이고 공시적(共時的)인 세계를 구성하는 틀이었다. 이것은 '인종'이 1940년 전후 식민지 담론 공간에서 통시적으로, 또 공시적으로 주체/타자와 세계를 구성하는 인식론적 자원이자 그 틀로 기능하고 있음을 보여준다(바로 이것이 '인종'이 가지는 당대적 의미성이라 할 수 있다). 나아가 '인종'은, 앞에서 본 것처럼, 미래의 세계를 구성하고 그러한 속에서 금후 일본 제국의 과제를 설정하는 견지(見地)를 이루었다.

주체/타자와 세계 생산이라는 '인종'의 용처는 1940년대, 심지어 '공식적'

---

92) 가네코 도테이b(金子斗禎), 앞의 책, 513~514쪽. 본문 중의 일·독 동맹 체결의 '사상적 기반'에 관한 주장은 실은 김두정이 같은 책에서 행한 주장, 즉 "세계신질서 건설전선은 동시에 세계 전체주의전선과 국제적 방공전선과 일치하는 것"(강조, 인용자)에서처럼 '세계신질서 건설의 이념적 노선을 방공(防共)과 전체주의로 제시한 것'과 상충된다(가네코 도테이b(金子斗禎), 앞의 책, 533쪽). 동일한 텍스트 내부의 상충에도 불구하고, '세계신질서 건설의 이념적 기반'을 재정의하는 본문의 김두정 모습은 이념적 측면에서 발생하고 있는 독·일 동맹 내부의 긴장과 경쟁이 식민지 조선의 담론 공간에서 보여진다는 점에서 흥미롭다.

으로, 또 담론적으로 '대동아전쟁의 인종성'이 부인된 뒤에도 일본 제국과 그것의 식민지에서 목격된다. 예컨대 1939년 '선내(鮮內) 병사부장회의 석상'에서 제시된 '총독부 시정 상의 주요 사항'은 "저 백인 여러 나라에 의해 행해진 이민족 통치"에서 보이는 "식민정책적 수법" 즉 "식민지 원주민의 무지몽매를 방임하고 그를 틈 타 공리적 착취의 항구화를 기도"하는 것을 비판한다.93) 여기에서 우리는 "백인" 즉 '백색 인종'을 식민주의 통치의 주체로 상정하고 논의를 진행하는 모습을 볼 수 있다. 이와 같은 식민주의학은 식민지 조선의 최고 권력인 조선 총독의 그것과도 공유되는 것이었다. 1941년 12월, 미나미(南) 총독은 윤치호(尹致昊)와 한상룡(韓相龍)과의 대담에서 "미·영은 그[동양의] 물자에 의지하며 입으로는 정의 인도를 부르짖으면서도, 그 전통 정책은 음으로 양으로 동양 인종의 상극(相剋)과 노예화를 기도"한다고 이야기하여, 자신이 인종 중심의 식민주의학을 가지고 있음을 시사하고 있다.94) 이것은 식민지 권력 엘리트의 인종 중심적 식민주의학을 보여주는 것이라 할 수 있다.

더군다나 '대동아전쟁의 인종성'이 제국 일본에서 '공식적'으로 부인되었지만, '인종'은 식민지 담론 공간에서 "아세아", "동양"과 결합해 계속해서 자신의 기능을 수행한다. 이것은 '대동아전쟁의 인종성' 부인을 담론적으로 뒷받침했던 김두정과 유광렬 등에게서 나타난다. 유광렬은 1942년의 「대동아선언의 의의」에서 일본 정부 도조(東條) 수상의 '대동아선언'을 소개하면서 '대동아전쟁의 인종성'의 '공식적' 부인을 식민지 담론 공간에서 담론화하였다.95) 하지만 그는 1943년 「대동아전쟁의 성전 의의」에서 "인종평등"의 관점에서 근대 세계를 조망하면서, 미국과 영국의 인종주의와 황색 인종 차별을 비판하였다. 이것은 대동아전쟁의 인종성을 공식적으로 부인한 뒤에도 인종 중심의 문제의식이 식민지 조선의 담론 공간에서 계속 복재(伏

---

93) 기타노 켄조(北野憲造), 앞의 자료, 499쪽.
94) 이토 치카우(伊東致昊)·한상룡, 앞의 글, 148쪽.
95) 유광렬b, 앞의 글, 310쪽. 도조 수상의 '대동아 선언'에 관해서는 함상훈b, 앞의 글, 381~382쪽.

在)해 있음을 보여준다.

　보다 극적인 사례는 김두정이다. 그는 1939년과 1940년의 글들에서 "아시아의 대부분은 여전히 백색인종의 지배에서 해방하지 못"하여 "아시아의 자원과 보고"가 "결코 백색인종을 배 불리는 자원이 아"니지만, "아시아의 주인공인 아시아 민족들이 궁핍을 감내하면서 자원의 대부분을 백색인종에게 제공한다는 것은 그 얼마나 큰 모순인가."라고 하여 '백색 인종의 아시아 지배'의 문제를 제기한다. 이어서 그는 "백색인종의 지배와 침략으로부터 아시아를 정치적으로 해방·방어"하고 "아시아 피압박 민족들을 백색인종의 지배하에서 해방"시키는 것을 과제로 제시하였다.96) 이러한 것은 '인종전쟁'이 담론 상에 있어서 '공식적'으로 부정된 1942년 이후에도 계속되었다. 김두정이 1943년에 출간된 자신의 책에서 "황인종"과 같은 인종적 언어를 "대동아" 등의 지정학적 언어로 대치하기는 했지만, 그는 기본적으로 "과거 3세기 동안 물질적으로도 정신적으로도 무력적으로도 완전히 백색인종의 말발굽에 유린"에서처럼 아시아 지역의 과거와 현재 문제, 또 장래 과제를 인종의 관점에서 설명하면서, 아시아에서 "과거 수세기 동안 백색인종의 말발굽에서 하루라도 빨리 정치적으로 해방해서 독자적인 발전과 인종적 평등을 쟁취하는 것"을 전쟁 동기로 제시하고 있었다.97) 이와 같이 식민지 조선에서 '대동아전쟁의 인종성'이 부인된 뒤에도 그곳의 담론 공간에서는 '인종'이 '아시아(Asia)·아세아(亞細亞)'나, '(대)동아'와 같은 지정학적 언어나 '동양', '동방' 등 역사·문화적 구성물과 결합되어 자신의 인식론적·담론적 영향력을 계속해서 행사하면서 일본 제국의 '대동아전쟁'을 인종적으로 재현·표상하고 있었다.

　아시아-태평양 전쟁기 인종적 관점에서 '대동아전쟁'의 재현·표상은 그것이 가진 정치적 효과로 말미암은 것이었다. 이와 관련해서 시사적인 것은 박희도의 1942년 「대동아성전의 연두[(年頭)]에(권두언)」이다. 그 글은

96) 김두정a, 앞의 글, 44쪽; 가네코 도테이a(金子斗禎), 앞의 글, 55, 56쪽.
97) 가네코 도테이b(金子斗禎), 앞의 책, 533쪽.

일본 제국의 대동아전쟁에서 "아세아 십억의 동종생령(同種生靈)의 희망을 보아야 한다."고 주장한다.[98] 여기에서 박희도는 '십억 명의 아세아 사람들이 같은 종류의 인간(人種)'이라고 주장해, 아시아·(대)동아의 사람들을 동종화(同種化, homogenization)한다. 이어서 그들은 피부색이나 두발과 같은 외모상 특징뿐만 아니라 생활 문화의 측면에서도 단일화된다. 예컨대 박종화는 1944년의 글에서 "저들[백인]은 빵을 먹고 우리[동양 사람]는 다 같이 쌀밥을 먹는다."고, "백인"과는 "정반대"로 "동양 사람"은 "다 같이 쌀밥을 먹"고, 심지어 "저들은 빵을 음식을 먹되 윈 손질을 하여 삼지창[三枝槍, fork]으로 고기를 찌른다. 그러나 우리들은 다 같이 바른 손으로 젓가락을 든다."고 기술하여, "백인"과 "동양 사람" 양자를 "정반대"의 식생활 문화를 가진 인간 집단으로 정체화한다.[99] 그때 "동양"과 "아시아"가, 또 "동양인"과 "아시아인"이, 앞에서 보았듯이, 상호 혼용·호환되는 기표라고 한다면, 앞의 '동양 사람들'의 식생활 문화 소개는 '아시아인'을 똑같은 식생활 관습을 가진 인간군(群)으로 단일화하는 것이라 할 수 있다.

　나아가 아시아·동아·동양 사람들은 식생활 관습만이 아니라 정신과 문화·문명의 측면에서도 단일화된다. 이와 관련해서, 박종화의 '동양'과 '서양'의 대당법(對當法, opposition)은 시사적이다. 그는 "아들이 장성하면 벌써 부모를 떠나 새로이 한 집을 장만하고 계집 위하기를 부모보다 더 소중히 여"기는 "개인주의"와 "여존남비(女尊男卑)"의 '서양'과 "부자유친(父子有親), 군신유의(君臣有義), 부부유별(夫婦有別), 장유유서(長幼有序), 붕우유신(朋友有信)의 존엄하고도 숭고한 오륜(五倫)의 미풍"과 "동양도덕"의 "대가족주의"의 '동양'을 대립적으로 설정한다.[100] 이와 같은 동·서양의 대당법은 "미풍"이라는 관습(practice)과 "도덕" 등의 측면에서 동·서양의 주체인 '동

98) 박희도b, 「大東亞聖戰の年頭に(卷頭言)」, 『東洋之光』(1942년 1월호), 2~3쪽, 「대동아성전의 연두에(권두언), 『친일반민족행위관계사료집Ⅷ』, 964쪽.
99) 박종화, 앞의 글, 155쪽.
100) 박종화, 앞의 글, 155쪽.

양인'과 '서양인'의 대당을 전제하고, 또 그것을 재현하는 것이기도 하다. 그와 함께 앞의 대당법은 관습과 도덕 등의 측면에서 '서양인'에 대해서 '동양인'을 단일화하는 것이다.

단일성은 사상·문화의 측면에서도 재현·표상된다. 예컨대 이광수(李光洙)는 1944년 11월 중국 남경(南京)에서 개최된 '제3회 대동아문학자대회'에 참석하기 직전의 인터뷰에서 "동아 12억 민족이 다만 얼굴만 같은 것이 아니라 정신도 운명도 공통인 것을 인식하여"야 할 것을 주장하면서, "인의"(仁義)를 "동아 제민족의 공통한 근본사상"으로, 또 "인의, 충효"를 "조상적[(祖上的)] 이상"으로, 즉 '동아 제민족들이 조상 때부터 가져온 공통의 이상'으로 제시하였다.[101] 이광수와 마찬가지로 이석훈(李石薰)은 1942년 「징병·국어·일본정신」에서 오카쿠라 텐신(岡倉天心)의 『동양의 이상』(The Ideals of the East, 1903)을 인용해, "사랑"이 "전[(全)]아시아 민족 공통의 상속재산"이라고 주장한다.[102] 이것들은 이광수나 이석훈이 '인의와 충효', '사랑'을 '동아'나 '아시아' 민족의 '공통적인 근본 사상·정신', 또는 '공통의 마음(심리)'으로 재현하고 있음을 보여준다.

이와 같은 규정은 동아·아시아인을 공통적인 사상·정신·마음(심리)을 가진 인간 집단으로 정체화하는 것이라 할 수 있다. 이어서 박종화 역시 "저들[백인]과 우리들[동양 사람]의 겉과 안이 정반대인 것"을 강조하여 "저들은 물질문명의 도취자이어니와 우리는 정신문명의 최고봉을 차지했다"고, "자긍"(自矜)한다.[103] 이는 '정신문명'을 추구하고, 그것을 실현한 일군(一群)의 인간으로 '동양 사람들'을 재현하는 것이다. 이처럼 동아·아시아·동양 사람들은 공통한 사상·정신·마음(심리), 또 이에 기초한 문화·문명

---

101) 가야마 미쓰로a(香山光浪), 「東亞精神の樹立に就いて」, 『大東亞』 1943년 3월호, 「'동아정신의 수립'에 관하여」, 『친일반민족행위관계사료집 XV』, 373쪽. 가야마 미쓰로는 이광수의 창씨명이다.

102) 마키 히로시b(牧洋), 「徵兵·國語·日本精神」, 『朝光』 7월호(1942년), 「징병·국어·일본정신」, 『친일반민족행위관계사료집 XV』, 754~756쪽. 마키 히로시는 이석훈의 창씨명이다.

103) 박종화, 앞의 글, 155쪽.

의 소유자로 정체화되었다.

그리고 아시아·동아·동양인들은 아시아-태평양 전쟁기 식민지 조선의 담론 공간에서 '운명의 공동체'로 정체화된다.[104] 앞에서 보았듯이, 이광수는 "동아 12억 민족"에게 있어서 "운명도 공통"이라고 주장하였다. '운명의 공통성'을 독자들에게 각인시키기 위해, 전쟁 선전·선동 자료는 앞에서 보았듯이 인종의 관점에서 아시아(인)의 과거를 이야기하면서 역사를 인종 중심으로 재구성하였다. 과거뿐만 아니라, 미래 역시 인종의 관점에서 선전·선동 자료에 의해 예언된다. 예컨대『매일신보』정경 부장 이원영(李元榮)의 1942년「전국(戰局)의 긴박과 청년에게 요망」은 "이 싸움[아시아-태평양전쟁]에서도 일본이 진다면 동아에는 멸망이 있을 뿐이다. 노예화가 기다릴 뿐"이어서 "동아의 모든 민족"이 "동양인 노예"로 "혹사"될 것이라고 예언한다.[105] 이 예언은, 또 아래에서 볼 '아시아인의 잠재적 희생자화'와 관련된 이야기들은 일본 제국이 아시아-태평양전쟁에서 패전했을 경우, 아시아·동아·동양 모든 사람 —따라서 조선인을 포함해서— 은 미국과 영국, 확대해서 백인의 노예가 될 운명을 같이할 것을 이야기하여, 아시아·동아·동양인들을 '백인에 대(對)해서 집단적으로 운명을 같이 하는 인종적 존재'로 재현·표상하는 것이다. 이제 아시아·동아·동양인은, 대동아전쟁의 선전·선동 자료 속에서, 얼굴색과 같은 자연 생리적 측면과 정신 및 문화·문명의 측면에서만이 아니라, 운명의 측면에서도 인종적으로 백인에 대해서 단일한 인류 집단으로, 요컨대 단일 인종 집단으로 되었다.

---

104) "동아", "아시아", "동양"이 호환되고 있던 당대 용례에 유의하여 본문에서 "아시아·동아·동양인"이라는 표현이 사용되었다.
105) 이원영,「戰局の緊迫と靑年への要望」, 東洋之光 3(6), 1942,「전국(戰局)의 긴박과 청년에게 요망」,『친일반민족행위관계사료집 X』, 603~604쪽.

Ⅲ. 인종 담론의 정치성과 균열 내파

그렇다면, 단일 인종 집단으로의 아시아·동아·동양인 재현·표상이 가진 정치적 함의 내지는 효과는 무엇일까? 먼저 아시아·동아·동양인의 단일 인종 집단화가 가진 정치적 함의·효과는 먼저 민족주의와 관련해 이해될 수 있다. 이 점에 볼 때, 현영섭의 1940년 「내선일체 관견(管見)—연구의 한 각서」는 시사적이다. 그 글은 "편협한 민족주의적 관념에 사로잡혀 고식인순(姑息因循), 시대의 흐름을 방해하지는 않지만 방관하고 있는 자들이 나와 같은 청년들 눈에서 보면 아직 약간 존재한다."고 하여, '아직도 편협한 민족주의적 관념에 사로잡힌 자들의 존재'를 증언한다. 그리고 그 글은 '민족주의의 결함'과 관련해서 "이기적인 민족 감정"이 "대제국 건설을 위해 각국을 침략"하면서 "인류평화를 파괴하는", 그러므로 "공산주의와 마찬가지로 파괴사상이자 위험사상"이라고 비판하였다. 뿐만 아니라, 그 글은 "민족주의가 얼마나 어리석은 존재였는지"를 재현하고자 "세계대전 후의 유럽의 운명"을, 특히 "자유국 아일랜드"나 폴란드 등 "약소국이 어떤 운명에 처해 있는지"를 보여준다.[106] 이것들은 식민지 조선의 담론 공간에서 민족주의가 인류평화를 파괴하는 위험 사상이자 약소국의 자기 발전을 저해하는 어리석은 이념으로 비판되고 있었음을 보여준다.

민족주의에 대한 비판적 시선은 아시아 지역의 동향과 관련해서도 제기된다. 현영섭은 앞에서 유럽의 상황을 참고점으로 하여 민족주의 일반의 문제성을 비판하였다. 그렇지만 아시아의 민족주의와 관련해서는 '엉거주

---

[106] 현영섭c, 앞의 글, 224쪽. 덧붙이면 그의 비판 대상에는 아일랜드가 포함되어있는데, 그는 "아일랜드가 언어·풍습이 같은 영국인에게 반항한 것은 영국의 책임이기도 하고, 또 동시에 아일랜드의 책임이기도 해서 참으로 어리석기 짝이 없는 민족투쟁이다."라고 아일랜드와 영국 간의 "민족투쟁"을 비판한다. 이와 같은 비판은 '내선일체의 정당성' 강변과 연결된 것이었다. 보다 흥미로운 것은 그가 "유럽에서의 근대국가의 발생은 개인주의 사상의 유물이며, 제각각의 국가들을 만들어 용쟁호투하고 있었을 뿐이다."라고 기술하는 부분이다. 이는 유럽 근대 국가 발생과 개인주의 사상을, 또 맥락상 개인주의와 민족주의를 연결시켜 유럽 근대국가의 문제성을 비판하는 것이다. 현영섭c, 앞의 글, 224쪽.

춤'하다 할 정도로 그의 입장은 다소 '모호'하다. 그는 "인도 독립에 공감"한다고 하면서도 그것에 "영국이나 소비에트의 허위를 철저하게 억제하고 재출발"하는 "친일적 인도의 독립"이라는 단서를 붙인다. 단서에서 보이는 기조 위에서, 그는 "최근 인도의 민족주의적 경향"에는 "영국의 선전, 소비에트의 유혹에 흔들리면서" "영국이나 소비에트와 유사한 국가를 건설"하려는, 그리하여 "동아에 전쟁을 일으킬 위험성이 있"다고 비판한다. 이어서 그는 "장제스(蔣介石) 등에게 동정을 표"하는 타고르 · 간디 · 네루 등의 사례가 "우리 일본인의 입장에서 보면 경계할 만한 것"이라고 독자의 주의를 환기한다. 이와 같은 비판적 태도는 중국에 대해서도 나타난다. 현영섭은 먼저 "장제스의 민족주의"가 "멸만흥한(滅滿興漢)의 민족주의에서 항일흥아(抗日興亞)의 변태적 민족주의로 바뀌었다."고 주장한다. 이어서 그는 그 민족주의가 "한족의 우월성을 주장"하면서 "이민족을 정복하고 압제하는 데까지가" "동양의 평화"를 파괴하여 "우리[일본 제국]는 상당한 희생을 감내할 수밖에 없"는 "이기적인 민족주의"라고 규정한다.[107] 이처럼 현영섭은 미 · 영에 대한 아시아인들의 투쟁을 북돋는다는 측면에서 아시아인의 민족주의를 긍정하였던 반면에 아시아인의 민족주의가 "항일"로 연결 · 발전되는 것과 관련해서는 그것을 비판하고 있었다. 이는 아시아인의 민족주의가 ―따라서 조선인의 민족주의 역시― 일본 제국에게는 문제적임을 보여준다.

이러한 상황에서 '단일한 인종 집단'으로 아시아 · 동아 · 동양인을 재현 · 표상한 것은 제국 일본에 유용한 정치적 자산일 수 있었다. 앞에서 보았듯이, 총독 미나미(南)는 1941년 12월 대담 형식으로 "[미국과 영국의] 전통 정책은 음으로 양으로 동양 인종의 상극[(相剋)]과 노예화를 기도"한다고 조선인들에게 이야기하였다. 그의 메시지는 1942년 방태영(方台榮)에 의해 공명되었다. 그는 "서방에는 장개석(張介石)이를 농락하여 우리 형제와 간은[*같은] 동양 사람들끼리 서로 피를 흘리게 하는 것도 기실은 이 영미의 술책 중에

---

107) 현영섭c, 앞의 글, 226쪽.

서 발생"한 것임을 "우리는 명백히 알아야 하겠다."고 주장하였다.[108] 이러한 것들은 '장개석의 항일(抗日) 등으로 말미암은 동양 인종 내부의 상극이 노예화를 기도하는 미국과 영국의 술책'이라고 주장하는 것을 통해 '동양인'들에게 자신들의 민족주의에 기초해서 '항일'하지 말 것을 요구하는 것이다. 이처럼 아시아인을 단일한 인종 집단으로 정체화하는 것은 식민지 담론 공간에서 생산된 담론의 소비자인 조선인들에게 그들의 항일 민족주의와 이에 기초한 항일 투쟁의 의미를 실효(失效)시킬 수 있는 담론적 자원을 제공하는 것이다. 동시에 아시아인의 인종적 단일화는 조선인들에게 아시아 인종으로서 단결하여 그 인종의 적대적 타자인 백색 인종, 그 중 특히 미국·영국과 싸울 것을 요구할 수 있는 담론 자원을 제공한다.

이와 관련해서 먼저 시사적인 것은 조선문인협회 간사 이석훈(李石薰)의 글이다. 그는 아시아-태평양전쟁 발발 직전 "태평양의 물결이 바야흐로 거칠어지려고 하는", "긴장된 분위기"의 일본을 여행하고 1941년 12월에 「새로운 결의―성지참배로부터 돌아와서」를 썼다.[109] 그 글은 "미국은 지금 인류적인 편견으로 어디까지나 일본을 제2류라거나 제3류의 지위에 차 내리려고 하고 있"는데, "만약에 3천 6백년 사이에 한 번도 외적에 의하여 침입되지 않았던 빛나는 역사를 갖는 1류 민족[일본 민족]이, 2류 내지 3류의 국민으로 떨어진다면 나머지 많은 아세아 백성의 일은 미루어서 알지 않겠는가."라고 자신의 독자들에게 반문(反問)한다.[110] 이와 같은 반문은 물론 독자들에게 전쟁 발발 직전 "긴장된 분위기" 하에서 '미국의 대일(對日)정책'에 대한 '위기감'을 조성하고자 하는 것이다. 그런데 여기에서 주목되는 것은 그 구절에서 미국과 관련해 일본 제국의 지위가 '강등'될 때 발생할 "나머지

---

108) 방태영, 「大東亞戰과 우리의 決意~宣戰日의 教訓」, 『朝光』 8(2)(1942), 「대동아전과 우리의 결의―선전일(宣戰日)의 교훈」, 『친일반민족행위관계사료집Ⅹ』, 396쪽.
109) 마키 히로시a(牧洋), 「新しき決意―聖地參拜より歸りて」(上), 『京城日報』, 1941년 12월 9일, 「새로운 결의―성지참배로부터 돌아와서」(상), 『친일반민족행위관계사료집ⅩⅤ』, 613쪽.
110) 마키 히로시a(牧洋), 「新しき決意―聖地參拜より歸りて」(下), 『京城日報』, 1941년 12월 12일, 「새로운 결의―성지참배로부터 돌아와서」(하), 『친일반민족행위관계사료집ⅩⅤ』, 614쪽.

많은 아세아 백성의 일"이, "나머지 많은"이라는 구절에서처럼, 거의 일괄적으로, 다시 말해 집단적으로 암시되고 있다는 점이다. 이처럼 이석훈은 "아세아 백성의 일", 또는 그들의 장래를 집단적인 것으로 암시하였다.

이석훈이 암시한 '아시아 백성'의 집단적 운명의 의미는 더 구체적으로 인종적 관점에서 설명된다. 조선문인보국회 시부(詩部) 간사장 주요한(朱耀翰)은 1943년 「다섯 가지 사명」에서 "그들[미국과 영국]이 [동양 침략의] 야망을 달성할 때가 온다면", 즉 일본 제국이 패전했을 때, "아시아의 고향은 제2 아프리카 대륙이 된다는 것은 말할 필요가 없는 것이다."라고 '예견'한다.[111] 이것은, 물론, 일본 제국의 패전 시 글을 읽는 독자들이 희생자가 될 수 있다는 '잠재적 희생자 의식'을 고취시켜 그들의 위기의식을 고조시키는 것이었다. 하지만 여기에서 주목되는 것은 위기의식 고조의 참고점이 "아프리카 대륙"이 되고 있다는 점이다. 이는 "동양의 백성" 희생자화가 '아프리카 대륙'의 소환을 통해 이루어지고 있음을 보여주고, 따라서 희생자화 작업이 아프리카에 사는 '흑인'을 통해 이루어질 것임을 암시한다.

이원영도 같은 맥락에서 이야기한다. 그는 1942년 「전국(戰局)의 긴박과 청년에게 요망」에서 일본 제국의 아시아-태평양전쟁 패전 상황을 가정하고 그 경우 "일본인은 원숭이 취급을 받게 될 것"이라고 예견하고, 이어서 "[그 경우] 중국인이나 기타 동양의 민족들은 어떤 대우를 받게 되겠는가."라는 자문(自問)에 대해 다음과 같이 자답(自答)한다. 즉,[112]

> [기타 동양의 민족들은] 흑인처럼 농담을 했다는 이유로 신체에 코르타르를 바르고 학살하거나, 아무런 이유도 없이 흑인을 사적으로 제재를 가하여 금고에 넣어 폭살시키거나, 살아 있는 채로 자동차 뒤에 묶어 끌고 다니면서 죽이는 예[(例)]의 '경악스런 일'들을 "적 아메리카"로부터 겪을 것이다.

---

111) 마쓰무라 고이치(松村紘一), 「五つの使命」, 『新時代』 (6월호, 1943년) 「다섯 가지 사명」, 『친일반민족행위관계사료집 XV』, 764쪽. 마쓰무라 고이치는 주요한의 창씨명이다.
112) 이원영, 앞의 글, 603쪽.

여기에서 주목되는 것은 일본 제국의 패전 후 "적 아메리카"로부터 '동양 민족들'이 받을 "대우"를 예견할 때 "흑인", 즉 '흑색 인종'이 받아 왔던 처우를 소환하고 있다는 점이다. 이는 일본 패전 이후 동양 민족이 인종적으로, 집단적으로 '흑색 인종'과 같은 처지에 놓일 것이라고 '동양 민족' ─실은 이원영의 독자인 조선 사람들─ 을 '협박'하면서 그들을 '잠재적 희생자'로 변화시키려는 것이다.

인종적 잠재 희생자화 작업은 직접적으로 그 희생자가 "유색인종"이라고, 나아가 "반도인 여러분"이라고 특정한다. 장혁주는 1943년 「대동아전쟁에 즈음하여」에서 일본 제국이 패전할 때 생길 수 있는 일을 분명하게 '인종'의 측면에서 표현하여, "이 전쟁['대동아전쟁']에서 만약에 진다고 한다면 유색인들 전부는 영국과 미국 기타 백인의 완전한 노예가 되는 것이다."라고 '예언'한다.[113] 예언은 "반도인 여러분들"에 대해서도 이어진다. 그 글은 "반도인 여러분들은 왕년에 원산 해수욕장에서 미국인 선교사의 참학(慘虐)을, 구세군의 모 영국인 대장이 조선에 왔을 때의, 영국인 사관의 횡포를 확실히 상기하라."고 하면서 1920년대 후반에 있었던 '캐나다 장로교 선교사 그리어슨(Robert G. Grierson, 한국명: 구례선(具禮善))의 원산 명사십리에서의 조선인 아동 폭행 사건'(1928년)과 '구세군 분규 사건(1926년)'을 소환한다.[114] 이원영도 "반도인"에 대한 "백인"의 "참학(慘虐)" 사례를 소환한다. 그는 앞의 글에서 "먼 흑인의 예를 들지 않더라도" "충분히 그들[적 아메리카]의 정체를 알 수 있"다고 하여 소환 인종의 전환을 암시한 후, "지난해 평남의 어느 시골에서 한 미국인 선교사가 사과 하나를 훔쳤다는 이유로 아직 분별력이 없는 아이를 옷을 벗겨 등에 인두질을 했다는 사건"을 자신의 독자들에게 환기시킨다.[115] 이처럼 1920년대 중후반에 있었던 '백인의 반도인

---

113) 장혁주, 앞의 글, 726쪽.
114) 장혁주, 앞의 글, 726쪽; 「주일교장도 사임, 명사십리 아동구타사건 회개산 구례선 목사가」, 『중외일보』, 1928년 8월 8일, 이상정, 「1926년 구세군 분규사건에 대한 연구」, 연세대 석사학위 논문, 2007.
115) 이원영, 앞의 글, 604쪽. 참고로 이원영이 소환한 사건은 1925년 평안남도 안순에서 있었던,

참학(慘虐)' 사례가 소환되어 조선인에 대해 인종적으로 잠재적 희생자화 (化)하는 작업이 수행되었다.

아시아인의 인종 집단화와 잠재적 희생자화 작업은 조선인의 전쟁 동원과 연결된 것이다. 이와 관련해서 먼저 이원영의 1942년 글은 시사적이다. 그것은 '조선인에 대한 징병 제도가 시행'되지 않아 "육친의 형이 전사하거나 동생이 적의 총알에 맞았다는 소식을 듣고 분기한 [일본인] 청년"과는 달리 "아직 피가 섞인 친족이 적의 총알 앞에 서지 않았기 때문에 아무래도 이 전쟁을 몸으로 체감할 수 없"고 또 "적개심과 복수심이 불타오르지 않"아 "시국에 협력하는 태도에서도 철저하지 못한 점이 있게 마련"인 "반도청년"의 모습을 전한다. 그와 같은 '반도 청년'에게 이원영은 "현재 어떠한 국면에 직면하고 현재 우리 행동이 장래 우리와 우리 자손들에게 무엇을 가져다줄 것인지에 대하여 진진하게 생각"할 것을 "요망"하면서, "전국(戰局)의 긴박한 상황"과 함께, 앞에서 보았던 바와 같이, '일본이 패할 때 동양 민족이 받을 대우, 또 조선인이 처할 운명'을 '예언'한다.[116] 이에 유의할 때 우리는 이원영이 '일본 패전 시 조선인이 처할 운명'을 '예언'한 것이 실은, 방태영의 표현을 덧붙이면, "우리 조선 사람"으로 하여금 "과거 일청, 일로전쟁 때에 가졌던 구경꾼 태도를 버리고 황국신민의 일원, 다시 말하면 나도 성전전투원의 한 사람이라는 철석같은 결심"을 가지고 "지금 당장 분기" 하도록 하고자 한 것이라 할 수 있다.[117] 그렇다고 한다면, 우리는 아시아인의 인종 집단화와 잠재적 희생자화 작업의 정치성이 대동아전쟁에로의 조선인 동원 노력에 있었다고 할 수 있다. 바로 이와 같은 정치성이 일본 제국의 전쟁을 '아시아인의 아시아'를 위한 '대동아전쟁'으로 정당화하는 것과 함께 아시아-태평양기 식민지 조선에서의 인종 담론이 가진 권력적 정

미국인 선교사 헤이스머(C. A. Haysmer, 한국명 허시모(許時模))의 조선 아동 학대 사건이다. 이에 대해서는 한규무, 「허시모 사건'의 경위와 성격」, 『한국기독교와 역사』 23, 2005 참고.
116) 이원영, 앞의 글, 603~604쪽.
117) 방태영, 앞의 글, 397쪽; 이원영, 앞의 글, 604쪽.

치성이다.

그렇지만 식민지 담론 공간에서 인종 담론이 결코 안정된 것은 아니었다. 그것은 외연과 내포가 불명확한 '인종'에 의지한 것이었다. 이와 관련해서 당대 담론 공간에서 등장하는 '아시아인(人)'의 인구수는 주목된다. 그 인구수와 관련해서, 두 개 이상의 수치가 상충적으로 제시된다. 즉 보통은 "아시아의 10억 민중"이나 "전 동아 10억 대중"에서처럼 아시아 인구가 10억 명으로 추계, 호명되고 있었지만, 때로는 '아시아인(人)'은 "동아 12억 민족"이나 "전 아시아의 강토(疆土)와 학대받은 13억의 민초"나 "13억 민중"이라는 구절에서처럼 12억 명, 또는 13억 명으로, 심지어 불특정하게 "십 수억의 아시아 인종"으로 추산되어 호명되기도 하였다.[118] 인구수의 불일치는 바로 아시아인 또는 동양인의 외연과 내포가 일치되지 않은 까닭이었다. 통상적으로 "만몽(滿蒙) 중국", "프랑스령 인도차이나, 네덜란드령 동인도, [필리핀], 인도, 아라비아 등의 토착 민족들"이 아시아인으로 상상되었지만, 김두정의 경우에는, '통상적인 아시아인'에 "아일랜드 · [핀란드] · 헝가리 · 터키 · 시베리아 등[세계]에 산재"하는 "투란(Turan) 인종"이 더해지기도 하였다.[119] 이것은 '아시아 인종'이 그것의 외연과 내포가 불분명한 개념이자 그것의 경계 또한 불안정한 호명이었음을 보여준다.

---

[118] 가야마 미쓰로b(香山光浪), 「南京에서 文學者大會－朝鮮代表香山, 金村兩氏」, 『매일신보』, 1944년 11월 5일, 「남경에서 문학자대회, 조선대표 향산(香山), 금촌(金村) 양씨(기사), 『친일반민족행위관계사료집ⅩⅤ』 373쪽; 시라야마 아오키(白山青樹), 「內外同胞に訴ふ, 本誌 "大東亞" と改題再出發に際して」, 『大東亞』 14(3)(1942), 「내외 동포에 호소함」, 『친일반민족행위관계사료집ⅩⅤ』, 704, 705쪽; 가네코 도테이b(金子斗禎), 앞의 책, 537쪽; 김두정b, 앞의 글, 51쪽; 최남선b, 「聖戰의 說文」, 『新時代』 4(2)(1944), 「성전(聖戰)의 설문」, 『친일반민족행위관계사료집Ⅹ』, 369쪽). 시라야마 아오키는 김동환의 창씨명이다.

[119] 가네코 도테이a(金子斗禎), 앞의 글, 51, 57쪽; 가네코 도테이b(金子斗禎), 앞의 책, 514, 533쪽. 심지어 김두정은 "팔굉일우(八紘一宇)의 대이상 실현"에 있어 "투란운동(Turanism)의 영도"를 "아시아부흥과 국제적 방공(防共)공작"과 같은 수준의 과제로 제시하면서 "투란 인종의 면목을 세"울 것을 주장하였다(가네코 도테이a(金子斗禎), 앞의 글, 57쪽; 가네코 도테이b(金子斗禎), 앞의 책, 539쪽). 또 당시에는, '투란 인종'이 "우리[야마토민족]와 같은 계통"인지, 아닌지를 둘러싸고 논쟁이 진행되었다(가네코 도테이a(金子斗禎), 앞의 글, 43쪽; 가네코 도테이b(金子斗禎), 앞의 책, 533쪽; 가와모토 타츠오(河本龍男), 「日本觀의 確立－朝鮮의 立場から」, 『綠旗』 5(1)(1940), 「일본관의 확립－조선의 입장에서」, 『친일반민족행위관계사료집Ⅹ』, 177~178쪽). 가와모토 타츠오는 이영근(李永根)의 창씨명이다.

또한 '아시아 인종'은, 식민지 담론 공간에서조차도, '이종적(異種的)·이류적(異類的)·이질적(異質的)·불균질적(不均質的)인' 실체(實體, entity)였다. 우리는 앞에서 '아시아 인종'이 식민지 담론 공간에서 공동의 신체 외모적 특성은 물론이고 공통한 관습과 정신·사상·문화·문명을 가진, 심지어 운명도 공동한 단일한 집단체로 재현·표상되는 것을 보았다. 그렇지만 그 시대 담론 공간에서는, 경성제국대학 교수 가라시카 다케시(辛島驍)가 비평하듯이, "아시아 각지"의 "이습토속(異習土俗)을 묘사"하는 문학 작품이 적지 않았다.[120] 이는 당대 식민지 담론 공간에서 동양·아시아인의 '서로 다른 습속과 토속'이, 달리 표현하면 서로 다른 일상생활 관습·문화가 묘사되고 있었음을 시사한다. 그뿐만 아니라, 앞에서 보았듯이, 외형적 생리적 특성에 기초해서 '황인종' 등으로 단일하게 규정될 수 없어 "아시아 인종"에서와 같이 지정학적으로 규정될 정도로 "각종"(各種)의 "제[諸]인종"이, 식민지 담론 공간에서의 '아시아 인종'에 존재하고 있었다. 그와 같이 '이종적(異種的)·이류적(異類的)인' 아시아 인종은, 아래에서 보듯이, 문화·문명적으로도 "모든 단계를 포함"할 만큼, 달리 표현하면 '문화·문명의 발전 단계가 서로 다르다' 할 만큼, '상호 균질적'이지 않았다. 이처럼 신체적으로, 또 생활 관습·문화나 문화·문명상에서도 서로 다른 인종이 아시아 인종이었고, 바로 이와 같은 인종을 단일화하고자 한 것이 식민지 담론 공간에서의 '아시아 인종론'이었다.

그러므로, '아시아 인종'은 '관계적 상상물'(a relation imagination)이었다. 우리는 앞에서 "아시아 인종"이 '이종적·이류적·이질적·불균질적인' 실체이지만, '인종적으로 단일한 인류 집단'으로 재현·표상되고 있음을 보았다. 그렇다면, 그와 같이 경험적·체험적(empirical)으로 단일한 인종 집단이 아닌 '아시아·동양 인종'의 '인종적 단일성·동질성(homogeneity)'은 어떻게

---

120) 가라시마 다케시(辛島驍), 「雄大なる構想−大東亞戰爭と半島文化人の使命」, 『京城日報』, 1942년 1월 1일, 「웅대한 구상−대동아전쟁과 반도 문화인의 사명」, 『친일반민족행위관계사료집ⅩⅤ』, 91쪽.

가능하였는가? 이와 관련해서 박종화의 「동양은 동양 사람의 것」은 시사적이다. 앞에서 보았듯이 그 글에서 "동양 사람"은 "백인" 즉 '백색(white) 인종'의 "정반대"에 위치해 있었다. 바로 이것이, 당시의 인종 상상법에서, 또 언어적으로나 용례 상으로, '동양인'과 그것의 호환어 즉 '아시아인'을 '유색의(colored) 아시아 인종'으로 인종화 하는 기제(機制, mechanism)이다. 그렇다고 한다면, 우리는 '아시아 인종'이 스스로 독립해 존재하는 자존체(自存體, an empirical self-existence)가 아니라 '백색 인종'과의 대당적(對當的) 관계, 또는 대치(對峙, counterposing)된 속에서만 발생·존재하는 관계적(relational) 존재라고, 따라서 경험적인, 즉 실지 체험·인식 가능한 실제물(實際物)이 아니라 상상의 산물이라고 이야기할 수 있다. 바로 이러한 관계적 상상물을 실제화하고 또 목적화하여 '대동아전쟁'의 인종 담론은 구성된 것이다.

지금까지 이야기한 것들이 '대동아전쟁'의 인종 담론의 존재론·인식론상의 문제성이라 한다면, 그 담론의 문제성은 패권성이다. 앞에서 보았듯이 일본 제국의 전쟁 선전·선동 자료는 '공식적'으로 '대동아전쟁'의 인종 전쟁성을 부인하고, '대동아전쟁'의 목표로 '백인종과 여타 인종의 인종적 평등'을 내걸었다.

그렇지만 인종 평등 목적의 전쟁을 통해 건설될 대동아공영권 내의 제(諸) 민족·인종의 관계는 위계적(位階的)이고 서열적이었다. 이와 관련해서 먼저 주목되는 것은 각종 대동아전쟁 선전·선동 자료에서 전세계 인류가 문화의 관점에서 위계화되고 있었다는 점이다. 예컨대 황군위문 조선문단 사절단 단원 임학수(林學洙)는 1939년 「북지(北支)에 심부름을 하고」에서 "흥아건설[의] 이상"에 관해 이야기하면서, "황인종은 역사적으로도 문화적으로도 두뇌가 백인에게 우수하기는 해도 뒤떨어지지는 않는다."고 주장한다.121) 기본적으로 그의 주장은, 그것의 사실성 여부에 상관없이, 질적, 따라서 주관적 성취물인 역사·문화를 척도로 하여 인종이라는 '인간 집합

---

121) 임학수, 「北支へ使して」(下), 『京城日報』, 1939년 5월 24일, 「북지(北支)에 심부름을 하고」(하), 『친일반민족행위관계사료집XV』, 726쪽.

체'의 두뇌가 객관적으로 우열 비교가 가능하다는 전제 위에 이루어져 있다.

인종별 우열 비교 가능이라는 전제 위에서, 전쟁 선전·선동 자료는 인종의 우열을 비교한다. 앞에서 보았듯이, 임학수는 '황인종이 두뇌에서뿐만 아니라 역사·문화적으로 백색 인종보다 우수하다.'고 주장하였다. 또 김두정은, 앞에서 보았듯이, '19세기의 백색 인종의 전성시대가 20세기 이후 황색 인종의 부흥 시대에 의해 대체된다.'고 하여, 황색 인종이 흑색 인종을 포함한 유색 인종 중 가장 우수한 인종임을 암시하였다. 이처럼 황색 인종이 백색·유색 인종 전체 중에서 가장 우수한 인종으로 감정되면서, 지구상 모든 인간은 인종별로 위계화되고 서열화되었다.

위계화와 서열화는 대동아권에서도 이루어진다. 좌익 전향자인 차재정(車載貞)은 1938년 「옛 동지에 고함, '자연의 길'=전 좌익 제우(諸友)에게 답함」에서 "작금 수년래의 특히 사변[중·일 전쟁] 이후의 조선 민심의 동향"과 관련해 "조선 민중"이 "아세아 우수민족[일본민족]의 일원"으로서 "의무"를 다하고 있다고 전한다. 여기 문장 중 "아세아 우수민족"이라는 표현은 그가 '아세아 민족들'이라는 '인간 집합체들'이 객관적으로 우열 비교 가능하며 또 그렇게 비정(比定)할 수 있다고 생각하고 있음을 보여준다.(그렇지만 그는 윗글의 다른 곳에서 "한 민족 사회의 추축은 과학이 아니라, 개성이며 전통"이라고 표현하여 자신이 '민족'을 '개성적, 주관적 존재'로 바라보고 있음을 보여준다.)[122] 이와 같이 인종이든, 민족이든, 인간 집합체들은, 전쟁 선전·선동 자료에서, 객관적으로 우열 비교가 가능한 존재로 인식되고 있었다.

그와 같은 인식론에 기초해서, 각종 선전·선동 자료는 대동아권의 인간을 문화와 같은 단일화 척도에 의해 집단적으로 —인종이든, 민족이든, 아니면 종족이든 간(間)에— 비교하고, 그것을 위계적으로, 서열적으로 비정

---

122) 차재정, 「넷 同志에 告함, '自然의 길'=前左翼諸友에게 答함」, 『三千里』 10(11)(193), 「옛 동지에 고함, '자연의 길'=전 좌익 제우(諸友)에게 답함」, 『친일반민족행위관계사료집V』, 355, 356쪽.

하고 있었다. 예컨대, 최남선은, 앞에서 보았듯이, 일본 제국의 아시아-태평양전쟁이 "아세아의 해방"을 위한 것이라고 하면서 그것을 "대동아전"이라고 호명하고 나서 다음 문장에서는 "동아전(戰)"이라고 호명한다. 이것은 그가, 의식적이든 무의식적이든, '대동아'를 일본과 중국, 만주 중심으로 생각하면서 대동아권 내 여타 지역(민)을 주변화해, 대동아권을 '일·만·지'(日·滿·支) 중심으로 위계화하였음을 보여준다(이 점에서 볼 때 앞에서 논급된 '동아'와 '대동아'의 용례상 혼용·착종은 동아 중심 의식의 표현이라고도 할 수 있다).

나아가 위계화된 대동아권의 중심인 '일·만·지'(日·滿·支)도 다시 위계화된다. 예컨대, 이원영은 1942년 글에서 조선인 청년들에게 "동아의 모든 민족의 생존을 위해 분기"할 것을 요구하면서 "문화와 문명에 있어서 아직 일본인의 수준에 도달하지 못한 중국인이나 기타 동양의 민족들"이라는 표현을 사용한다.[123] 여기에서 우리는 '문화와 문명'이라는 척도를 가지고 '동양 민족들'이 상호 비교되면서 그들 중 '일본인'이 '수준 높은 문화·문명의 민족'으로, 또 '중국인과 기타 동양인'들이 '문화·문명적으로 저수준인 민족'으로 비정되면서, '동양 민족들'이 위계화되는 것을 볼 수 있다. 이와 같은 위계화는 "태평양 제도[(諸島)]의 제[(諸)] 종족"에 대해서도 이루어진다. 경성제국대학교수 모리타니 가쓰미(森谷克己)는, 앞에서 보았듯이, "대동아권"에는 "문화적으로도 더욱 낮은 미개 단계에 정체하는 태평양 제도의 제종족에 이르기까지 모든 단계를 포함"하는 "각종의 인종, 민족, 내지 종족"이 있다고 소개한다. 이와 같이 아시아권의 일본민족과 여타 민족들은 문화·문명을 척도로 하여 위계화되었다.

위계화 또는 서열화는 '민족의 자주·독립'이라는 척도를 통해서도 이루어지고 있었다. 예컨대 조선문인협회 간사 이석훈(李石薰)은, 앞에서 보았듯이, 1941년 12월 글에서 "미국은 지금 인류적인 편견으로 어디까지나 일

---

123) 이원영, 앞의 글, 603, 604쪽.

본을 제2류라거나 제3류의 지위에 차 내리려고 하고 있"다고 하면서, 만일 그렇게 되어 "3천 6백년 사이에 한 번도 외적에 의하여 침입되지 않았던 빛 나는 역사를 갖는 1류 민족[일본인]이, 2류 내지 3류의 국민으로 떨어진다면 나머지 많은 아세아 백성의 일은 미루어서 알지 않겠는가."라고 하여 독자 들에게 '미국의 대일(對日)정책'에 대한 '위기감'을 조성하고자 하였다. 인용 문 중 "한 번도 외적에 의하여 침입되지 않았"다는 것이 "1류 민족"의 핵심 수식어라면, 그러한 "역사" 여부는 "1류 민족"과 "2류 내지 3류의 국민"의 변 별점이었다. 마찬가지로, 김동환은 "오만한 영국인"이 "오랜 동안" "매질하 고, 속여서 그 달콤한 국물을 빨고 있"는 "지나인은 바보이며 인도도 오스트 리아[*오스트레일리아(Australia)]도 이집트도 바보 중에 큰 바보"라고 하여, 영국 제국의 "동양" 식민지, 또 반(半)식민지와 그곳들의, (반)식민지의 "동 양인" 피지배자들을 "바보", "큰 바보"로 호명하고 또 그렇게 정체화한다.[124] 이것은 영국의, (반)식민지 상태 여부가 "동양인"의 '(큰)바보' 여부의 지표 였음을 보여준다. 이것들은 '민족의 자주·독립' 여부가 '동양인' 서열화의 척도였음을 보여주는 것이자 그것을 척도로 하여 일본인과 여타 '동양인'이 서열화되어 있음을 보여준다.

문화·문명성과 자주·독립성이라는 척도를 통해 위계화·서열화된 일 본인과 여타 동양인은 마지막으로 주체와 객체로 상호 관계 지워진다. 경 성제국대학 교수 스즈키 다케오(鈴木武雄)는 1942년 「병참기지로서의 반도」 에서 "반도 동포"가 "아시아 해방운동의 주체"라고 주장하고 나서, '반도 동 포'가 "지나인이나 태국인이나 말레이시아인이나 필리핀인처럼 해방되어야 할 객체는 아니다."고 부연한다.[125] 이것은 "반도 동포", 따라서 그들의 '내 지(內地) 동포'도, 모두 합해서 일본 민족·국민(the Japanese nation)을 "아시

124) 김동환, 앞의 글, 747쪽.
125) 스즈키 다케오(鈴木武雄), 「병참기지로서의 반도」, 인문사 편집부 엮음, 신승모·오태영 옮김, 앞의 책, 92쪽. 앞의 글은 『친일반민족행위관계사료집 VIII』에서는 「병참기지와 반도」로 번 역되어 있다.

아 민족 해방운동"의 "주체"로, 일본 민족·국민을 제외한 여타 '아시아 민족들'을 '아시아(민족) 해방'과 그 운동의 '객체'로 결연(結緣)시키는 것이다. 이처럼 '아시아(민족) 해방'이 계기로 되어 동양 민족들 중 일본 민족과 여타 민족들은 각각 주체와 객체로 정체화되었다.

동양 민족들의 주체/객체화는 아시아-태평양전쟁 시기 식민지 조선에서 담론적으로 재현·표상된 '일본 제국의 대동아전쟁'상(相·像), 즉 '인종 평등을 위한 대동아전쟁'이라는 전쟁상을 그 근저에서 위협하는 것이었다. 즉 그것은 대동아전쟁의 인종 전쟁 담론이 일본 민족(ethnic Japanese) 중심의 패권 담론이었음 보여주는 것이라 할 수 있다. 바로 이것이 아시아-태평양전쟁기 식민지 조선의 담론 공간에서 나타난 인종 전쟁 담론의 당대 진상(眞相)이자, 그 담론의 역사적 함의였다.

▨ 참고문헌

친일반민족행위진상규명위원회, 『친일반민족행위관계사료집Ⅷ─일제의 침략전쟁 확대와 친일협력(1937~1945)─』, 2009.

_____, 『친일반민족행위관계사료집Ⅹ─일제 침략전쟁 및 식민통치에 대한 협력논리(1937~1945)─』, 2009.

_____, 『친일반민족행위관계사료집 ⅩⅢ─일제강점기 유학계의 친일협력과 친일한시─』, 2009.

_____, 『친일반민족행위관계사료집ⅩⅤ─일제강점기 문예계의 친일협력─』, 2009.

김동환, 「愛國精神と志願兵」, 『三千里』 13(6), 1941.

시라야마 아오키(白山青樹)[*김동환(金東煥)], 「内外同胞に訴ふ,本誌「大東亞」と改題再出發に際して」, 『大東亞』 14(3), 1942.

김두정a, 「東亞問題特輯: 亞細亞復興と内鮮一體」 東洋之光 1(5), 1939.

____b, 「興亞的大使命으로 본 '内鮮一體'」 三千里 12(3), 1940.

가네코 도테이a(金子斗禎)[*김두정(金斗禎)], 「新興亞體制下に於ける朝鮮の使命(齊藤子爵紀念會募集入選論文: 佳作)」, 『朝鮮』 307호, 1940.

_____b(金子斗禎), 「半島皇民生活物語」, 조선사상국방협회, 『반도황민생활물어(半島皇民生活物語)』, 1943.

김연수, 「一億一心邁進」, 『매일신보』, 1941년 1월 4일.

야마기 카쓰란(天城活蘭)[*김활란(金活蘭)], 「女性의 武裝」, 『朝光』 8(2), 1942.

문명기, 『(眞の世界平和へ) 所志一檄』, 盈德: 雲岩書齋, 1937.

박종화, 「동양은 동양 사람의 것」, 『每日新報』, 1944년 8월 27일~9월 2일, 김병걸·김규동 편, 『親日文學作品選集』, 실천문학사, 1985.

박희도a, 「新東亞の建設と我等の使命」, 『東洋之光』 1(4), 1939.

_____b, 「大東亞聖戰の年頭に(卷頭言)」, 『東洋之光』 8(1), 1942.

방태영, 「大東亞戰과 우리의 決意-宣戰日의 敎訓」, 『朝光』 8(2), 1942.

호시노 아이카와a(星野相河)[*배상하(裵相河)], 「肇國の精神と朝鮮の將來(上)」, 『綠旗』 5(11), 1940.

_____b(星野相河), 「肇國の精神と朝鮮の將來」(下), 『綠旗』 5(12), 1940.

야스다 사카에(安田榮)[*안석주(安碩柱)], 「大東亞戰과 映畵人의 任務」, 『매일신보』, 1941년 12월 18일.

안인식, 「東亞ノ建設ト儒道ノ精神」, 『經學院雜誌』 45, 1940.

유광렬a, 「大戰後의 世界觀」, 『春秋』 8(2), 1942.

_____b, 「大東亞宣言의 意義」, 『朝光』 8(3), 1942.

_____c, 「大東亞戰爭의 聖戰意義」, 『朝光』 9(9), 1943.

유억겸, 「戰必勝功必取」, 『朝光』 8(2), 1942.

이토 치카우(伊東致昊)[*윤치호(尹致昊)]·韓相龍(한상룡), 「南總督に聽く戰時下半島民衆の心構へ」, 『國民總力』 4(2), 1941.

이각종, 『國民精神總動員讀本』, 京城: 新民社, 1938.

가야마 미쓰로a(香山光浪)[*이광수(李光洙)], 「東亞精神の樹立に就いて」, 『大東亞』, 1943년 3월호.

_____b(香山光浪), 「南京에서 文學者大會-朝鮮代表香山, 金村兩氏」, 『매일신보』, 1944년 11월 5일.

이동화, 「緒, 朝鮮人への兵役の義務, 日本禮讚」, 『國防と朝鮮人』, 東京: 黃人社, 1933.

마키 히로시a(牧洋)[*이석훈(李石薰)], 「新しき決意-聖地參…拜より歸りて」(上·中·下), 『京城日報』, 1941년 12월 각각 9·11·12일.

_____b(牧洋), 「徵兵·國語·日本精神」, 『朝光』 1942년 7월호.

이성환a, 「時局이 求하는 靑年」, 『愛國大演說集』, 1939.

_____b, 「志願兵士諸君에게~大東亞建設의 젊은 勇士여, 今日과 明日은 너의것이

니라!」, 『三千里』 12(7), 1940.

가와모토 타츠오(河本龍男)[*이영근(李永根)], 「日本觀の確立-朝鮮の立場から」, 『綠旗』 5(1), 1940.

이원영, 「戰局の緊迫と靑年への要望」, 『東洋之光』 3(6), 1942.

인문사 편집부 엮음, 신승모·오태영 옮김, 『아시아-태평양전쟁과 조선』, 제이앤씨, 2011.

임학수, 「北支へ使して」(下), 『京城日報』, 1939년 5월 24일.

장덕수, 「敵性國家의 正體」, 『三千里』 14(1), 1942.

장혁주, 「大東亞戰爭に際して」, 『文藝』 1월호, 1942.

정교원a, 「內鮮一體の倫理的意義」, 『朝鮮』 293, 1939.

_____b, 「內鮮一體の倫理的歸結」, 『三千里』 13(1), 1940.

마쓰무라 고이치(松村紘一)[*주요한(朱燿翰)], 「五つの使命」, 『新時代』 6월호, 1943.

차재정, 「넷 同志에 告함, '自然의 길'=前左翼諸友에게 答함」, 『三千里』 10(11), 1938.

최남선a, 「亞細亞의 解放」, 『매일신보』, 1944년 1월 1일.

_____b, 「聖戰의 說文」, 『新時代』 4(2), 1944.

함상훈a, 「時局解說-世界政局의 動向」(1941.11.14.), 『半島の光』 1월호, 1942.

_____b, 「東亞共榮圈과 民族政策」, 『新時代』 2(3), 1942.

허하백, 「銃後婦人의 覺寤」, 『大東亞』 14(3), 1942.

현영섭a, 「內鮮一體完成への道」, 『綠旗』 3(1), 1938.

_____b, 「事變の人類史的意義と內鮮一體の東亞協…同體完成への寄與-事變第二周年を迎へて考ること」, 『東洋之光』 7월호, 1939.

_____c, 「內鮮一體管見: 硏究の一覺書」, 『總動員』 2(1), 1940.

아마노 미치오(天野道夫) [*현영섭(玄永燮)], 「內鮮一體와 銃後靑年의 任務」, 『朝光』 6(5), 1940.

홍양명, 「東京紀行-言語와 槪念」, 『滿鮮日報』, 1940년 2월 28일.

오쿠히라 다케히코(奧平武彦), 「大東亞戰爭의 大目的과 性格」, 『大東亞戰爭과 半島』, 人文社, 1942.

가라시마 다케시(辛島驍), 「雄大なる構想-大東亞戰爭と半島文化人の使命」, 『京城日報』, 1942년 1월 1일.

기타노 켄조(北野憲造), 「조선 내 병사부장회의 서류 제출의 건」, 1939년 8월 30일, 『친일반민족행위관계사료집Ⅷ』.

스즈키 다케오(鈴木武雄), 「병참기지로서의 반도」, 인문사 편집부 엮음, 신승모·오태영 옮김, 『아시아-태평양전쟁과 조선』, 제이앤씨, 2011.

나카무라 미츠오·니시타 게이지 외 저, 이경훈 외 번역,『태평양전쟁의 사상』, 이매진, 2007.

미타라이 다쓰오(御手洗辰雄),「태평양 천 년의 결의」, 인문사 편집부 엮음, 신승모·오태영 옮김,『아시아-태평양전쟁과 조선』, 제이앤씨, 2011.

모리타니 가쓰미(森谷克己),「大東亞戰爭の經濟的意義」大東亞戰爭と半島」,『친일반민족행위관계사료집Ⅷ』.

야나베 에이자부로(矢鍋永三郞),「大東亞と文化」,『大東亞』14(3), 1942년 5월.

김윤희,「1909년 대한제국 사회의 '동양' 개념과 그 기원 — 신문 매체의 의미화과정을 중심으로」,『개념과 소통』4, 2009.

오태영,『오이디푸스의 눈: 식민지 조선문학과 동아시아의 지리적 상상』, 소명출판, 2016.

이상정,『1926년 구세군 분규사건에 대한 연구』, 연세대 석사학위 논문, 2007.

이석원,「'대동아' 공간의 창출 — 전시기 일본의 지정학과 공간담론 —」,『역사문제연구』19, 2008.

이승엽,「내선일체운동과 녹기연맹」,『역사비평』50, 2000.

임성모,「대동아공영권 구상에서의 '지역'과 '세계'」,『세계정치』26(2), 2005.

임종명,「해방 이후 한국전쟁 이전 미국기행문의 미국 표상과 대한민족(大韓民族)의 구성」,『사총』67, 2008.

_____,「여순'반란'의 재현을 통한 대한민국의 형상화」, 윤해동 외,『근대를 다시 읽는다』, 역사비평사, 2006.

_____,「여순사건의 재현과 폭력」,『한국근현대사연구』32, 2005.

_____,「제1공화국 초기 대한민국의 가족국가화와 내파」,『한국사연구』130, 2005.

한규무,「'허시모 사건'의 경위와 성격」,『한국기독교와 역사』23, 2005.

橋川文三著, 筒井淸忠編·解說,「國防國家の理念」,『昭和ナショナリズムの諸相』, 名古屋: 名古屋大學出版會, 1994.

Bruce Cumings, "the United States-Japan War", *Parallax Visions*, Durham: Duke University Press, 1999.

Eric Hobsbawm, *Age of Extremes*, New York: Viking Penguin Inc., 1994[에릭 홉스봄 지음, 이용우 옮김,『극단의 시대: 20세기 역사』상, 까치, 1997].

Etienne Balibar and Immanuel Wallerstein, *Race, Nation, Class: Ambiguous Identities*, New York: Verso, 1991(1992).

John Dower, *War Without Mercy*, New York: Pantheon Books, 1986.

Michael Barnhart, *Japan Prepares for Total War*, Ithaca: Cornell University Press, 1987.

Naoki Sakai, "Modernity and Its Critique: The Problem of Universalism and

Particularism", *Translation & Subjectivity: On "Japan" and Cultural Nationalism*, Minnesota: the University of Minnesota Press, 1997[사카이 나오키 지음, 후지이 다케시 옮김, 「근대성 속의 비판: 보편주의와 특수주의의 문제」, 『번역과 주체』, 이산, 2005].

■ 임종명 – 「아시아-태평양 전쟁기, 식민지 조선의 인종 전쟁 담론」
『사총』 94호, 2018에 실린 것을 일부 수정한 것이다.

아시아 – 태평양전쟁기 '산업전사' 이념의 형상화와 재현

이병례(순천대학교)

I. 전쟁의 문화효과

"우리가 갈 길은 하나. 나서라 산업전사! 미·영(米英) 격멸에"

이것은 아시아-태평양전쟁기 노동 동원을 위한 강렬한 선전 문구이다. '산업전사'는 중일전쟁 이후 전시 총동원체제를 구축하는 과정에서 생성된 호칭이었다. 노동자들이 병사와 일치된 개념의 '전사(戰士)'로 명명된 것이다. 산업전사 이념은 후방의 노동자도 전장에서 싸우는 병사와 같은 마음 자세로 노동에 임해야 한다는 전쟁 이데올로기를 구현한다. 일본 제국은 노동자를 '전사'로 명명하면서 국가적 사업에 죽음을 각오하고 생산증강에 나서야 한다는 이념을 설파했다. 근대전쟁에서 국가권력은 인력과 물자 동원을 위해 후방의 역할을 강조하며 동원 이데올로기를 만들어냈다. 일본 제국뿐만 아니라 구미 제국은 노동자들을 후방의 군인으로 호명하여 전시 노동의 중요성을 강조했다.[1] 그러나 전쟁의 종식과 함께 그 용어는 대부분 사라지거나 희미해진다. 일본의 경우에도 빈번하게 산업전사라는 용어를 사용했지만, 전쟁 종식 후 그 용어는 매우 드물게 발견되고 있을 뿐이다.

한국 사회에서 노동자를 '산업전사'로 지칭하는 관행은 오랫동안 이어져 왔다. 물론 최근에는 거의 등장하지 않을 뿐만 아니라 실체적 용어라기보다는 과거 회상용으로만 간혹 쓰이고 있다. 일본 패전 후 전쟁의 영향력에서 벗어났지만, 전쟁과 함께 탄생한 산업전사라는 용어는 지식과 권력, 내면화 기제의 상호작용을 통하여 끈질기게 재생산되었다. 한국전쟁을 거치면서 변형된 형태의 국가주의 이념에 짝하여 일반명사화하고 1960, 70년대 산업화시기에 더 왕성하게 쓰였다. 유독 한국 사회에서 산업전사라는 용어가 지속적으로 재생산된 이유는 무엇인가.

이 글에서 산업전사 이념에 주목하는 이유는 전쟁 이데올로기가 전쟁이 종식된 이후에도 지속적으로 발현되는 전쟁의 문화적 효과를 잘 보여주고 있기 때문이다. 문화 이해에는 '현상' 또는 '표상'으로서의 문화관이 반영되어 있다. 하지만 문화에는 이러한 가시적 차원의 내용만이 있는 것은 아니다. 이보다 더 의미심장한 차원이 있는데, 그것이 바로 상징, 언어, 규범, 가치 등과 같이 사회적 삶의 저변을 구성하고 있는 심층 차원이다.[2] 산업전사는 처음에 전쟁의 특정한 목적이 투영된 호칭이었으나, 다만 하나의 호칭에 그치는 것이 아니라 노동문화의 심층을 형성해 갔다. 산업전사 이념은 노동현장의 긴장감을 유도하는, 전시를 실감하게 하는 강력한 문화적

---

[1] 1940년 처칠의 영국 하원에서의 연설.
"......There is another more obvious difference from 1914. The whole of the warring nations are engaged, not only soldiers, but the entire population, men, women and children. The fronts are everywhere to be seen. The trenches are dug in the towns and streets. Every village is fortified. Every road is barred. The front line runs through the factories. The workmen are soldiers with different weapons but the same courage." Winston Churchill on the radio, June 18; and House of Commons 20 August 1940:(영어 위키피디아, total war.)

[2] 송재룡, 「한국 사회의 문화구조 특성에 대한 연구-전근대적 문화 습속을 중심으로-」, 『담론 201』 12, 2009, 15쪽

장치 중의 하나이다. 국가와 자본은 아시아-태평양전쟁기 형성된 산업전사라는 호칭을 국면마다 전유하여 사용하였고 또 상당히 유용하게 활용되었다. 산업전사가 유통되는 국면은 이것이 다만 노동지배 담론에 한정되지 않는다. 산업전사가 호명될 때 일상의 어딘가에 늘 전시(전쟁)를 의식하도록 하는 문화효과를 드러낸다.

아시아-태평양전쟁의 경험은 비록 짧은 기간에 그쳤지만 많은 요소가 해방 후 국가건설 과정 속에 연속적으로 이어졌다. 기존 연구에서 산업전사 이념은 노동지배 담론의 측면에서 주로 다루어졌다. 특히 해방 이후 1950년대와 1970년대가 대상이 되었다. 이들 연구는 노동의 국가주의적 속성을 비판적으로 바라보면서 산업전사라는 미명하에 노동자들이 국가권력에 의해 통제, 희생, 배제의 대상이었던 점을 지적하였다.[3] 산업전사 담론이 국가와 자본의 본질을 은폐하는 기능을 했던 것이다. 기존 연구 속에 등장하는 산업전사 이념은 그 자체가 연구대상이라기보다 국가주의 노동통제 담론을 설명하는 한 계기로 설명된다. 따라서 식민지 시기와의 연속성은 그다지 관심 대상이 아니다. 또 그 호칭이 지속적으로 재소환되는 것에 의문을 제기하지는 않았다.

국가와 자본이 노동자를 산업전사로 호명할 때 생산, 애국, 민족 등의 단어가 동시에 등장한다. 더 중요한 것은 용어 그 자체가 긍정적인 어떤 것으로 발화된다는 점이다. 국가권력이 "산업전사의 자부심 가져라"라고 했을 때, 산업전사는 매우 의미 있고 중요한 어떤 것을 지시하고 있다. 또한 노동자측이, 물론 반어적이기는 하지만, "산업전사로 치켜세우면서 합당한 대

---

3) 노동지배 담론에 대해 주목한 글로는, 이임하, 「해방 뒤 국가건설과 여성노동」, 『민족운동과 노동』, 선인, 2009; 이정은, 「1950년대 노동지배 담론과 노동자의 대응」, 『역사비평』 83, 2008; 김동춘, 「1960, 70년대 민주화운동세력의 대항 이데올로기」, 『한국 정치의 지배 이데올로기와 대항이데올로기』, 역사비평사, 1994; 김원, 「여공담론의 남성주의 비판. 전전 일본에 비추어 본 한국 사례를 중심으로」, 서강대 대학원 정치학과 박사학위논문, 2003 등이 있다. 또한 노동지배 담론이 주체에 수용되는 맥락을 주목한 연구로, 김준, 「1970년대 여성노동자의 일상생활과 의식」, 『역사연구』 10, 2002; 신병현, 「196,70년대 산업화 과정에서 노동자들의 사회적 정체성에 영향을 미친 주요 역사적 담론들: 근대화와 가부장적 가족주의 담론구성체를 중심으로」, 『산업노동연구』 9권 2호, 2003 등이 대표적이다.

우를 받지 못했다"라고 했을 때도 산업전사라는 용어는 긍정적인 어떤 것을 지시한다. 산업전사 이념은 지배권력에 의한 일방적이고 주입된 이데올로기일 뿐만 아니라 주체와 대상간 침투에 의해 전유, 재생산되고 있다.

이 글에서는 아시아-태평양전쟁기에 생성된 산업전사가 이념으로써 구성된 논리는 무엇이고 실현태로서 어떤 유형의 노동자를 만들어 내려고 했는가, 산업전사 이념은 명백히 전쟁의 산물인데, 전쟁이 끝난 뒤에도 지속적으로 노동문화의 심층을 형성하는 동인은 무엇이고 그것이 어떻게 지속적으로 국가주의로 환원되는지 살펴볼 것이다.

식민지배의 영향이 탈식민시기로 전수되는 방식은 다층적이고 복합적으로 전개되며, 그 중에서도 국가형성 과정에는 다양한 영역에서 나타나는 변화와 상호작용이 긴밀하게 연관된다. 식민지시기로부터 이어지는 역사적 과정에 대한 이해 없이는 탈식민시기의 변화 역시 부분적인 해석만이 가능하다.[4] 특히 전쟁이라는 극적인 상황 속에 강제적이고 폭력적으로 이루어진 언설은 깊이 침잠하여 발화된다. 전쟁이 종식되었다 해도 동일한 담론적 인자들의 연속이 탈식민시기 역사성을 규정하고 있다.

II. '총동원체제'의 돌입과 노동의 전사(戰士)화

1. 징용령의 생산전사

'산업전사'라는 용어는 언제부터 어떤 의미로 사용하기 시작했나.

노동자를 '전사'로 지칭하기 시작한 것은 전쟁의 확대와 직결된다. 1939년 1월 조선총독 미나미지로(南次郎)는 연두 소감 라디오 방송에서 "산업경제

---

4) 강진연, 「탈식민 국가형성 연구의 비판적 검토와 통합적 시각의 모색」, 『韓國社會學』 46권 4호, 2012, 235쪽.

에 관계하는 모든 사람은 총후 경제전의 전사(戰士)임을 자각하고 생산력 확충에 매진할 것"[5]을 요구했다. 산업 분야를 후방의 경제전으로 규정하면서 생산을 담당하는 노동자를 전사로 명명하고 있다.

노동의 전사화는 '국민징용령' 발동을 계기로 대상과 이념이 구체적으로 제시된다. 일본 제국은 중일전쟁 이후 본국과 식민지를 아우르는 총동원체제에 돌입하였고 인적 물적 동원태세를 갖추어 나갔다. 그 과정은 법령의 제정으로 공식화되었는데, 1938년 4월 국가총동원법이 발동되고 5월 조선에 적용 실시되었다. 1939년에는 이미 장기 전시체제 강화를 목적으로 중요 물자 동원계획을 수립하고 일본 본국과 식민지에서 필요인원과 가동인원의 조달 계획이 추진되었다. 인력 동원을 뒷받침하기 위한 최고 법령인 국민징용령도 동시에 공포되었다. 징용령의 대상은 '제국신민의 남자로 연령 16세 이상 50세 이내인 자와 국민등록에 신고했거나 신고해야 할 자'[6]로 되어있다. 언론에서는 국민징용령에 대해 '출정하는 병사와 같은 산업전사를 동원하는 법령'[7]이라고 정의했다. 징용의 대상이 되는 노동자가 공식적으로 '산업전사'로 명명된 것이다. 이후 징용령에 해당하는 모든 내용에는 '산업전사 소집령'이라든가 '산업전사 총동원' 등의 용어가 사용되었다. 이와 같이 산업전사라는 용어는 징용령의 발동과 동시에 본격적으로 사용되기 시작했던 것이다.

국민징용령은 전시 노동력 동원 방법 중 가장 강력한 강제력을 갖는 것이었다. 병역과 마찬가지로 국가권력의 명령으로 '국민'에게 노동 의무를 부과하는 법령이다. 징용 명령을 거부하면 국가총동원법에 기초하여 1년 이하의 징역 또는 천원이하의 벌금에 처해졌다. 물론 이 시기 조선에서 징

---

5) 『동아일보』, 1939.1.4. "不退轉의 意力으로 성전목적 관철"
6) 國民總力朝鮮聯盟, 『國民徵用의 解說』, 1944, 8쪽.
   국민등록 신고자는 후생대신이 지정한 134종의 직업 종사자로 기계검사공, 렌즈공, 채광, 製銑 같은 군수공업으로부터 철도, 항만이나 그 외 토목기술자와 노동자, 통신 업무, 氣象, 潛水의 직업에 1년 이상 근무하고 아직 5년이 되지 않은 자 등이다. 국민등록은 군수사업에 필요한 업종의 노동자를 등록시켜서 관리하기 위한 조치이다.
7) 『매일신보』, 1939.7.28. "국민징용령이란 어떤 것인가"

용령이 전면 시행된 것은 아니다. 징용령은 1939년에 제정 공포되었으나, 조선에서는 1941년 군요원의 동원부터 적용되었다. 조선은 일본에 비해 노동력 자원이 비교적 풍부했고 꼭 징용령을 발동하지 않더라도 동원이 가능했던 것이다.[8] 징용령의 공포는 일본 본국과 식민지 제국을 동일 법령으로 통합하여 필요할 때 언제든 징용할 수 있다는 것을 선포한 것이었다. 징용령이 전면 발동되는 1943년 전까지 군수산업에 필요한 노동력은 '근로보국대'나 '알선', '모집'형태로 동원되었다. 산업전사의 범주는 '국책사업'에 동원되거나 종사하는 노동자를 의미했다. 산업전사로 지칭된 사례 중 몇 가지를 보면 다음과 같다.

- 약진 조선의 산업전사, 자원개발에 대진군. 금년 중 9만명 동원
- 서북선으로 산업전사, 전북에서 1만 6천명 알선하여 수송할 예정
- 산업전사 신예대-경성부서 양성한 기계공 80명 졸업 후 각 공장에 배치
- 내선일체 정신대로 기술과 노력의 교류. 6백명 산업전사를 내지에 파견
- 소년공을 부른다 - 산업전사로 충북도에서 모집
- 백지소집(징용장) 받을 산업전사는 일사순국 정신 가져라 - 국민징용령 실시에 대해[9]

이와 같이 알선 노동자, 기계 기술 양성공, 보국대 형태로 일본이나 만주 등지로 동원되는 노동자가 산업전사로 호명되었으며, 산업전사라는 칭호는 전시 동원정책을 유지 지탱하는 핵심적인 지시어로 기능했다. 징용령이라는 법령의 제정과 그 대상 노동자를 병사와 동일시하는 것은 무엇보다 전시 물자 생산의 긴급성을 배경으로 한다.

생산확충은 현재 우리에게 내려진 지상 명령이다. 어떻게 해서든지 이 지상명령은 실행하여야만 한다. 주지하는 바와 같이 현대 전쟁은 총력전이다. 무력

---

8) 朝鮮勞務協會, 『朝鮮勞務』 3권 3호, 1943.8, 15쪽.
9) 『매일신보』, 1940.2.3, 3.22, 7.21; 1941.2.7, 4.25, 7.28; 1942.1.13

전인 동시에 사상전이며 생산전이다. 생산전에서 사상전에서 승리하지 못하면 무력전만으로는 승리할 수 없다…… 승리를 확보하려면 무엇보다도 충용(忠勇)한 제일선 장병에게 정교한 무기를 충분히 공급하여야 한다. 이 무기를 공급하는 것이 총후 생산전의 책무이다…… 총후의 생산전장은 전선과 다름없는 제일선이다. 동시에 생산에 종사하는 기업자도 노무자도 역시 총과 칼을 든 장병과 마찬가지 전사이다. 따라서 이들 산업전사의 머릿속에 승리를 위하여 싸운다는 생각 이외에 다른 잡념이 있어서는 안된다…… 총후의 산업전사여, '전쟁은 이겨야 한다', '직장도 第一線'이라는 굳은 신념을 가지고 온갖 장해를 물리치고 생활에 일로 매진하라[10]

근대전은 단순한 무력전이 아니고 국가의 총력전에서 승패가 좌우되며, 총후 생산전 또한 전선의 무력전만큼 중요하다는 것이 강조된다. 산업전사는 국책 사업에 동원되는 남성 노동자를 중심으로 하고 있다. 이와 같이 산업전사는 징용령과 함께 등장했고 산업전사로의 호명은 총력전으로 향하고 있다.

2. '도의조선' 확립, 산업전사의 '도의'

산업전사라는 용어가 담지하는 내용물은 무엇인가. 노동의 전사화는 전쟁에서 반드시 승리해야 한다는 당위성을 통하여 현실적으로 구현되었다. 전쟁 수행의 후방 역할로써 노동현장에서는 수시로 전쟁의 목적과 정당성에 대한 프로파간다가 행해졌다. 산업전사 이념은 '산업전사'로 호명되는 자들에게 주입되는 '대동아전쟁'의 전쟁관과 노동관이다.

일본 제국은 기존 세계질서를 전복하고 일본을 중심으로 한 대동아공영권 구축의 필연성을 역설했다. '대동아전쟁'은 세계의 중심세력인 영미 제국을 타도하고, 정신적 물질적으로 잔존해있는 미·영(米英)적인 요소를 제거하여 '도의'를 회복해야하는 필연적 전쟁이라는 것이다. 서구의 자유주의

---

10) 『매일신보』, 1942.11.6. "産業戰士 奮起의 秋"

사상은 약육강식의 사회를 만들어 냈으며, 세계 여러 민족은 고통에 빠졌고 동아의 제 민족도 그들의 희생이 되었다는 논리가 만들어졌다. 자유라고 하는 간판을 내건 서양 제국은 정의라는 명목하에 자신의 이익을 위해 약소국을 침략 사취해왔다는 것이다.[11]

자유주의 사회가 갖는 경쟁 원리를 세계질서의 해악의 원천으로 보면서 자유주의 사상 자체가 갖는 근본적인 문제도 제기되었다. 자유주의 사상은 개인을 근본으로 두고 생각하는 방식이기 때문에 그것은 개인과 개인의 대립, 계급과 계급의 대립, 민족과 민족의 대립, 국가와 국가의 대립을 피할 수 없다는 것이다. 자유주의 사상에 사로잡힌 세계질서 속에 인류사회의 영원의 평화는 유지되기 어려우며 '대동아전쟁'은 세계 평화 달성을 완성할 수 있는 유일한 길이라는 논리다.

약육강식이 아닌 공존공영, 대립이 아닌 일체화합, 자기중심이 아닌 자기도 타인도 생존한다고 하는, '대동아전쟁'은 일본 제국의 대이상을 실현하기 위한 전쟁으로 미화된다. 이것은 단순히 일본국가 일본민족의 이익을 위한 전쟁이 아니며, 인류 최고의 '도의'(道義)를 위한 전쟁이라는 것이다. '대동아전쟁'은 황도정신에 기초한 도의적 질서를 건설하여 대동아에 영원의 평화를 가져올 수 있으며, 동아 제민족이 공존공영의 행복을 실현할 도의 회복의 전쟁이 된다.

서구제국주의와의 차별화를 위한 극적인 조치로 내놓은 것이 식민지의 부정이다. 일본 제국은 그들이 구상하는 대동아공영권이 근대적 의미의 지배·착취 관계에 입각한 전통적 식민지를 폐지하고 식민지라는 실제 자체를 인정하지 않는다고 공공연하게 표방하였다. 대동아공영권이라는 새로운 생활권의 창조를 통해 "세계 역사상 아직 경험해보지 않는 지도와 협력의 관계"를 수립한다는 것이 일본 제국이 설파한 '대동아전쟁'의 정당성이었다.[12] 이 논리 속에 일본 제국의 식민지배는 사라지고 일본을 비롯한 동아

---

11) 石本淸四郞(총독부정보과조사관), 「國體の本義と道義朝鮮」, 『국민총력』, 1942.4.9.
12) 김경일, 『제국의 시대와 동아시아 연대』, 창비, 2011, 337쪽.

시아는 자유주의를 기반으로 한 서구 제국의 침략아래 놓인 공동운명체가 된다. 따라서 영미에 맞서 일본이 싸우는 것은 '성전'이었고, 산업전사는 일본 제국이 내세우는 '대동아전쟁'의 이념을 숙지하고 실천해야 했다.

일본 제국이 전쟁을 통해 실현하고자 하는 '도의'는 일본 건국 정신인 가족주의로 세계를 재패하는 것이었다. '도의' 담론은 일본이 근대 국민국가를 형성하고 제국주의적 팽창정책으로 나아가는 과정에서 서구 제국주의에 대한 일본 제국의 도덕적 우월감을 주장하기 위한 논리로 발화되었다. '도의' 담론은 특히 동양윤리의 가치인 '인의'나 '도의'를 강조함으로써 아시아 제국에 대해 감성적인 동조를 유도한다.[13] 타락한 자유주의 세계를 도덕적 가치로 재건설하고자 하는 전쟁이므로 동아시아 제 지역은 제국주의와 식민지라는 계층적 층위로 나뉘는 것이 아니라 서구 제국에 맞서는 공존공영의 지역공동체로써 각각 직분에 맞는 역할이 부과된다. 여기에서 조선인의 도의는 '일본의 국수(國粹)'에 동화하여, '황도(皇道)'를 충실히 이행하는 것에 있었다.

'황도'의 체득이 조선인의 '도의' 구현이라면, 산업전사가 갖추어야 할 '도의'는 국가 목적에 부응하여 생산력 증강에 집중하는 것이다. 산업전사에게는 노동의 도의를 실현하기 위해 기존의 노동관념에 대한 근본적인 전환이 요구되었다. 모든 자유주의적 행위는 부정된다. 기존에 노동통제 이데올로기로 원용되던 '노자협조' 개념조차 노동과 자본의 대립적 관계가 전제된 것이다. 노동이 자본에 대항하기 위해 노동조합을 결성해서 단체권을 행사한다는 사고도 부정된다. 노동자와 자본가는 '성전' 완수를 위해 일체가 되어야 한다는 '노자일치'로 전환되었다. 자본과 노동의 일체화는 국가봉사라고 하는 국가의 최고 도덕을 시현하는 과정으로 여겨진다. 유물주의 사관에서 생산과 창조의 원동력으로 노동의 신성함이 운위 되었다면, 이제 노동의 신성함은 국가에 복무하는, 국가에 봉사하는 '공익성'으로 인해 신성

---

13) 강해수, 「道義의 제국'과 식민지조선의 내셔널 아이덴티티」, 『한국문화』 41, 2008.6, 187, 188쪽.

한 행위로 격상된다. 이는 국민징용령에서 극단적으로 구현되었다. 징용령 발동의 가장 큰 특징은 노동의 국가적 성격을 강하게 내세운 것에 있다. 징용된 사람은 '응징사'로 불렸으며 응징사의 복무규율, 표창, 징계 등도 법령으로 규정되었다. 즉 '응징사'는 국가가 명령하는 작업장에서 일할 의무가 있고 그 공장의 사업주와는 사용관계에 있지만 직접 고용 관계가 부정되고 국가와의 공법관계에 놓여진다. 징용공의 임금에 대해서 사업주는 국가의 인가를 받아야 하고 '응징사'의 의무상 상병, 사망 본인 및 그 유가족의 부조에 대해서는 특히 부조규칙을 만들어 군인에 준하여 적용하게 된다.[14]

자유주의 사상이 부정되기 때문에 개인은 오로지 국가생활의 관련에 의해서만이 존재한다. 노동도 자본도 '황국'을 떠나 존재 의의를 잃는다. 국가는 그 목적달성을 위해 개인의 행동 의욕의 자유를 제한하고 국가의 통제 의사에 따르도록 하는 것만이 개인의 존재가 완전해진다. 일반적으로 노동이란 노동자가 자신의 노동력을 자본가에게 판매하고 그에 따른 보수로 임금을 지급받는 것이다. 전쟁에 돌입한 제국의 지식은 이러한 고전적 노동관을 전면 부정하며 새로운 논리를 만들어 냈다. 단지 생활을 위하여 혹은 임금을 얻기 위해 노동한다고 하는 인식은 구체제의 사상이고 전쟁시에 그러한 사고는 용인되어질 수 없다는 것이다. 노동은 노동력 판매에 대한 대가가 아니라 국가봉사에 대한 보수로 임금을 받는다는 인식으로 전환되어야 했다.

> ……사업주의 일부에서는 노동을 상품적으로 취급하여 노동능률의 향상에 관하여 비교적 무관심한 경우가 많고 또 노무자도 안이한 근로 혹은 임금 기타 일신상의 이해득실만으로 직장을 이동하는 등 도의적 소지가 결여된 자가 많은 실정이다. 이 때 노무자는 물론 사업장주 기타 산업인에 대하여 연성을 시켜 그들로써 확고한 황국근로관에 기반한 戰場정신을 파악시켜 일치 협력하여 생산증강에 정신을 배양하는 일이 긴요하다.[15]

---

14) 國民總力朝鮮聯盟, 『國民徵用の解說』, 1944, 14쪽.

산업전사가 임금에 따라 작업장을 이동하는 것은 자유주의적 노동관의 산물이고 비난받아 마땅한 '도의'에 어긋나는 행동이다. 노동현장에서 구현되어야 할 산업전사의 '도의'는 개인주의적, 자유주의적 행위를 철저히 제거하는 것이었다.

Ⅲ. 건강한 신체와 멸사봉공의 상징

1. 건강한 신체의 보전

산업전사는 총력전의 강인함, 건강함을 대표하는 상징물로 구현되었다. 산업전사에게 건강한 신체는 산업전사 이념을 표상하는 상징이며 또 지향점이었다. 산업전사의 몸은 개인의 몸이 아니라 '성전을 완수해야할' 중요한 신체가 된다.

근대 국가권력의 노동자에 대한 시선은 규율화된 인간형을 주조하여 통제 가능한 '국민' 만들기에 있었다. 이에 더하여 전시에는 개개인을 전장의 한 병사이자 국가의 전사로서 국가의 지배적 명령을 신체에 체화시키기 위한 장치들이 동원된다. 전쟁 기간 동안 피식민자의 신체는 총동원을 위한 제국 권력의 대상이자 표적으로서 특히 부각되었다. 이때 피식민자의 신체를 제국 국민의 신체로서 만들고, 교정하고, 순응시키기 위한 훈련은 '황민화' 달성에 핵심적이었다.[16] 전시 총동원 체제 속에서 '산업전사'는 단지 규율화된 인간형이 아니라 병사와 동일한 신체로 거듭나야하는 존재였다. 더불어 건강하고 강인한 체력을 갖추는 것은 선택이 아닌 필수적 요소로 강

---

15) 朝鮮勞務協會, 『朝鮮勞務』 3권 3호, 1943.8, 42쪽.

16) 하신애, 「일제 말기 프로파간다 영화에 나타난 수행적 의례와 신체의 구성」, 『사이間SAI』 7, 2009, 206쪽.

제된다. 그 목적은 말할 것도 없이 전시 생산 증강에 있었다.

일본 제국은 징용령 발동에 즈음하여 '산업전사에 대한 사회보호대책에 만전을 기할 것'이라고 선전했다.[17] 사회보호 대책은 주택이나 위생시설 같은 복지정책과 함께 산업재해로 인한 사망 사고시 부조 규정, 질병 등으로부터의 예방 조치 등을 내용으로 한다. 산업전사의 신체는 보호, 보전해야할 중요한 요소가 된 것이다. 식민권력은 우선 공장 위생시설을 개선하고 노동자의 위생관념 제고에 집중하였다. 각 지역 경찰부는 공장 간부 등을 소집하여 공장 위생에 대한 좌담회를 개최하고, 취사장의 질병 예방조치, 일용 집기 침구의 청결을 유지할 것을 시달했다. 또한 '결핵균의 마수로 부터 산업전사를 지키라'는 구호 아래 각 공장에 보건시설 확충을 시달하는 한편, 질병 예방 차원으로 4천여명의 '총후 전사'를 대상으로 진찰을 실시했다.[18] 이러한 조치는 전시 이전에는 전혀 시행되지 않던 것이었다.

건강한 신체의 유지 보전은 노동자의 위생 관념 환기로 이어진다. 식민 권력은 노동자들의 일상 생활습관의 개조를 통하여 산업전사 이념을 관철시키고자 했다. 예컨대 기숙 생활을 하는 산업전사의 숙소는 '마당에도 마루에도 풀하나 떨어져 있지 않다. 실로 잘 청소되어 있다.' 훈련교관은 '티끌(먼지)은 마음의 티끌'이라고 가르친다.[19] 삼척탄광의 경우에는 '사택의 청결 정돈을 장려하여 공동생활을 훈련하고 애국반 단위로 청결심사회를 거행'하는 것을 노무관리의 일환으로 두고 있었다. 청결에 대한 강조는 건강한 신체를 보존하기 위한 조치이면서 정신적 각성이라는 차원에서 일상을 강제하는 기제였다.

산업전사의 건강한 신체에 주목하는 현상은 의약품 광고에서도 찾아진다. 1939년 6월 6일자 『동아일보』 하단에 포리타민이라는 영양제 광고가 실렸다.

---

17) 『동아일보』, 1939.5.2, "국민징용령을 발동".
18) 『매일신보』, 1939.11.14; 1943.1.29.
19) 宮原寬算(철도국서무과교양과장), 「日本高周波養成所 參觀記」, 『朝鮮鐵道協會會誌』, 1941.10.

출전: 『동아일보』, 1939.6.6.

기계에 기름이 필요한 것과 같이 과격한 노동과 정밀한 작업을 장시간 계속해서 체력의 소모가 심한 산업전사에게는 보혈강장제가 필요하다는 내용이다. 능률을 증진시키는 원동력이며 생활의 자본인 강철과 같은 체력을 위하여 전국 도처의 공장 직장에서 '포리타민'이 절찬을 받고 있다는 설명도 곁들어 있다. 어떤 집단을 특정하여 약품을 선전한다는 것은 그 집단이 갖고 있는 사회적 영향력을 상징한다. 여성, 어린이, 학생 등 특정 집단을 대상으로 한 약품 광고가 있으나, '산업전사용' 약품은 전시에 처음 등장한다. 해머를 들고 있는 건강한 노동자 이미지를 배치하고 체력 강화를 돕는다는, 영양제 광고는 '국가사업'에 복무할 준비된 '신체' 만들기의 일환이었다.

전시 산업전사는 병사와 동일한 신체로 주조된다. 모든 일상생활은 항상 긴장감을 유지하고 전쟁을 실감하도록 조직된다. 양성소 참관기를 쓴 어떤 기자는 노동자 숙소에 대해, '막 들어섰을 뿐인데 벌써 긴장된 기운이 전 소내에 흘러넘쳐 확실히 훈련이 철저히 되고 있음을 느끼게 한다.'[20]라고 썼다. 긴장된 기운은 숙소 전체에 흐르고 있음을 나타낸다. 먼지 하나 없이 청소된 건물과 함께 공장이나 훈련소에서 움직이고 있는 사람들의 동작이나 표정 등이 하나로 어우러져 '긴장감'이라는 분위기를 만들어낸다.[21] 현장에서의 작업은 단순히 기능을 익히는 과정만이 아니라 '정신훈련의 도장'이다. 작업 중 웃는다던가 자세가 흐트러져서는 안되며, 긴장감을 잃지 않으면 안되는 것이다. 공장과 훈련소는 '긴장감'이라는 분위기가 조성되었고

---

20) 宮原寬算(철도국서무과교양과장), 위의 글.
21) 이병례, 「일제하 전시 기술훈련생의 존재형태」, 『역사연구』 25, 2013, 187쪽.

특별히 체벌이나 강압적 방식을 동원하지 않더라도 산업전사로써의 인간형은 재생산되고 있었다.

산업전사는 후방에 있으나 전선을 앞에 둔 것과 같은 정신자세를 갖추도록 요구되어졌다. 소위 후방의 군대와 마찬가지인 산업현장의 '전사'는 사회 그 어떤 분야보다 엄격하고 규율이 잡힌 공간이 되어야 했다. 전투군단으로 전환된 노동현장의 일상은 언제든 전투에 나설 수 있도록 준비태세를 갖추고 있는 군대식 규율이 구현된다. 노동의 전사화는 단지 '산업전사'로의 호명 차원을 넘어서 일상생활이 항상 전시 태세로 유지되어야 함을 의미한다. 체력단련과 규율화된 생활 강제를 위한 집단체조도 만들어졌다.

출전: 매일신보, 1944.7.16. "산업전사에게 적합한 체조"
비고: 각 순서에는 구호가 제창된다. 1번 호칭은 우데오(臂を) 2번은 후롯데 3,4,5,6 호칭은 다이도-아(大東亞)/ 8호칭 오꼬세(おこせ興せ) 등이다.

'결전사봉체조해설'이라는 제목이 붙여진 위의 체조법은 학교나 지역사회에서 행해지는 체조법과 별반 다를 것이 없지만, '산업전사에게 적합한 체조'라는 설명이 붙어있다.

산업전사 훈련소에서 진행하는 교련은 이후 징병을 대비한 기초훈련이었고 일상생활은 일거수일투족이 '군복을 입지 않은 군인'의 생활로 짜여진다. 노무관리자는 군대적 규율을 기조로 하는 훈련이 효과가 매우 좋고 그렇게 하지 않으면 능률을 올리기는 어렵다고 고백한다. 특히 조선에서는 군대식 교육에 입각한 방식이 가장 효과가 있다는 것이다.[22] 산업전사에게 가해지는 일상적 훈련은 전시 군수생산에 차질 없는 인간형을 양성하기 위한 기제 중의 하나였다. 일상적 층위에서 전개된 복종훈련과 병사로써의 각성은 신체에 깃들어 기억되고 내면화되어진다. 산업전사는 군인과 같은 강인하고 규율잡힌 신체로 단련되어야 했다. 산업전사는 전쟁에 직접 투입되는 병사와 마찬가지로 후방의 군인인 것이다. 군대에서 사용할 무기와 각종 군수물자를 생산하는 최 정예의 역할을 해야 하는 것이었다.

2. 미담기사로 구현된 실천 방향

노동자가 '산업전사'로 호명된다는 것은 '국가적 사업'에 중책이 부여됨을 의미한다. 산업전사의 노동과 일상은 미담기사를 통하여 바람직한 전사상으로 재구성되었다. 궁극적인 목적은 노동력 징발과 생산증강을 독려하기 위한 것인데, 자발성을 이끌어내기 위해 감성에 호소하는 기제가 활용된다. 노동자들 스스로의 감상이나 체험담은 보다 생생하고 현실적이며 구체적이었다. 일본 제국은 지역 단위로 사업장 단위로 체험담을 수집하고 생성해냈다. 그 체험담은 산업전사 '미담'으로 형상화 되었으며, 미담은 아름다운 가치로 널리 알리는 차원을 넘어서 구체적인 실천 방안을 제시하고 있다는 측면에서 매우 은유적이다.

전시 미담기사가 전형적으로 생산되는 부분은 군인동원과 관련된 이야기이다. 일본 제국은 식민지 조선에 지원병제도를 실시하면서 지원병 자신의 이야기뿐만 아니라 전쟁에 자발적 참여를 유도하는 헌금, 장병위문품 제작 등 수많은 미담기사를 생성해 냈다. 전쟁 미담기사는 매우 극단적인 사례들을 선발하고 유포하여 전쟁 이데올로기를 설파한다. 개인의 체험 형식을 빌어 간결한 문투와 극적인 내러티브로 구성된 미담기사는 강렬한 호

---

22) 中山幸三郎, 「朝鮮に於ける機械工業の實情と其の對策(續)」, 『朝鮮』 353호, 1944.10, 59쪽.

소력으로 대중에 전달되며, 죽음을 두려워하지 않는 비장한 이야기로 다시 탄생된다. 산업전사 미담기사도 유사한 내러티브를 형성한다. 노동미담은 노동자가 병사와 마찬가지라는 등가적 표상을 통해 전장의 규정적 조건과 틀을 일상적이고 의례적인 차원에서 반복적으로 수행하고 실천한다.[23] 노동의 전사화를 통하여 병사와 동일체를 만드는 것이 미담기사의 핵심적 선전 전략이다.

산업전사 미담기사는 총독부 외곽단체의 기관지, 잡지, 신문 등을 통해 생성되었다. 미담기사에 등장하는 산업전사는 개인의 안위를 버리고 국가 사업에 헌신하는 인물로 형상화된다. 미담기사의 첫 번째 유형은 가족들의 질병이나 사망이라는 개인사적 중대 사안에서도 흔들림 없이 생산업무에 종사하는 인물이다.

> 경북 금천군 남면 거주 金村永振(26)은 후쿠오카(福岡縣) 서천광업소에서 채광부를 모집할 때 산업전사로 응모하여 지난 4월 동료들과 함께 일을 하였다. 도착한 지 2주일 만에 고향에 있는 모친이 사망하였다는 전보를 받았지만, 산업전사도 전장에선 병사와 같은 봉공의 지성을 가져야하는데 전장에 나간 병사가 부모의 불행이 있다고 고향에 돌아가는 것이 아니니 자기도 고향에 아니 가겠다고 결심을 피력하였다. 이 산업인으로서의 확고한 신념은 다른 동료들에게 깊은 감명을 주어 채광능률 향상에도 적지 않은 영향을 주게 되어 福岡縣協和會에서 표창하기로 되었다[24]

1941년에 후쿠오카로 동원된 노동자의 일화이다. 작업장에 도착하자마자 모친 사망 전보를 받았지만 '국가적 업무'에 매진하기 위해 스스로 귀가하지 않고 직무를 완수했다는 내용이다. 미담기사는 매체 전달자의 언술로 묘사되기도 하고 각 개인의 진술로 직접 전달되기도 한다. 이러한 미담기

---

23) 공임순, 「전쟁미담과 용사―제국 일본의 동일화 전략과 잔혹의 물리적 표지들」, 『상허학보』 30, 2010, 312, 313쪽.
24) 『매일신보』, 1941.5.29., "산업전사 미담"

사는 수없이 많이 발견된다. 자식이 위중한데도 '자기의 직책을 방기하지 않고 밤낮없이 앞장서 과감히 싸웠다', 자식이 사망했음에도 '하루도 결근하지 않고 노동에 임했다'는 등의 스토리가 대부분이다.

산업전사 이념의 핵심은 개인주의를 척결하고 국가주의를 지상 최고의 덕목으로 무장하는 것이었다. 가족의 죽음은 개인에게 가장 중대한 사안이라고 할 수 있다. 그러나 개인의 일신상의 이유로, 가족의 죽음이라 할지라도, 지상 최고의 명령인 국가 업무를 방기하는 것은 수치이며 죄악으로 치부된다. 부모나 혹은 자식의 죽음을 앞에 두고 전투에 나선 병사가 귀향할 수 없는 것처럼 병사와 동일한 역할을 부여받은 산업전사 역시 일신상의 이유로 작업현장을 떠날 수 없다. 개인사에 연연하는 것은 '일본 국민의 수치이며, 황국신민이 아닌 것'이다. 가족의 죽음이나 질병 등이 미담기사의 주요 소재가 되는 것은 개인사 보다 '국가적 사업'이 위에 있음을 강조하기 위한 장치이다. 가족의 죽음도 돌아보지 않고, 최고의 덕목으로 국가주의를 강조하는, '국가'에 복무하는 실천 방향을 제시하기 위해서 이보다 더 자극적인 소재를 찾기는 어렵다.

두 번째 유형은 노동자 자신과 관련된 미담이다. 작업 중 질병, 부상 등 악조건 속에서도 인내하고 생산에 분투한다는 이야기이다. 광부로 입사한 이래 '13개월간 하루도 결근 없이 시종일관 훌륭한 광산전사로 임무를 다하였다' 혹은 '작업 중 미세물이 눈에 들어가 작업이 곤란함에도 불구하고 책임량 반출을 위해 1주간 연속 근무했다'[25] 등의 내용이다. 대체로 죽음을 불사하고 직장을 지키거나 생산에 전념했다는 기사이다. 산업재해로 사망한 노동자의 사고는 불타는 애국심을 발휘한 훌륭한 미담기사로 재탄생된다.

목숨을 바쳐 공장의 기계 사고를 방지한 용감한 산업전사가 있다. 동양금속주식회사 신의주공장의 하야시군은 금년 1월부터 전기 공장의 공원으로서 비가 오거나 바람이 불거나 오직 불타는 듯한 애국의 지성을 바쳐 묵묵히 맡은 직

---

25) 朝鮮勞務協會, 『朝鮮勞務』 4권 7호, 1944.8, 27쪽.

장을 지켜 생산증강에 매진하여 동료들에게는 물론이고 공장 당국으로부터도 모범공원으로 촉망…… 작업 중 기계의 일부분에 고장이 생겼음을 발견하고 즉시 동료 하야시 공원의 협력을 얻어 수선에 착수했다. 그러나 돌연히 이글 이글 끓는 용액이 뒤집혀 두 공원은 모두 피할 사이도 없이 등에 심한 화상을 입었다. 즉시 신의주도립공원에 입원…… 하야시군은 "이와 같은 중대 시국에 나라를 위하여 아무 일도 못한채 죽게되니 죄송스럽다"는 장렬한 유언을 남기고 마침내 고요히 순직……[26)]

田寬國(당21세)는 소화17년 4월 이래 ○○탄광 제3 斜坑(사갱) 채탄부로 종사, 기술 및 품성이 우수한 모범 청년광원인데, 지난 4월 16일 현장 작업중 불행히도 왼손 부상을 당하였다. 의사의 진단을 받으니 3주간의 요양치료를 받아야함에도 불구하고 그는 "이러한 것은 아무것도 아니다. 전선의 장병에게 미안하다"고 계원의 권고를 듣지 않고 매일 입갱하여 개근경쟁에 수훈의 성적을 올렸다. 회사에서는 책임관념 왕성하고 멸사봉공의 정신에 철저한 모범갱원으로 礦士 표창을 수여하였다. 이에 그의 미거는 다른 종업원의 사기를 크게 고무시켰다.[27)]

첫 번째 기사는 작업 중 사고로 치료를 받다 사망한 노동자의 이야기이고 두 번째 기사는 부상으로 일을 할 수 없게 된 노동자의 이야기이다. 산업재해를 당한 노동자에 대해서는 '죽음으로 직장의 위기를 구하고 장렬히 순직', '왕성한 책임관념과 불타는 노무보국의 지성', '그와 같은 용사를 낸 것은 감격적인 일' 등 화려한 미사여구가 붙여졌고 전력증강에 매진하는 수많은 생산전사들의 모범이었다고 흥분된 찬사가 이어졌다.[28)] '순직과 용사'라고 하는 병사에게 붙여지는 어휘는 자연스럽게 산업전사 이념의 내용물을 채운다.

또 다른 미담기사는 어려운 생활 속에서도 모금하여 일선에 보내는 헌금

---

26) 『매일신보』, 1943.10.13, "생산전에 산화. 기계사고를 생명으로 방지한 임군"
27) 朝鮮勞務協會, 『朝鮮勞務』 4권 4호, 1944.5, 23쪽.
28) 『매일신보』, 1943.10.14. "必勝增産"에 不滅의 敎訓이 敢鬪魂을 살리라 小磯總督 壯烈한 産業戰士殉職에 檄!

행위이다. 증산 결의대회에서 받은 상금을 모두 국방헌금으로 기탁한다던
가 징용에 자발적 참여에 응하는 미담기사는 지원병과 동일하다. 징용령의
발동 소식을 듣고 직장을 사퇴하고 혈서로 응징을 지원했다던가, 징용에
응했다가 전형에 떨어져서 손가락을 잘라 탄원 했다거나 여러 날 절식했다
는 등의 내용이다.[29)

생산증강을 위해서 죽음을 마다하지 않는 '멸사봉공' 정신은 산업전사가
지향해야 할 가치로 극대화되었다. 미담기사로 승화된 멸사봉공 정신은 부
분적으로 내면화 기제로 작동한다. 개인의 지위 혹은 식민지 조선의 지위
를 개선 향상시키려는 식민지 피지배자들의 욕망은 식민통치기구의 전쟁
동원 논리와 맞물려 전쟁의 극대화된 논리와 효과를 전유한다.

> 우리들 총후 국민은 황군이 명으로 의뢰한 비행기, 대포, 소총 탄환을 일각이
> 라도 빨리 부자유를 느끼지 않도록 보충하지 않으면 안된다. 그런데 다행히
> 우리들 조선제철○○공장 공원은 비행기제작, 대포소총, 탄환의 제조에 없으
> 면 안되는 철강 생산증강의 임무에 종사하는데, 이것이 황군장병에 보답하는
> 길이기 때문에 목숨을 바쳐 종사하지 않으면 안된다…… 나는 올해 17세로 금
> 년에 반도에도 징병제가 실시되는데, 제국신민으로 훌륭한 대군으로 신명을
> 바칠 각오이다. 이와 같이 생각할 때 나는 무엇보다도 훈련에 훈련을 거듭하
> 여 훌륭한 사람이 되어야겠다고 생각하고 있다.[30)

이 감상문은 총독부 외곽단체인 조선노무협회 기관지 『조선노무』에 실
린 기사이다. 식민권력의 산업전사 이념이 그대로 투영되어 있다. 이러한
자기 진술은 관리자의 의도에 맞추어진 허구적인 내용일수도 있지만, 부분
적으로 실체적 감상을 반영한다.[31) 기술양성제는 주로 고등보통학교 졸업
자를 선발하여 기간인력으로 훈련하는 제도이다. 어린 청소년들이므로 지

---

29) 朝鮮勞務協會, 『朝鮮勞務』 2권 1호, 1942.2, 95~96쪽.
30) 朝鮮勞務協會, 『朝鮮勞務』 4권 7호, 1944.8, 9쪽.
31) 양성공의 내면기제에 대해서는, 이병례, 「일제하 전시 기술인력 양성정책과 한국인의 대
   응」, 성균관대학교 박사학위논문, 2012 참조.

배권력의 이데올로기에 대한 흡입력이 더 뛰어났다. 이들 소년 양성공들은 탈식민시기 산업현장의 주축이 된다. 미담기사를 통해 유포되는 국가주의 담론은 일정 정도 개인에게 내면화되는 부분이 있었다. 그 담론의 내적 논리가 탈식민시기 재차 소환되고 있다는 측면에서 일시적인 미담에 그치는 것이 아니라 일정하게 문화적 효과를 내포하고 있다.

3. 위안과 표창

식민권력은 공적 애도행위와 조직적인 위문활동을 통하여 '대동아전쟁'의 정당성을 끊임없이 선전하며 전쟁 참여를 독려하였다. 일상적 위문활동은 주로 전선의 병사들에게 향하였지만, 병사와 동일시된 산업전사들도 그 대상이 되었다.

산업전사 위안은 초기에는 주로 만주개척민 혹은 일본 내 공장 광산에 동원된 노동자들을 대상으로 이루어지다가 점차 한반도 전체 중요 사업체로 확대되었다. 학교나 지역 단위에서 위문대를 제작하여 위문단을 파견하거나 각 지역 총동원연맹 차원으로 연예봉사대가 조직되었다. 후생성 주관으로 이동 연극 혹은 음악 순회공연대 등도 파견되었다. 생산현장의 노동자들을 향한 위안 행사는 증산을 추동해 내면서 전선의 병사와 일체화 효과를 내기 위한 문화기획의 하나이다.

생산현장의 위문, 위로공연은 1943년경부터 1944년에 절정에 달하였다. 징용령 발동과 더불어 산업전사의 '위상'은 더 높아졌다. 위문 연예대 파견(1943.2.6), 소인극 개최(1943.3.28) 등과 함께 대규모 음악회도 개최되었다(1943.4.3). 이동 연극대, 교화국민극, 상업회의소 주최 공장 음악대 파견(1943.8.28)이 이루어지고 매일신문사 주최 위문 연예대가 파견되었다. 연예대는 1943년 8월부터 1944년 2월까지 전국 각지를 순회했고 1944년에는 매달 두세번의 위문대 방문, 공연이 이루어졌으며, '산업전사 위안의 밤', '일본 각 생산장에 연예대 파견', '산업전사 위문연극' 등 수차례의 위문행사가 이어졌다.

이러한 위문 행사는 일정한 효과를 냈다. 징용기피나 '도망' 등 동원정책의 균열 현상이 곳곳에서 감지되었지만,[32] 열악한 노동현장과 고된 노동 속에 작은 휴식이 되었다. 근로현장에서 받게 되는 각종 위문 행사에 대해 한 노동자는 언어위문, 물품위문 등 "어떠한 위문이든지 차별 없이 반가웠다"고 진술한다.[33] 위문대가 가는 곳 마다 산업전사들은 '대열광'했다는 보고는 과장된 표현만은 아니다.

살아있는 사람들을 대상으로 한 위안행사와 함께 죽은 자에 대한 애도 행위 또한 노동자를 '전사'로 환기시키는 문화기획의 하나이다. 애도의 의례와 기념은 전쟁의 정당성을 선전하면서 전쟁 동원을 추동하기 위한 기제, 더 나아가서 천황제 국가의 국민화 과정의 일환이 된다. 사망한 혹은 공을 세운 군인을 애도하거나 포상하는 의식은 병사에 대하여 전형적으로 이루어졌다. 군인 애도의 서사는 죽은 자의 육신과 혼을 빌려 살아있는 자들을 단속하고 결속을 강화시키는 현실정치의 산물이었다.[34] 병사와 동일시된 산업전사의 애도 행위 역시 동일한 정치적 효과를 가져온다.

정확한 통계는 알기 어려우나 각종 공사장, 공장에서는 빈번하게 사고가 발생했다. 특히 전시 생산력 확충이라는 지상과제 속에 생산전, 속도전이 전개되고 사고 위험은 더 증가했다. 잦은 이동은 사망 사고의 위험이 더 커지는 요인이었다. 열악한 노동조건에서 노동자들은 작업장을 이탈하여 귀향해 버리거나 현장을 옮겨 다녔다. 생산력 확충 압박에 쫓기는 사업주는 최소한의 장비 작동법도 훈련시킬 여유 없이 신규 노동자를 작업에 배치하

---

32) 어떤 郡에서 알선을 받아 채용한 노동자 약 50명이 입산 당일 7명의 도주자가 생기기 시작하여 1주일이 되지 않아 40명의 도주자가 생기는 실례가 있다.(<조선노무> 1942.8 2권 4호) 1942년 공장 광산의 경우 9~10%로 추산되었다. 식민권력의 전쟁 이데올로기 공세가 심화된 것은 동원 노동자의 빈번한 이탈과 관련이 깊다.

33) 손유경, 「전시체제기 위안(慰安) 문화와 '삼천리' 반도의 일상」, 『상허학보』 29, 2010, 278, 279쪽.

34) 김봉국, 「이승만정부 초기 애도-원호정치-애도의 독점과 균열 그리고 그 양가성」, 『역사문제연구』 35호, 2016, 478쪽.

였고 그 과정에서 사망 사고 등 노동재해가 빈번하게 발생했다. 노동자가 '전사'로 호명되는 과정에서 사망자에 대한 위령제가 거행되었다. 위령제는 각 공장 사업장 단위로 행해지기도 하고 지역 단위로 이루어지기도 한다. 아래 몇 가지 유형의 위령제 사례가 있다.

허천강수전 건설공사에 종사 중, 반도 개발공사의 제물이 되어 순직된 그들 노동전사의 영을 위로하기 위해 하자마구미(間組), 니시마츠구미(西松組), 마츠모토구미(松本組) 합동 주최 위령제가 9월16일 오전 11시부터 영천대 풍수 각 광장에서 거행되었다. 순직자 97명의 유족대표는 멀리 전북, 전남의 각지에서 참예하여 해당지역 풍산군수, 동 경찰서장, 서천군수, 동 경찰서장을 필두로 관민유지 국방부인회원, 애국부인회원 소학교 생도 등 다수의 참예가 있어 장엄하게 거행되었다[35]

강화군 삼산면 근로보국단 출동대원이 메이지광업 안주탄광에 출동하여 작업해 오던 중 '명예의 순직', 유골로 무언의 귀환하여, 강화군수 이하 관민 다수 임석하에 삼산초등학교 교정에서 위령제를 거행하였다.[36]

한강수전 ○○발전소 공사는 1939년 9월부터 착공이래 수년간 많은 인원을 동원하여 만난을 헤치고 준공하여 훌륭한 발전 실적을 올리고 있는바 공사 당시 …… 존귀한 희생자가 모두 43명…… 전력 증산의 一死奉公 성심으로 건설 공사에 정려하다가 산업전사로서 精華한 그네들 영령을 위로코저 카지마구미(鹿島組)에서 위령비를 건립하고…… 관민 참례하여 애도 위령제를 거행[37]

첫 번째 사례인 허천강 수전공사장 위령제는 토목공사 업체와 군수, 경찰서장, 애국부인회 등이 참석했다. 전남북 지역 근로보국대 형태로 동원된 사망 노동자의 위령제였다. 여러 지역에서 차출했기 때문에 합동 위령제를 거행하고 있다. 두 번째 강화군 근로보국대 위령제는 군 관민이 참석하여

---

35) 京城土木建築業協會, 『京城土木建築會報』 5권 10호, 1940.10, 28쪽.
36) 『매일신보』, 1941.9.18.
37) 『매일신보』, 1944.6.4.

진행되었다. 세 번째 한강 수전공사는 카지마구미(鹿島組)가 청부를 맡았던 공사였고 업체가 위령비를 건립하고 관민이 참석하여 거행되었다. 이와 같이 노동현장에서의 위령제는 매우 좋은 전시 효과를 낼 수 있었다. 유족과 지역민들이 참여하고 작업장에서 집행되기도 하지만, 철도역이나 학교 등 공공장소에서 행사가 진행된다. 산업재해라는 노동문제, 자본의 책임소재는 사라지고 병사와의 동일시가 극화된다. 산업전사 이념 중 핵심은 '멸사봉공'에 있기 때문에 작업 중 사망은 증산에 분투하다 국가를 위해 희생한 고귀한 일로 추앙되고 '순직'으로 치장된다. 노동자의 죽음을 "순직"이라 명명하는 것은 개인의 죽음을 국가적인 의미로 확대하는 행위였다.

병사와 동일시되는 가장 극적인 상징은 노동자가 원호 대상자가 되는 것이고 군인이 최고 영예로 받는 훈장과 동일한 상장을 받는 것이었다. 군인 원호는 원호법의 제정과 조선군사후원연맹이 조직되어 조직적으로 원호사업을 진행했다. 연맹은 군인 원호 사상의 보급, 상이·출전 군인의 가족원호, 출전 장병 및 가족에 대한 위문행사 등을 추진하여 군인의 사기를 고취하고자 했다.

군인을 대상으로 한 원호정책이 징용된 '산업전사'에게 동일하게 적용되었다. 일본 제국은 징용령을 발동하면서 '응징사의 의무상 상병, 사망 본인 및 그 유가족의 부조에 대해서는 특히 부조규칙을 만들어 군인에 준하여 적용하게 된다'[38]고 명시했다. 정무총감을 중심으로 재단법인 조선국민근로동원원호회가 조직되었고 각도 부군 읍마다 지부와 분회가 설치되었다. 원호회는 징용자와 그 가족이나 유족의 생업, 의료 등 원호사업을 담당하는 조직이지만, 위문물자의 특별 배급이나 위문단 파견, 공로자 표창, 위령제 집행 등의 사업도 총괄했다.[39] 이전에 개별 사업장에서 사안별로 다르게 적용되던 노동자 부조가 징용령 발동과 더불어 조직이 통합되고 원호법에 입각해서 집행된 것이다. 원호 사업의 공식화는 징용 대상자에 대해서

---

38) 國民總力朝鮮聯盟, 『國民徵用の解說』, 1944, 14쪽.
39) 『매일신보』, 1945.1.3.

전투에 참전한 병사와 동일한 위치로 격상시키는 것을 의미한다.

산업전사에 대한 원호법 적용 등 여러 우대 조치는 동원을 추동하는 직접적 유인책이 될 수 있었고 다른 한편으로 전사와 전사 아닌 자를 구분하여 전사된 자의 자부심 혹은 사명감을 이끌어내기 위한 장치였다. 산업전사에게는 식량이나 생필품 등을 우선 배급하는 조치도 취해졌다. 그러나 전황이 불리해지고 물자 부족이 심화되면서 물질적 우대는 불가능한 상황이 되어갔고 산업전사에 대한 이념 공세는 위문대나 오락 등 정신적 각성에 보다 더 집중되었다.

훈장이나 표창제도 역시 정신적 각성을 기대한 상징물이다. 조선총독부는 1942년 11월 근로현공장령을 제정하여 시행규칙을 공포했다. 이 법령은 '생산력 확충을 위하여 공장 광산 등에서 분투하고 있는 산업전사에게 그 공로를 표창하는 것'으로, '조선총독이 지정한 공장 광산 기타 작업장의 근로자로서 자기의 위험을 돌아보지 않고 그 직책을 다하여 행위가 타의 모범이 된 자'를 대상으로 한다고 되어 있다.[40] 현공장 표창은 1943년 2월 10일에 처음 시행되고 이후 여러 차례 수여식이 진행되었다. 식민권력은 근로현공장 표창제도를 시행하면서 "군인이 금치(金鵄)훈장을 받는 것과 같으며, 수장자 본인의 명예와 일가 일문의 광영은 물론 소속 공장 광산 등도 간접적으로 '광영'을 입게된다"[41]라고 했다. 현공장은 생산확충에 성과를 낸 노동자의 사기를 진작시키고 일반 노동자에게 자극을 주기 위한 것이었다. 현공장 표창은 산업전사를 병사와 등치시킨 가장 극적인 상징이었다.

---

40) 『매일신보』, 1942.11.25.
41) 『매일신보』, 1942.10.22.

Ⅲ. 경계넘기와 '갱생'의 착시효과

1. '戰士'와 '戰士' 아닌 자

산업전사로의 호명은 민족간 경계를 넘어설 수 있다는 환상을 준다. 산업전사로 호명된다는 것은 민족 구분 없이 동일성이 부여되는 것을 의미했다. 오로지 유일한 구분은 '성전'에 임하는 태도만이 문제시 된다.

아시아-태평양전쟁기 일본 제국은 식민지의 물자와 인구를 전쟁에 총동원하기 위해, 제국인과 식민지인 사이에 경계는 존재하지 않으며 이 둘의 대등함을 여러 가지 방법을 통해 강조해 왔다. 내선일체, 오족협화, 대동아공영 등의 슬로건은 이를 단적으로 보여준다. 전쟁은 강제적으로 국민의 동질화가 행해지고, 전시체제에 적합하게 어울리는 인적자원만이 우대된다.[42]

아시아-태평양전쟁 시기는 황민화로 상징되는 식민주의적 주체구성의 강제적 작용이 극대화된 시기이다. 여기에는 특정 정체성을 긍정적 동일화의 대상으로, 여타의 정체성을 부정적 동일화, 혹은 말살과 배제의 대상으로 만드는 강력한 배제와 말살, 분리의 역학이 작용한다. 조선인은 노동자로서, 청년으로서 혹은 총후부인으로서 자신의 부여받은 정체성 자질을 학습하고, 자신의 존재증명을 요구받아야 했다.[43]

일본 제국은 '대동아전쟁'이 단순히 일본국가, 일본민족의 이익을 위한 전쟁이 아니며, 인류 최고의 도의를 위한 전쟁이라는 것을 누차 강조해 왔다. '대동아전쟁'은 황도정신에 기초한 도의적 질서를 건설하여 대동아에 영원의 평화를 가져올 수 있으며, 동아 제민족이 공존공영의 행복을 실현할 도의 회복의 전쟁이 된다는 것이다. 식민지민은 '황도정신'을 체득하고 전쟁에 자발적으로 참여하여 대동아공영 건설에 기여할 때 비로소 진정한

---

42) 李智賢, 「戰時下の太宰小説に描かれる疎外者と共感意識: 「東京だより」・「作家の手帖における<産業戰士>を軸に」, 『日本研究』 63, 2015, 291쪽.

43) 권명아, 「식민지 경험과 여성의 정체성-파시즘 체제하의 문학, 여성, 국가」, 『한국근대문학연구』 6(1), 2005.4, 79쪽.

'국민' 될 자격이 생긴다.

> '대동아전쟁' 아래에 있는 조선 사람도 전선 용사와 같이 봉공할 기회가 왔다.
> 대망하던 국민징용령이 실시되어 명예스럽고 빛나는 백지영장이 발하여 조선
> 사람도 참다운 일본인으로서 봉공할 수 있게 되었다. 경남도에서는 황군용사
> 와 다르지 않은 산업전사 전형 실시……[44]
> 결전하 우리나라의 군수, 생산확충 산업 등이 약진적으로 확충되어 많은 내지
> 장정이 총을 들고 성전에 참가하여 각처에 노무자가 부족한데 우리 반도에 있
> 어서는 아직 제일선에 참가할 수 없는 청장년층이 많으므로, 국가의 요청하는
> 방면에 그들을 동원 활용하는 것은 성전완수상 긴요한 일이며 내선일체의 실
> 을 거두기에는 완전 절호의 기회이기 때문에 반도 청장년에 대하여 일정기간
> 근로에 종사하여 奉公을 할 수 있도록 제도를 만들고 싶다.[45]

일본 제국은 조선인에게 징병제가 실시되기 전까지 병역의 의무 대신에 노동력으로써 대동아공영권 확립에 기여해야 한다고 강조해 왔다. 노동력으로 국가에 봉사하는 것은 병역의 의무를 지는 것과 같이 최고의 도덕이고 명예로운 것이라는 언설이다. 조선인 노동자가 '산업전사'로 호명된다는 것은 대동아 전쟁에 참여하여 '참다운 일본인'이 될 수 있는 '절호의 기회'가 된다. 반면 생산확충을 위해 산업전사로 부름을 받는 자가 그것을 거부한다면 '비국민의 오명'을 입게 될 것이었다.[46]

조선인 노동자는 이전의 '나태하고 게으른 노동자'에서 내선일체를 구현할, 전쟁 수행에 막중한 임무를 띠는 '산업전사'로 호명된다. 그렇다고 모든 노동자가 진정한 '산업전사'가 되는 것은 아니다. 산업전사로 호명된다는 것은 특별한 자세와 태도를 갖춰야 하는 것을 의미했다.

---

44) 『매일신보』, 1942.1.13, "白紙召集 받을 産業戰士는 一死殉國 精神 가져라-國民徵用令 實施에 對해-西岡慶南知事 談"
45) 경상남도사회과의 도회에 제출한 의견서(『朝鮮勞務』 2권 1호, 1942.2, 95~96쪽)
46) 『매일신보』, 1943.11.22.

언제 부터인가 공장 광산 등에서 노동하는 사람들을 산업전사로 부르도록 되었다. 진실로 적절한 호칭이다. 그러나 현재는 그 적절한 호칭도 너무 안이하게 오히려 가볍게 취급되고 있는 경향이 아닐까. 나는 그것을 우려한다. 산업전사는 다만 생산에 종사하는 노동자를 지칭하는 것만은 아니다. 戰士인 광영에 보답하기 위해서는 제일선에서 싸우는 황군전사와 같은 상태의 결의를 토대로 그 직역에 정신(挺身)해야 한다. 이런 의미에서 스스로 노동자를 폐기하고 긍지를 갖는 산업전사는 과연 몇이나 될까.[47]

생산현장의 노동자를 산업전사로 칭하는 것이 매우 적절하지만 가볍게 쓸 용어가 아니라는 것 즉, 산업전사라는 호칭에 특별한 의미를 부여하고 있는 글이다. '전사'로 불린다는 것은 영광스런 일이며 그 영광에 걸맞는 의식과 태도를 갖추어야 한다는 의미도 된다. 따라서 노동자 모두가 '산업전사'로 불리는 것이 아니라 병사와 같은 자세로 작업에 임하는 사람들만이 산업전사로 불릴 수 있다. 이를테면 임금에 따라 이동하고 노동조건의 개선을 제기하는 노동자는 산업전사가 아니다.

전시 총동원체제는 물자와 노동력에 대한 동원뿐 아니라 주체 위치를 재정비함으로써 식민지 내부를 급속하게 서열적으로 위계화하는 과정이기도 하다. 이러한 내부 식민화 과정을 통해 '총동원'은 실상 각각의 주체 위치 즉 '적절성'과 '직분'의 이념에 따라 차별화된 방식으로 재배치가 이루어진다.[48] 노동에 대한 위계화는 '직공'과 '산업전사'로 나누어진다.

황군전사의 태도를 갖춘 인격체는 민족구분과 성별 구분이 무관하게 전사로 불릴 수 있다. 산업전사로의 호명은 민족간 경계를 무화시키는 효과를 내고 또한 성별의 차이도 사라진다. 이제 노동현장은 민족 구분이나 성별 차이가 아닌 존재 의미가 없는 '직공'과 '전사'로 호명되는 노동자로 구분된다. 〈그림 1〉은 전시 산업전사 상(像)을 보여준다.

---

47) 飯田豊二, 『産業戰士』, 愛之事業社, 1942, 3쪽.
48) 권명아, 「총후 부인, 신여성, 그리고 스파이-전시 동원체제하 총후 부인 담론 연구-」, 『상허학보』 12, 2004, 258쪽.

아시아-태평양전쟁기 '산업전사' 이념의 형상화와 재현 ▌ 129

그림 1. 「산업전사의 이름을 더럽히는 것」早瀨朗兒(名古屋 군수공장 근무) 그림[49]

가장 먼저 인상을 찌푸리고 있는 험악한 얼굴이 눈에 들어온다. 모자는 챙을 뒤로 해서 삐딱하게 눌러썼고 험상궂은 얼굴로 담배를 피워 물고 손에 술병이 들려있다. 완력으로 협박해서 타인의 돈을 갈취하고 있으며, 자켓 안쪽에는 단도를 품고 있다. 주머니에는 돈과 시계, 까페를 드나든 영수증이 흘러넘치고 있다. 한마디로 불량스럽고 무절제한 이미지이다. 결정적인 부분은 그의 왼편 가슴에 붙여져 있던 '산업전사' 명찰이 떼어지고 '직공'이라는 명찰이 붙여지는 장면이다. 직공과 산업전사를 극명하게 대립시키고 있다.

조선인 노동자 역시 '조선인 직공'이 아니고 산업전사로 불리기 위해서는 그에 걸맞는 자세를 갖추고 합당한 역할을 해야 한다. 무절제한 직공의 생활태도를 버려야 하는 것과 함께 제일선의 황군전사와 같은 정신자세로 멸사봉공하는, '노동자'를 폐기하고 긍지를 갖는 산업전사로 거듭나야 하는 것이었다. 조선인 노동자가 산업전사로 불릴 때 조선인 일본인 구별은 사라진다. 조선인에 대한 차별도 없다. 다만 전사와 전사 아닌 자의 구별이 있을 뿐이다. 이러한 이념은 특히 조선인 노동자에게 '산업전사'로 불리고자 하는 강한 동기 부여가 될 수 있었다.

산업전사 이념이 아무리 현란한 언설을 드러내고 있다 해도 노동현장에서 그 논리의 거부 현상은 도처에서 발견된다. 동원 회피현상이 만연하였

49) 佐佐木啓, 「「産業戰士」の世界-總力戰體制下の勞動者文化」, 『歷史評論』 737, 2011, 60쪽 재인용.

으며, 작업장 이동 현상이 심하여 관계자들은 연일 그 대처 방안을 논의했다. 때문에 일본 제국의 전쟁 이데올로기 공세는 1943년경이 되면 최고조에 달한다. 일제는 1943년 조선에 국민징용령을 전면 발동한다고 발표했다. 전황의 악화와 노동력 부족이 점점 심화되었기 때문이다. "죽느냐 사느냐 흥하느냐 망하느냐 역사적 결전에 직면한 '대동아전쟁'은 적 미·영(米英)을 철저히 격멸하고야 마는 외에는 다른 길이 없다."[50] 이러한 비장한 전투열을 고조시키는 언설이 연일 이어진다.

노동자들에 대한 '산업전사 이념' 공세 또한 절정에 달하였다. 식민권력은 1943년 3월 전국 중요 공장 광산대표의 중견노무자 1천8백여명을 부민관 대강당에 소집하여 증산결의대회를 진행하였고, 같은 해 10월에는 경인 공업지대 1천 6백명을 비롯하여 각 도 공장 광산 노동자 대표 각 5명씩 1천 8백명을 소집하여 결의대회를 개최했다.[51] 대회는 증산에 대한 '맹서의 말', '황국신민서사' 제창 등의 의식이 행해지고 조선군참모장, 식산국장 등의 전력증강에 대한 강연이 이어졌다. 식민권력의 이데올로기 공세와 산업전사 이념은 탈민족 언설을 드러내면서 일부 조선인 노동자의 심성을 자극하였다. 산업전사 증산 결의대회를 마친 후 노동자들은 다음과 같은 소감을 드러낸다.

제천 월악광업소. 權鄕寧相
대회에 출석해서 전신이 떨리는 감격을 받았습니다. 지금의 감명을 가슴 속에 삭여두고 산업전사의 추진력이 되어 일선에선 병사의 마음으로 이 한몸을 전력 증강에 바치려 합니다.
경성 대성광공 주식회사. 金石仁
우리들의 임무는 지금부터라는 느낌입니다. 실로 전쟁의 승패가 우리들의 두 어깨에 짊어지워 있다는 것을 새삼스럽게 느끼는 동시에 우리들의 행동은 결코 일선 장병들의 그것에 못하지 않음을 더욱 절실히 깨달았습니다.[52]

---

50) 『매일신보』, 1944.4.5.
51) 『매일신보』, 1943.2.22; 『매일신보』, 1943.10.14.

일선 병사와 같은 마음으로 적국 미·영(米英) 격멸에 분투하겠다는 결의를 다지는, 각오와 의지를 드러내는 내용이다. '분골쇄신', '국가에 보답' 등 최고도로 고양된, 선전 강연에 몰입한, 국가주의로 체현된 주체의 언어를 보여준다. 극렬하게 진행된 선전 작업은 동원정책이 한계에 도달하였음을 방증하는 한편, 노동 대중은 지속적으로 노출된 선전 작업에 매몰될 여지가 있었고 또 일부는 전쟁 이데올로기의 한 축인 산업전사 이념을 습득해 갔다. 산업전사라는 칭호는 동원정책의 폭력성과 모순을 은폐하는 효과를 낸다.

2. '국민'으로의 통합

여성들 또한 '총동원체제' 속에서 산업전사로 호명되었다. 노동자 일반이 산업전사로 호명될 때 차별화된 민족적 굴레를 벗어날 수 있다는 착시효과를 내고 있다면, 여성이 산업전사로 호명될 때는 민족적 경계와 더불어 성별 경계를 넘어설 수 있다는 착시효과를 드러낸다.

전시 여성은 가정에서 전시 생활습관을 관리하는 생활개선의 주체이면서, 산업전사의 아내로 혹은 전선에 나간 남성을 대신하여 집안 경제를 담당하는 역할과 함께 생산현장에 참여하는 여성의 역할이 부여되었다. '총동원체제'에서 산업보국의 프로파간다는 여성에게 총후전사로서의 의의와 사명감을 부여하고, 그들이 가정 밖으로 나와 직업여성이 되는 것을 정당화한다.

> 다음은 따님차례. 산업전사로 내보내자.
> ……우리는 아드님을 즐겁게 제일선으로 출전시켰다. 다음은 따님을 내놓을 차례다. 지금이야말로 기뻐서 따님을 산업전사로 출진시킬 때다…… 여성들은 이미 자기들의 직장이 공장이라든지 생산진이라는 것을 충분히 알고 있다.

---

52) 『매일신보』, 1943.3.11.

그러나 어머니들이 따님들보다 이러한 형편을 자세히 모른다는 것이다. 우리는 아무것도 모르는 어머니가 되어서는 안될 줄 안다. '한 공장의 문을 지나지 않은 여성은 며느리로 맞어들일 수 없다'는 공기는 차츰차츰 농후해질 줄 안다. 우리는 즐겁게 우리의 따님을 생산진에 받쳐봅시다. 따님까지 나라를 위하여 내놓는 어머니의 즐거움을 지니기 바란다.[53]

딸들을 산업전사로 내보내라고 하는 선동글이다. 생산력확충이라는 정책을 구현해야 할 총후의 기능은 여성의 활동영역을 가정의 영역에 한정지을 수 없고 가정이외의 영역으로까지 넓히며 다양한 생산활동을 요구했다. 가정의 어머니들에게는 기꺼이 아들은 전장으로 딸은 생산진으로 보낼 것이 요구된다. 전쟁 말기 '근로정신대'라는 이름을 붙여 동원된 여성노동자들이 대표적이다.[54]

여성을 산업전사로 호명한다는 것은 전시 여성들에게 젠더의 경계를 넘나들 수 있도록 하는 효과를 낸다. 즉 여성이 남성과 평등한 '국민'으로 호명된다는 것을 의미했다. 직업여성의 존재가 이전에 노동력 차원의 문제였다면 전시 여성 직업인에 대한 시각은 '국민화' 기제와 연결되어졌다. 여성노동에 대한 산업전사로의 호명은 사적영역 안에 갇혀 있던 가정주부와 직업여성들의 존재감을 공적 지위로 격상시켜주었고 그들의 육아 및 가정경영과 근로보국이 국가를 위한 중대한 사명임을 인정받도록 하였다. '여성도 전사다'라는 명명은 평등한 주체임을 강조하기 위한 언명이었다.[55]

직업여성에 대한 산업전사로의 호명은 비상시라는 전쟁상황을 통해 '대일본제국의 평등한 국민'이라는 논리 속에서 하위주체의 지위를 벗어날 수 있는 것처럼 선전된다. 선전작업은 학교나 지역의 애국반을 통하여 혹은 각종 대규모 결의대회에서 수시로 이루어졌다. 산업전사 증산결의대회에

---

53) 『매일신보』, 1943.12.11.
54) 1943년 9월 일본 제국은 노동력이 현저하게 부족해지자 14세에서 25세까지의 미혼여성을 '여자정신대(女子挺身隊)'라는 이름하에 군수공장에 동원시키기로 하고 이듬해 3월에는 그 대상연령을 12세에서 40세까지로 확대시킨다.
55) 한민주, 「과학전의 시대, 총후여성과 인조의 상상력」, 『한국문학연구』 제42집, 2012, 199쪽.

참석했던 한 여성노동자는 "여직공으로서 이렇게 큰 감격을 느낀 적이 없다. 여성들은 생산전선에서 활약해야 하고 여성 직업인의 중요성을 깊이 깨달았다"[56]고 소회를 드러낸다. 이 여성 노동자가 느낀 감격의 한 부분은 보잘 것 없게 취급되던 여직공이 남성과 동일한 산업전사로 호명됨으로써 '평등한 주체'로 확인받았다는 것에 있다.

산업전사는 징용에 응하는 건강한 남성노동자를 대표적으로 상징하고 있지만, 사회 최하층의 소외 계층이나 여성 등을 호명함으로써 반어적 효과를 낸다. 남성노동자가 산업전사로 호명될 때는 활력, 건강, 의욕 충만 등의 이미지로 치장되면서 전쟁이 보여주는 음울하고 비감함을 은폐하는 효과를 만들어 낸다. 역으로 사회 최하층에 대한 호명은 동원을 추동함과 동시에 '산업전사'라는 호칭에 긍정적 이미지를 덧붙여주는 효과가 있었다. 도시 하층민의 집단거주지인 토막촌은 빈곤과 전염병의 근원지로 제거해야할 공간으로 치부되었지만, 토막민들에게도 산업전사라는 호칭이 붙여졌다.

> 도시의 좀인 토막촌의 부랑민들을 산업전사로써 내지의 생산확충 전선에 보내어 갱생시키기로 되었다. 경기도에서는 경성부내의 서부, 동부 등 세민지구에 있는 토막민과 부랑 유민들을 국민개로 전선에 나아가게 하여 국가에 봉공케하는 동시에 거리의 범죄 등을 근절시키고저…… 북해도청의 알선으로 동지방철도의 부설공사에 산업전사로써 보내기로 되어 그동안 여러 가지로 인선 중 570명의 선발…… 제1회의 출발자 50명은 갱생의 굳은 결의와 각오로써 서대문서 柳多 형사에 인솔되어 북해도 철도공사현장으로 출발…… 훌륭한 황국신민으로써 모두 갱생하게 될 모양이다.[57]

도시의 '좀'으로 불리던, 배제의 대상이던 사회 하층민들은 산업전사로 호명되면서 국가에 봉사할 기회를 얻게 되고 '갱생'할 수 있게 된 것이다. 갱생이라 함은 황국의 '국민'으로 통합의 대상이 된다는 것을 의미한다.

---

56) 『매일신보』, 1943.3.11. 영등포 동양방적공장 宗山貞子.
57) 『매일신보』, 1942.2.14.

거리의 소위 '부랑아'들도 산업전사로 호명되었다. 일본 제국은 '국가 산업의 첨병'이자 '산업전사'로 길러내겠다는 목표하에 이들을 적극적으로 통제하기 시작하였다. 당시 거리를 헤매는 부랑아, 불량아들의 수는 전국적으로 2만명이 넘는 것으로 추산되었다.

> 당당 산업전사로, 향린원아 다섯 소년의 갱생 미담
> 한때는 세상의 버림을 받고 천애 일각에 몸붙일 곳조차 없이 어제는 청계천 다리 밑에서 오늘은 남의 집 처마 밑에서 헐벗고 굶주림에 떨던 고아의 운명이었으나…… 지금은 당당한 황국의 소년으로서 미·영(米英)격멸의 산업전선으로 용약 희망의 출발을 하게 된 다섯 소년이 있다…… 황국신민으로서 씩씩하게 갱생의 광명을 안고 커나온 18세 소년들이다. 그들은 지금 세상에 태어난 후 처음으로 인간의 애정을 알고 광명과 희망을 갖게 된 3간의 보금자리를 떠나 멀리 만주 대륙의 산업 전선으로 당당한 소년전사로써 뽑히어 장도에 오르게 된 것이다.[58]

중국 신경의 한 철공장으로 동원되는 고아 청소년에 대한 묘사이다. 한때 헐벗고 굶주리며 떠돌던 비참한 생명체는 산업전사로 선발되어 만주로 출발한다. 사회의 맨 밑바닥에서 헤매던 소년들이 '황국의 은총'을 받아 새롭게 탄생하는 것이다.

여기에서 주목되는 핵심어는 '희망', '광명', '갱생'이다. 산업전사는 징용령과 함께 생성되면서 황국의 부름을 받는, 황도의 회복을 위해 싸우는 '명예로운' 전사라는 의미로 사용되었다. 산업전사로 호명된다는 것은 사회에서 배제되던 집단들에 대해 앞날에 대한 밝은 미래, 이전의 헐벗고 소외된 삶에서 '갱생'을 의미하며, 사회의 쓸모없는 존재에서 중요한 역할을 한다는 의미를 내포한다. 결국 사회 소외 계층을 산업전사로 호명한다는 것은 동원의 폭력성을 은폐하고 자발성을 이끌어내는 동시에 국가 사업에 일정한 역할을 하면 '국민'으로 통합될 수 있다는 착시 효과를 낸다. 이들의 산

---

58) 『매일신보』, 1943.6.26.

업전사 호명은 노동력 그 자체와 함께 존재의미가 없던 계층을 '황국'의 국민으로 통합한다는 상징성에 있다할 것이다.

Ⅳ. 탈식민시기 산업전사 이념의 재현

탈식민시기 산업전사는 반공과 조국 근대화의 주역으로 다시 소환되었다. 미 · 영(米英)이라는 외부 적대 세력을 향하여 대동아 제국의 단결을 촉구한 이념으로써의 산업전사는 해방 후 내부 적을 향하여 산업전사가 취해야할 바람직한 상을 재구성하기 시작했다.

해방 이후 '산업전사'라는 용어는, '공업지대 시찰하고 산업전사를 격려', '귀환 동포들 탄광 등 산업전사로 진출', '극빈자나 산업전사에게 민수용 광목 우선 배급'[59] 등이 신문기사 제목으로 등장한다. 여기에서 사용된 산업전사라는 호칭은 노동자를 지칭하는 일반명사로 사용된 것이다. 이들 기사는 특별한 내용을 포함하지 않고 있으며, 이전 시기 습득한 언어가 관행적으로 사용된 것이다.

보다 주목할 만한 부분은 지배권력과 특정 정치세력이 일정한 정치적 의도를 가지고 산업전사를 지칭하는 것이다. 먼저 '산업전사'라는 용어를 전취한 세력은 반공 우익계 노동단체이다. 대한노총이 1946년 10월 만든 노총가 후렴에는 "우리들은 산업전사 강철같이 단결하여"라는 가사가 들어있다. 대한노총이 말하는 산업전사는 전평과의 대립 속에서 나온 말이었다. 이들이 스스로를 지칭하고 있는 산업전사는 나라를 위하고 민족을 위하는 애국투사를 의미한다. 전평=파괴, 대한노총=생산이라는 이미지를 극대화하기 위해 노동자를 산업전사 혹은 생산전사라고 불렀다.[60] 국가권력 차원에서

---

59) 『한성일보』, 1946.6.18; 『동아일보』, 1949.4.8; 『동아일보』, 1949.4.14.

사용한 산업전사 역시 비슷한 맥락이다. 미군정 체제에서 노동부 장관 이 대위는 영등포 경성방직 파업 노동자들에 대해 다음과 같은 발언을 한다.

……우리의 독립을 위하여 유엔대표단이 입국하는 등 건국에 대단히 중요한 이 시기에 생산에 종사하는 산업전사 중에 경거망동하는 자가 있는 것은 참으로 유감스러운 일이다. 여러 선량한 종업원은 아모쪼록 유의하여 일부 모략에 속지 말고 즉시 직장에 돌아가 각자의 직장을 지킴으로써 여러분이 과거에 빛나는 업적에 오점을 남기지 말기를 바란다……[61]

국가건설이라는 당면 과제를 앞에 둔 노동자들의 올바른 자세는 파업과 같은 '경거망동'을 자제하고 직장을 지켜야 한다는 것이다. 파업을 주도한 노동자측과 대비되는 '선량한 노동자'상이 제시된다. '과거의 빛나는 업적'에 오점을 남기지 말라는 것은 전시 생산확충에 전념했던 것이든 혹은 해방 직전 직장 사수에 전념했던 것이든 노동계급의 정치적 행위를 부정하는 것이었다. 국가권력의 산업전사상은 어떠한 외부환경에도 흔들리지 않고 노동에 전념하는 것이다.

해방 공간에서 산업전사 이념은 애국과 재건, 정치행위 금지 등으로 요약된다. 아시아-태평양전쟁기 자기 직분에 충실하라는 노동자의 '도의'와 맞닿아 있다. 이때의 산업전사 담론은 국가산업에 중요한 존재임을 부각시키면서 정치적 행위를 전적으로 부정하는 동시에 노동자의 권리는 부정되고, 국가를 위한 의무만를 강조하는 새로운 형태의 국가주의 이념과 짝을 이룬다. 해방 공간 국가권력은 아시아-태평양전쟁기 산업전사 이념이 담지하고 있던 내용물을 전유하여 사용하였다.

여기에 한국전쟁을 거치면서 적개심과 전투의식이 다시 재현되었다. 산업전사 이념이 적대세력에 대한 대항논리로 다시 재생되는 것이다. 국가권

---

60) 이임하, 「해방 뒤 국가건설과 여성노동」, 『민족운동과 노동』, 선인, 2009, 209쪽.
61) 『동아일보』, 1948.1.11.

력은 애국과 적대세력 공산주의 척결의 선봉으로 산업전사의 역할을 강조한다. 경성전기 노조 부위원장은 "전야(戰野)에 총을 잡는 겨레만이 싸우는 것이 아니다. 개인의 맡은 바 임무를 완수하는 이것이 곧 총후국민인 우리의 성전 수행의 의무일 것"[62]이라고 역설했다. '총후국민', '성전수행'이라는 언어가 다시 등장하고 있다. 아시아-태평양전쟁기 '성전'은 '근대 세계의 악'인 서구 제국과의 전투를 의미했다. 해방공간과 한국전쟁을 거치면서 적대세력은 공산주의자로 치환된다.

산업전사 이념의 내면화 기제로 사용되는 여러 문화적 기획 또한 동일한 형태로 활용되었다. 위문행사나 표창, 위령제 등은 거의 동일한 방식으로 재현된다. 서울시는 '전쟁 수행에 분투하는 산업전사를 찾아 위안', 상공부가 '석탄 증산에 공로가 많은 모범 산업전사 표창', '산업전사 공로를 표창, 근로포장수여 등이 행해졌다. 방송 프로그램에는 '모범산업전사의 공로담'이라는 코너가 배치되었고, 작업 중 사망자를 위한 '순직 산업전사 위령제'가 거행 되었다.[63]

1950년대에 산업전사가 반공과 재건이라는 이념적 외피를 갖고 있다면, 1960, 70년대 산업전사는 경제건설과 부흥, 가난으로부터의 탈출이라는 내용물로 채워지고 경제개발, '조국근대화' 담론으로 재차 소환된다. 경부고속도로 건설과정에서 사망한 노동자 위령탑에 새겨진 비문에는 "조국 근대화를 향한 민족 행진의 산업전사, 자손만대 복지사회 건설을 위한 거룩한 초석"[64]이라는 문구가 새겨져 있다. 산업전사 이념이 내포한 공격적인 전투성, 외부지향성, 국가 중심주의는 경제개발 논리와 잘 맞아 떨어졌다. 산업전쟁 무역전쟁은 총칼을 들고 싸우는 현대전에 비유된다. 박정희는 고한선 개통식 참석하여 '산간벽지에서 묵묵히 일해온 산업전사들이야 말로 조국을 근대화하는 위대한 역군'이라고 치하한다.[65] 노동자는 조국 근대화의 역

---

62) 박효원(경전노조 부위원장), 「우리는 제2선의 용사」, 『노동』, 1953.1.
63) 『동아일보』, 1950.11.12, 1955.2.18.;『조선일보』, 1960.2.28.;『동아일보』, 1955.2.19, 1956.1.11.
64) 『조선일보』, 2010.5.28.

138 ▌ 1부__ 전쟁의 수사학

군, 공업입국의 기수, 경제건설의 '전사'로 명명되었다.

조국근대화를 위한 수출 증대는 '성전'(聖戰)으로 간주된다. 신성한 국방의 의무를 수행하는 군인처럼, 노동자도 수출이라는 국가적 목표를 완수하기 위해 모든 노동력을 투여해야 했다. 산업전사는 국책과 밀접히 연동된 노동자를 특정하여 지칭되었다. 수출산업에 종사하는 노동자들, 기술훈련생들, 탄광이나 에너지 증산 등 국가산업, 국외로 진출하여 외화획득에 기여하는 노동자들, 파독 광부, 간호사 등이 산업전사로 자주 거론되었다. 생산 현장의 노동자는 '산업전쟁'의 전사인 셈이다.

아시아-태평양전쟁기 산업전사 이념은 미영 격멸이라는 적대감, 맹렬한 전투감을 담고 있었다. 그리고 그 구현방법은 죽음을 불사하는 멸사봉공 정신이었다. 내선일체를 실현할 호기라는 민족적 감성을 자극하는 내용도 포함된다. 일본 제국의 전쟁 패배로 제국이 설정한 미영이라는 적대 세력은 사라졌지만, 산업전사 이념은 탈식민시기 새로운 적대세력을 설정하면서 소환되었다.

산업전사라는 호칭은 두 가지 의미를 담고 있다. 하나는 전쟁이다. 실제 전투가 이루어지는 전쟁이든 혹은 전쟁을 무의식 속에 인지하고 있도록 하는 전시감이든 전투와 전쟁을 내포하고 있다. 다른 하나는 국가주의이다. 산업전사는 태생 자체가 국가주의를 내포하고 있었다. 국가를 위해 개인의 인내, 희생, 봉사를 담지하도록 요구된 호칭이다.

산업전사라는 호칭을 전유하는 방식은 역사적 맥락에 따라 달라진다. 물론 아무 의미 없이 일반명사로 사용하는 경우도 많지만 그런 경우에도 노동의 사회적 성격을 내포하면서 사용된다. 지배권력의 레토릭 속에 등장하는 산업전사라는 언어는 특정한 정치적 의미를 내포한다.

전투를 연상하는 '산업전사' 이념이 해방 이후 국가권력의 지향점이 변함에도 매 국면마다 다시 소생한 것은 국가주의 동원논리를 은폐하는데 상당

---

65) 『동아일보』, 1973.10.17.

히 효과적이었다는 것을 의미한다. 동인으로는 아시아-태평양전쟁기에 형성된, 그 호칭이 내포한 역설적 '긍정성' 측면을 고려해볼 수 있다. 산업전사가 직접적으로 지시하는 것은 전시 긴장감, 인내, 또 어떤 측면에서는 폭력성을 내포하는 전시감이다. 그러나 한편으로 산업전사는 매우 긍정적 의미를 투사한다.

아시아-태평양전쟁기에 산업전사라는 호칭은 징용에 응하는 건강한 남성노동자를 대표적으로 상징했다. 조선인 노동자가 산업전사로 호명될 때 '조선인'이라는 민족 구분은 사라지며 오로지 황도 실천의 전사인지 아닌지만이 문제가 된다. 산업전사로 호명되는 중심 주체는 국가산업에 동원된 노동자이고 이들에게는 명예와 자부심이 부여되었다. 호명의 의도는 자발성을 이끌어내는 것에 있었으며, 조선인 노동자에게는 민족 차별을 넘어설 수 있다는 착시효과를 낸다. 산업전사라는 호칭이 탈식민시기 지속적으로 재현되는 것은, 언어 자체에 '차별로부터의 탈출'이라는 '성공신화적' 이념이 내재되어 있기 때문일 것이다.

산업전사라는 칭호는 활력, 건강, 의욕, 충만 등의 이미지로 치장된다. 이는 전쟁이 보여주는 음울하고 비감함을 은폐하는 효과를 만들어 낸다. 사회 최하층의 소외 계층이나 여성 등이 산업전사로 호명된다는 것은 사회에서 배제되던 집단들에 대해 '갱생', '광영', '명예로운 존재'로 거듭난다는 것을 의미했다. 전시에 생성된 '산업전사'라는 칭호는 국민으로의 포섭, 통합, 건강성이라는 기의를 구성한다. 언어 자체가 갖는 역설적 '긍정성'은 지속적으로 국가주의와 결합하여 소환되는 동인이었다.

참고문헌

1. 자료

『매일신보』, 『동아일보』, 『조선일보』

國民總力朝鮮聯盟, 『國民徵用の解說』, 1944.

國民總力朝鮮聯盟, 『國民總力』, 1942

朝鮮勞務協會, 『朝鮮勞務』, 1941~1943.8.

朝鮮鐵道協會, 『朝鮮鐵道協會會誌』, 1941.

朝鮮總督府, 『朝鮮』 353호, 1944.10.

京城土木建築業協會, 『京城土木建築協會報』 5권10호, 1940.10

경전노조, 『노동』, 1957.1

2. 논문과 저서

강진연, 「탈식민 국가형성 연구의 비판적 검토와 통합적 시각의 모색」, 『韓國社會學』 46권 4호, 2012.

강해수, 「'道義의 제국'과 식민지조선의 내셔널 아이덴티티」, 『한국문화』 41, 2008.6.

공임순, 「전쟁미담과 용사- 제국 일본의 동일화 전략과 잔혹의 물리적 표지들」, 『상허학보』 30, 2010.

곽건홍, 「한국에서의 노동통제 이데올로기 비교연구-1940년대와 1970년대의 '노사협조주의를 중심으로-」, 『사림』 25, 2006.

권명아, 「식민지 경험과 여성의 정체성- 파시즘 체제하의 문학, 여성, 국가」, 『한국근대문학연구』 6(1), 2005.

_____, 「총후 부인, 신여성, 그리고 스파이 – 전시 동원체제하 총후 부인 담론 연구 –」, 『상허학보』 12, 2004.

김경숙, 「다자이 오사무의 문학작품에 보이는 탈중심화: 전시체제하의 작품을 중심으로」, 『日本文化研究』 제54집, 2015.

김경일, 『제국의 시대와 동아시아 연대』, 창작과비평, 2011.

김봉국, 「이승만정부 초기 애도-원호정치-애도의 독점과 균열 그리고 그 양가성」, 『역사문제연구』 35, 2016.

김 원, 「여공담론의 남성주의 비판. 전전 일본에 비추어 본 한국 사례를 중심으로」, 서강대 대학원 정치학과 박사학위논문, 2003.

김 준, 「1970년대 여성노동자의 일상생활과 의식」, 『역사연구』 10, 2002.

김효순, 「지나사변 총후미담 조선반도- 국민 적성(赤誠)을 중심으로」, 『일본문화연구』 60, 2016.10.

李智賢, 「戰時下の太宰小説に描かれる疎外者と共感意識: 「東京だより」·「作家の手帖における <産業戰士> を軸に」, 『日本研究』 63, 2015.

손유경, 「전시체제기 위안(慰安) 문화와 '삼천리' 반도의 일상」, 『상허학보』 29, 2010.

송재룡, 「한국 사회의 문화구조 특성에 대한 연구 -전근대적 문화 습속을 중심으로-」, 『담론201』 12, 2009.

신병현, 「196,70년대 산업화 과정에서 노동자들의 사회적 정체성에 영향을 미친 주요 역사적 담론들: 근대화와 가부장적 가족주의 담론구성체를 중심으로」, 『산업노동연구』 9권 2호, 2003.

이병례, 「일제하 전시 기술훈련생의 존재형태」, 『역사연구』 25, 2013.

이상의, 『일제하 조선의 노동정책 연구』, 혜안, 2006.

이임하, 「해방 뒤 국가건설과 여성노동」, 『민족운동과 노동』, 선인, 2009.

이정은, 「1950년대 노동지배 담론과 노동자의 대응」, 『역사비평』 83, 2008.

조 건, 「일제말기 조선주둔 일본군의 '전쟁미담' 생산과 조선인 군인동원」, 『한일민족문제연구』 31, 2016.

佐佐木啓, 「産業戰士」の世界-總力戰體制下の勞動者文化」, 『歷史評論』 737, 2011.

하신애, 「일제 말기 프로파간다 영화에 나타난 수행적 의례와 신체의 구성」, 『사이間SAI』 7권, 2009.

한민주, 「과학전의 시대, 총후여성과 인조의 상상력」, 『한국문학연구』 제42집, 2012.

황지영, 「김남천 소설의 통치성 대응 양상: 전시 총동원 체제와 정치적 내면의 형성을 중심으로」, 『語文研究』 166호, 2015년 여름.

■ 이병례 － 「아시아-태평양전쟁기 '산업전사' 이념의 형상화와 재현」
『사총』 94호, 2018에 실린 것을 일부 수정한 것이다.

전쟁합리성과
식민주의

차승기(조선대학교)

I. 머리말: 총동원체제와 식민지

1차 세계대전 이후로 현대전이 총력전의 형태를 취하고 있음은 상식에 속한다. 하지만 그렇다고 해서 총력전의 전개가 해당 사회 전체의 (재)구조화와 관련되는 방식, 그리고 이 (재)구조화 속에서 형성되는 주체성의 형식은 아직 자명하게 드러났다고 말할 수는 없다. 총력전에서 사회 성격의 변동과 주체성 구성 형식이 문제가 되는 것은, '적'에 대한 섬멸전적(殲滅戰的) 부정이라는 폭력 양태에 상응하는 만큼의 강력한 내적 '동일화' 원리가 해당 사회 전체에 강제적으로 적용되기 때문이다. 이 '동일화' 원리란 기본적으로 전쟁 수행의 주체인 '국가'가 위로부터 적용하는 것으로서, 흔히 국수주의적 열광의 동원과 불온성에 대한 예비검속, 물질적·정신적 징발과 사회의 모세혈관에 이르는 충성의 조직 등의 내용으로 나타나지만, 그 원리를 근저에서 통어하는 것은 다름 아닌 '합리성' 메커니즘이라고 할 수 있다. 동일화 원리는 궁극적으로 총력전에서 승리하기 위해, 적을 섬멸하기 위해, 국가를 보위하기 위해 가장 효율적인 체제를 구축하려는 합리적 계산으로 설정되는 것이기 때문이다. 국가의 전쟁 승리라는 목적 달성을 위해 모든 내적 생산력을 효율적으로 조직할 때, 예측하는 이성의 판단에 따라 미래에 대한 전망 속에서 전쟁 수행에 최적화된 국가적 배치와 관리가 행해질 때, 그 실행의 과정에서 고도의 목적 합리성(Zweckrationalität)이 관철된다.

그러나 '적'의 저항의 강도에 따라 규정되는 전세(戰勢)의 변화와 전선(前線)의 유동성, 그리고 국내외 정치 상황의 변동과 지속적 전쟁 수행능력과 관련된 제반 조건의 변화는 이 고도의 합리성 체제에 필연적으로 위기의 계기를 심어 놓는다. 즉 전쟁 상황이 근본적으로 배제할 수 없는 예측 불가능성은 이 목적 합리적 실천을 극단적인 지점까지 밀어붙이게 하는 한편, 기존 질서의 붕괴 가능성에 대한 예감과 체제 자체의 급진적 변경 가능성에 대한 상상을 촉발할 수 있다. 그런가 하면 전시의 예외상태에서 (재)구조화된 체제와 주체성 형식의 효과는 예외적인 시간-공간의 경계 내로 축소되지 않는다. 총력전에 대응하기 위해 구성된 총동원체제의 합리성은 예외상태가 상례화된 현대 세계[1]에서 사회와 주체의 통상적 구성 원리 속에 무시할 수 없는 흔적을 남겨 놓고 있기 때문이다. 총동원체제의 합리성은 '위기'와 '정상성'이라는 대립적 계기를 모두 함축한 채 '전후' 세계에 짙은 그림자를 드리우게 된다.

식민지/제국 일본의 총동원체제 역시 이 대립적 계기들을 간직하고 있었으며, 총동원체제에서 실행된 합리화의 문제들을 성찰해 온 연구들에서도 이 대립적 계기들은 주목되어 왔다.

---

1) '항구적인 예외상태의 창출'이 현대 국가의 본질적 실천이 되고 있다는 사실에 대해서는 조르지오 아감벤(Giorgio Agamben), 김항 옮김, 『예외상태』, 새물결, 2009, 15~16쪽 참조. 또한 '예외상태의 상례화' 현상을 한국 현대사의 정치적-법적 상황에 적용한 연구로는 강성현, 「한국의 국가 형성기 '예외상태 상례'의 법적 구조」, 『사회와 역사』 94, 2012; 이상록, 「'예외상태 상례화'로서의 유신헌법과 한국적 민주주의 담론」, 『역사문제연구』 35, 2016 등 참조.

중일전쟁 발발을 전후한 때부터 아시아-태평양전쟁에서의 패전에 이르기까지 식민지/제국 일본이 총동원체제를 고도화해가는 과정에서 다양한 '전시변혁'이 시도되곤 했다. 이때의 '전시변혁'은, 만주국에서 실험된 고도의 통제경제체제와 '국방국가' 모델을 식민지/제국 일본 전체에 확대하려는 파시즘적 기획2)으로 나타나기도 했고, 전쟁이라는 비상사태와 중국의 저항이 식민지/제국 일본에 초래할 충격을 탈패권적인 '협동주의적 질서'의 구축과 탈자본주의화의 방향으로 전환하고자 한 전향 지식인들의 모험으로 등장3)하기도 했으며, '사회적 총자본의 합리성'에 기초한 '노동력 정책'을 제시(오코우치 카즈오[大河内一男])하며 전시 상황을 이용해 일본 사회 전체를 '합리화'하려 한 정책적 시도4)에서 발견되기도 했다. 이들 기획은, 그 이전까지 제도적 · 관습적으로 유지됐던 사회적 · 문화적 경계들을 뒤흔들며 모든 구성원을 휘말려 들게 하는 총력전의 '위기'의 계기를 체제의 근본적 재구성의 기회로 전환하고자 한 대대적인 합리화 기획의 일종이었다고 할 수 있다. 물론 개개의 기획들은 결코 성공적으로 그 목적에 도달하지 못했지만, 이 전반적인 합리화의 기획은 식민지/제국 일본의 '국가 주도적 합리화'의 독특한 유산을 '전후' 일본의 사회와 주체 구성의 원리에 남겼다.5)

그러나 식민지의 경우엔 어떠한가. 식민지/제국 일본의 총동원체제가 '위기(예외)'와 '정상성'의 대립된 계기를 내포한 국가 주도적 합리화 기획을 실행에 옮겼을 때 그 '내부의 외부'인 식민지에서는 합리화 운동이 어떤 방식으로 변형/관철되고 어떤 효과를 산출했는가. 총동원체제의 합리성은 식민지와 식민본국 사이의 관계를 어떤 형태로 재구조화했는가. 나아가 총동원

---

2) 임성모, 「'국방국가'의 실험: 만주국과 일본파시즘」, 『중국사연구』 16, 2001.
3) 米谷匡史, 「戰時期日本の社會思想: 現代化と戰時変革」, 『思想』 882, 岩波書店, 1997.
4) 松本武祝/장용경 옮김, 「'총력전체제'론과 '현대'」, 『역사문제연구』 13, 2004.
5) 패전 후 일본의 '전후 민주주의' 사회를 전쟁을 수행하던 제국주의 시기의 일본과 분리해 온 관습적 사고를 비판하면서, 총력전 운동을 전후 일본의 이른바 '시스템 사회'의 원천으로 자리매김하고자 한 역사적 입장은 '총력전체제론'이라는 형태로 제시된 바 있다. 山之内靖ほか, 『總力戰と現代化』, 柏書房, 1995; 山之内靖酒井直樹, 『總力戰體制からグローバリゼーションへ』, 平凡社, 2003 등 참조.

체제 자체 내에서 식민주의는 어떻게 작동했는가.

먼저 식민지에서 전시체제는 '동원'의 강제성에 의해 특징지어진다. 식민지 조선에서 1938년 식민본국과 큰 시간 차이 없이 '국가총동원법'이 적용되고 곧바로 '국민정신총동원조선연맹'이 결성되어 전 사회적으로 동원을 조직하는 장치가 작동했으며, 1940년에는 그 후신(後身)으로 이른바 '신체제' 운동의 담당조직인 '국민총력조선연맹'이 결성되어 총독에서 애국반까지 직접 연결하는 총력전적 조직화가 진행되었지만, 식민본국과 달리 식민지에서 '동원'은 강제적·명령적 실행의 체제였다. 따라서 식민지/제국 일본의 총동원체제는 식민지의 총동원체제를 '내부의 외부'로 내포한 것이었다고 말할 수 있다.

그런데도 식민지 총동원체제의 형성은 식민지와 식민본국 사이의 거리를 급격히 재조정해야 할 '전시(戰時)'의 긴급성에서 비롯된 것이었고, 이러한 식민지/제국의 내적 재구조화에 '위기'의 계기가 함축되어 있었음에는 분명하다. 하지만 식민본국에서 총동원체제가 위기 속에서의 '전시변혁'의 모색을 낳았다면, 식민지 조선에서 위기의 계기는 '내선일체'의 논쟁적 공간을 생성했다. 전쟁 확대로 인해 식민지의 인적·물적 동원의 필요성이 증대되면서, 일제는 식민지 차별의 지표들을 삭제하는 듯한 포즈를 취하며 식민지/제국의 단일 체제를 강화하려 했다. 물론 '내선일체'의 단일 체제 기획은 차별의 근본 조건은 그대로 둔 채 조선(인)의 경계를 해체하는 방향으로 이루어졌지만, 이 강요된 통합 운동이 피식민자들의 차별 탈피 욕망에 일정한 출구를 제공한 것도 사실이다. 전쟁이 촉발한 이 '위기' 속의 모험은 피식민자들에게 시민권을 부여하는 방식이기는커녕 식민지/제국 전체에 걸쳐 단일한 전쟁 기계의 구축으로 나아가는 방식으로 이루어졌다. 더욱이 일본과 만주에서 시도된 '전시변혁'적 모험과는 달리, '내선일체'의 논쟁적 공간을 비집고 흘러 들어간 피식민자들의 존재론적 모험은 '새로운 질서'에 대한 비전에서 이루어진 것이 아니라 전쟁의 유동적 공간의 틈새에서 이루어진 기회주의적인 것이었다는 점에서 한계를 가진 것이었다.

이에 반해 두 번째 측면, 즉 내적 조직화 및 주체화 형식으로서의 극단적 합리적 체제 형성 운동은 더 강력하고 집요하게 진행되었다. 물론 총동원체제의 합리화 운동은 결코 식민본국과 식민지 사이의 차이를 넘어서 '강제적 균질화'를 만들어 내지는 않았다. 한반도는 전쟁 기계 일본의 한 부속 단위인 '병참기지'로서 배치되었고, 전쟁 수행 주체인 일본의 정치적·군사적 목적에 맞춰 급진적인 효율적 체제로 구축되어 갔다. 식민지에서 이루어진 국가 주도의 합리화는 근대 이후 관민 구별 없이 광범하게 전개된 '합리화=근대화' 운동으로 환원되지 않는, 식민주의적 통치성 구조와 직결된다. 식민지 총동원체제에서의 합리화 운동은 제국의 전쟁 승리라는 목적에 따라 사람과 사물의 통제·관리·경영의 전술, 즉 국토개발과 산업합리화는 물론 시장통제와 물자배급에 이르기까지 삶에 대한 총체적 포섭의 형태로 진행되었다.

식민지 총동원체제에서 시도된 국가 주도의 합리화 운동은 제도적 '근대화'의 국면과 구별될 뿐만 아니라, 합리화의 틈을 메우는 신화 또는 '비합리성'을 요구했다. 주지하다시피 식민본국의 경우 천황제, 국가 신도, 전사자 추모 등이 그 임무를 수행했다. 그러나 식민지 조선의 경우 이 국가주의적 삼위일체의 신화는 헤게모니적 기능을 수행하기 어려웠다. 따라서 다른 형태의 합리성/비합리성의 결합이 총동원체제기 식민지 통치구조와 연결되어 있다. 이 글은 바로 이 같은 식민지 총동원체제에서의 합리성 구조를 '전쟁합리성'이라는 개념을 통해 해명하고자 한다.

총동원체제기 식민지 조선에서의 '합리화' 운동에 대해서는 지금까지 다양한 연구가 축적되어왔다. 식민지, 특히 식민지와 식민본국 사이의 관계가 급격히 재조정되면서 체제의 성격이 변화하던 이 시기의 식민지가 지배/저항 또는 강제/동화라는 이분법에 따라 설명될 수 없는 국면을 가지고 있고, 어떤 의미에서 그 국면이 식민주의와 근대성의 근본적 차원과 연결되어 있으리라는 입장에서 연구가 활성화되면서, 일상생활의 '합리화' 과정에 대한 연구도 본격적으로 진행되어왔다.

『일제 파시즘 지배정책과 민중생활』[6]은 총동원체제기 총독부의 통제 이데올로기와 동원 정책이 일상의 영역을 어떻게 변화시켰는가에 초점을 맞춘 것이긴 하지만, 통제와 동원이 그대로 관철될 수 없었던 식민지 일상의 특성을 선구적으로 주목한 사례에 해당할 것이다. 뒤이어 식민지 근대성에 대한 비판적 연구의 흐름 속에서 일상의 정치적 중요성을 의식하며 좀 더 세부적으로 접근해 간 『식민지의 일상, 지배와 균열』[7]은 지배와 저항, 강제와 동화가 복잡하게 길항하는 식민지 일상세계의 다양한 국면을 고찰하면서 근대식민주의의 미시권력을 드러내는 동시에 균열의 지점을 포착하고 식민지 합리화 운동의 다양한 양상과 특징을 분석했다.

이들 연구 성과를 전후해 지배정책적 또는 계몽운동적 차원에서 추진된 생활 개선 캠페인을 다룬 다양한 연구, 총력전의 전개가 생활경제와 소비의 층위에서 초래한 합리화 과정에 대한 연구 등이 뒤를 이으며 식민지 '일상 합리화' 운동의 다양한 양상들이 고찰되었다.[8] 이 연구들에서, 총동원체제가 국토개발, 농공병진 등을 통해 병참기지로서의 식민지 조선의 산업적 배치 및 합리화를 추진했을 뿐만 아니라 사회·가정생활에서 문화·정신의 측면에 이르기까지 전면적인 재구조화를 진행한 측면이 구체적으로 입증되었고, 아울러 그 합리화 운동의 '명백한' 한계와 일상적 저항·일탈의 정치적 의의가 드러났다.

식민지 총동원체제에서 일상 합리화 운동의 성격을 탐구한 기존 연구들을 통해, 식민지 권력의 '근대적 성격'과 '위로부터의 합리화'의 식민지적 유

---

[6] 방기중 편, 『일제 파시즘 지배정책과 민중생활』, 혜안, 2004.
[7] 공제욱·정근식 편, 『식민지의 일상, 지배와 균열』, 문화과학사, 2006.
[8] 권명아, 『역사적 파시즘』, 책세상, 2005; 오미일, 「총동원체제하 생활 개선 캠페인과 조선인의 일상」, 『한국독립운동사연구』 39, 2011; 김은주, 「1930년대 조선의 농촌 생활 개선 사업과 '국민화' 작업」, 『한국사론』 58, 2012; 권창규, 「식민지 시기 한국에서 전개된 일상 합리화 운동」, 『인문연구』 69, 2013; 권창규, 「전시기 국가자본주의적 기획과 소비대중의 비국민화」, 『여성문학연구』 36, 2015 등.

산이 부각되었을 뿐만 아니라 정책과 욕망과 탈주의 복잡한 지향성들이 갈등하는 논쟁적 장으로서의 식민지 일상이 주목되었다. 특히 통제와 지배의 합리성이 궁극적으로 실패할 수밖에 없는 기획임을 역사적 구체성 속에서 드러냄으로써, 삶의 다면성을 긍정하는 관점을 강화해 왔다고 볼 수 있다.

하지만 앞서도 언급한 바와 같이 식민지에서의 '전쟁합리성'은 이미 그 자체 합리성과 비합리성의 극단을 내포한 것으로서 그 구조의 특수한 동력학에 대한 고찰을 필요로 한다. '통제와 지배의 합리성 대 일상의 다면성'이라는 대립 도식은 궁극적으로 삶을 긍정하는 관점에 의해 통제적 합리성을 비판하는 방식으로 논의를 이끌고 감으로써, 총동원체제의 '합리적 측면'을 과대평가할 수 있다. 즉 - 도구적, 근대적, 식민주의적 등등의 관형어를 붙여 그 의미를 제한한다 해도 - '합리성' 대 '삶'이라는 어찌 보면 이미 결론이 예상된 대립틀 아래 전쟁합리성을 놓음으로써, 합리화의 일면만 과도하게 부각시킬 우려가 있다. 따라서 식민지 총동원체제에서 합리성과 비합리성이 뒤얽힌 통치성의 특수한 형식, 그리고 그에 따라 (재)구조화되는 주체성의 형식을 입체적으로 조망할 필요가 있다. 이 글은 일제말기 식민지 조선에 적용된 법령과 국책적 프로그램, 문학 텍스트 등을 통해 식민지 총동원체제가 확립하고자 했던 일상적 정치윤리를 고찰함으로써, 식민지 총동원체제의 통치성 형식에서 작동하고 있던 합리성과 비합리성의 모순적 구조의 특성을 파악하고자 한다.

II. 통제의 꿈, 개별성의 소거

비상시를 빙자로 물까는 다락처럼 뻗어 올으고, 비상시를 핑게로 팁은 줄어만 들고, 비상시를 구실로 노루꼬리만하든 월급도 깎이우고, 그리고 비상시인 까

닭에 영업시간은 단축되고 - 대체 여급들처럼 비상시 때문에 지대한 타격을
받는 축이 또 있을까. 그래도 비상시를 나무랄 수 없으니 어설피 여급의 기구
한 팔자라고나 하여둘까.[9]

정비석의 소설 「잡어(雜魚)」에서는, 중일전쟁기 식민지 조선에서 '비상시'
를 살아가는 술집 여급들이 전시 통제사회의 고충을 가장 민감하게 느끼는
계층으로 등장한다. 그도 그럴 것이 술집을 비롯한 유흥업소야말로 식민지
총동원체제가 삭제하고자 하는 전형적인 '낭비'와 '소모'와 '비위생'의 장소
였기 때문이다. 물론 체제에 '불안'을 야기하는 '지하'에서의 움직임은 늘 감
시와 예비검속과 박멸이 준비된 영역이었지만, 경제적 통제를 포함해 '엄중
한 시국의식'을 자극하는 데는 금욕적 에토스를 조성하는 것이 일차적이고
도 필수적이었다. 총동원체제에서의 일상 통제의 목표는 생산과 생산 사이
에 존재하는 '공백'을 최소화하는 데 있었다. 이 '공백'은 삶의 지속과 관련
된 다양한 활동을 포함하고 있지만, 통제 주체의 처지에서 볼 때는 생산과
생산 사이에 단절이나 이탈의 계기가 개입할 수 있는 불안한 영역이었다.
따라서 총동원체제는 생산성과 효율성으로 조직된 시간-공간을 전면화하고
그에 적합한 신체들을 산출하기 위해 일상적인 "소비 훈련"의 캠페인을 강
화해 갔다.[10]

주지하듯이, 중일전쟁 발발 이후 제국 내의 자원을 효율적으로 통제·관
리하기 위해 일제는 국가총동원법을 제정(1938년)하고 식민본국에 이어 식
민지에도 적용했다. 이 무렵부터 식민지와 식민본국 전체에서 "전시에 국
가총동원 상 필요한 경우"[11] 명령에 의해 인적·물적 자원을 동원할 수 있
는 본격적인 총동원체제가 형성되어 갔다. 전체주의적 총동원체제 아래에
서 인간은 징용될 수 있는 노동력 또는 징병될 수 있는 군사력으로 규정되

9) 정비석, 「雜魚」, 『人文評論』, 1939.12, 165쪽.
10) 권창규, 「전시기 국가자본주의적 기획과 소비대중의 비국민화」, 『여성문학연구』 36, 2015,
213쪽 이하 참조.
11) 佐藤達夫, 「國家總動員法」, 『國家總動員法·經濟統制法』, 三笠書房, 1938, 29쪽.

었고, 정부 및 국가기구는 노동/자본 사이의 쟁의조정부터 기업이나 토지의 징발에 이르기까지 삶의 물질적 조건에 깊이 개입하게 되었다. 형식적인 합의의 기능 이상을 발휘하지 못하는 현실 정치조차 행정 및 군사권력의 결정의 사후 추인 도구로 전락한 상태에서, 국가권력은 개인들의 일상생활을 구성하는 삶의 차원에까지 직접 작용하기 시작한 것이다. 더욱이 이후 태평양전쟁으로 확전되어가는 과정에서 국가총동원법은 3차례 개정(1939년, 1941년, 1944년)을 거치는데, '총동원물자'라고 동원 대상을 명시했던 당초의 규정은 '물자' 일반으로 확대 수정된다. 즉 식민지/제국 전체의 모든 사물을 동원할 수 있게 만든 것이다. 이는 전쟁 수행 주체로서의 식민지/제국에 법적으로 포획되어 있는 모든 존재가 식민지/제국의 전쟁 승리라는 '국방목적'에 종속된 수단이 되었음을 뜻한다.

총동원체제는, 모든 존재를 "어디에서나 즉시 가까이 지정된 자리에 놓여 있어야 할 것", 즉 '부품(Bestand)'[12]으로 전환시키는 현대의 기술주의적 태도를 인간을 포함한 대상 세계 전체에 전면적으로 적용하려는 시도의 산물이기도 하다. 그런 점에서, 총동원체제에서 일상화 되는 강제와 통제와 명령은 그것이 단지 권위적이고 억압적이고 폭력적이어서 문제라기보다는, 근대 이후 모든 영역에서 진행되어 온 합리화 과정의 한 극단적 표현이기 때문에 더욱 문제가 된다고 말할 수 있다. '국민정신총동원 조선연맹'의 뒤를 이은 신체제 운동 조직 '국민총력 조선연맹'이 그 실행에 복무했듯이, 고도국방국가 건설을 목표로 한 총동원체제는 "군비 이외에 외교 · 정치 · 문화 · 산업은 말할 것도 없이 국민 일반의 가정생활까지 모두 전쟁 목적의 달성이라는 동일 목적을 향해 재조직"[13]하는 목적 합리적 체제였다.

이 철저한 목적 합리적 체제 내에서 수단의 지위로 전락한 존재들은 근대적 변화 이후 자명한 것처럼 여겨졌던 '개인'이라는 개념으로는 더는 파악할 수 없는 새로운 행위자로 정의된다. 목적 합리적 기획에 따라 배치된

---

12) Martin Heidegger/이기상 옮김, 「기술에 대한 논구」, 『기술과 전향』, 서광사, 1993, 45쪽.

13) 國民總力朝鮮聯盟, 『國民總力讀本』, 國民總力朝鮮聯盟, 1941, 18쪽.

장소에서 "그의 직분(職分)에 응하야 전력을 경주, 서로 협심육력(協心戮力)하야 그 총력을 집중"[14]할 것이 기대되는 행위자는 고도국방국가라는 거대한 기계장치의 한 부품으로 기능하는 존재라고 할 수 있다. 총동원체제가 요구하는 '직분의 윤리' 아래에서 개개인의 행위는 직업=사명(Beruf)으로 신성화된다.

근대적 개인(individual), 즉 더는 나뉠 수 없고 서로 환원되지 않으며 자신만의 감정·사고·행위를 소유하는 인간이라는 개념은 물론 역사적으로 생성된 것이다.[15] 이는 발흥기의 부르주아, 즉 앞서 주어져 있는 신분적 귀속과 혈통적 위계관계의 속박, 기존의 세계질서를 정당화하는 지식체계와 윤리의 억압에서 벗어나, 스스로 관계와 질서를 만들어갈 수 있다는 자신감으로 충만했던 부르주아가 만든 '자율적 주체'의 개념이었다. 이 자율적 '개인' 개념에 현실적 위력을 부가해준 것이 경제적 소유와 그 권리에 대한 법적 보장 장치였음은 말할 것도 없다.[16]

비록 식민지라는 치명적인 타율적 조건의 한계가 명백했음에도 불구하고, 근대 초기 서구적 근대성의 헤게모니 아래에서 '개인' 개념이 형성되고 이해되어 온 것은 조선도 마찬가지였다. 즉 정치적 권리는 철저히 거세당한 상태였지만, 경제적·법적 권리의 주체로서, 문화적·창조적 활동의 주체로서 스스로를 정립하고자 했던 많은 이들의 지난한 실천이 한편으로는 '개인' 개념에 의지하고 다른 한편으로는 그 개념을 강화시켜 온 것은 사실이다. 부르주아 발흥기의 '자율적 주체'라는 환상과 연결되는 방식이었다 하더라도, 식민지에서 '개인' 개념의 일반화는 전근대적 잔재를 청산하고

---

14) 「관민의 총력을 집중 吏道確立에 노력, 木戶內相訓示要旨」, 『동아일보』, 1939.5.4, 1면.

15) Alain Laurent/김용민 옮김, 『개인주의의 역사』, 한길사, 2001 참조.

16) 이와 같은 역사적 맥락을 고려할 때, '개인'이라는 개념이 한 사람 한 사람의 '개별자'를 지시하지 않는다는 점이 좀 더 분명해진다. 물론 '개인' 개념은 그 후 다양한 역사적·지리적 규정성 아래 극단적으로 다양한 변모를 하게 되지만, 그 다양성에도 불구하고 '개인'은 예측불가능한 운동성과 다수성이 본질인 '개별자'를 특정한 개념적 내용-형식으로 재단한다. 이곳에서 '개인'과 '개별자'를 구별하려는 것은, 통제사회나 전체주의를 비판할 때 흔히 도입되곤 하는 '개인 대 전체'라는 대립틀이 어쩌면 허구적인 적대성에 기초한 것일 수 있기 때문이다.

근대적 합리성을 내면화하는 중요한 계기였다.

  그런데 총동원체제 하의 식민지/제국 일본은 중일전쟁에 아시아 해방과 자본주의적 근대 극복이라는 세계사적 의의를 부여하며 그때까지의 근대화 =서양화 노선을 거부하는 포즈를 취했다.[17] 이미 식민지/제국 체제 전체에 걸친 전쟁동원이 '자율적 개인'이라는 환상을 무참히 파괴하면서 일상 속까지 행정적·군사적 권력을 침투시키고 있었지만, 특히 반근대=반서양적 캠페인은 이후 '귀축미영(鬼畜米英)'과의 전면전 개시와 함께 더욱 강화되어 '개인' 개념의 사상적 뿌리를 제거하려는 데까지 나아갔다. '퇴폐적'이고 '비생산적'인 부르주아 문화주의와 서양적 허식(虛飾)을 일소하려는 총동원체제의 문화정치가 직접적인 표적으로 삼은 것은 개인주의와 자유주의였다.[18] 총동원체제는 전쟁 수행을 위해 식민지/제국의 모든 인적·물적 자원을 징발하는 강제적 조치들을 발동시키고, '고도국방국가'라는 전쟁기계를 건설하려는 목표 아래 식민지/제국 전체를 목적 합리적으로 배치·운영하는 기술적 장치들을 실행했을 뿐만 아니라, 이 모든 국가주도의 통제적 합리화 과정을 근대화=서양화에 반하는 어떤 대안적 원리 위에서 정당화하려는 사상투쟁의 실천을 제도화[19]하는 데까지 나아갔던 것이다. 총동원체제의 통제적 합리성에 적합한 신체를 생산하는 일은, 근대적 개인주의와 자유주의, 실로 식민지/제국 체제에서 한 번도 그 극단까지 전개된 적 없는 저 근대적=서양적 이념을 시끌벅적하게 비난하고 부정하는 언설 실천과 함께 진행되었다. 총동원체제는 식민지/제국 내 모든 개인들의 자기 목적과 식민지/제국의 국가 목적을 일치시키기 위해 "국민 각자에게 있어 철저적

---

17) 三木淸, 「支那事變の世界史的意義」(1938.8), 『批評空間 II期』 19, 太田出版, 1998, 32~39쪽.

18) 물론 식민지/제국 체제에서 가장 위협적인 정치적 비전이자 실천 중의 하나는 사회주의였다. 그러나 정치적 대안을 제시하며 조직적으로 체제에 저항하고자 했던 사회주의는 총동원체제에서 거의 완전히 비가시적으로 되기도 했지만, 무엇보다 총동원체제의 '동원' 대상은 개개의 신체와 정신이었기 때문에, '분리'와 '이탈'의 지향들이 기댈 논리적·문화적 근거들을 우선적으로 훼손시키려 했던 것으로 보인다.

19) 식민본국에서는 대정익찬회(1940년 결성)에서 도나리구미[隣組]까지, 식민지 조선에서는 국민정신총동원연맹(1938년 결성) 및 그 후신인 국민총력연맹(1940년 결성)에서 애국반까지가 이러한 사상투쟁의 일상화를 담당했다.

자기 혁신"[20]이 완수될 때 완성될 수 있다고 여겨졌다.

　개인주의와 자유주의로 요약되는 근대적(부르주아적) '자율적 개인'의 이념은 물론, '자율적 개인'의 환상성과 비현실성이 여지없이 폭로되는 식민지적 조건에서조차 '개인' 개념을 파괴하려는 언설이 집요하게 생산되었다는 사실은, 총동원체제가 창출하고자 한 '황민(皇民)'이 개별성과 우연성을 삭제한, 고도국방국가의 목적에 철저히 종속된 수단으로서의 단일 신체에 정향되어 있었음을 드러내준다. 그러나 이 신체는 결코 단일해질 수 없었는데, 그것은 무엇보다 전선과 '총후' 사이의 결합의 밀도가 식민본국과 식민지에서 다를 수밖에 없었기 때문이다. 식민본국에서 전선과 총후는 기본적으로 혈연에 의해 연결되어 있었고, 따라서 총후에서 전선으로, 전선에서 총후로 순환하는 가족주의적 연민은 천황제, 국가신도, 전사자 추모로 이어지는 국가주의적 신화와 원호 및 연금체계의 제도적 조건 아래에서 '충성'의 감정적 토대 역할을 할 수 있었다. 여기에 당대 미디어 환경에 의해 규정된 '전쟁 스펙터클'[21]이 전선과 총후 사이의 정치적 · 도덕적 상호 참조체계를 구축하며 총동원체제의 통합기능을 수행했음은 물론이다. 그러나 '병참기지'로 배치된 식민지 조선에서 - 적어도 본격적으로 징병이 실시된 1944년까지는 - 유사한 '전쟁 스펙터클'이 작동했음은 틀림없으나, 결코 식민본국에서와 같은 전선-총후의 유기적 결합 관계는 형성될 수 없었다. 오히려 식민지 총동원체제에서 개개인은, 전쟁이라는 비상사태 아래 표면화된 식민지/제국 주권 권력이 전쟁합리성의 요구에 따라 결정하는 계획과 통제와 배치에 전적으로 내맡겨진 수단의 지위를 일상적으로 (재)확인할 뿐이었다.

　따라서 식민지 총동원체제의 '전쟁합리성'이 생산하는 주체는, '죽음을 향한 결단' 속에서 비로소 '국민'으로 도약하는 주체이기는커녕, 통제적 합리성에 따라 동원되고 배치되는 수단으로서의 삶/죽음을 받아들이는 **단념(斷念)**

---

20) 國民總力朝鮮聯盟, 『國民總力讀本』, 44쪽.
21) 김예림, 「전쟁 스펙터클과 전장 실감의 동력학」, 한국-타이완 비교문화연구회, 『전쟁이라는 문턱』, 그린비, 2010, 81쪽 참조.

의 신체이다. 이 단념의 신체에게는, 급변하는 전황 속에서 고도국방국가 및 대동아공영권 건설이라는 식민지/제국의 목적을 실현하기 위해 행정적·군사적 권력이 행하는 합리적 배치와 운영이 '운명'으로 받아들여진다. 여기서 '운명'이란, 불가해한 사건을 납득할 만한 것으로 손쉽게 뒤바꿔주거나 '단념'하게 하는 장치에 다름 아니다. 중요한 것은 식민지의 '전쟁합리성'이 그 내부에서 수단으로서 동원되는 존재들에게는 비합리적인 것으로 경험된다는 사실이다.

정비석의 또 다른 소설 「삼대」에서는 이 '운명'에서 낙오된 형과 이 '운명'을 적극적으로 수용하는 동생 사이의 짧은 논쟁이 등장한다.

> 「그렇지요 운명이지요. 오늘의 사실도 틀림없는 운명적인 것이라고 보는 것이 타당하겠지요. 운명이라는 말은 **필연**이라는 말과 상통된다고 전 생각해요. 성자필멸(盛者必滅)의 불교적 관념으로 보나, 극성즉쇠(極盛則衰)한다는 유교적 관념으로 보나, 혹은 형님이 늘 말씀하시든 변증법적 론리로 보드라도 질서의 뒤에는 반듯이- 필연적으로 무질서의 세계가 올 것이 아닐가요.」
> 「허나 그 무질서를 지성의 눈으로 **질서**의 세계에까지 지양시키는 것이 지식인의 해야 할 임무가 아닐가?」
> 「건 이상이겠죠. 적어도 사회의 운동은 그 자체의 운동론리로써 움직이는 것이요, 움직인다는 것은 **힘과 힘의 싸움**을 의미하는 것이니까 단순한 지식의 힘만으로서 그 힘을 이겨낸다는 것은 도저히 어려운 일일 걸요.」
> 「……」
> 경세는 입을 다문 채 아무말도 없다.
> 「운명- 현대야말로 틀림없는 운명의 시대라 하겠지요.」[22]

"한때 투사"였던 형 경세는 전쟁과 총동원체제의 등장 앞에서도 '지성'의 힘에 의지해 역사의 필연성을 발견하려 하지만, 새 세대의 대표자인 동생 형세는 동일한 사태를 '운명'으로 이해한다. 두 인물은 불가해한 현실을 설

---

22) 정비석, 「三代」, 『人文評論』, 京城: 人文社, 1940.2, 157쪽. 강조는 인용자.

명가능한 것으로 전환시키려 한다는 점에서는 공통적이다. 그러나 경세는 사실의 세계에 질서를 부여하는 이성의 능력을 여전히 신뢰하며 그에 기초한 합리적 대응을 당위적으로 요청하지만, 형세가 볼 때 이러한 의미의 합리성은 이미 패배했다. "힘과 힘의 싸움"이 벌어지고 있는 이 사실 앞에서는 "이기느냐 지느냐 그 둘밖에는 없었고 이기기 위하여서는 수단을 가릴 배가 아니"[23]라는 논리만이 존재한다. 즉 형세에게는, "이긴다는 말은 모든 것을 획득한다는 말이요 진다는 것은 존재 가치를 부인당하는 것"[24]이라는 단순하고도 자명한 합리성만이 존재하는 것이다. 마치 '현실적인 것이 합리적이고 합리적인 것이 현실적'이라는 헤겔의 변증법적 명제[25]가 파열된 듯한 형세이다. '합리적인 것이 현실적'이라는 신념은 전쟁과 총동원의 '사실' 앞에서 무기력해져 경세 같은 이들과 함께 침묵당해야 했던 데 반해, 자율적 의지를 단념한 형세에게는 압도하는 '사실'의 '현실적인 것이 합리적인 것'으로 여겨진다.

　'고도국방국가'라는 전쟁기계 건설의 목표에 종속됨으로써 수단의 위치에 놓인 식민지의 존재들은, '국가총동원 상 필요'에 따른 동원과 징발의 명령이 언제 '하달'될지 알 수 없는 공포 속에서 대기하는 자들이다. 그들은 자기의 생명의 존속마저 '전세(戰勢)'에 따라 변동되는 행정적·군사적 권력에 내맡겨진 상태를 '운명'으로 받아들일 것이 강요된다. 따라서 식민지/제국 일본이라는 전쟁 수행의 '주체'는 전쟁 승리를 위해 내부의 총역량을 철저하게 목적 합리적으로 배치하고 운영하지만, 정치적 영역에서는 말할 것도 없이 일상적이고 사적인 공간에서까지 목적 합리적 배치와 운영의 '대상'이 되는 식민지의 존재들에게 이 '전쟁합리성'은 비합리적이고 불가해한 사태로 닥쳐온다.

　총체적 합리화에 내포된 이 비합리성·우연성·불가해성은 현실을 지배

23) 정비석, 「三代」, 160쪽.
24) 정비석, 「三代」, 160쪽.
25) G.W.F. Hegel/임석진 옮김, 『법철학』, 지식산업사, 1989, 32쪽.

하는 질서가 궁극적으로 폭력과 공포에 의해 창출되고 유지되는 것임을 적나라하게 드러낸다. 정비석 소설의 주요 인물들은 이 진실을 누구보다 무겁게 감지하고 있지만, 그렇기 때문에 오히려 이 진실을 애써 자신의 운명으로 받아들이면서 체제순응적 서사를 이끌어간다. 「잡어」의 사유리는 '동물' 같은 여급들의 세계와 동거인인 책상물림 병보의 관념적 문화주의의 세계를 떠나 김태웅이라는 '모험주의적 영웅'과 함께 북지(北支)로 떠난다. 그녀에게 북지라는 "태웅의 세계"는 "추악조차가 꽃포기처럼 아름답게 빛나는 …(중략)… 인간정신이 도달할 수 있는 최고의 세계, 극치의 세계"로 상상된다.[26] 또한 「삼대」의 형세 역시 마찬가지로 '동물' 같은 고향 식구들과 형경세의 지성주의의 세계를 떠나 동거인 미례와 함께 북지로 떠난다. "손에 손을 맞잡고 광막한 처녀지로 개척의 첫걸음을 내밟는다는 것은 얼마나 낭만적인 사실인가"[27] 자문하며 꿈에 부푼 형세도, "회초리로 알몸을 획획 갈기우는 듯"한 마조히즘적 각성 속에서 "찬란한 세계"[28]를 발견한 사유리도, 짐짓 니체적인 '운명애(amor fati)', 즉 불투명하고 예측불가능한 삶을 오히려 영웅적으로 긍정하는 태도를 보이며 총동원체제의 '근원'으로 도약하려 한다. 그러나 그들의 도약에는, 영웅적이기는 커녕 '부품'으로서 대상화된 존재의 무기력함에 뿌리를 둔 공포의 그림자가 드리워져 있다. 「삼대」의 형세가 감지했듯이, 이긴 자가 모든 것을 획득하고 진 자는 그 존재 가치를 부인 당하리라는 이 섬멸전적 전쟁과 전쟁 승리를 목적으로 한 총체적 합리화 운동은 피식민자들에게 애당초 '의지적 선택'의 대상이 아니었기 때문이다. 식민지/제국 일본은 이 전쟁에 세계사적 의의를 부여하며 '도의(道義)의 전쟁'을 표방했지만, 정비석의 인물들의 도약은 '모든 것 아니면 죽음'을 가져올 이 총력전이 목숨을 건 도박을 요청하고 있음을 보여준다. 이렇게 그 인물들은 총체적 합리화의 끝에 전적인 우연성이 놓여 있음을 예감하고 있다.

---

26) 정비석, 「雜魚」, 190쪽.
27) 정비석, 「三代」, 165쪽.
28) 정비석, 「雜魚」, 189쪽.

Ⅲ. 전체의 합리성과 부분의 비합리성

식민지 총동원체제에서 관철된 전쟁합리성은 그 내부에 비합리성의 계기를 본질적으로 포함하고 있었다. 하지만 일반적으로 어떤 종류의 합리화기획도 비합리성을 전적으로 배제한 채 진행될 수 없다는 점에서, 이 사실만을 기초로 해 식민지 전쟁합리성의 구조를 이해할 수는 없을 것이다. 예컨대 자본주의 역시 합리성과 비합리성이 본질적으로 결합된 모순상태 속에서 작동하기 때문이다. 근대 자본주의를 '합리화=탈주술화' 메커니즘으로 해명하고자 했던 베버가 '쇠우리(stahlhartes Gehäuse)'라는 말로 표현한 것처럼[29], 자본주의적 합리화는 궁극에서 비합리성과 대면하지 않을 수 없는 국면을 지니고 있다. 또한 루카치가 포착했듯이, '계산가능성(Kalkulierbarkeit)'에 기초한 합리화 원리가 지배하는 자본주의는 노동 과정을 부분체계들로 분할함으로써 궁극적으로 인간 노동의 통일성을 파편화하는 시스템이다. 이 시스템 안에서 근대 세계의 고유한 '사물화(Verdinglichung)' 경험이 등장한다.

> 노동과정은 합리화된 부분체계들(Teilsysteme)의 객관적 통합으로 되는 바, 그 통일성은 순수하게 계산상으로만 규정되며, 따라서 부분체계들은 상호간에 **우연적인 것**으로 현상하지 않을 수 없다. 노동과정의 합리적 · 계산적 분해는, 상호연관되어 있고 생산물 속에서 통일적으로 결합되는 부분작업들의 유기적 필연성을 파괴하는 것이다. …(중략)… 노동과정의 합리화로 인하여 노동자의 인간적 속성들과 특수성들은 합리적으로 예산(豫算)된 추상적 부분법칙들의 기능과 대조되어 갈수록 **순전히 오류의 원천인 것**으로서만 등장한다. 인간은 객체적으로나 또 노동과정에 대한 자신의 태도에 있어서나 노동과정의 본래적인 담지자로서 등장하지 못하며 오히려 인간은 기계화된 부분으로서 기계적 체계에 편성되어, 자신은 다만 이 기계적 체계가 자신과는 독립된 기성의 것으로서 기능하고 있음을 바라다보면서 무기력하게 제 자신을 이에 끼워 맞춰야만 하는 것이다.[30]

---

[29] Max Weber/박성수 옮김, 『프로테스탄티즘의 윤리와 자본주의 정신』, 문예출판사, 1988, 135~136쪽 참조. 이 번역본에서는 쇠우리를 "강철 같은 겉껍질"로 옮기고 있다.

이렇게 하나의 통일된 노동과정을 부분체계들로 분할하고 그 분할된 단위들 안에서 최고의 효율성을 계산해 적용하는 방식으로 생산과정을 관리·통제하는 것이 자본주의적 합리화의 기본 방법이었다. 이로 인해 인간의 노동과정은 파편화되고 이 파편화된 노동이 분리할 수 없이 결합되어 있는 기계적 시스템이 오히려 노동과정의 주체로 등장한다. 이곳에서 '사물화'의 경험이 등장하는데, 이 사물화는 이른바 '제 2의 자연'에 자신을 끼워 맞춰야 하는 현대 사회에서 보편적인 경험이 된다. 자본의 입장에서는 노동과정을 분할해 각 단위들을 합리적으로 조직함으로써 비생산적인 영역을 최소화하고, 다시 그 분할된 부분체계들을 전체 생산과정에 통합시킴으로써 전체적인 이윤 상승을 도모할 수 있다고 보지만, "그 통일성은 순수하게 계산상으로만 규정되며, 따라서 부분체계들은 상호간 **우연적인 것**으로 현상"할 수밖에 없다. 바로 이런 이유에서 자본주의 시스템은 '부분의 합리성과 전체의 비합리성'[31]이라는 극복불가능한 모순을 안게 된다.

루카치의 자본주의 분석은 자본주의 초창기의 자유주의 모델이 전제하고 있던 예정조화론적 낙관주의, 즉 부분의 합리성들 사이에서 작동하는 '보이지 않는 손'이 궁극적인 전체의 합리성을 보장하리라는 전망에 대한 유물론적 비판이었다. 이렇게 본다면, 총동원체제의 전쟁합리성은 통제와 계획과 강제적 조정을 통해 전체의 비합리성 문제를 봉합하려는 전체주의적 대응이었다고 할 수 있을 것이다.

당연한 사실이지만, 식민지 총동원체제가 개인주의와 자유주의를 배척하는 '반근대=반서양'의 언설을 대량으로 생산·유포했음에도 불구하고, 이러한 캠페인과 정책적·제도적 개입이 현실에서의 소유관계를 근본적으로 재편하는 결과로 이어졌던 것은 아니다. 식민지/제국 일본이 태평양전쟁 1년

---

30) Georg Lukács/박정호·조만영 옮김, 『역사와 계급의식』, 거름, 1986, 160~161쪽. 강조는 원문.
31) 루카치는 이를 "개별현상들 속에서의 엄격한 합법칙적 필연성과 전체 과정의 상대적인 비합리성 간의 상호작용"이라고 표현하고 있다. Georg Lukács/박정호·조만영 옮김, 『역사와 계급의식』, 175쪽.

전 '경제신체제확립요강'을 결정(1940년)하고 국가통합적 계획경제체제를 더욱 강화한 후에도 결코 자본주의적 관계에서 근본적으로 벗어난 적은 없었다. 오히려 사회적 생산과 사적 소유 사이의 모순이라는 자본주의의 아포리아 위에 제국적 생산과 지역적 소유 사이의 모순을 중첩시켜 온 것이 식민지/제국의 역사였다면, 식민지 총동원체제는 여기에 강요된 **봉헌(奉獻)**의 경제를 개입시켜 이 모순을 봉합하는 방식으로 더욱 심화시켰다.

식민지 통치 주체에 의한 통제와 계획, 그것도 전쟁 승리라는 목적에 철저히 복속된 총체적인 합리화 기획이 자본주의적 관계 위에 덧씌워질 때 궁극적으로 '봉헌'의 계기가 개입하지 않을 수 없었다. 식민지/제국 일본의 '경제신체제확립요강'은 "공익우선, 직분봉공의 취지에 따라 국민경제를 지도함과 동시에 경제단체의 편성에 의해 국민경제로 하여금 유기적 일체로서 국가총력을 발휘하고 고도국방의 국가목적을 달성"32)할 필요성에서 결정되었다. 이로써 전쟁 수행의 필요에 따라 기업 설립이 허가되거나 제한되는 것은 물론 기존 기업의 분리/통합도 이루어질 수 있었고, 특정 산업분야에 투자를 집중하거나 기업 이익의 배분에 제한을 가할 수도 있었다. '부분의 합리성과 전체의 비합리성'이라는 자본주의 시스템의 모순은 이른바 시장 경쟁을 조건으로 한 것으로서 과잉생산의 결과인 '공황'의 형태로 그 모순이 가시화된다면, 총동원체제의 국가계획경제는 전체 경제과정의 통제와 관리를 통해 '전체의 합리성'을 도모하는 한편 전쟁비용의 충당을 위해 무한한 생산과 기술진보를 강제하는 시스템을 만들어갔다.

총동원체제의 합리화 운동은, '부분의 합리성과 전체의 비합리성'이라는 모순을 타파하고 식민지/제국 내의 일체의 부분을 '유기적 필연성'에 따라 합리적으로 결합시킴으로써 '전체의 합리성'을 추구하고자 했던 것으로 보인다. 그러나 앞 절에서 살펴본 바와 같이 이 '전쟁합리성'은 필연적으로 우연성과 비합리성을 내포하고 있다. 전쟁 상황에서의 국가주도의 목적 합리

---

32) 「経済新体制確立要綱」, 国立国会図書館, https://rnavi.ndl.go.jp/politics/entry/bib00294.php, 검색일: 2018년 4월 30일.

적 개조가 '수단'의 지위에 처한 개별자들에게 '운명' 같은 불가해성으로 닥쳐오는 현상은, 총체적 합리화의 끝에 봉헌의 경제가 블랙홀처럼 자리 잡고 있는 사태에 상응한다. 이와 관련해 이광수의 일본어 소설 「가가와 교장[加川校長]」은 시사해주는 바가 적지 않다.

이광수가 가야마 미쓰로(香山光郎)의 이름으로 발표한 「가가와 교장」은, 태평양전쟁기 궁벽한 시골의 신설 공립중학교 교장으로 부임된 재조일본인 가가와라는 '직역봉공의 화신(化身)'을 제시한다. 중일전쟁에 참전한 바 있는 그는 사적 이익을 추구하고자 하는 의지가 전적으로 부재할 뿐만 아니라, 스스로 정당하다고 여겨지지 않는 정치적 '술책'에 대해서는 전혀 타협할 줄 모르는 도덕적 존재로 등장한다. 특히 기본적인 교육 환경도 제대로 갖추지 못할 만큼 열악한 재정상태를 타개하기 위해 후원회의 도움을 요청해야 하는 상황에서도 순수한 기부가 아니라면 단호히 거절할 정도로 도덕적 엄숙성을 견지한다. 후원회 모임을 앞둔 어느 날, 학교 기성회 이사 중 한 사람인 리노이에 지레쓰(李家時烈)라는 창씨개명한 조선인이 찾아와서는, 전(田)과 구레모토(吳本)가 맡고 있는 현재의 후원회 회장과 부회장 자리에 각각 가네가와(金川)와 보쿠자와(朴澤)라는 이들을 앉히게 할 경우 그들이 거액의 후원금을 내놓을 것이라며 정치적 거래를 제안한다. 그러나 당연하게도 가가와는 이 제안을 단호히 거절한다.

> 가네가와는 전 도회의원(道會議員)이고 보쿠자와는 양조업으로 떼돈을 벌어 도회의원이 되고 싶어하는 자로, 둘 다 전(田)이나 구레모토와는 대척적인 인물이다. 어디까지나 이기적이고 **기브·앤드·테이크주의**의 인간들이다. 실은 가가와도 리노이에의 소개로 두 사람을 만난 적이 있지만, 첫인상에 이들은 군자(君子)가 가까이 할 만한 인물이 아니라고 봤던 것이다.[33]

"아니, 안 됩니다."

---

[33] 香山光郎, 「加川校長」, 『國民文學』, 人文社, 1943.10, 16쪽. 강조는 인용자.

"그럼 어떻게 하실 작정이십니까. 저 15만이 들어오지 않게 되면 당장 -"

"돈이 들어오지 않으면 들어오지 않는 대로 상관없습니다."

"그럼 학교가 어떻게 됩니까."

"가네가와 씨나 보쿠자와 씨가 학교를 위해, 진정으로 교육을 위해 돈을 내주신다면 기꺼이 받아들이죠."

"하지만 선생님 부자라는 이들은 -"

"아니, 그런 더러운 돈은 필요 없어요. **신성**해야 할 교육사업입니다. 이것은 **국가사업**입니다. **전쟁**입니다. 학교에 돈을 내는 것은 **국방헌금**과 다르지 않습니다. **국방헌금에 교환조건이 있습니까?**"[34]

"기브 · 앤드 · 테이크" 즉 교환과 "헌금" 즉 봉헌이 명료하게, 도덕적으로 대립되어 있다. 사물과 인간의 관계를 '교환'에 입각해 이해하는 이기적이고 교활한 타산적 사고는, 국가-교육-전쟁의 신성한 결합에 접근할 권리조차 없는 것으로 부정된다. 교환관계를 조건 없는 봉헌으로 대체하는 논리는 식민지 총동원체제의 통제경제가 종교적인 차원으로까지 도덕화된 이데올로기적 장치에 의해 지탱되고 있음을 보여준다.

교환이 이루어지기 위해서는 우선 재화, 가치, 감정 등을 양적으로 측정하거나 분할할 수 있는 기준이 존재해야 하고 상대가 필요로 하는 재화, 가치, 감정 등을 그 동일한 기준 아래 내놓을 복수(複數)의 존재가 있어야 한다. 이 복수의 존재는 서로 다른 필요=결핍을 충족시키기 위해 적어도 교환이 발생하는 순간만큼은 공평한 관계를 형성한다. 그러나 봉헌은 절대적인 비대칭적 관계를 요구한다. 이 관계에서는 일정한 양의 재화, 가치, 감정 등을 내놓는 행위가 결코 그에 대한 공평한 반작용을 필수적으로 전제하지 않는다. 물론 교환과는 다른 차원에서 봉헌 행위에 대한 '보답'을 기대할 수 있으나, 정작 보답이 있을 것인가 아닌가는 전적으로 보답하는 자에게 달려 있다. 그러므로 봉헌이 이루어지는 곳에서 교환은 종료된다. 고도국방국가 건설을 목표로 한 이른바 '경제신체제' 운동은 이러한 봉헌의 경제를

---

34) 香山光郎, 「加川校長」, 17쪽. 강조는 인용자.

명확히 하고 있다.

> 종래의 기업에서는 영리가 공공연히 인정되었지만, 오늘날과 같이 경제 일반
> 이 계획적 · 통제적 · 공익적으로 전환한 이상, 종래와 같이 무제한의 이윤 추
> 구를 허용할 리가 없다. 오늘날의 경제는 극단적으로 말하자면 이미 욕망을
> 기조로 한 이익추구 경제로부터 국가에의 봉사를 기조로 하는 **보수경제**(報酬
> 經濟)로 전환한 것이다. 따라서 적정이윤이라는 명칭조차 이미 어울리지 않게
> 되었다.35)

식민지 총동원체제에서 '보수경제' 또는 '공익경제'란, 식민본국과 식민지
에서 '공적'인 것이 뜻하는 의미의 현저한 차이를 고려할 때에만 제대로 이
해될 수 있을 것이다. 앞서도 언급한 바와 같이 전선-총후의 유기적 결합이
다양한 제도에 의해 뒷받침되고 있던 식민본국에서 '공익'과 '국익'은 상대
적으로 쉽게 동일시될 수 있었고, 심지어는 '국책사업' 속에서 자발적으로
사익(私益)과 국익을 수렴시키는 일조차 가능했다. 그러나 식민지 조선에서
사익에 앞서는 '공익=국익'이란 결코 강요된 봉헌 없이는 쉽게 생각할 수
없는 일이었다.

이렇게 교환이 있던 자리에 봉헌이 놓이는 이율배반적 사태는 피식민자
들의 재화뿐만 아니라 노동력과 신체와 충성을 동원한 '내선일체'의 정치적
공간에서 동일하게 나타난다. 일본어 상용화, 창씨개명 등의 강제적 동화정
책의 슬로건적 표현인 '내선일체'가 외지/내지의 간극과 차별에 기초해 있
던 기존의 식민지/제국 체제에 어떤 근본적 구조변동이 발생하는 듯한 환
상을 만들어냈고, 이 환상이 피식민자들의 '차별로부터의 탈피' 욕망을 자
극했다는 점은 익히 알려져 있다.36) '내선일체'는 궁극적으로 일본의 전쟁
에 식민지 조선인들의 생명을 동원할 수 있는 조건을 만들기 위해 제시된

---

35) 國民總力朝鮮聯盟, 『國民總力讀本』, 106~107쪽. 강조는 인용자.
36) 宮田節子/이영랑 역, 『조선민중과 「황민화」 정책』, 일조각, 1997 참조.

것이었지만, 식민본국의 전쟁에 식민지가 '참여'한다는 상황 자체가 식민지/제국 내에서 조선(인)의 지위상승에 대한 기대를 가져왔기 때문이다. 요컨대 피와 생명을 내놓는 만큼 그에 상응하는 '대가'를 기대할 수 있었던 것이다. 식민지 조선에 지원병제도의 설치가 결정되자마자 피식민자 조선인의 '피'의 보상에 대한 기대가 등장하기 시작한다.

> 원래 문명된 국민에겐 세 가지 의무 즉 조세, 병역, 교육의 의무가 잇다는 것
> 은 여기서 노노(呶呶)할 필요도 없는 것이다. 그러므로 위정당국자는 이 세 가
> 지 의무를 국민에게 요구하는 동시에 국민이 이 **의무를 완전히 수행하므로써**
> **줄 바의 권리를 줄 것이오** 그리하야 **완전한 국민**이 되도록 지도하지 안흐면
> 아니 될 것이며 또한 국민으로 말할지라도 그 국민적 자격을 완성하기 위하야
> 그 **받아야 할 권리를 주장하는 동시에 그 의무 수행을 각오**할 바이다.[37]

아직 '병역의 의무'로서 징병제가 실시되기도 전이었지만, 『동아일보』의 사설은 의무와 권리 사이의 교환을 전제로 차별 탈피("완전한 국민")의 조건 형성을 기대하고 있다. 지원병제가 결국 징병제로 확대될 것임을 예감하면서, '국민으로서의 의무'에는 '국민으로서의 권리'가 수반되는 것임을 상기시키려는 것처럼 보인다. '의무-권리' 관계에의 참여는, 차별로부터의 해방의 길이 '국민'으로의 구속으로 귀착된다는 역설을 벗어날 수 없다. 그럼에도 불구하고 이 논리 밑에 흐르고 있는 것은, 권리에 상응하는 의무를 수행하고 의무만큼의 권리를 요구할 수 있다는 '기브·앤드·테이크'의 정신이다.

그러나 피식민자들이 '교환'을 읽어내려는 '내선일체'에서 식민자는 '봉헌'만을 발견한다.

> 반도인 일부 중에는 내선일체의 자구에 사로잡혀서, 심지어는 구미식의 권리
> 의무의 사상에 입각해서, 내선일체는 반도인이 크게 환영할 점이 있으므로 이

---

37) 「사설: 지원병제의 설립」, 『동아일보』, 1938.1.19, 1면. 강조는 인용자.

주의를 제창한다면 모든 제도에 있어서도 대우에 있어서도 즉시 종래의 차이가 있던 점들을 철폐하고, 어쨌든 적어도 형태상에서 무차별이 되지 않는다면 하등 이로울 점이 없다고 하는 의견을 내놓는 자도 있는 모양이라고 들었습니다. 이는 바꿔 말하면 우선 **권리의 주장에 급급하여 내선일체의 본질에 등을 돌리는 사고방식**이라고 생각합니다.[38]

　'내선일체'의 주창자인 총독 자신이 내선일체의 진정한 의미는 조선인이 일본인이 되는 데 있음을 분명히 했듯이,[39] 식민자에게 "내선일체의 본질"이란 식민지/제국의 신민으로서 국가와 천황에게 조건 없이 스스로를 맡긴다고 하는 봉공(봉헌)의 정신이다. "구미식의 권리의무의 사상"은 교환조건만을 따지려는 지극히 세속적이고 이기적인 사고에서 비롯된 것으로, '신성한 봉헌의 정신'과는 전혀 다른 차원에 있는 것이다.

　전쟁 승리와 고도국방국가 건설을 위해 식민지/제국의 모든 역량을 합리적으로 배치·운영하는 총동원체제는 역설적이게도 그 내부에 일상적, 물질적, 정신적, 신체적 봉헌이라는 비합리적 계기를 본질적으로 포함하고 있다. 봉헌이 비합리적인 이유는 단지 그것이 사회적 영역에 새로운 주술적 관계를 도입한다는 데 있지만은 않다. 오히려 고도의 합리성과 생산성을 요구하는 총동원체제가 동시에 맹목적 소모, 조건 없는 죽음, 대가 없는 피를 요청한다는 데 비합리성의 본질이 있다. 루카치의 통찰대로, 부분체계들에서의 고도의 합리화가 그 각 부분들 사이의 우연적이고 예측불가능한 결합으로 인해 전체의 비합리화를 초래하는 것이 자본주의 고유의 운동방식이라면, 봉헌의 경제에 의해 지탱되는 식민지 총동원체제의 전쟁합리성은 내부에서 부단히 부분의 비합리성을 증식해감으로써만 유지되는 역설적 구조라고 할 수 있을 것이다.

---

38) 近藤儀一, 「內鮮一體」, 『總動員』, 國民精神總動員朝鮮聯盟, 1939.12, 10쪽. 강조는 인용자.
39) 南次郎, 「聯盟本來の使命 議論より実行へ」, 『總動員』, 國民精神總動員朝鮮聯盟, 1939.7, 48쪽 참조.

IV. 맺음말

식민지/제국 일본은 전쟁기계로서의 고도국방국가 건설을 목표로 통제적 합리성에 기초한 사회 조직 운동을 전개했고, 일상에서 산업과 정신에 이르기까지 식민지/제국 전체의 총역량을 배치·운영하는 기술을 실천했다. 특히 식민지에서 통제적 합리화는 모든 존재를 통치의 목적 합리적 고려에 따라 수단으로서 사용하는 시스템을 구축하는 방향으로 나아갔고, 수단의 지위에 놓인 '단념의 신체'들로 하여금 통제적 합리성을 '운명'으로 받아들이게 만들었다. 이와 같은 전체주의적 통제와 국가주도적 계획을 통해 총동원체제는 부분의 합리성과 전체의 비합리성이라는 자본주의적 모순을 봉합할 수 있는 듯이 스스로를 제시했지만, 전체주의적 합리화 내부에는 봉헌의 경제가 필수적인 계기로 내포되어 있었다.

이를 통해 알 수 있는 것은, 고도국방국가 및 대동아공영권 건설을 목표로 한 식민지/제국 일본의 전쟁합리성 내에서 식민지 총동원체제가 비합리적 계기의 핵심을 이루고 있다는 사실이다. 식민지/제국 일본은 전시(戰時)의 각종 비상 법령을 식민본국과 식민지에 동일하게 적용하고, 유사한 전체주의적 통제와 운영 장치들을 설치해 전쟁합리성을 실현시키고자 했다. 그러나 전쟁을 수행하는 식민지/제국 '전체의 합리성'을 위해 필수적으로 요청되는 '수단'의 지위와 '봉헌'의 경제는, 전쟁합리성이 근본적으로 식민주의에 기초한 것임을 알려준다. 전쟁을 수행하는 주체의 '합리적' 판단과 결정은 '수단'의 지위에 있는 피식민자들의 생사를 가르는 불가해한 운명으로 작용했고, 전체주의적 계획과 통제를 통해 확보하고자 한 '전체의 합리성'은 그 내부에서 피식민자들에게 합리적 이해와 요구를 중지시키는 '봉헌'을 강요했다. 요컨대 식민본국 일본의 총동원체제가 작동하기 위해, 그리하여 '전후 일본'의 시스템사회가 형성되기 위해 식민지가 필요했고, 또한 식민지의 부단한 재생산을 필요로 한다.

이와 관련해, 최근 '전쟁 민주주의'라는 개념을 통해 오늘날 보편적인 정치형태로서 의심 없이 받아들여지고 있는 민주주의가 전쟁 및 식민주의와 불가분한 관계에 있음을 밝히고자 한 나카노 도시오의 논의를 참고할 수 있다.

> 고대 폴리스에서는 전사공동체 폴리스의 전쟁 민주주의의 외부에 노예제가 지배하는 가족공동체(오이코스)가 존재했다. 이에 대해 근대 식민지 제국에서는 제국 본국(내지)에 전쟁 민주주의가 시행되는 것과 병행해서 그 외부에 식민지가 형성되어 그 식민지는 인종주의적 배제와 통제가 지배하였다. 게다가 식민지 사람들을 민주주의로부터 배제함으로써 제국 본국의 사람들은 한층 더 의식적으로 전쟁 민주주의로 결속해 전쟁을 추진하는 세력으로서 주체의식을 높여 집단으로서의 응집력을 보다 강고하게 하였다.[40]

고대 민주주의가 노예제에 기초했듯이, 근대 민주주의가 필수적으로 전쟁과 식민주의를 필요로 했음을 상기시키고 있다. 이와 마찬가지로, 총력전 상황에서 형성된 국가주도의 '합리성' 체제 또한 식민주의를 필수적으로 요청했다. 총동원체제 작동의 모순적 구조를 '전체의 합리성과 부분의 비합리성'이라고 할 수 있다면, '전체의 합리성'을 위해 내적으로 비합리성을 증식시키는 장소야말로 식민지였다고 할 수 있다. 그리고 이렇게 식민주의와 결합된 전쟁합리성의 작동은 결코 식민지/제국 시기의 역사적 현상으로 국한되지 않는다.

'전후 일본' 사회가 내포하고 있던 전체주의적 성격의 합리화 시스템에서 전시기 총동원체제의 흔적을 찾을 수 있다면, 그 시스템이 일정하게 유지·발전되어간 과정을 일본 산업의 동남아시아 진출과 분리시켜 이해할 수는 없을 것이다. 한국전쟁 이후 분단이 고착화되면서 한반도의 남과 북에 각각 형성되어 간 상호 적대적 체제에서 국가 주도의 '전쟁합리성'을 발견하

---

40) 中野敏男/권혁태 옮김, 「식민주의와 전쟁 민주주의」, 『황해문화』, 새얼문화재단, 2016년 가을호, 255~256쪽.

지 않기란 어려울 것이다. 아울러 그 '전쟁합리성'이 내부에서 비합리성을 증식시켜 갔고, 또 그 비합리성에 의해 전체의 합리성이 불안하게 유지되고 있었음도 충분히 짐작할 수 있다. 그러나 이러한 짐작을 구체적인 분석을 통해 입증하고, '유격대 국가'와 '유신체제'의 고유한 '합리성'의 구조를 해명하는 작업은 별도로 진행되어야 할 것이다. 그리고 전쟁합리성에 대한 역사적 성찰은, 목적으로부터 수단을, 신성성으로부터 세속성을 분리시킬 수 있는 다른 합리성에 대한 사유를 요청한다.

▨ 참고문헌

1. 1차 사료

『동아일보』, 『총동원』, 『인문평론』, 『국민문학』

三木淸, 「支那事變の世界史的意義」, 1938.8, 『批評空間 II期』 19号, 東京, 太田出版, 1998.10.

國民總力朝鮮聯盟, 『國民總力讀本』, 京城, 國民總力朝鮮聯盟, 1941.

「經濟新体制確立要綱」, 国立国会図書館, https://rnavi.ndl.go.jp/politics/entry/bib00294.php, 검색일: 2018년 4월 30일.

2. 2차 사료

1) 동양어 문헌

공제욱·정근식 편, 『식민지의 일상, 지배와 균열』, 문화과학사, 2006.

권명아, 『역사적 파시즘』, 책세상, 2005.

방기중 편, 『일제 파시즘 지배정책과 민중생활』, 혜안, 2004.

宮田節子/이영랑 역, 『조선민중과 「황민화」 정책』, 일조각, 1997.

山之內靖ほか, 『總力戰と現代化』, 柏書房, 1995.

_____·酒井直樹, 『總力戰体制からグローバリゼーションへ』, 平凡社, 2003.

강성현, 「한국의 국가 형성기 '예외상태 상례'의 법적 구조」, 『사회와 역사』 94, 2012.

권창규, 「식민지 시기 한국에서 전개된 일상 합리화 운동」, 『인문연구』 69, 2013.

_____, 「전시기 국가자본주의적 기획과 소비대중의 비국민화」, 『여성문학연구』 36, 2015.

김예림, 「전쟁 스펙터클과 전장 실감의 동력학」 한국-타이완 비교문화연구회, 『전쟁이라는 문턱』, 그린비, 2010.

김은주, 「1930년대 조선의 농촌 생활 개선 사업과 '국민화' 작업」, 『한국사론』 58, 2012.

오미일, 「총동원체제하 생활 개선 캠페인과 조선인의 일상」, 『한국독립운동사연구』 39, 2011.

이상록, 「'예외상태 상례화'로서의 유신헌법과 한국적 민주주의 담론」, 『역사문제연구』 35, 2016.

임성모, 「'국방국가'의 실험: 만주국과 일본파시즘」, 『중국사연구』 16, 2001.

中野敏男/권혁태 옮김, 「식민주의와 전쟁 민주주의」, 『황해문화』, 2016년 가을호.

松本武祝/장용경 옮김, 「'총력전체제'론과 '현대'」, 『역사문제연구』 13, 2004.

米谷匡史, 「戰時期日本の社會思想: 現代化と戰時変革」, 『思想』 882号, 岩波書店, 1997.

2) 서양어 문헌

Giorgio Agamben/김항 옮김, 『예외상태』, 새물결, 2009.

Martin Heidegger/이기상 옮김, 『기술과 전향』, 서광사, 1993.

G.W.F. Hegel/임석진 옮김, 『법철학』, 지식산업사, 1989.

Georg Lukács/박정호·조만영 옮김, 『역사와 계급의식』, 거름, 1986.

Alain Laurent/김용민 옮김, 『개인주의의 역사』, 한길사, 2001.

Max Weber/박성수 옮김, 『프로테스탄티즘의 윤리와 자본주의 정신』, 문예출판사, 1988.

■ 차승기 – 「전쟁합리성과 식민주의」
  『역사학보』 238권, 2018에 실린 것을 일부 수정한 것이다.

2부
이데올로기의 반향

해방기 테러의 위상학과 테러론의 지형

김예림(연세대학교)

Ⅰ. 냉전, 폭력 그리고 테러라는 문제

냉전연구의 장에서 '폭력' 문제는 중요한 고찰 대상이 되어 왔다. 제국주의 폭력의 뒤를 이어 도래한 냉전 폭력은 1945년 이후 남한에서 국가폭력과 전쟁폭력의 연쇄로 극화되며 실행되었다. 폭력의 역사로 재기술한다면 해방, 분단, 국가형성이라는 세 사건이 맞물린 시기 즉 "1945년 해방에서 1950년 6·25전쟁으로 가는 과정"은 "전쟁과 폭력의 구조적 배경이 형성·심화되는 과정"[1]이 될 것이다. 냉전질서 하 분단국가의 전쟁정치에 대한 기존 논의가 알려주듯이, 국가와 전쟁(상태)은 서로를 강화하면서 오랜 기간 여러 층위에서 폭력을 행사하고 그 행사 자체를 정당화했다.[2] 반공 공

---

1) 윤충로, 「20세기 한국의 전쟁 경험과 폭력」, 『민주주의와 인권』 제11권 2호, 전남대학교 5.18연구소, 2011, 254쪽.
2) 김동춘, 「냉전, 반공주의 질서와 한국의 전쟁정치」, 『경제와 사회』 제89호, 비판사회학회,

권력에 의한 '적대세력' 처단이나 민간인 집단 학살이라는 내전[3] 상태로부터 한국전쟁이라는 내전이자 국제전[4]으로의 격화에 이르기까지, 남한은 물리적 폭력이 끊임없이 (재)생산되는 장소가 되었다.

　물리적 폭력은 이동, 변형, 확장하면서 일련의 상징 폭력으로 이어지기도 하지만, 신체=생명 자체를 직접 겨냥한다는 점에서 냉전 폭력의 말 그대로 '적나라한' 면모를 구현한다. 국가 내부에서 벌어진 공권력의 대인민 폭력과 국가간 충돌로서의 전쟁 폭력은 남한 및 한반도 냉전 풍경의 실상을 드러내는 결정적인 구도에 해당할 것이다. 이 큰 구도에서 폭력은 여러 유형과 규모로 발발한 바, 거시 구도 내부의 장면을 좀 더 가까이서 살펴보는 작업 역시 요구된다. 당시 일어난 크고 작은 폭력의 배경에는 격렬한 정치적 적대라는 공통의 사태가 드리워져 있다. 미시적인 고찰은 정치적 적대가 표현, 표출되는 양상을 확대시켜 봄으로써 냉전기 폭력의 역학을 입체적으로 규명할 수 있을 것이다. 이는 단지 폭력이 '다양한' 방식으로 실행되었음을 보여주기 위해서가 아니라 적대의 미분과 적분을 거듭하며 유지·전개된 냉전 체제의 성격을 비판적으로 묻기 위해서다. 이 질문을 위해 본고에서 주목하는 것은 '테러'라는 폭력의 형식이다. 테러는 전쟁이라는 거대한 태풍이 불어닥치기 전의 한반도(남한) 내전 상태를 구성하고 반영하는, 곳곳에서 산발하고 격발했던 사건이다. 테러는 빈발하는 충돌이었고 정치체의 구성원이 공유한 주요한 사회정치적 사안이었다.

　폭력의 위상학이라고도 부를 수 있을 한 논의에 따르면, 폭력은 "정치이하(infrapolitical)"의 폭력과 "정치이상(metapolitical)"의 폭력으로 나눌 수 있

2011.

[3] 김학재, 「한국전쟁 전후 민간인학살과 20세기의 내전」, 『아세아연구』 제142호, 아세아문제연구소, 2012.

[4] 한국전쟁 관련 내전론의 전개 및 범주에 대해서는 이삼성, 「한국전쟁과 내전」, 『한국정치학회보』 제47집 제5호, 한국정치학회, 2013 참고. 김학재는 한국전쟁이 2중의 전쟁이었다고 본다. 즉 국제법상 국가간 전쟁으로 인정받지 못했지만 사실상의 전통적인 국가간 전쟁의 형태로 치러진 민족 내전과 국지적 게릴라전이나 비정규전의 형태로 치러지는 내전, 계엄을 선포하고 국내 반란 세력의 제거를 목적으로 하는 정권 내부의 내전이 함께 치러졌다는 것이다. 김학재, 위의 글.

다. 정치이하의 폭력은 이데올로기적 대립이라기보다는 경제적 이해관계를 중심으로 발생하는 것으로, 권력의 획득이나 정치 시스템으로의 진입을 목표로 하지 않는다. 한편 정치이상의 폭력은 폭력의 의미 상실이 아닌 의미 과잉 상태로 봐야 하는데, 종교적 가치 같은 상위의 당위를 설정하여 정치를 초월해버리는 폭력이 이에 해당한다.[5] 이같은 폭력의 위상학을 통시적으로 적용해보면 특정한 역사적 국면을 "폭력이 정치성을 필연적으로 띠고 있던 시대", "폭력이 어느 정도 의미를 지니고 있던 시대", "폭력에 의미를 그리고 정치성을 부여하고자 노력했던 시대"[6]로 파악하는 것도 가능하다. 이런 의미에서라면, 곳곳에서 이념적 적대에 조응하는 폭력이 출현하고 이에 연동하여 폭력에 대한 상상과 언설이 급등한 해방기~한국전쟁 전후에 이르는 시기는 그야말로 '그 자체로 정치인' 폭력이 전면화한 시기라 할 수 있지 않을까. 폭력의 실제적인 빈발이라는 점에서 나아가 이렇게 행사되는 폭력에 대한 의미화가 긴박하게 이루어졌다는 점에서 모두 그러하다.

정치 이하의 것도, 정치 이상의 것도 아닌 '그 자체로 정치인 폭력'이라는 개념 혹은 폭력=정치라는 등식을 통해 우리는 정치적 적대로서의 폭력에 특별한 주의를 기울이게 된다. 그리고 더 중요하게는, 폭력을 둘러싸고 일어나는 일련의 경합과 쟁투 또한 환기하게 되는 바, 곧 폭력을 규정, 분할, 위계화하는 역장에 관해서다. 폭력은, 발생하지만 한편으로 이런저런 의미와 위상을 가진 것으로 '구성'되는 것이기에 이미 정치(적)인 것이다. 이러한 문제계로 '테러'를 호출해 보자. 테러는 정치로서의 폭력, 폭력=정치라는 틀에 정확히 조응하는 형식의 폭력이다. 당시는 "8월 15일 해방 이래로 직

---

5) 이에 대해서는 사카이 다카시, 김은주 역, 『폭력의 철학』, 산눈, 2007, 27~37쪽 참고. 정치이하의 폭력, 정치이상의 폭력은 미셸 비비오르카의 개념이다. 콜럼비아의 각 조직들의 폭력이 전자에 해당한다. 마피아, 게릴라, 극우 준군사조직, 치안부대, 경찰 등이 얽혀 "수익"이 큰 경제활동을 두고 충돌했다는 점에서 그러하다. 후자의 경우 원리주의자의 테러리즘이 전형적이다. 사카이 다카시는 두 개념에 기대어 신자유주의 시대인 오늘날 두 유형의 폭력이 서로 교묘하게 겹치고 있다는 해석을 한다. 미국의 대이라크 전쟁이 이 융합을 보여주는 것으로 논의되고 있다.
6) 위의 책, 40쪽.

접 행동이 성행되고 있는 경향" 속에서, "질서의 해이로 인한 강도 구타 등 순연한 개인적 폭력의 범행"과는 다른 "정쟁의 수단"인 테러가 "빈빈히 발생"[7]하는 상황이었다. 자주 발발했던 만큼, 테러에 대한 '상상'의 축적과 순환 역시 함께 일어났다. 상상은 전문적인 이론어로 구축되기보다는 공중(公衆) 내에서 유통, 교환 가능한 수준으로 형성되고 운동하며, 집합적 판단, 감각, 수행의 축을 세우거나 나누는 효과를 발휘한다.[8]

테러와 테러에 대한 상상은 상호적이다. 둘 사이의 상관성을 염두에 두면서, 이 글은 특정한 역사적 사건으로서의 테러에 분석의 초점을 맞추기보다는 사건으로서의 테러를 둘러싸고 구성되고 유동했던 인식의 층을 해석하고자 한다. 대상을 이렇게 취하는 것은 테러에 관해, 테러를 통해, 어떤 판단·인지 체계가 구성되고 작동했는지 그리고 그 안팎으로 어떤 이슈들이 연루되어 있었는지를 검토하기 위해서다. 이 논의는 넓게 보면 냉전기 폭력론의 일면을 구축하기 위한 것이다. 이 시기 폭력이 어떤 맥락에서 어떻게 발생하고 또 누구(무엇)에 의해 보장되거나 처리되었는지는 특히 억압적 국가기구와 국가폭력에 대한 그간의 축적된 연구를 통해 확인할 수 있다. 국가폭력에 관한 논의가 국가테러를 비판적 규명의 대상으로 삼고 있다면 문학연구 분야에서 진행된 작업은 폭력-테러의 해석학을 시도한다. 이 글의 문제의식과 관련하여 가장 가깝게 참조할 만한 고찰로는 다음의 두 논의가 있다.

먼저 해방기 총든 주체의 탄생에 주목하면서 '무기를 소지한다'는 행위가 지닌 정치적 함의를 묻는 연구를 꼽을 수 있다. 이 연구는 폭력 관계의 재편이라는 사태에 본격적으로 집중하여 학병출신 청년과 공권력 사이에서

---

7) 『동아일보』, 1945.12.21.
8) '상상'과 '이론'의 차이에 대해서는 찰스 테일러, 이상길 역, 『근대의 사회적 상상』, 이음, 2010, 특히 2장 참고. 이에 따르면 상상은 평범한 사람들의 인식을 포괄하고 폭넓은 공유 체제를 고려한 개념으로, "구조화되지 않거나 불분명한 이해"(45쪽)의 영역을 우리가 접근해야 할 주 무대로 설정하고 있다. 이 글에서는 본격적인 이론의 수준과는 다른, 대중을 향한 비전문적이며 시사적이고 현장적인 언어-언설 및 인식의 장을 지시하는 선에서 '상상' 개념에 기대고자 한다.

벌어진 처절한 폭력독점 투쟁을 조명한 작업으로, 해방의 "환"(歡)과 "환(患)"의 변증법을 '총'이라는 폭력의 환유를 통해 날카롭게 드러낸다.[9] 더불어 해방기 백색테러 표상을 분석하면서 폭력 재현과 테러리스트-'프락치'의 역사성을 검토한 작업 역시 시사적이다.[10] 이 논문은 우익청년의 백색테러를 대상으로 삼아 폭력의 편재, 정치폭력의 일상화 그리고 폭력 주체의 정체성 및 이해관계의 내부 분할 양상을 살피고 있다. 우익테러의 몇 갈래 줄기를 해부하는 이같은 시도는 최종적으로 식민-해방-냉전기를 관통하는 '오른쪽' 폭력의 계열을 보여주는 데 이른다. 테러라는 특정한 폭력의 형식에 집중한다는 점, 나아가 폭력 상상의 처소라 할 문학 텍스트를 다룬다는 점에서도 주목할 만하다.

지금까지 축적된 성과를 바탕으로, 이 글에서는 '테러의 시기'라 부를 수 있을 1946년~1948년 무렵 두 진영의 정치적 주체들이 행한 테러에 초점을 맞춰 테러 및 테러론의 정치적 의미를 탐색할 것이다. 기존의 두터운 연구가 한편으로 보여주는 바는 폭력의 실제에 비해 폭력에 관한 상상은 상대적으로 충분히 논의되지 못했다는 점이다. 폭력에 관한 상상이 폭력이 이데올로기적, 관념적, 심성적 차원에서 의미론적으로 배치되는 양상을 포괄적으로 지시한다면, 어떤 폭력이 어떻게 발생했는가에 못지않게 중요한 논고 대상임을 환기할 수 있다. 이 작업을 위해 여기서는 테러를 둘러싼 언설 지형을 검토하여 테러가 문제화되는 인식론적 계기와 맥락을 재구성할 것이다. 테러 사건이 정보적 차원에서 공유되고 나아가 테러에 관한 언설이 편성될 때 신문은 주요 무대가 되었다. 신문은 테러 발발을 즉각적으로 보도하는 기동성을 지녔을 뿐 아니라 테러에 대한 논(論)과 설(說)을 전달하고 생산한 공간이기도 했기에, 테러론의 면모를 살피는 데 중요한 장소가 아닐 수 없다. 신문 외에 테러론 생성의 또다른 영역으로 문학텍스트를 들

---

9) 이혜령, 「해방(기): 총 든 청년의 나날들」, 『상허학보』 제27집, 상허학회, 2009.
10) 송효정, 「해방기 감성 정치와 폭력 재현」, 『한국문학이론과 비평』 제57집, 한국문학이론과 비평학회, 2012.

수 있다. 이로부터 테러의 현장 및 맥락이 재현되는 양상을 규명하여 테러-의미망을 두껍게 파악할 수 있을 터인데,[11] 이 글에서는 복합적 이해를 위한 일차 작업으로서 먼저 언론의 지대를 검토하고자 한다.

해방기의 각종 문화 장치가 그렇듯 신문도 상충, 경합하는 정치적 이념과 입장 자체를 담지하고 표명하는 지극히 정치적인 기구였다.[12] 테러론을 읽을 때도 이 점은 전제되어야 하는 바, 좌익 · 우익 · 중도의 지형을 고려하며[13] 보도와 논평의 위상을 잡아 독해했다. 그러나 이 글의 목적이 개별 신문의 테러관을 분석하거나 언론계를 좌 · 우 · 중도로 범주화하여 테러론을 비교하는 데 있는 것은 아니다. 따라서 신문의 정치적 성향에 대한 참고는 논의를 위한 기본 전제이자 바탕으로 내화하여 유지하고 유효화할 것이다. 테러 보도나 논의는 좌에서 우에 이르는 언설 지대 곳곳에서 다발하고 빈발했는데, 그 전반적인 양태는 체계적이거나 일관되거나 계열적이기 보다는 현장성, 반복성, 사건성이 두드러지는 형질과 형상을 띠고 있다. 더불어 또 한가지 염두에 둘 점은 좌우 역학이 강하게 작동하는 와중에 테러론에 동일한 인식론적 기제나 기표가 동원되어 쓰이고 있는 현상이다. 이는 물론 외형적-표현적 유사성에 가깝고 그래서 그 내부의 충돌(에 대한 규명)이 결정적인 것이지만, 이러한 이중적 양상 자체의 인지를 위해 매체 범주화를 제일의적이고 궁극적인 목표로 삼지 않았다. 테러의 언설 상황을 반영

---

11) 위에서 언급한 송효정의 논문이 해방기 소설을 중심으로 이 분석을 행하고 있다. 대상 텍스트는 백색테러가 재현된 7편의 소설로, 테러론의 구성을 위해서는 좀 더 넓게 조사, 보충될 필요가 있을 것이다.

12) 해방기 문화단체와 문화운동에 대해서는 김일림·오창은·옥은실, 「해방기 한국 문화운동 연구-문화예술 조직·신문잡지 매체, 문화적 사건을 중심으로」, 『문화과학』 82, 문화과학사, 2015.6 참고. 특히 해방기에 언론사 자체가 중요한 테러 대상이 되곤 했다. 관련기사로는 「建國의敵·테로團을根滅하라-過政記者團이各方面에要請書提出」, 『경향신문』, 1947.7.20.

13) 해방기 신문의 정치적 성향은 다음과 같다. 대표적인 좌익신문으로 『조선인민보』, 1945.9.8 ~1946.9.6, 『해방일보』, 1945.9.19~1946.5.18, 『현대일보』, 1946.3.25~1948.11, 『일간 예술통신』, 1946.7.22~1947.3.2, 『문화일보』, 1947.3.11~9.24, 『대중신보』, 1947.3.21~6.18, 『노력인민』이 있고 우익신문으로는 『민중일보』, 『동신일보』, 『자유신문』, 『신조선보』 등이, 그리고 중도 계열로 『경향신문』, 『서울신문』, 『중앙신문』, 『자유신문』 등이 있다. 이에 관해서는 정진석, 「해방기 문화단체와 좌익신문」, 『근대서지』 제12호, 근대서지학회, 2015; 김일림·오창은·옥은실, 위의 글; 국립중앙도서관신문해제(http://nl.go.kr/newspaper/ sub05. do)를 참고할 것.

하여 이 글은 '많이' 있고 또 '흩어져' 있는 의미 구성적 요소와 계기를 귀납적으로 검토하고 이로부터 인식의 편제를 고찰하는 방향을 취한다.

Ⅱ. 경합하는 테러, 구성되는 테러

찰스 타운센드에 의하면, 테러리즘은 공포의 유발이라는 면에서 전쟁과 밀접한 관계를 갖는다.[14] 하지만 두 유형의 폭력은 수행 논리 면에서 뚜렷한 차이를 드러낸다. 전쟁이 전투 개념에 기반하여 실행되는 궁극적으로 직접적인 강압이라면, 테러는 충격 효과를 통해 작용한다. 즉 전쟁은 물리적인 차원에, 테러-테러리즘은 정신적인 차원에 기반을 둔다. 테러는 물리적 힘은 미약할 수 있지만 심리적 압박을 통해 사회정치적으로 큰 효과와 영향을 발휘한다는 점에서 '정신적'이다. 이같은 테러-테러리즘론에서 도출되는 핵심은 테러가 실제적 파괴력과 정치적 효과 간의 불일치를 폭력을 통해 합리화한다는 것 그리고 정치사회적 권력관계의 상징적 개념에 바탕을 두고 있다는 것이다.[15] 이를 조장과 파급력이라 한다면 이와 더불어 기억해야 할 또다른 면이 있다. 테러는, 주체가 자기 행위에 스스로 부여하는 명칭이 아니라 타자에 의해 적대적으로 붙여지는 명칭이라는 점이다. 누군가 자신을 테러리스트라 명명하는 경우는 흔치 않다. '테러', '테러리스트',

---

14) "공포의 심리적 확산이라는 방식으로 작동하는 폭력"을 테러로, 테러가 "정치적 목적을 위해 무고한 사람들을 향한 수단으로 사용될 때 그러한 폭력의 사용"을 테러리즘으로 구분하기도 하지만, 이 글에서는 테러와 테러리즘의 엄밀한 구분이 주요한 논의점이 아니며 테러의 정치성은 애초 전제로 수용하고 있으므로, 두 용어를 구별하기 보다는 함께 쓸 것이다. 테러-테러리즘에 대한 설명과 인용은, 공진성, 『테러』, 책세상, 2010, 31쪽.
15) 찰스 타운센드, 심승우 역, 『테러리즘, 누군가의 해방 투쟁』, 한겨레출판사, 2010, 18~32쪽. 특히 전투 개념과 관련하여, 테러는 목표물을 선별해서 공격할 뿐 아니라 목표물의 범위를 정하지 않고 불특정 다수를 향해 폭력을 행사한다는 성격을 갖는다. 이는 "교전국과 중립국, 전투원과 비전투원, 정당한 목표물과 정당하지 못한 목표물 사이의 통념적인 도덕적 구분에 대한 명백한 거부"(같은 책, 18쪽)로 파악할 수 있다.

'테러단체', 어떻게 불리든, 주체로부터 내발하는 긍정적인 정체화가 아닌 것이다. "테러리즘이라는 개념이 상대방의 정치적 정당성을 박탈하기 위한 수사"[16]로 동원되는 현상은 이 점을 잘 보여준다. 여기 함축된 바, 테러란 결국 '테러화'된(되는) 것일 수 있다는(혹은 되는) 가능성을 고려할 때, 그 투쟁과 경합의 역학을 생각하지 않을 수 없다.

테러-테러리즘 일반론을 참조하면서 해방 무렵 남한의 상황으로 시선을 돌려 보자. 당시 언설의 장에서 거듭 확인할 수 있듯이, 1945년 이후 물리적인 정치적 충돌은 곳곳에서 빈번하게 일어났다. 아시아·아프리카 권역의 탈식민 지역이 그러했듯, 이 시기 남한 역시 치열한 내전의 현장이 되었다. 내전의 지속-전개 과정에서 볼 때, 해방부터 한국전쟁 발발까지는 내전이 국제전화 되기 이전 국면에 해당될 것이다. 국지적 내전 상태에 외부 세력이 개입하면서 "냉전시기 전쟁의 지배적 형태"라 할 한국전쟁이 발발했다면,[17] 국제전으로의 격화에 앞서는 이 시점은 일국적 차원에서 일어난, 반체제 봉기 세력에 대한 국가 진압으로서의 내전 상태를 취하고 있다. 이 때 내전은 "사회에 대한 전쟁"으로 요약된다.[18] 사회에 대한 전쟁이라는 사태는 인민으로부터 정부(혹은 국가)를 지키는 데 몰입하는 경찰국가적 폭력으로도 설명할 수 있다.[19] 여기에 줄곧 기용되어 적극 참여한 조직이 경찰과 군대였음은 주지의 사실로,[20] 내전과 국제전의 흐름을 가로지르면서 대규모의 국가 테러가 잔인하게 자행되었다.[21]

---

16) 공진성, 앞의 책, 31쪽.

17) 김학재, 앞의 글, 93쪽.

18) 국가폭력으로서의 내전에 대해서는 위의 글, 특히 96~101쪽 참조. 대표적인 사건으로 1946년 10월 인민항쟁 진압, 1948년 제주 4·3항쟁, 1948년 10월 여순봉기에 주목한다. 민간인 학살로서의 내전은 한국전쟁 전후에도 지속된다. 1949년부터 1955년까지 지리산 인근 주민 학살이 이를 증거한다.

19) '국민으로부터 국가를 보호'한다는 경찰국가의 논리에 대해서는 浅田光輝, 「法を超える国家 -現代国家と警察国家」, 『現代の眼』 14(6), 現代批評社, 1973 참고.

20) 미군정하 경찰조직 형성과 역할에 대해서는 김진웅, 「미군정기 국내정치에 있어서 경찰의 역할」, 『대구사학』 제97권 0호, 대구사학회, 2009.

21) 국가테러와 집단학살에 관해서는 박명림, 「국민형성과 내적 평정; 거창사건의 사례연구」, 『한국정치학회보』 제36집 제2호, 한국정치학회, 2002 참고.

'치안'을 내세워 민간인 학살을 감행하는 국가테러와 함께, 말하자면 '동등한' 위상의 적대세력들이 정적을 겨냥하여 도발하는 공격·습격 역시 여기저기서 발발했다. 개인, 조직을 단위로 한 크고 작은 백색테러와 적색테러가 일어났다. 테러("테로")는 이 수준에서 돌발하는 숱한 마찰을 일컫는 지배적인 용어이자 개념으로 광범위하게 출현했다. 전체적으로 보면, 테러는 공유되고 분유되고 있었다고 해도 좋을까. 상위의 국가 그리고 사회정치적 장에 경쟁적으로 공재하는 우익세력과 좌익세력에 의해서 말이다. 그런데 테러의 공유와 미분이라는 파악은, 의미나 의도와 관련하여 부연이 필요할 듯하다. 테러라 지칭한다고 해서 그것이 저 세 테러가 동질적이라고 말하기 위함은 아니다. 앞서 살펴본 것처럼 테러는, 함축된 부정성으로 인해 타율적으로 규정되는 경우가 일반적이다. 이는 한편으로는 부정성을 은폐하거나 전가하기 위해 나름의 작위와 조작을 필요로 한다는 뜻이기도 하다. 테러에 따르는 유동성, 의도성, 조작성을 염두에 둘 때 세 지점에서 발생한 폭력을 동일하게 보는 것은 타당하지 않다. 그리고 미군정, 경찰, 우익청년조직 사이의 밀접한 유대관계가 알려주듯이[22] 백색테러는 상위 국가기구의 (비)공식적 지원을 받고 있었기에 세력과 파급력 면에서 우위였다. 실상이 이러하므로, 좀 더 정확히 표현하면 테러의 공유와 분유란 우선 '테러라는 폭력 형식의 공유와 분유'가 될 것이다. 따라서 일단은 '테러'를 폭력의 형식적 범주에 초점을 맞춘 지시어로, 즉 무엇이 '부정한' 테러이거나 아니었는가를 따지는 가치론적 차원이 아닌 기술(記述)적 차원에서 쓴다.

더불어 한 가지 덧붙일 것은 이런저런 정치 단체들의 물리적 충돌이 당시 대체로 '테러'라 불리고 인식된 실제를 반영하지 않을 수 없다는 점이다. 용어 또는 개념으로서의 '테러'는 해방 후부터 대략 1950년까지 미디어 장에서 폭넓게 유통되었다.[23] 물론 식민지기에도 테러라 불리는 사건이 종종

---

22) 군정기 경찰조직의 봉기-항쟁 진압과 이를 위해 보호, 육성, 동원된 준군사 조직으로서의 우익 청년단체들의 관계에 대해서는 김진웅, 앞의 글, 특히 3절 참고.
23) 양적 경향성은 네이버 뉴스라이브러리의 키워드 검색과 국립중앙도서관DB자료를 통해 종종

보도되었지만, 주로 조선 바깥 외국에서 일어난 사건을 전하는 경우가 대부분이라, 내화된 두터운 실감과 현실감을 생산하는 수준이었다고 보기는 어렵다. 테러 자체 그리고 테러에 대한 대중의 실제적·인지적 접촉의 증폭은 분명 국가 형성 전후의 정황(政況)을 뚜렷이 특징짓는 현상인 것이다. 따라서 테러의 잦은 발발 그리고 이와 연동하는, 용어 또는 개념으로서의 테러의 잦은 출현을 고려하여, 시대적 현장성을 지닌 이 단어를 수용한다. 같은 근거에서, 위에서 거론한 테러의 분유와 공유라는 파악에 담긴 의미도 보충 가능하다. 전반적으로 테러의 경험-의식-상상의 지형이 다져지고 선명해졌다는 뜻에서도, 사회정치체 구성원에게 공유, 분유되었다고 할 수 있는 것이다. 이 점에 입각하여, 일련의 '무력' 행위가 언설에서 그리고 공중(公衆)에 의해서 테러라 표식되고 인지되는 체제의 현장을 살펴보려 한다.

그렇다면 테러에 관한 언설은 어떤 관점과 방향에서 '테러'의 의미망을 구축하고 있었을까. 테러 해석의 장에 등장하는 인식소들을 재배치하면 테러라는 중심에 걸쳐 있는 어떤 사안을 발견할 수 있을까. 이 질문에 답하기 위해 기본적으로 주목해야 할 첫 번째 지점은 해방 후 테러 발생이 급격하게 늘었다는 자체 파악이다. 『민주일보』는 "8.15 해방 이후 모든 부면의 *란과 아울러 정치적의 *의 대립 등등으로 말미암아 남조선 일대에는 가지각색의 테로적 행위가 빈발하야 일반 국민은 불안과 공포 속에 싸히어 있"다는 우려와 함께 해방 후 1947년 4월까지 군정청 경무부가 집계한 경찰 검거 테러 사건이 311건에 달한다고 보도한다.[24] 기사에서도 밝히고 있듯이 이 수는 대규모 소요사건은 제외한 것으로 어쨌든 테러 300여건은 "한심한 수

합적으로 파악하였다. 네이버 뉴스라이브러리의 경우 한국전쟁 후인 1955년 무렵부터 테러 관련 기사가 여전히 많이 실리지만 이 시기는 국가형성, 내전, 한국전쟁 시기와는 다른 역사적 국면이므로, 두 시간대를 특별히 비교할 필요는 없을 듯하다. 국립중앙도서관의 연속간행물 DB현황에 의하면 1945년~1950년의 테러 관련 문건은 압도적으로 많다. 50년대 문헌의 DB화 정도라는 현실적인 배경도 있겠지만 네이버 뉴스라이브러리를 통해 보충하자면, 적어도 한국전쟁기에 '테러'의 현실과 인지는 전시라는 조건으로 인해 양적으로나 질적으로 달라졌음을 확인할 수 있다.
24) 「覺醒하라! 테로」, 『민주일보』, 1947.6.15.

자"라고 일컬어지고 있다. "암흑의 이남 조선"을 휩쓰는 테러의 리스트에는 폭행, 납치, 감금, 습격[25] 그리고 살인이 올라 있다. 테러는 "부당"[26]하고 "중세기적"[27]이며 "야수적"[28]인 폭력 행위로 비난받았는데, 테러의 난무는 뚜렷하게 부상한 지극히 동시대적 현상으로 설명되고 있다.

> 합병전후의 수삼열상의 의거는 물론 논외이요 이조말기에 있어서도 외적에 대항으로 국민의 통일을 보았으며 뒤이어 일제시대에 드러와서는 더구나 테로 여부가 없었던 것은 필자의 노노를 불사하는 바이거니와 삼일운동 당시에 조차 독립만세의 호창 이외에는 투옥학살도 좌대감수하던 일종 무저항주의에 시종하던 조선인이었다. 조선에는 테로가 없었다 하야도 과언이 아니다. 그 조선인이 비록 그 일부나마 해방 이후에는 이렇듯 역행적으로 돌변한 원인은 무엇인가.[29]

위 사설은 이어 '조선의 테러화'의 원인으로 "다년 폭압되었던 사상 감정의 반발적 분방을 저지키 어려운 일편에 정치적 환멸과 경제적 파탄 등 객관정세"를 지적하는 동시에 "일제시대에 부지불식간 감염된 일인의 경조 표독한 그 성행"의 여파를 중요하게 거론한다. 더불어 테러는 "조선의 정치운동이 한 개의 과도적 변태로서 민족국가 건설의 정치적 방향과 경제건설 방향이 명시되지 못한 데서 발생하는 혼란"에서 기인하는 "좌우진영의 불화와 알력의 필연적 산물"인 "폭력행동"으로 규정되기도 했는데, 어떤 경우건 "문화인으로서의 자격을 포기"한 방식이요 "민족적 수치"[30]라는 비판을 피할 수 없었다.

테러의 당대성론을 배경으로 하여 더 중요하게 입체화시켜 보고 싶은 부

---

25) 「暴行, 拉致, 監禁 등 建國을 좀먹는 테로」, 『독립신보』, 1947.4.16. 기사는 3월 한 달 동안 일어난 20여개의 테러사건을 보도하고 있다.
26) 「民族的義憤이라도 테로는 不當」, 『광동신문』, 1947.3.31.
27) 「全羅南北道一帶 中世紀的 테로」, 『독립신보』, 1947.6.18.
28) 「野獸的인 赤色테로」, 『독립신문』, 1947.8.31.
29) 「테로와 政界」, 『경향신문』, 1946.11.29.
30) 「테로를 根絶하라」, 『동아일보』, 1946.1.22.

분은 테러 발생의 이런저런 원인을 규명하는 논의보다 테러 책임 주체를 묻는 논의이다. 책임이라는 사안은 테러를 가하는 자와 테러 폭력의 피해를 입는 자 그리고 테러를 예방하고 진압하는(해야 하는) 자를 둘러싼 일련의 판단과 직결되어 있다. 이 시기의 논단을 전반적으로 살펴볼 때 테러 발발에 대한 우려와 테러 근절의 요구는 좌우 모두 공유했다고 봐도 틀리지 않다. 테러 "처단", 테로 "숙청", 테러 "박멸"[31]의 구호는 공명한 셈이다. 그러나 테러의 책임이라는 문제는 발화 위치에 따라 극렬하게 달리 상상되고 표적화되는, 치열한 분열과 쟁투가 발생하는 장소이다. 테러의 책임 주체를 둘러싼 길항은 일차적으로는 누가 테러를 조장하거나 감행하는가를 주요 축으로 삼아 일어난다.

누가 테러를 행하는가는 좌우 두 세력에게는 자기를 정당화하고 상대를 폭력적인 존재로 내모는 데 결정적인 사항이었으므로 두 편의 목소리와 논리를 함께 검토할 필요가 있다. 이에 앞서, 테러 책임이 청년집단에 있다는 지적이 있었다는 것을 간략하게 살펴보자. 해방 후 급진적인 정치세력으로 등장한 청년들에게는 "테로의 주체"라는 표식이 선명하게 붙었다. 이들은 테러 주체라는 면에서 "일제의 노예적 교육과 훈련 이외에 정상적 정치훈련을 받을 기회"도 또 그들을 인도할 "지도자"[32]도 가져본 적 없는, 열정적이지만 '미숙'한 집단으로 정체화된 것으로 보인다. 시국의 변화에 따라 좌우 청년단체 활동이 격해지면서 청년은 "현하 남조선의 테로의 횡행"에 대하여 "맹성(猛省)"[33]을 재촉받기도 했다. 핵심적인 정치세력으로 등장한 청년들의 무대가 1945년 말을 지나 1946년으로 접어들면서부터는 본격적인 좌우 대립의 단계로 넘어가게 됨을 기억하자. 삼상회의 결정이 국내에 전

---

31) 「테로를 肅淸하라」, 『독립신보』, 1947.6.14; 「테로의 처단을 군정당국에 요청」, 『독립신보』, 1946.7.25; 「撲滅, 民族獨立의 敵 테로를」, 『문화일보』, 1947.6.14.

32) 「테로를 根絕하라」, 『동아일보』, 1946.1.22

33) 「테로殺人의 報듣고 靑年의 猛省을 促함」, 『중외신보』, 1947.4.23. 수도청장의 지휘로 무장 경관 70여명이 대한민청 본부를 수사한 일을 계기로, 청년(단체)의 "폭력과 폭력치사" 행위를 문제삼고 있다. 대한민청은 1947년 5월 9일의 대한민청 해산에 관한 행정명령 제1호에 기반, 해산된다. 관련 기사로는 「大韓民靑解散에 行政令發動」, 『경향신문』, 1947.5.10.

달되고 좌우가 일치하여 유지하던 반탁 기조는 신탁통치 파동을 겪으며 분열된다. 1946년 1월 좌익이 찬탁으로 선회하면서 좌우 분열은 격화되기에 이른 것이다.[34] 이러한 국면 전환은 테러 언설 내부의 좌우 구도에 예민해질 것을 권유한다.

1946년 초 『동아일보』는 작은 코너에 테러, 적색테러, 백색테러에 대한 간략한 사전적 설명을 싣는데, "조국 재건도상에 있는 이 땅에 테로가 교착되고 있는 것을 보면 역시 정권 탈취의 야욕박게는 별의미가 업다"고 비판하면서 "지금 세계적인 이념으로 이구동성되어 부르짓는 민주주의 정신미테서는 도저히 용납치 못할 행사"[35]라고 일축했다. 테러 자체에 대한 비판의 소리는 일관되게 높았고, 좌우 정적들간의 테러 책임 공방은 치열하게 벌어졌다. 적색테러에 대한 고발이 수행한 것은 '테러의 적색화'로, 여기서 테러 발발의 '원흉'은 좌익으로 지목된다. 민통은 담화를 발표하여 "작추 남조선폭동 영등포 테로 기타 해방이후 일절 폭동사건은 모다 적색반역자들의 소위"라고 주장하며 테러는 거의 좌익에 의한 것[36]이라고 비난했다.[37] 적색테로를 박멸하자[38]는 문구가 등장하고 "주위 정세의 급변에 따라 일어난 좌익계열의 최후의 발악적 행동"에 대응하는 "민족진영 청년단체의 단결은 물론 경찰의 활동"[39]을 기대한다는 목소리도 공공연히 전달되었다. 이

---

34) 이 시기 신탁통치 파동과 반탁운동에 대해서는 정용욱, 「1945년 말 1946년 초 신탁통치 파동과 미군정」, 『역사비평』 제62권, 역사문제연구소, 2003. 이에 따르면 반탁 대 삼상회의 결정 지지를 둘러싼 대립 후에 정치세력들이 남조선대한국민대표민주의원이라는 우익 블록과 민주주의민족전선이라는 좌익블록으로 분리되고, 1946년 초 국내 정치에 좌우 구분이 정착된다. 이 시기에 기존의 민족/반민족, 급진주의자/보수주의자라는 대립축이 좌우 대립으로 극화되는 것으로 보고 있다.

35) 「휴지통」, 『동아일보』, 1946.1.22.

36) 「暴動은 거이 左翼」, 『동아일보』, 1947.2.20; 「테로는 赤系徒黨의 煽動에서」, 『가정신문』, 1947.7.6.

37) 테러는 모조리 좌익의 것이고 우익은 테러를 한 일이 없다는 민통의 담화에 거리를 두면서 "숙시(孰是라 숙비(孰非)라 하리"라는 탄식의 목소리도 있었다. 『동아일보』, 1947.2.23.

38) 「赤色테로를 撲滅하자」, 『현대일보』, 1947.2.23.

39) 「頻發하는 左側테로根絶하자」, 『민중일보』, 1947.8.9. 그밖에 적색테러에 대한 공격적 기사로는 「野獸的인 赤色테로」, 『독립신문』, 1947.8.31; 「頻發하는左翼테로 빨리根絶하라」, 『동아일보』, 1947.8.1; 「순진학도를 선동 방화 구타 등 조정」, 『동아일보』, 1947.8.13.

러한 발언은 우익인사·단체의 성명이나 담화 내용을 보도하거나 테러사건을 전하는 방식에 기대 유포되고 있다. 테러의 '주범'을 좌익으로 모는 것이 얼마나 부당한 처사인지 역설하는 한 논의가 말해주는 바, 테러 주체의 좌익화는 뚜렷하게 작동 중이었다.

좌익에서는 "경향 각지에 ×직적으로 이러나고 있는 테로 행위는 점점 악질화하야가고 한 때 가졌든 저돌적 ×정상의 순수성까지 상실한 간악하고 교활한 경향을 띠게 되야 피해자를 도로혀 가해자로 몰고 일부××은 이것을 합리화하고 조장하는" "괴이한 일"에 관해서 문제를 제기했다. "서울서 咫尺之地인 素砂에서 이러난 사건을 연 3일을 두고 ××하야 감행한 희유의 테로 행위임에 불구하고 도로혀 좌익에 그 책임을 轉嫁할여는 것은 너무나 비열한 사실의 은폐"임을 주장한다. 그리고 사실의 정확한 전달이라는 의무를 방기한 채 오히려 "테로의 복무인"이 되어버린 언론과 언론인의 반성을 촉구하고 있다.[40] 우익은 "우익을 테로의 본거지처럼 역선전하던 공산당이 경성, 소사, 영등포, 광주 등지에서 테로를 감행하랴든 계획과 실증이 나타났다. 압프로 민주주의 민중의 이익 애국을 부르지즈면서 사실에 있어서는 독재주의 반민중적 비애국적 행동을 하는 것이 공산당인 것을 재인식할 필요가 있다"[41]는 식으로 '테러의 좌익화'를 노렸지만,[42] 그럼에도 불구하고 이들이 행한 백색테러 역시 고발의 그물에 걸려 노출되고 있었다. "몸서리치는 적색분자들의 남조선교란 계획"[43]을 운운할 때 우익의 테러는 종종 "반동 테로단의 발악"[44], 친일파 반민족반역자 도당[45]의 행위로 일컬어지며 알려졌다. 우익 단체가 행한 습격, 폭행, 납치, 감금, 암살 등은 여러 유형의

---

40) 「테로와 輿論」, 『독립신보』, 1946.8.23.
41) 「테로의 本據는 左營」, 『한성일보』, 1946.8.24.
42) 좌익을 테로 주체로 표명하는 기사들로는, 「赤色테로事件共同鬪爭委員會結成」, 『대동신문』, 1947.2.20; 「테로는 赤界徒黨의 躍動에서」, 『가정신문』, 1947.7.6. 우익단체의 공동투쟁 움직임에 대해서는 「赤色테로事件 共同鬪爭委員會結成」, 『대동신문』, 1947.2.20.
43) 「純眞學徒를 煽動, 放火, 毆打등 操縱」, 『동아일보』, 1947.8.13.
44) 「民戰傘下重大決意」, 『광명일보』, 1947.7.20.
45) 「테로는 民族的汚物」, 『문화일보』, 1947.6.14.

보도를 통해 전해졌기 때문에, 이들 테러상은 공공연하게 전시, 전달되었다고 볼 수 있다. 통치권의 '우호적' 편향과 집계의 과소화 경향에도 불구하고 백색폭력의 광경 역시 감춰질 수 없는 것이었다.[46]

Ⅲ. 테러와 민족·민주국가의 역학

테러를 일으키는 주체가 누구인지를 둘러싸고 일어나는 책임 공방의 현장에는 테러 근절과 테러 행위에 대한 단호한 처벌을 주장하는 목소리가 함께 들린다. 치안과 공안에의 요구로, 이를 완수하지 않는 군정과 경찰에 대한 비판을 담고 있다. 한편에서 테러 책임 공방이 좌우세력 사이에서 왔다갔다 하고 있었다면, 다른 한편으로는 책임 소재를 묻는 또다른 역학이 움직이고 있던 것이다. 언설의 지평에서 볼 때 '테러는 악'이라는 판단에는 예외가 없었지만, 테러의 종식이나 대테러 정책의 방향을 명료하게 주장한 건 좌익 쪽이다. 1946년 7월 여운형 습격 사건을 계기로 조선민주청년동맹(민청) 전남지부 선전부가 군정 당국에 제시한 요구 사항에는 범인 및 배후 세력에 대한 철저한 규명과 엄중한 처벌, 테러단의 발본색원적 검거와 숙청, 책동 음모로 검속되어 있는 애국자 즉시 석방이 올라 있다.[47] 이후로도 민청의 테러 근절 건의는 반동테러 단체의 해산과 처벌을 강조하며 지속되었다.[48] 두 차례의 미소공동위원회 개최를 거치면서 정부수립을 둘러싼 좌

---

46) 경무부 발표를 전하는 기사에 따르면, 해방 이후 1947년 4월 15일까지 "테로건수"는 "대규모 폭동사건을 제외하고" 총발생건수가 311건, 인명피해사망 29명, 부상721명, 건물파괴 106건, 비품파괴 42건이다. 각종 정치사회단체원들이 참가한 테러가 299건인데 좌익측이 234건, 우익측이 64건으로 "좌익측 테로가 절대다수를 차지"하는 것으로 집계되어 있다. 「暴動테로가 빚어내인 人命死傷七百五十」, 『동아일보』, 1947.7.19. 그밖에 우익테러 관련 기사로는 「建國을 좀먹는 테로」, 『독립신보』, 1947.3.27.
47) 「테로의 處斷을 軍政當局에 要請」, 『동광신문』, 1946.7.25.
48) 「테로의 元兇處斷을 民靑서 談話」, 『독립신보』, 1947.5.17.

우 갈등이 첨예해져 가는 시기, 테러 역시 급증하여 1947년 8월에는 "그간 좌우를 막론하고 잠동적으로 움즉이고 있든 테로리즈음은 아연 복면을 벗고 로골적으로 표현에 나타나서 백주대로에서 공공연하게 유혈참극을 연출하여 마치 무법천지를 형성"[49]하는 상황으로 기술된다.

이러한 국면에서 군정장관 러취는 테러 박멸 대책을 묻는 기자단의 질문에 "각지방 경찰에서는 좌우를 막론하고 테로를 방지하기 위하여 확고한 수단을 취하고 있다. 모든 불법한 집회와 시위행렬을 해산시키며 아울러 그 책임자를 검거하라는 명령을 내렸다"[50]는 답을 했다. 경찰기구도 "경찰권을 행사하는 단체는 좌우를 막론하고 이에 철퇴를 나린다는 것은 우리 경찰의 기정방침"[51]이라고 하면서 좌우익의 테러 모두를 철저하게 다루겠다고 표명했다. 경무부는 테러 "박멸" 대책을 "一.개인이나 정치 또는 사회단체의 여하를 막론하고 특히 청년층의 우범분자의 동향은 엄밀 사찰하고 필요에 의하야는 요사찰(要査察) 명부를 작성하며 또는 미행을 부치라. 二.테로사건이 발생할 때에는 신속적절한 경찰행동을 취하도록 하되 직접 테로행동에 참가한자는 물론이어니와 그 배후관계 즉 주모자 주동자의 수사규명에 특히 노력하야 관계자의 발본색원적 총검거를 단행하야 엄벌하라"[52]고 작성하여 통첩하기도 했다.

하지만 통치권의 치안확보 수행과 방향의 실제는 관공적 발화와는 당연히 달랐다. 결정적으로, 백색테러와 적색테러에 대해 국가 및 치안 기구가 맺는 관계가 동일하지 않았다. 경찰력은 우익테러를 방조하고 나아가 민간인 테러를 직간접적으로 실행했다. 공권력이 행한 민간인 테러는 이미 46년 9월 총파업과 10월 항쟁 시점에 적나라하게 '구현'된 바 있다. 그리고 이 인민을

---

49) 「테로는 民族의 悲劇」, 『대중일보』, 1947.8.6.
50) 「테로防止 各地서 注力」, 『민보』, 1947.3.28. 러취는 우익측에서 자신들의 폭행을 합리적인 것처럼 해석하려는 경향이 있으나 군정은 좌우를 막론하고 모든 테러를 엄중하게 처단하겠다는 발언을 거듭한다. 관련 기사는, 「테로는 嚴重處斷한다」, 『독립신보』, 1947.4.17.
51) 「테로團은 左右莫論 撲滅할터」, 『대중일보』, 1947.8.6.
52) 「테로撲滅에 警察部 通課」, 『민중일보』, 1947.4.11.

상대로 한 '전투'와 '습격'에 우익 청년단체가 중요한 전력(戰力)으로 동원되었음은 주지의 사실이다. 사회와 민심의 안정을 위한 테러 방지가 "경찰의 가장 급선무"라는 권고[53], 테러와 폭압을 박멸하라는 인민의 요구[54]와 전혀 다른 방향으로 움직인 것이다. 테러 사건 처리와 예방이라는 책임 완수 요구는 통치권과 통치기구를 향해 경종을 울리고 있었지만 사실상 수신의 의무는 자명하게 무시되고 있었다. 그리고 그 핵심에 좌익세력 탄압이 있다. 좌익 억압은 법제화를 통한 합법적 경로 외에 비공식적인 경로 역시 취하고 있었는데, 우익 청년단체의 활용은 후자가 취한 주요 방법이었다. 대한민주청년동맹(민청), 서북청년단(서청)을 비롯하여, 우익단체는 경찰력 보조 세력으로서 통치권이 필요로 하는 폭력의 '분담' 및 '대행' 역할을 수행했다.[55] 우익청년 세력은 "우익 테러에 인력을 제공하는 마르지 않는 샘"[56]이었던 것이다. 경찰력과 우익단체 사이에 형성된 폭력의 카르텔로 인해, 역으로 공권력은 경찰력이 우익테러 주체와 '무관'하다는 것을 '표명'해야 하는 상황을 맞곤 했다. 전라남도에서 있었던 우익테러 사건에 대해 "우익 측의 테로 이외에 우익 진용과 경찰이 합동하여 테로 행위를 하였다 함은 전연 무고한 사실"[57]임을 강조한 사례가 이를 잘 보여준다.

이념 그리고 행위의 경위 및 맥락 면에서도 상반되고 더더구나 처한 위치 면에서라면 현저히 달랐던 좌우 세력이, 그럼에도 불구하고, 유사한 폭력의 방식을 동시에 자기화하여 실행한 쟁투의 풍경이 있다. 이 풍경에서 중요하게 보고 싶은 것은, 테러 자체 혹은 테러로 인한 아노미 상태의 심각성을 실감하고 파악하게 하는 인식 계기들이다. 식민 상태에서는 벗어났으나 주권국가-민족국가-국민국가는 아직 도래하지 않은 시공간. 이런 장소에

---

53) 「테로는 民族의 悲劇」, 『대중일보』, 1947.8.6.
54) 「테로의 元兇 處斷을」, 『독립신보』, 1947.5.17.
55) 이에 대해서는 임나영, 「1945-1948년 우익 청년단 테러의 전개 양상과 성격」, 서울대학교 석사학위논문, 2008 참조.
56) 위의 글, 14쪽.
57) 「全南右翼 테로事件에 警察이 合同한일 없다」, 『경향신문』, 1947.7.6. 같은 내용의 기사로는 「湖南테로의眞相 趙警務部長이發表」, 『동아일보』, 1947.7.6.

해방기 테러의 위상학과 테러론의 지형 **❙** 189

서 분출하고 약동하는 현실적 기획이 있기 마련이라면, 이를 지탱하고 추동할 뿐 아니라 비추어 판단하고 평가하게 하는 이념적 지향 또한 강렬한 법이다. 복수의 가능성에 열려 있는 미결정 상태, 달리 표현하면 어떤 결정을 향해 나아가는 유동적 상황에서, 테러는 방향을 선취하는 수단이자 선취 욕구 자체를 강력하게 표출하는 방법이었다. 테러(리즘)는 정치적 의미와 맥락이 중첩되어 서로 충돌하는 공간에 등장하며, 이 상태에 어떤 세력이 자신의 정치적 의지를 무력으로 강제하려 할 때[58] 실행된다는 설명은 적확하다. 길항하는 정치적 입장, 주장, 요구를 완화하여 흡수할 제도화된 기구가 부재하거나 부전할 경우 혹은 모든 정치적 정념이 기존의 틀을 훌쩍 넘어 상회할 경우, 테러는 유일한 또는 유효한 선택지로 채택되고 미분화된 폭력의 교환, 미시적인 보복과 충돌의 왕래가 거듭되는 것이다.

그리고 미분화된 폭력, 미시적인 보복과 충돌을 조절, 정리하고 더 중요하게는 '위험한' '반란', '봉기'를 (선)규정하여 차단하거나 처벌하기 위해 엄존하는 상위 권력은 발리바르가 말한 바 "극단적 폭력"을 행사한다. 그에 따르면 극단적 폭력은 평화를 파괴하거나 불가능하게 만드는 폭력이 아니라 모든 갈등과 정치적 아곤의 자리 자체를 불식시키는 폭력, 갈등으로부터 역사성과 불확실성을 박탈하는 과도한 무력을 강제하여 갈등 자체를 소멸시키는 폭력이다.[59] 해방 정국에서 증식한 작은 폭력들과 큰 국가폭력은 서로 연결, 대체, 대척의 복잡한 형상을 그리면서 얽혀들었고, 갈등을 소멸시키려는 극단적 폭력이 이념을 달리하는 세력과 인민을 향해 진압의 위력을 휘둘렀다. 활성화된 좌익 정치적 주체는 시급한 제거 대상이고 거대한 잠재적 위험인 인민 역시 그러했다. 이른바 '정적'이 난무하는 시기에 테러는 복수의 세력에 의해 공공연히 행해지고 누차 활용되었지만, 앞서 언급했듯 이같은 폭력 기술이 출몰하는 정세(政勢)와 정세(情勢)는 전반적으로 바람직한 것으로 인지되지 않았다. 그렇다면 이 간극은 어떤 시대적 당위

---

58) 공진성, 앞의 책, 67쪽.
59) 에티엔 발리바르, 진태원 역, 『폭력과 시민다움』, 난장, 2012, 145쪽 참조.

가 구성되고 작용했기에 생겨난 것일까. 테러는 구체적으로 무엇을 반영하고, 나아가 어떤 가치의 반대 또는 미완을 뜻하는 것으로 부정되었을까. 테러 행사 주체가 하나가 아니었기 때문에, 이 질문은 궁극적으로 '어느 쪽'의 테러가, '어느 쪽'에 의해, 어떻게, 반가치적인 것으로 구성되었는가라는 질문으로 나아가야 한다. '공용'된 기표 내지는 인식소의 운용 양상을 따라가면서 살펴보자.

1947년 초 대한민청이 벌인 테러에 대해 사회민주당은 담화를 발표한다. 여기서 테러는 "정치이론이 빈궁한 자가 정권욕으로 무지한 자를 교사함에 시작된 것"으로 "민족적 수치"[60]라고 강하게 비판되었다. 테러 근절을 외치는 러취에 의해, "민족적 수치"라는 판단과 표현은 통치권의 언어로 똑같이 ("민족의 수취") 반복되었다.[61] 이는 남로당 결성식에 수류탄을 던진 우익 테러를 두고 "어느 나라를 물론하고 소위 현대 국가에 있어 이런 야만적 행동이 빈발한다는 것은 부끄러운 일"이라고 언급한 한 우익계열 신문의 "국가수치"[62]라는 용어와도 만난다. 좌우익 세력 그리고 군정 권력은 공용어를 구사하고 있는 것이다. 조선의 좌우익 세력으로 초점을 맞춰 테러론을 검토해 보면, 테러가 반복되는 현실을 '국가'와 '민족'의 수치로 파악할 때 무엇이 가치론적 준거가 되었는지를 추출할 수 있다. 우선 '민족'국가 수립이 그것이다. 테러는 정확히 민족국가 건설 기획에 반하는 행위이다. '민족'적 견지에서의 반테러관은 '테러란 곧 민족상잔[63]이자 동포상잔[64]'이라는 인식을 바탕으로 한다.[65] 민주주의민족전선이 미소회담 휴지기에 일어난 우익단체의 "각종 만행"을 목도하며 "일천만 동포"에게 보낸 지시문은 "동포

---

60) 「民族羞恥 되푸리 않도록 테로團을 嚴重處斷하라」, 『독립신보』, 1947.4.26.
61) 「러-취長官談, 테로 行爲는 民族의 羞恥」, 『독립신보』, 1947.4.26.
62) 「盲目 테로는 國家羞恥」, 『대한독립신문』, 1946.11.28.
63) 「同族相殘은 惡의 極, 테로에서 理論鬪爭에」, 『경향신문』, 1948.5.3; 「동족상잔의 接踵으로 조국의 독립 지연」, 『중앙신문』, 1947.12.5.
64) 「赤色테로 事件 共同鬪爭委員會 結成」, 『대동신문』, 1947.2.20. 대한독립촉성국민회에서 담화 발표 때 쓴 표현이다.
65) 동족살해 인식의 출현에 대해서는 이혜령, 앞의 글 참고.

상잔의 비극"이라는 틀에서 테러 방지를 호소한다. 그리고 이 폭력의 반복을 피하기 위해서 이들은 "동족상잔의 야만적 테로"에 "보복행위"를 하지 않겠다고도 표명했다.[66]

좌우합작이라는 전망에서도 '민족'의 논리는 중요했다. 합작위원회의 김규식과 여운형은 "동족 상잔의 파멸적 행동을 정지"하라는 공동성명을 발표하면서, "동족간에 서로 싸우고 죽이는 일은 큰 죄악"으로 "좌거나 우거나 어떠한 악질의 선동이 있든지 그 선동에 속지 말고", "서로 죽이고 부시고 불놓고 하는 등의" "민족의 큰 불행사"에서 하루빨리 벗어날 것을 촉구했다.[67] 합작의 흐름이 형성되고 정부수립의 미래가 조금씩 가까워지는 듯했지만, 균열과 충돌의 분진 속에서 그 실현은 계속 불투명해지고 있었다. 지속되는 테러정국은 "국민과 국민 사이에 테로가 시사(是事)된다면 인류는 멸망할 것이다 (……) 동포와 동포가 테로를 시사한다면 조선인은 멸망하고 말 것을 우리 제군의 앞에서 단언하야 서슴지 않는다"[68]는 절규를 낳았다. 테러라는 동포살육을 처절하게 경험하고 그 반민족성을 비판하고 고발한 중심은 좌익 진보세력이었지만, '동포-민족'은 오른편에서도 당연히 유효한 축이었다. "오직 동족이 뭉치고 합하야 완전독립 전휘의 길을 거느는 것이 우리에게 부과된 사명일진대 (……) 동족의 피를 동족의 손으로 흘리게 함은 백번 반성하야 압흐로 한층 더 자중자애할 것이 절실하다"는 입장과 "동족상잔의 테로를 배격하자"[69]는 구호가 당시 대표적인 우익 신문에 등장한 것이 결코 이질적인 현상은 아닌 것이다.

어느 쪽이든 '상잔을 그치고 하나되는 민족'을 잣대로 삼아 테러 정국을

---

66) 「同胞相殘 防止하라, 民戰서 산 下團體에 指示」, 『공업신문』, 1946.5.15.
67) 공동성명은 한미공동회담 대표 하지 중장 대리 브라운 소장, 좌우합작위원회 주석 김규식, 그리고 여운형의 발표로 이루어졌다. 원문은 「同族相殘은 自滅의 길」, 『농민주보』, 1946.11.9.
68) 「테로殺人의 報듯이 靑年의 猛省을 促함」, 『중외신보』, 1947.4.23.
69) 「建國을 좀먹는 테로 同族의 힘으로 막자」, 『한성일보』, 1946.11.7. 유사한 동포-기반 관점으로는 「無慈悲의鬪爭 同族流血의 이悲慘」, 『동아일보』, 1947.2.26. 민청이 행한 폭력을 다룬 기사로, 좌익세력의 테러행위를 "발악"으로 전하고 있다. 그리고 「테로는 民族의 悲劇」, 『대중일보』, 1947.8.6.

문제로 되비추고 있었다면, 이에 연접해 있는 또다른 중요한 당위는 "민주건국"이었다. 테러 만연을 우려할 때 거듭 출현하는 "민주독립", "진정한 민주건국 수립", "법치국가" 등과 같은 좌우 '공용어'가 말해주듯이, 세워야 할 주권국가는 '민주주의' 혹은 '민주적인 것'을 내질로 하는 것이었다. "테로-행동이 계속된다면 말로는 아모리 민주주의 또는 민주 정치를 부르짖는다 할지라도 실질적으로는 팟쇼 정치의 노선을 구축"[70]할 뿐이다. "테로 행위라는 것은 어느 나라를 물론하고 과도기에 일어나는 정치적 현상"일 수 있으며 그것이 "정통적 대세에 역행하는 반동세력에 대한 대중적 정의감의 첨단적 표현일 때에만 한"하여 "다소라도 정치적 의의를 가지게"[71] 될 수도 있다는 어떤 불가피성의 최소한의 인정도 예외적으로 발언되긴 했지만, 이 경우라 해도 궁극적으로는 테러를 온전한 민주국가 구성을 훼손하는 행위로 고발하기 위한 것이었다. 전체적으로 테러의 반민주성은 테러-언설에서 반민족성 만큼이나 결정적인 공준으로 등장한다.

1946년 10월 4일 좌우합작위원회는 합작의 7원칙을 발표한다. "민주주의 임시정부를 수립하야 조국의 완전독립을 성할 것을 달성하기 위"한 "기본원칙" 가운데 5째 조항이 남북좌우의 테로적 행동을 일절즉시로 제지토록 노력할 것"[72]이었다. 공식적으로 천명된 좌우합작 민주주의의 상은 여러 조건들을 통해 제시되고 있는데, 세번째 경제면과 일곱번째 정치면의 원칙에 주목해보자. 먼저 전자의 경우 토지개혁 정책, 주요산업 국유화, 노동법령 및 정치적 자유를 기본으로 하는 지방자치제의 확립, 통화 및 민생 문제의 급속한 처리를 통한 "민주주의 건국 과업 완수"가 거론되고 있다. 그리고 후자 즉 정치면에서는 "전국적으로 언론, 집회, 결사출판, 교통, 투표 등 자유를 보장"하도록 "노력"[73]한다는 원칙이 표명되어 있다. 이것이 민주주의

---

70) 「테로頻發은 遺憾」, 『독립신보』, 1947.4.17. 백남운의 발언이다.
71) 「테러防止의 課題」, 『경향신문』, 1947.12.7. "질서와 안녕을 수호하는 법"에 의해 처벌하는 것이 온전한 "법치국가"의 명분임을 강조하고 있다.
72) 「合作의 七原則發表」, 『동아일보』, 1946.10.8.
73) 위의 기사.

라면 테러는 "폭력정치"요 "암흑사회"라는 다음과 같은 논의도 같은 맥락에
서 파악할 수 있다.

> 해방 후 이 땅의 테로 행동은 규모의 대소와 정도의 차이는 있을지언정 좌우
> 익을 막론하고 정치적 테로가 빈발하였던 것이다. 이것은 물론 해방감격의 여세
> 와 신조선의 지향하는 발전 과정에 있어서 불순분자에 대한 *기*청의 의미도
> 있겠지만 그러나 테로로 말미암아 민중에 공포를 주며 의사발표의 자유에 위
> 축을 느끼게까지 하여서는 이는 암흑사회요 폭력정치의 연출 그대로일 것이
> 다. 근일의 테로 횡행은 민족적 도의심의 마비와 사회적 훈련의 결여에서 생기
> 는 것이라고밖에는 해석이 안되므로 테로는 실로 민족통일의 방해자요 민주
> 조선의 발전과정에 있어서 일대 지장을 초래하는 것이라고 아니할 수 없다.[74]

통일전선 결성을 민족적 대의로 삼은 이 논의에서도, 민주(주의)의 구체
적인 내용은 "직접행동"으로 일관된 "암흑시대"에는 작동 불가능한 여론 정
치 그리고 개인 자유의 존중으로 압축된다. 그리고 민주주의라는 목표 지
점에 도달하기 위해 좌우를 막론하고 테러는 반드시 근절해야 할 것으로
언급된다.[75] 연동하여, "일제잔재의 불식청산을 고창역조하는 좌익계열"뿐
아니라 "민주국가건설에 매진하는 정치 지도층"은 테러에 연루되어서는 안
된다는 당부[76], 테러행위가 "해방조선", "민주건국의 최대의 적"[77]이라는 우
려와 탄식, 조선의 민주주의 수립을 방해하는 친일파·민족반역자에 대한
비판, 반동테러단의 해체와 소탕 요구 등이 진보 내지는 중도가 운용한 '테
러: 민주주의' 의미망을 채우고 있다.[78]

---

74) 「테로를 根絶하라」, 『동아일보』, 1947.4.12.
75) 인적, 제도적 "일제 잔재 청산" 또한 민주건국의 주요 과업으로 제시되었다. 「日帝殘滓의
    肅淸은民主建國 첫課業」, 『경향신문』, 1947.4.24.
76) 「테로와 政界 暴力行爲를 絶滅하자」, 『경향신문』, 1946.11.29.
77) 「撲滅! 民主獨立의 敵 테로를」, 『문화일보』, 1947.6.14.
78) '민주'(주의)를 식표화하면서 백색테러를 고발하는 기사로는 「新年劈頭부터 橫行하는 테로
    를 滅하자」, 『대중일보』, 1947.1.15; 「討索死刑에 가까운 테로」, 『독립신보』, 1947.4.17; 「反
    動테로團의 解體를」, 『독립신보』, 1947.2.26; 「民族羞恥 되푸리 않도록, 테로團을 嚴重處斷하
    라」, 『독립신보』, 1947.4.26; 「全羅南北道一帶, 中世紀的 테로蠻行」, 『독립신보』, 1947.6.18.

다른 쪽은 어떠했을까. 좌우합작 이전, 장택상 경찰부장도 테러를 엄중하게 단속한다는 취지의 "훈시"에서 "좌우익을 막론하고 합법적 정치활동은 제지하지 말고 경찰은 어느 편으로나 편당하여서는 절대로 용서되지 않는다. 우리의 목적은 인민의 합법적 정치활동을 자유롭게 행할 수 있게 하는 것이 과도기인 군정 하에 있는 경찰의 최대 임무"[79]임을 내세우면서 합법적 정치활동의 정당성과 테러를 맞세우기도 했다. 좌우익 테러를 모두 겨냥하고 있는 듯한 공권력의 언사는 역사의 실제를 보건데 '표면'에 머무는 것이었을 뿐이지만, 어쨌든 테러가 민주(주의)에 반하며 궁극적으로 '반건국'적인 악이라는 판단은, 심연은 다른 표층의 공용어를 통해 분유되고 있다. 이 훈시 뒤 얼마 지나지 않아 장택상은 다시 한 번 성명서를 발표하는데 여기서도 테러를 "민주주의"에 입각하여 문제화하고 있다. 여기서 언급되는 것은 "민주주의"는 "공평"을 뜻한다는 점, "폭력과 테러"는 "선량한 민주주의의 적"이라는 점, 조선은 "언론과 집회의 자유"가 보장되어 있다는 점, 이러한 권리가 인정되고 있음에도 불구하고 벌이는 테러를 결코 좌시하지 않겠다는 점이다.[80]

이 시기, 민주주의라는 동일한 언표와 그것이 놓이는 맥락에는 화해 불가능한 복수의 기의와 의도가 대립하고 있었다.[81] '민주주의'라는 가치와 기획에 기댄 반테러론의 표면 아래서 작동하는 진영 역학의 실상을 봐야하는 이유는 여기 있다. 민주주의를 바라보면서 현실의 폭력을 고발하는데 진정성과 주도권을 발휘한 것은 좌익-진보 세력이다. 이들의 언어는 그것이 공표되거나 전달될 수 있는 정치적, 언설적 환경에서 가시화, 가청화되고 있었다. 그러나 테러라는 몰법적 쟁투를 넘어서 민족·민주 국가를 도달해야 할 목표로 설정한 좌익 또는 좌우합작 중도노선의 전망은 이승만 세력의 '생존'과 분단정부 수립을 계기로 결국 파국을 맞는다. 이들이 자신

---

79) 「"테로" 行爲 嚴重團束方針」, 『대중일보』, 1946.7.3.
80) 성명서 원문은 「테로는 民主主義의 公敵」, 『중앙신문』, 1946.7.25.
81) 해방기 민주주의 이념의 복수성에 대해서는 박지영, 「복수의 민주주의들」, 『대동문화연구』 제85권 0호, 대동문화연구원, 2014.

들의 정치적 정당성, 자기 논리와 위상의 의의를 생성하고 표현하기 위해 열의를 다해 발화한 반테러 언설은 남한에서는 점차 힘을 잃을 수밖에 없게 된다. 어떤 정치적 전망이 거세될 처지에 놓였다는 것은 그것을 표현하고 증폭시킬 언어와 개념의 터 역시 거세될 위험에 처했음을 뜻한다. 이러한 상황은 전체적인 정황(政況)의 변화와 이에 연동하여 이루어진 문화언론계 좌익 탄압, 소거 과정을 통해 진행되었다.[82]

남조선이 우익의 국가로 닫혀버림에 따라 '민주'(민주주의)와 '테로'의 의미론적 지형도 경쟁의 긴장에서 벗어나 어느 한 편으로 기울어진다. 1948년 12월, 정권을 잡은 후 이승만은 담화를 발표한다. 이것은 "유엔에 보내는 민족의 열원"이라는 제하로 실렸는데 "우리가 민주정치를 위하여 계속해서 싸운 것을 원하는지 공산 테로에 조용히 양보하는 것을 원하는가 공산적색 태로자들이 도처에서 살인, 방화로 공포케 하여서 우리에게 복종하게 만들려는 것을 그분들은 모르는"[83]지 따져 물으면서 유엔의 한국문제 해결을 재촉하는 내용이었다. 이 담화에서 이승만은 "우리를 이때에 적극적으로 도아서 한국의 민주주의를 유치케 하기를 바란다"고 했는데 그가 말하는 "민주정치"가 다른 정치적 주체들이 염원한 '민주정치'와 다를 뿐 아니라 '저들'의 '민주정치' 이념을 박멸하면서 번성한 것임은 두말할 여지가 없다. 세계기구를 향한 이승만의 공식 발화에 기록되어 있는 "공산 태로" 운운은 앞서 보았듯이 해방기 정국과 언설공간에서도 이미 나타났던 것이다. 그럼에도 불구하고 주목해야 할 이유가 있다면 이것이 앞으로 오래도록 이어지게 될 현상, 곧 복수(複數)의 테러가 경쟁하는 현실·언설 지평이 사라지고, 오직 적색테러만이 '테러'로 남아 고발되는 반공시대 테러론의 향방을 보여주고 있기 때문이다. 이에 관해서는 다음 결론 부분에서 좀 더 논하고자 한다.

---

82) 해방기 언론계가 겪은 3난(용지난, 인쇄난, 재정난)에 더하여 특히 미군정의 언론정책과 좌익언론 탄압은 해방과 더불어 폭발적으로 생성된 신문매체, 언론공간의 물리적인 축소와 편향을 가져왔다. 검열, 탄압으로 인해 폐간, 정간 조치된 좌익계열 신문에 대해서는 김일림·오창은·옥은실, 앞의 글 참조.
83) 「유엔에 보내는 民族의 熱願」, 『동아일보』, 1948.12.4.

IV. 테러, 정당화의 원근법 혹은 운명

　좌우익 테러의 위상 변동을 고찰하고 그 추이를 해석할 때 주목해야 할 것은 우익이 국가 구성의 주도권을 잡아가는 문화정치적 형세에서, 테러가 좌익의 것이라는 발화가 원활하고 선명해진다는 점이다. 오직 적색테러만이 있고 적색테러만이 문제인 것으로, '테러의 일원화'가 이루어졌다고 할까. 물론 김 구 암살을 계기로 테러 전체를 문제화하는 기회가 나타나긴 했다. 테러는 "민주주의적 원칙에 반할 뿐 아니라 실로 법치국가의 위신을 손상함이 이에 더할 바 없"다는 점, "사회적으로 허용할 수 없는 犯過는 법에 의하여 질서 있게 처리되어야 하며 개인적인 테로로는 해결될 수 없"[84]다는 점이 환기되었다. 이 논조 역시 앞서 보았던, 민주주의라는 상에 입각하여 이루어진 테러 비판과 맥을 같이 한다. 그러나 정적의 약화 혹은 소거 과정에서 반공 정권의 테러 비판은 '테러의 적색화'로 나아가는 흐름을 벗어나지 않는다.

　이러한 양상은 한편으로는 국제사회를 향해 보내는 대외 메시지를 통해 목격할 수 있다. "좌익 분자들이 파업 폭동 등 기타의 파괴활동을 음모하지만 않는다면 남조선의 모든 시민은 가장 현명하고 분별있는 투표를 할 수 있는 자유스러운 분위기를 갖게 될 것"[85]이라는 발언이다. 또 한편으로는 "해방 후 공산계열들은 소위 민주주의 정치노선이라는 허울 좋은 간판을 내걸고 이 면에서는 선량한 국민을 기만 선동 협방 공갈 등으로써 본의가 아닌 착각을 가지게 하여 살인, 방화, 강간, 파업, 맹휴, 파괴, 폭행 등의 만행을 감행하여 자파의 야욕을 충당식히려"[86]했다는 대내 메시지가 있다. 선거에 패배한 좌익이 각지에서 소요를 일으키고 있으며 최근 테러의 범인은 좌익계라고 전하는 언어가 정부수립을 전후한 시기에 빈번하게 실렸

---

84) 「김구 선생의 급서를 애도」, 『동아일보』, 1949.6.28.
85) 「UN委員團에 보내는 過政政務會멧세지」, 『경향신문』, 1948.2.10.
86) 「左翼諸公轉向의 機會는 왔다」, 『경향신문』, 1948.12.9.

다.[87] 통치의 운동장과 통치의 기술이 경사를 이루면서, 남한에서 좌익은 "테러상습자"[88]로 과잉 표상되었고, 이에 반비례하여 좌익 테러에 주어진 (혹은 주어졌어야 할) 가능성은 소거되어가고 있었다. 1947년 4월 대한민청의 테러를 전후하여 좌익 세력은 실제로 상당히 약해진다.[89] 그렇다면 좌우익 두 테러의 역사와 역학은 어떻게 의미화 할 수 있을까.

한나 아렌트는 폭력론을 전개하면서 폭력의 정당화 문제를 다룬 바 있다. 그에 따르면 폭력은 권력과는 달리 그 자체로 '정당성'을 가질 수 없고 '정당화'될 수 있을 뿐이다. 정당성은 도전받을 경우 '과거'에 대한 호소에 기초하지만 역으로 정당화는 '미래'에 위치하는 목적과 관련이 있다. 중요한 점은 폭력의 정당화란 그것이 의도했던 목적이 미래로 더 멀어질수록 설득력을 상실한다는 것이다. 이 공식을 아렌트는 정당방위에서 폭력 행사가 문제되지 않는다는 데 기대어 설명한다. 정당방위에서 위협은 분명하며 바로 눈앞에 있고, 폭력이라는 수단을 정당화하는 목적이 가까이 있기 때문이다.[90] 아렌트의 해석을 참조한다면, 폭력으로서의 테러를 놓고 적색폭력이나 백색폭력 가운데 어느 쪽이 다른 어느 쪽에 비해 그 자체로 '본질적으로' '정당성'을 갖는다는 식으로 비교 우위를 따지는 일은 불가능하고 무의미하다. 따라서 폭력의 정당화라는 사안이 더 중요하고 불가피해지는데, 이를 숙고하기 위해서는 "미래에 위치하는 목적"이란 것을 생각해야 할 것이다.

이제 폭력 정당화의 원근법을 역사의 현장으로 가져와 보자. 이때 우리가 던져야 할 질문은 이러하다. 이 당시 테러'들'이 의도하고 지향했던 목적은 무엇이었는가. 테러 주체는 무엇을 자신들의 목적으로 구성, 표명하면서

---

87) 이러한 논조의 기사는 많은데 몇몇만 소개하면 다음과 같다. 「테로」 三百件中左翼二百三十餘件」, 『부인신보』, 1947.7.23; 「頻發하는 左翼테로 빨리 根絶하라」, 『동아일보』, 1947.8.1; 「選擧敗北한左翼 各地서 騷擾誘發」, 『동아일보』, 1948.4.23; 「테로頻發 犯人은左翼系」, 『경향신문』, 1948.4.27, 「韓國承認을促求함」, 『동아일보』, 1948.12.11.
88) 「남을 칠때는 愉快하고 남에게 마질때는 抑鬱?」, 『독립신문』, 1947.7.26.
89) 이민호, 「대한민주청년동맹의 조직과 활동」, 강원대학교 교육대학원 석사학위논문, 2018년 참고.
90) 한나 아렌트, 김정한 역, 『폭력의 세기』 이후, 1999, 85쪽 참조.

테러를 행했는가. 그리고 행사한 폭력-무력과 설정한 목적과의 거리는 어떠했는가. 민족-민주 국가수립이, 도달해야 할 저 목표 지점에 있다. 좌익은 치안, 인민의 삶과 안전, 민족통합, 민주를 이념적 · 현실적 무기로 삼아 목적에 가까이 가기 위한 거리 좁히기를 실행했다. 폭력은 이런 목표를 달성하기 위해 또는 목표의 달성이 저해되거나 공격받을 때 행사되었다. 반대로 우익은 역동하는 왼편의 영향력과 행동력을 약화시키고 나아가 제거하기 위해 폭력을 수행했다. 양자 모두 공격적인 동시에 방어적이었다. 공방을 반복했지만, 좌익의 경우는 국내외 현실정치 역학에서 밀리고 억압당하면서, 군정체제에서 보조 폭력행사권한을 '부여' 받은 우익에 의해 자신들의 목적으로부터 물리적으로 멀어질 수밖에 없었다. 우익은 정적에 대한 적의와 공포, 식민세력과의 결탁, 상위 폭력 독점의 권한을 수행하면서 궤도를 이탈하여, 내세운 목적과 사실상 멀어졌다. 이들이 행한 '다양한' 공격과 살육 그리고 '조직화된' 정적 단체가 아닌 인민을 향한 폭력 행사는 민족-민주라는 명목 자체를 거듭거듭 배반하는 것이었다.

그렇다면, 남한에서의 테러의 운명에 대해 생각해볼 수 있겠다. 우선 좌익의 경우 미래 어딘가에서 당겨오고자 한 당위 · 목적의 실현 가능성을 '상실'하게 되었다는 점에서 정당화의 기회를 만나지 못했다. 우익 테러는 국가폭력의 세포분열이었다는 점에서 그리고 국가폭력 행사의 주체가 되었다는 점에서 정당화 자체가 곤란해진다. 더하여, 이 과정에서 '민족 · 민주 국가 건설'이라는 목적 자체도 변질 · 왜곡되었기에, 정당화 계제 자체가 폭력 주체에 의해 무효화되거나 파괴된 것으로 볼 수 있다. 남한에서 두 테러가 맞은 정치적 행방과 운명 자체를 포착한 두 개의 텍스트에 주목하고 싶다. 이들은, 테러가 어떻게 재현되거나 구현되었는가의 차원보다는 두 테러의 행방과 그 정치적 의미 자체를 어떻게 사유하고 평가할 것인가의 차원에서 중요한 의미를 갖는다. 우선 테러들을 목도하면서 특히 좌익 테러가 겪을 수밖에 없는 엄혹한 대문자 폭력의 야만을 비판적으로 포착한, 드물게 날카로운 시선을 지닌 허준의 「임풍전의 일기」가 그것이다. 이는 1947년 6월 12일과 6월 15일 『경향신문』에 상하로 나뉘어 실린 글로 '내'가 미국의 한 자유주의자를 만난 후 든 상념을 기록하고 있다. '나'는 "조선 현실은 당신에게 좌익에 대해 의심의 눈을 가지라느니 보다는 도리혀 더많이 우익에 대해 가짐이 옳다함을 요구하고 있는지 모른다"는 미국인 인사의 견해를 접하고 조선의 현실을 반추하기 시작한다. 나는 동행했던 K에게 미국과 조선에서의 테러에 대해 묻고, K는 다음과 같이 답한다.

> "조선에 테로 테로 하지만 테로와 깽은 미국에도 심한 것이 있다고 하지 않습니까." 내가 공연히 남에게 지지 않으려는 앙칼진 생각만으로 오늘밤 무슨 모욕이나 받은 것같은 반발에 못이겨 이러지 아니했음은 물론이었다 하니 K씨는 이의 즉답으로 "물론 미국에도 더한 것이 있습니다. 허지만 거기는 관헌이 보호하는 테로나 깽은 하나도 없는 것입니다" 하였다. 미국에는 웬만한 조선의 좌익분자보다도 극렬한 볼드윈 씨와 같은 칠십노옹의 자유주의자가 있는 것도 나에게는 부러은 일이었지만 봉사와 질서의 관헌이 곁에 딸리지 아니한 비아카데미컬한 합리적인 것이요 불합리적인 것의 논란은 차치하고라도 어쨌던 자기 행동에 대한 충분한 신념과 이 신념을 위해서는 신명도 두렵지 않은 용맹한 남성적인 미국의 깽이나 테로의 오야붕들도 나는 잠간 부럽지 아니할 수 없었다.[91]

나와 K의 대화는 조선을 "테러의 나라이며 정치범의 나라"로 언급하고 있는 한 문구에서 시작된 것이었다. 여기서 K의 말은 이중적으로 읽힌다. 관헌이 보호하는 테러나 깽이 없다는 말은 관헌이 테러를 용납지 않는다는 의미로도 들리며, 동시에 관헌이 테러나 깽과 결탁하여 폭력을 조장하는 법은 없다는 의미로도 들린다. 그런데 이 양의적인 메시지를 '나'는 후자의 방향으로 즉 "봉사와 질서의 관헌이 곁에 딸리지 아니한" "용맹한", 폭력행사의) 주체를 떠올리는 쪽으로 받는다. 의미가 모호하게 겹쳐 있는 이 짧은 언술에 대해, 중첩된 만큼 몇 가지 해석이 가능하겠지만, 남한의 테러

---

91) 허준, 「林風典의 日記」(下), 『경향신문』, 1947.6.15.

경관을 바라보는 그의 눈에 적어도 테러에 딸린 "봉사와 질서의 관헌"이 문제적으로 인지되고 있음은 충분히 추정 가능하다. 이 텍스트에서 '나'는 좌우 어느 편에도 서지 않은, 중간지대에서 회색빛으로 서성이는 인물로 등장한다. 이 경계적 위치에서 '나'의 회의적이고 성찰적이며 비판적인 의식은 두 테러에 대해 통치 권력이 맺고 있는 수상하고 위험한 편향 관계를 '모호하게' 그러나 예리하게 들춰낸다.

해방기 테러의 현장을 놓고 허준이 "관헌"과 "관헌"의 "보호"라는 것을 끌어내어 동시대 폭력행사의 권력 편제를 노출시키고 있다면, 또다른 한 편의 텍스트는 남한의 우익테러에 드리운 근원적 공허를 드러낸다. 앞서 언급했듯이, 서로 방향과 맥락은 달랐지만 해방기 남한에서 두 개의 테러는 어떤 의미로도 정당화되지 못한/않은 채 분단 파국을 향해 나아가고 있었다. 통일된 민족국가 수립의 기대가 소진되고 반쪽짜리 폭력독점기구가 국가라는 이름으로 들어선 한반도 남쪽. 이 풍경에 여전히 적색테러를 '고발'하고 '반테러'를 외치는 우익의 뜨겁게 과장된 목소리가 울린다. 반)테러열은 아직 가득하지만, 동시에 짙은 '테러 피로' 역시 떠돈다. 테러 피로라는 말로, 몇 년 전과는 달리 뚜렷한 '먹잇감'을 찾지 못한 채 배회하는 남한 우익 청년들의 내면을 지시하고자 한다. 테러의 열기와 그 허무한 발산에 동반되는 고갈과 소모의 공허인 것이다. 내전과 국제전이 연접·중첩되는 시간을 거치는 이 장소에서 적을 향한 해소될 길 없는 증오와 불안, 과거처럼 테러 대상이 흔히 보이지 않는 데서 오는 혼란과 권태, 테러를 벌여도 별달리 성취할/될 것 없는 허무가 뒤섞이며 비등한다.

아이러니하게도, 이 정치적·내면적 교착상을 우파 작가 선우휘가 「테러리스트」(1956)에서 정확히 포착했다. 걸핏하면 "빨갱이"를 내뱉으며, "무엇 때문에 걷어차는 것인지, 무엇 때문에 얼싸안고 돌아가는 것인지"도 모른 채 "그저 이렇게 하지 않고는 견딜 수 없는 안타까움"[92]에 빠져 거리를 떠

---

92) 선우휘, 이익성 편, 『불꽃』, 문학과지성사, 2006, 38쪽.

도는 우익 청년의 망탈리테를 적은 이 소설은 이른 바 테러 주체의 내적 갈등과 고민을 '성찰적' 시선으로 들여다 본 오상원의 작품과는 또다른 질감을 갖는다.[93] 「테러리스트」만큼 남한 특유의 테러피로를 여실히 묘사한 작품도 들기 어려울 듯하다. 테러리스트들은 "이젠 빨갱이 없"는 "대한민국"에서 인민군과 싸우던 이야기, 공장 "적색노조"를 습격하던 이야기, 5.10총선거 전 지방에서 공산당과 싸운 이야기를 하며 "빨갱이 티던" 시절을 곱씹는다. 공격할 적은 예전과 달리 없는 듯하지만 바로 그렇기에 이들은 툭하면 싸울거리를 찾아 "표범의 눈빛"으로 달려든다. 하지만 돌아오는 것은 "으스러질 것 같은 고깃덩이가 지금 이 폐허 밑에 웅크리고 앉아 있다는" 자각뿐이다.

> 그리고 지난날 표범처럼 뛰던 그들 모습을 생각했다. 주먹만 내어두르면 모든 것이 잘될 것이라고 믿었던 어리석은 꿈은 깨어지고 지금 이처럼 산란해진 마음을 여기 보는 것이다. 시대의 상황이 불가피하게 요구됐던 필요악의 에너지가 지금 타성을 벗어나려고 꿈틀거리는 몸부림을 느끼는 것이다. "걸인 육이오 때 특수부대에 참가했었지?" "예" "그 때 어떻던가? 치고 받고 때리는 것처럼 되지는 않지? 걸은 얼굴을 붉히며 히뭇이 웃었다." 안되갔습두다. 주먹보다는 총알이 더 빠르디 않소.[94]

"빨갱이"들과의 투쟁은 이제 '국가'적 차원에서 전쟁(국제전)의 방식으로 일어났다. 하지만 "빨갱이들하고 싸우지 않고 될 수 있다는 뜻이 아닌가? 그럴 수가 있나"[95]라고 끝까지 "빨갱이"와의 투쟁을 믿는 인물들이기에, 감지되는 적색 개인 혹은 집단이 없다는 현실은 출구 없이 갑갑하고 적의가 가득한 무력감을 불러일으킨다. 전쟁이 적들을 처리하여 백색 테러리스트들은 '일'을 잃고 존재감을 잃고 '자존감'을 잃었다. 우익의 페이소스를 담아 이 헛헛한 초상을 그리고 있는 텍스트는 무엇을 말하는가. 표면적으로는

---

93) 오상원은 「모반」을 통해 테러 주체의 내적 갈등에 접근했는데 전체적으로 휴머니즘적, 반성적 관점에서 폭력(살해, 공격) 행사자의 실존적 고뇌를 포착한다.
94) 위의 책, 30쪽.
95) 위의 책, 31쪽.

스러져가는 듯 보이는 테러의 시대, 허우적거리는 테러리스트의 초상 너머로, 미래는 아무것도 감지되지 않는다. 싸워도, 싸우지 않아도, 도래할 미래란 없다. 오늘의 우리의 자리에서 재독한다면, 이 텍스트에서 노출되고 마는 것은 열에 들뜨고 피로에 절은 백색 테러리스트들이 배회하는 반공국가에, 도착할 정치적 미래란 없다는 '진실'이 아닐까. 암담한 진실을 정직하게 맞대면하는 게 선우휘의 진짜 의도였는지는 알 수 없지만, 냉전기 남한에서의 테러의 운명과 테러피로의 역사정치적 경위를 누설한다는 점에서 「테러리스트」는 하나의 징후적 기록으로 주목할 만하다.

░ 참고문헌

1. 자료

『가정신문』, 『경향신문』, 『공업신문』, 『광명일보』, 『광동신문』, 『농민주보』, 『독립신문』, 『독립신보』, 『동광신문』, 『동아일보』, 『대동신문』, 『대한독립신문』, 『문화일보』, 『민보』, 『민주일보』, 『민중일보』, 『중앙신문』, 『중외신문』, 『중외신보』, 『한성일보』, 『현대일보』, 국립중앙도서관 대한민국 신문아카이브 http://nl.go.kr/newspaper/
네이버 뉴스라이브러리 https://newslibrary.naver.com/
선우휘, 이익성 편, 『불꽃』, 문학과지성사, 2006.

2. 단행본

공진성, 『테러』, 책세상, 2010.
사카이 다카시, 김은주 역, 『폭력의 철학』, 산눈, 2007.
에티엔 발리바르, 진태원 역, 『폭력과 시민다움』, 난장, 2012.
찰스 타운센드, 심승우 역, 『테러리즘, 누군가의 해방 투쟁』, 한겨레출판사, 2010.
찰스 테일러, 이상길 역, 『근대의 사회적 상상』, 이음, 2010.

3. 논문

김동춘, 「냉전, 반공주의 질서와 한국의 전쟁정치」, 『경제와사회』 제89호, 비판사회학회, 2011, 333~366쪽.

김일림·오창은·옥은실, 「해방기 한국 문화운동 연구-문화예술 조직-신문·잡지 매체, 문화적 사건을 중심으로」, 『문화과학』 제82호, 문화과학사, 2015.6, 470~500쪽.

김진웅, 「미군정기 국내정치에 있어서 경찰의 역할」, 『대구사학』 제97권 0호, 대구사학회, 2009, 77~108쪽.

김학재, 「한국전쟁 전후 민간인학살과 20세기의 내전」, 『아세아연구』 제142호, 아세아문제연구소, 2012, 82~118쪽.

박명림, 「국민형성과 내적 평정; 거창사건의 사례연구」, 『한국정치학회보』 제36집 제2호, 한국정치학회, 2002, 69~92쪽.

박지영, 「복수의 민주주의들」, 『대동문화연구』 제85권 0호, 대동문화연구원, 2014, 49~90쪽.

송효정, 「해방기 감성 정치와 폭력 재현」, 『한국문학이론과 비평』 제57집, 한국문학이론과비평학회, 2012, 321~343쪽.

윤충로, 「20세기 한국의 전쟁 경험과 폭력」, 『민주주의와 인권』 제11권 2호, 전남대학교 5.18연구소, 2011, 239~277쪽.

이민호, 「대한민주청년동맹의 조직과 활동」, 강원대학교 교육대학원 석사학위논문, 2018.

이삼성, 「한국전쟁과 내전」, 『한국정치학회보』 제47집 제5호, 한국정치학회, 2013, 297~319쪽.

이혜령, 「해방(기): 총 든 청년의 나날들」, 『상허학보』 제27집, 상허학회, 2009, 9~50쪽.

임나영, 「1945-1948년 우익 청년단 테러의 전개 양상과 성격」, 서울대학교 석사학위논문, 2008.

정용욱, 「1945년 말 1946년 초 신탁통치 파동과 미군정」, 『역사비평』 제62권, 역사문제연구소, 2003, 287~322쪽.

정진석, 「해방기 문화단체와 좌익신문」, 『근대서지』 제12호, 근대서지학회, 2015, 164~171쪽.

浅田光輝, 「法を超える国家-現代国家と警察国家」, 『現代の眼』 14(6), 現代評論社, 1973.

■ 김예림 - 「해방기 테러의 위상학과 테러론의 지형」
　『한국문학연구』 58호, 2018에 실린 것을 일부 수정한 것이다.

반공이데올로기에 기반한 노동담론의 지형(1945~1950)

임송자(순천대학교)

Ⅰ. 머리말

반공이데올로기는 남한 사회를 크게 규정하여 왔다. 정부 수립 이후 이승만정권기는 물론이고 박정희 정권기와 그 뒤를 잇는 역대 국가권력은 지배이데올로기로서 반공이데올로기를 적극 이용했다. 권력 변동에 따라 활용지수와 그 내용에서 변화를 수반했지만 반공이데올로기는 한국사회를 제어하고 규율하는 강력한 기제였다. 한 연구자가 "탈냉전 이후에도 한국사회의 이념적 지평은 여전히 반공 체제의 틀에 속박되어 있다"고[1] 지적하였듯이 현 시기에도 여전히 유효하게 기능하고 있다. 따라서 한국사회의 성격을 분석하기 위해서는 반공이데올로기나 반공체제에 대한 연구가 반드시 필요하다.

---

[1] 박찬표, 『한국의 국가형성과 민주주의』, 후마니타스, 2007, 9~10쪽.

이를 반영하여 학계에서는 반공체제나 반공이데올로기에 중점을 둔 연구를 상당수 내놓은 편이며, 대표적으로 서중석과 박찬표의 연구를 들 수 있다.[2] 박찬표는 해방 3년기를 대상으로 남한 반공 국가체제가 형성되는 과정을 살펴보고 이 시기는 한국 민주주의에 구조적 제약을 부과한 결정적인 복합 국면이었다고 평가하였다. 서중석은 1948년 5월에서 1950년 6월에 이르는 시기에 반공체제가 초기적인 모습으로 형성되었으며, 한국전쟁은 이러한 반공체제를 고정시키고 공고하게 한 계기가 되었다는 견해를 제시했다. 또한 정부수립 직후 이승만 정권은 반자본주의 공세에 대항할 수 있는 이데올로기로서 반공주의를 포함하는 일민주의를 통치이념으로 삼았다고 보고, 관련 연구를 학계에 내놓았다. 최근에는 제2차 세계대전 이후 등장한 세계적 냉전이 남한 사회에 수용, 확산, 고착화되는 과정을 다룬 박사학위논문이 나왔다.[3] 해방 후 좌우 정치세력에 의해 민족과 민주주의를 기축으로 한 경쟁과 대립의 논리로 변화한 양상, 그리고 대한민국 정부수립 이후 확산·분화되어 한국전쟁기에 고착화된 양상을 분석한 연구라 할 수 있다.

이러한 연구성과에도 불구하고 반공이데올로기에 기반한 노동담론에 대한 연구는 거의 없다. 다만 노동담론에 대한 연구로 이승만 정권기 국가와 자본이 노동자를 대상으로 유포시킨 담론에 주목한 연구가 있을 뿐이다.[4] 한마디로 지금까지의 연구에서는 미군정기나 정부수립 이후 반공이데올로기와 반공체제가 노동자나 노동단체에 미친 영향이나, 국가·자본, 그리고 지식인, 언론, 노동지도자 등이 반대세력을 제압하고 노동질서를 재편하기 위해 생산하고 유통시켰던 노동담론, 특히 반공이데올로기에 기반한 노동

---

2) 박찬표, 위의 책; 서중석, 『한국현대민족운동연구』 2, 역사비평사, 1996; 서중석, 「이승만정부 초기의 일민주의」, 『진단학보』 83, 진단학회, 1997.6; 서중석, 「이승만정권 초기 일민주의와 파시즘」, 『1950년대 남한의 선택과 굴절』, 역사비평사, 1998.
3) 김봉국, 「1945~1953년 한국의 민족·민주주의론과 냉전담론」, 전남대 사학과 박사학위논문, 2017.2.
4) 이정은, 「1950년대 노동 지배 담론과 노동자의 대응」, 『역사비평』 83, 역사비평사, 2008.5.

담론에 주목하지 않았다.

따라서 이 글에서는 이러한 연구의 공백을 채우기 위해 해방 이후부터 한국전쟁이 일어나기 전까지의 시기를 대상으로 반공이데올로기에 기반한 노동담론을 살펴보고자 한다. 첫째, 해방 후 파시즘체제에서 벗어난 노동자를 정치세력이나 지식인은 어떻게 인식하였으며, 극렬한 좌우대립 속에서 각 정치세력은 노동자를 비롯한 대중을 전취하기 위해 어떠한 노동담론을 생산하고 유통시켰는지를 파악하고자 한다. 둘째, 미군정, 우익세력, 대한독립촉성노동총연맹(대한노총)이 '반공노동자' 창출을 위해 어떠한 역할을 하였는지, 그리고 조선노동조합전국평의회(전평)와 대립되는 대한노총이 노동담론을 통해 '반공노조=민주주의 노조'로 변신해 나가는 과정을 살펴보고자 한다. 셋째, 미군정이나 정부 수립 이후 국가권력이 노사협조의 '모범노동자'를 만들기 위해 어떠한 정책적인 노력을 기울였는지를 탐색하고자 한다. 넷째, 정부수립 이후 노동담론이 변화하여 공산주의에 대한 방파제 구축이라는 틀 속에서 노동담론이 전개된 양상을 검토하고자 한다.

Ⅱ. 해방 후 노동자와 좌우대립

노동자는 자본주의 생산과정에서 훈련되고 조직되고 운동하는 존재이다. 일제시기 조선의 노동자는 자본주의 성장·발전 과정에서 결합하거나 저항하거나 투쟁하면서 자기발전을 거듭하여 왔다. 일제는 조선의 노동자에게 민족차별정책과 저임금·장시간 노동을 강요했으며, 공업화 정책 과정에서 '노자협조론'을 제기하고, 중일전쟁 이후 전시경제체제를 구축하고 노동강도의 강화, 노무동원 정책의 실시, 그리고 이를 합리화하기 위한 '황국근로관'이나 '노자일체론'이라는 파시즘적인 노동관을 강요하였다.[5] 이러한 파시즘체제 아래에서 조선의 노동자는 절박한 생존을 위해 순응하거나 저항하면서 민족해방운동에서 자기역할을 담당해 왔다.

1945년 8월 15일, 해방으로 노동자들은 파시즘적 노동에서 벗어나 계급적인 역량을 강화할 수 있는 활동의 공간을 마련할 수 있었으며, 새로운 국가건설을 위한 원동력으로 참여할 수 있는 기회를 부여받았다. 일제의 침략전쟁에서 가장 피해를 받은 계층은 노동자를 비롯한 근로대중이었기 때문에, 이들의 열망은 일제의 질곡에서 벗어나 민족민주국가를 건설하고, 전시경제체제를 무너뜨리고 민주적이고 평화적인 경제체제를 구축하는 것이었다.

정치세력이나 지식인은 '노동'과 '생산'의 중요성을 깊이 인식했으며, 노동의 주요 담지자였던 노동자를 비롯한 근로대중에 주목했다. 이승만은 "과거의 우리 노동은 노예의 노동"이었지만 이후에는 "우리 자신을 위한 노동"이 되어야 한다면서 생산에 노력하자고 강조했다.[6] 김구도 용산공작소를 방문하여 공장을 시찰하면서 노동자들에게 조선 건설을 위해 노력해 줄 것을 당부했다.[7] 인민당의 김오성도 일제의 지배 아래서 "토지를 약탈당하고 노력(勞力)과 온갖 이윤을 착취당"했던 노동자 농민 소시민 중간층 하급관료 등에 주목하였다.[8] 한민당 선전부장 함상훈은 "공산당이니 노동당이니 대두하는 것도 종래의 정치가 왕왕(往往)히 근로계급의 생활문제를 등한시하고 있고 또는 무시한 때문"이라고 진단했다.[9]

정당·사회단체에서는 대체로 "국민개로(國民皆勞)"와 노동대중의 "생활안정"을 강령이나 정책으로 채택하였다. 건국동맹은 "최저임은제(最低賃銀制) 확립", "8시간 노동제 확립" 등을 내세웠으며, 조선공산당과 조선인민당

---

5) 이에 대해서는 이상의, 「1940~40년대 일제의 조선인노동력 동원체제 연구」, 연세대학교 박사학위논문, 2003 참고.
6) 이승만, 「삼천만 동포에게 고함(1945.12)」, 김현식·정선태 편저, 『'삐라'로 듣는 해방 직후의 목소리』, 소명출판, 2011, 143쪽.
7) 「김주석, 용산공작소 방문. 공원(工員)을 위로격려」, 『조선일보』, 조선일보사, 1945.12.13.
8) 김오성, 「인민정권의 성격」, 『대조』 1권 1호, 대조사, 1946.1, 15쪽.
9) 함상훈, 「아당(한민당)의 주의정책」, 『개벽』 8권 1호, 개벽사, 1946.1, 52쪽.

도 이와 유사하게 "8시간 노동제", "최저임금제", "국민개로제도(國民皆勞制度) 실시" 등을 주창했다.[10] 여운형은 조선인민당 결성식에서 앞으로 건설할 조선사회에는 오륜(五倫)이 있어야 한다면서 오륜의 첫 항목으로 '국민개로'를 내세웠다.[11] 한민당에서는 강령의 3번째로 "근로대중의 복리 증진"을 주장했으며, 신한민족당도 "국민개로의 생활 원칙", "8시간 노동제 실시와 최저임은제 확립" 등을 기본정책으로 내세웠다.[12] 국민당도 "최저임금과 최고노동시간 제정", "8시간 노동"을 정책으로 내세웠으며, 선전부 차장 엄우룡은 "만민개로(萬民皆勞) 대중공생(大衆共生)의 대이상(大理想)을 구현하면 천하가 개락(皆樂)하고 만방(萬邦)이 협화(協和)할 것"이라고 강조하였다.[13]

그러나 이러한 정책과 강령은 자파의 정당성 확보를 위해 표명한 것으로 선언적인 의미가 컸으며, 각 정당사회단체는 실제적인 실천활동으로 연결시키지는 못하였다.[14] 생산공장의 전면적 파탄 상태, 악성 인플레이션, 높은 물가고, 실업자와 전재민의 범람, 모리배의 성행 등으로 경제현실과 노동현실 또한 최악이어서 끈질기게 노동자를 비롯한 근로계급의 생존을 위협하고 있었지만 정치세력은 이를 외면하고 자파의 정치논리를 앞세우면서 경쟁과 대립으로 해방정국을 이끌어 나간 측면이 컸다. 사회주의 경제학자 최영철이 "패퇴일인(敗退日人)은 악심(惡心)이오 주체(主體)는 무력(無力)이오 연합군은 미상륙(未上陸)일 때 다만 파괴와 혼란이 있을 뿐"이라고[15] 표현한 바와 같이 평화적인 경제체제 구축을 방해하는 여러 가지 복

---

10) 건국동맹, 「건국동맹 정강세목」; 조선공산당, 「조선 민족 대중에게 고함」; 조선인민당, 「조선인민당 정책」, 김현식·정선태 편저, 앞의 책, 49쪽, 66쪽, 230쪽.

11) 여운형, 「나의 정견, 1945.11.12」, 조선인민당, 『인민당의 노선』, 신문화연구소출판부, 1946, 9~10쪽. 여운형이 밝힌 오륜은 ① 국민개로(國民皆勞), ② 국민개병(國民皆兵), ③ 상호신양(相互信讓), ④ 공동협력(共同協力), ⑤ 일치단결(一致團結) 등이다.

12) 한국민주당, 「대한임시정부 지지 선언, 1945.9」; 신한민족당, 「민족통일전선의 역사적 대전기! 정당 합동의 거진(巨陣)! '신한민족당 발족', 1945.12.14」, 김현식·정선태 편저, 앞의 책, 62쪽, 134~135쪽.

13) 엄우룡, 「신민족주의와 신민주주의」, 『개벽』 8권 1호, 개벽사, 1946.1, 56쪽.

14) 해방 후 강력한 대중조직인 전평을 끼고 있던 조선공산당은 예외로 간주될 수 있을 것이다.

잡한 난관이 존재했는데도 정치세력은 이를 극복하기 위한 대안 마련에 적극적이지 못했던 것이다.

해방 후 노동자의 열망은 공장접수와 관리, 실업반대, 퇴직수당금 요구 등으로 나타났다. 이러한 노동자의 열망에 호응하여 근로대중에 주목한 세력은 좌익이었다. 좌익세력은 노동자·농민을 비롯한 인민대중을 기초로 한 국가건설을 전망함으로써 해방정국에서 헤게모니를 장악하고자 했다. 1945년 11월 5~6일에 결성된 전평은 노동자를 주력으로 하고 양심적인 민족자본과 협력하여 "경제부흥과 건설사업에 적극적으로 참가하고 일본제국주의의 잔존세력과 친일파에 대한 반대투쟁"에 적극 나설 것을,[16] 그리고 "휴지산업(休止産業)을 즉시 부활시키는 동시에 노동균등에 의한 실업해결로써 민중생활의 안정을 기하는데 주력"할 것을 강조하였다.

전평으로 대표되는 좌익 노동조합의 최대 목표는 노동자를 조직하고 "투쟁을 목적의식적으로 인도"함으로써 그들이 표방하는 진보적 민주주의를 건설하는데 주동력이 되도록 하는 것이었다. 당시 좌익세력은 노동자를 "애국자"로 호명하면서 새 국가 건설에 적극 참여할 것을 주창했다. 전평 결성대회에서 허헌은 "진정한 애국심을 가지고 우리나라를 사랑하는 사람은 누구보다도 여러분 노동대중이 제일 강렬하며 또한 그것이야말로 가장 정당하다"고 강조하였다.[17] 전평 서기국원 이석당은 노동자를 "가장 열렬한 애국자"이며, "조선의 완전한 자주독립을 수행시키는 주동력"으로 이해했다.[18] 손일우도 노동자를 평화 애호자, 전투적 애국자, 민주주의 실천계급으로 명명하였으며, "일본제국주의자와 친일파 급(及) 민족반역자에 대한 반대투쟁은 얼마든지 무자비하게 수행하여도 좋으나 다른 모든 요소는 진보적 민주주의 원칙 밑에서 통일전선을 결성"해야 한다고 강조하였다.[19]

---

15) 최영철, 「산업계의 제양상」, 『조선경제』 1권 5호, 조선경제사, 1946.9, 21쪽.
16) 「전평이 가지는 역사적 사명」·「조선공산당 대표 박헌영 동무의 멧세이지」, 『전국노동자신문』, 전국노동자신문, 1946.11.16.
17) 「노동자의 힘. 허헌 씨 전평대회서 발언」, 『매일신보』, 매일신보사, 1945.11.7.
18) 이석당, 「전평론」, 『대조』 1권 1호, 대조사, 1946.1.

같은 시기에 윤장혁도 "우리 노동자대중이야말로 진실한 건설자이며 신성한 생산애호자이며 전투적 애국자라는 견지에서 …… 산업건설운동을 전면적으로 전개"해야 한다고 피력했다.[20]

실제로 전평은 결성 초기부터 산업건설운동을 강조하였고, 11월 30일에는 산업건설협력방침을 천명하였다. 1946년 1월에는 '산업건설운동을 중심으로 한 당면투쟁'이라는 방침을 내놓았으며,[21] '애국적 민족자본'에 대해서는 협력을, '반민주주의적 악덕 자본'에 대해서는 투쟁하겠다는 전술을 구사했다. 1946년 3월에는 전평 기구를 개편하여 쟁의부를 폐지하고 산업건설협력부를 신설하여 "산업건설과 물자부족공황의 극복과 생산증진"을 기하기로 결정했다.[22] 이러한 분위기 속에서 분명히 좌익은 해방정국 초기에 노동자를 비롯한 노동대중을 전취하는데 유리한 고지를 차지할 수 있었다. 또한 좌익 지식인은 산업건설운동의 의의를 보다 적극적으로 부여했다. 윤장혁은 산업건설운동이 "근로대중을 중심으로 한 소시민 중간층 국민의 대다수의 공감을 환기하고 민족자본의 양심적인 부분과 협동전선을 성취"하기 위한 목적에서 전개되는 것이라고 강조했다.[23] 또한 박문규도 양심적 자본과 노동자가 협력하는 방법을 강구할 필요성을 역설하였다.[24]

양심적 민족자본과 협동전선을 형성해야 한다는 방침은 미소공동위원회(미소공위)가 결렬되고 한국문제가 유엔으로 이관되는 시기까지도 존재하였던 것으로 보인다. 미소공위 제11호 성명에 대한 답신안에서 "조선에도 양심적 자본가는 있다. …… 국가에서 후원 지도하고 생산에 노력하여 인민을 위한 산업발전에 협력하도록 하는 것은 가장 중요한 것의 하나"라고 명시한 것을 보아도 알 수 있다.[25]

---

19) 손일우, 「조선노동운동의 당면임무」, 『민고』 1권 1호, 민고사, 1946.5, 83쪽, 86쪽.

20) 윤장혁, 「산업건설에 대한 우리 주장」, 『민고』 1권 1호, 민고사, 1946.5, 89~90쪽.

21) 김양재, 『노동조합 교정』, 돌베개, 1987, 20~46쪽.

22) 「전평 기구 개편. 산업건설협력부를 신설」, 『조선인민보』, 조선인민보사, 1946.3.25.

23) 윤장혁, 「산업건설에 대한 우리 주장」, 『민고』 1권 1호, 민고사, 1946.5, 90쪽.

24) 박문규·안동혁·박경수, 「특집 조선경제건설의 제문제」, 『조선경제』 1권 5호, 조선경제사, 1946.9.

좌익이 노동국면을 주도하고 있는 상황에 대응하여 우익세력이 펼친 전략은 단순했다. 노동계급을 위한 정책 제시 내지는 정책 실현을 위한 실천활동으로 맞선 것이 아니라 반공의 가치체계에 기반하여 좌익 주도의 노동활동을 비난하고 공격하는 것으로 맞대응하였다. 특히 1945년 12월 말부터 '신탁통치 정국'을 주도해 나가면서 '반탁=반소=반공=애국', '찬탁=친소=친공=매국'의 공식으로 좌파를 반민족세력으로 몰아갔으며, 이러한 과정에서 좌익에 우호적이었던 근로대중을 견인, 포섭하고자 했다. 이러한 활동은 대체로 우익계열의 노동조직인 대한노총이 결성되기 전까지는 우익 청년단체가 주도했고, 우익 정치인이나 정당은 청년단을 배후에서 지원하는 역할을 했다. 대한독립단에서는 조선공산당을 비판하면서 "작인(作人)더러 작료를 불납(不納)케 하며 공인(工人)더러 노동치 말라 하여 미곡이 도회에 집합치 못하게 하고 필수품이 생산되지 못하여 전 국민을 물가고 생활난의 도탄에 함(陷)케 하였다고 공격하였다.[26] 우익 청년조직의 하나였던 조선건국청년회에서도 전평을 겨냥하여 '돌격대'나 '선봉대'라는 조직을 통해 "민심을 위협"하고 있다고 주장하였다.[27]

이에 대한 좌익의 대응도 만만치 않았다. 좌익에서는 임정 주도의 철시파업을 강력히 비판하였다. 전평에서는 임정의 철시파업 주장에 대해 "생산을 방해하고 경제를 교란하여 건국의 기초를 파괴"하는 무모한 것이라고 비판했다.[28] 그리고 1946년 1월 23일자 『해방일보』 호외를 통해서 "반탁의 구실 밑에서 민중을 선동하고 철시파업을 일으켜 민중생활을 극도로 위협"하고 야만적 테러행동으로 사회질서를 어지럽혔다고 비판하였다.[29]

25) 「쏘미공동위원회의 제11호 성명에서는 조선의 민주주의 정당·사회단체에게 무엇을 물었으며 이에 조선인민은 어떠케 주장해야 되느냐」, 『민주주의』 23호, 민주주의사, 1947.6.28, 16쪽.
26) 대한독립단, 「매국노 공산당을 박멸하라(1946.1.12.)」, 김현식·정선태 편저, 앞의 책, 199쪽.
27) 조선건국청년회, 「테로의 유래와 진리를 소개함」, 김현식·정선태 편저, 앞의 책, 228쪽.
28) 「기아선상에 선 대중은 어데로. 전평서 시급대책을 표명」, 『전국노동자신문』, 전국노동자신문, 1946.1.16.
29) 「소위 '임정'의 모략집단 '비상정치회의'의 분열」, 『해방일보』 호외 1946.1.23., 김현식·정선태 편저, 앞의 책, 228쪽.

좌우 대립은 민주주의민족전선과 민주의원의 대치국면으로 이어졌는데, 이에 대해 세상의 시선은 그리 곱지 않았다. 『조선일보』1946년 2월 17일자, 25일자에 실린 만화를 보아도 알 수 있듯이, 노동자를 비롯한 근로계급, 대중(민중)들이 생계 위협에 직면해 있는데도 정치세력은 극단적으로 좌우 대결로 치달으면서 서로 대중을 전취하려는 의욕만을 채워나갔던 것이 당시의 실정이었다.

그림 1. 『조선일보』 1946.2.17(1면)

그림 2. 『조선일보』 1946.2.25(1면)

노동문제를 둘러싼 좌우 대립은 대한노총 결성 이후 본격화되었다. 대한노총은 반공과 반전평의 기치를 내걸고 미군정과 우익정치인의 지원 아래 우익청년단을 기반으로 조직되었다. 『한성일보』는 결성식 보도기사에서 대한노총은 "현재까지 노동운동 지도자가 비민주적, 비민족적, 비건설적이었으며 또한 지나치게 정치적 색채가 농후하여 파괴적으로 강요"하였기 때문에 앞으로 대한노총이 진정한 국제노선에 입각하여 한민족의 독자적 입장에서 자본의 착취를 배격하고 완전한 민주주의적 원칙하에 노동자의 해방과 이익을 위하여 결사적 투쟁을 전개"할 것이라고 밝혔다.[30]

이에 대해서 좌익 측에서는 대한노총을 "반민주주의적 존재"로 규정했으며, "한 개의 전국적 단일조직은 고사하고 공장, 직장에 한 개의 분회도 없

---

30) 「대한독립노동총연맹 결성. 파괴적 행동을 배격코 투쟁」, 『한성일보』, 한성일보, 1946.4.4.

이 대한독립노동총연맹이라는 명실(名實)이 상부(相符)치 않는 명칭을 참용 (僭用)한다는 것은 삼천만 동포를 기만하고 노동자 대중을 우롱하는 것을 증명하는 것"이라고 비판했다.[31] 이렇듯 좌우세력은 각각 자신이 '민주적인' 조직임을 내세우면서 상대편을 '비민주적'인 조직으로 몰아세워 비판했다. 노동담론 또한 '파괴와 건설', '애국과 매국', '민주와 반민주'라는 구도 속에 서 생산되고 유포되었다. 극렬한 좌우대립과 갈등의 소용돌이 속에서 '파괴 와 건설', '애국과 매국', '민주와 반민주'라는 이분법적 등식으로 자신과 상 대편을 구분짓는 노동담론이 횡행했던 것이다.

그런데 여기서 한 가지 짚고 넘어가야 할 사실은 대한노총이 좌익 전평 주도하의 노동운동을 '비민주적', '비민족적', '비건설적', '파괴적'이라고 공격 하면서, "민주주의적 원칙하에 노동자의 해방과 이익을 위하여 결사적 투 쟁"을 전개하겠다고 선언했지만, 어떠한 내용과 방식으로 '노동자의 해방과 이익을 위하여' 조직 활동을 전개할 것인지에 대한 명확한 정책이나 전략·전술을 제시하지 못했다는 점이다. 오로지 전평과의 대결에만 집중하였으 며, 이러한 과정에서 우익정치세력의 기반을 넓히고, 자본의 이익을 올리는 역할만을 담당하였다. 좌익의 주장처럼 대한노총은 "악질자본가 급(及) 모리 배와 결탁"한[32] 조직이었으며, 활동의 자금줄 또한 모리배와 기업주로부터 나왔기 때문에 노동자계급에 절대적으로 해악을 야기한 '악덕 자본'이나 모 리배를 대상으로 한 투쟁을 거의 전개하지 않았음은 주지의 사실이다.

31) 「노동전선에 잠행. 반민주진의 동요 은폐책」, 『조선인민보』, 조선인민보, 1946.4.9.
32) 「산업은 우리들의 지표. 운수노조·투쟁규정을 발표」, 『조선인민보』, 조선인민보, 1946.4.29.

Ⅲ. 반공이데올로기에 기반한 노동담론

1. '반공'과 결합된 '민주노조'로의 변신

해방 후 처음으로 1946년에 메이데이 행사를 개최할 수 있었다. 주지하듯이 1886년 5월 1일, 8시간 노동제를 요구하며 미국노동총연맹이 총파업을 단행한 것을 계기로 1889년 7월의 제2인터내셔널 창립대회에서 메이데이를 결정하고 1890년에 제1회 대회를 개최한 것이 메이데이의 시작이었다.[33] 일제강점기인 1923년에 메이데이 행사를 처음으로 개최한 바 있지만 곧 일제의 탄압으로 시위행렬은 물론이고 공개적인 집회조차 열기 어려웠던 만큼 해방 후 처음 맞는 메이데이의 의미는 더욱 각별했다고 볼 수 있다.[34] 전평에서는 대대적으로 메이데이 행사를 추진했다. 노동대중 대부분이 메이데이에 대한 지식이 거의 없던 상황에서 메이데이의 의미를 널리 알리는 계몽활동을 전개했으며, 이와 더불어 8시간 노동제, 최저임금제, 공장 폐쇄와 해고반대, 친일파·민족반역자·모리배 숙청 등의 슬로건을 내걸었다. 이러한 활동을 통해 전평은 노동자 대중을 인민정권 수립을 위한 주요 동력으로 결집시키고, 조직화하고자 했다.

대한노총도 메이데이 행사를 개최했다. 1946년 3월 10일, 결성 당시 노동조합의 형태를 갖추지 못했고, 결성대회에 참석한 대표들은 우익 청년단원이 거의 대부분이었다는 사실에서 알 수 있듯이 대한노총은 노동조직이라는 성격에서 벗어나 있었다.[35] 또한 대한노총은 "자유노동과 총력발휘로써 건국에 헌신"하며, "혈한불석(血汗不惜)으로 노자간(勞資間) 친선"을 기하겠

---

[33] 메이데이의 역사에 대해서는 역사학연구소, 『메이데이 100년의 역사』, 서해문집, 2004 참조.
[34] 1923년 5월 1일 조선노동연맹회가 장충단공원에서 1만여 명의 대대적인 시위행렬을 계획했으나 경찰의 사전중지명령으로 실행되지 못했다. 이에 따라 조선노동연맹회는 청년회관에서 강연회를 열고 노동절 축하 선전물을 뿌리는 행사로 대체했다. 한국노동조합총연맹, 『한국노총 50년사』, 한국노동정보센터, 2003, 147~148쪽.
[35] 임송자, 『대한민국 노동운동의 보수적 기원』, 선인, 2007, 56~57쪽.

다는 강령을 내세우면서 노자협조주의를 지향했다. 대한노총이 개최한 메이데이 행사에 참석한 우익인사들의 연설은 메이데이 본래의 의미를 벗어난 것이었다. 8시간노동제를 비롯한 노동자들의 권리를 강조하기보다는 '건국을 위한 생산활동'을 역설하였고, 건국을 위해서는 8시간 이상 노동해야 한다고 강조하였다.[36] 1946년 5월 26일 영등포에서 개최된 모임에서 우익인사로 참여한 엄항섭은 8시간노동제를 주장하기보다는 하루에 16시간, 필요하다면 24시간 노동해야 한다고 역설하였다.[37] 이러한 대한노총의 메이데이 행사에 대해서 조선공산당 서울시위원회는 "가짜 노동단체 소위 '대한독립노동총연맹'이라는 따위 간판을 내걸고 거짓 메이데이 기념행사까지 흉내 내고 있다"고 비판하였다.[38]

이 시기는 미군정이 남에서 배타적 점령 통치권을 활용하여 반공 블록을 구축한데 이어 좌파 정치·사회단체에 대한 통제 메커니즘을 확립한 때였다.[39] 이는 곧 우익의 활동공간이 넓어진 것을 의미하는데, 이를 적절히 활용하기 위해 메이데이 행사를 계기로 『동아일보』를 비롯한 우익계 신문은 반공이념 확산과 '반공노동자' 창출에 나섰다. 『동아일보』 1946년 4월 23일자에서는 "만민개로(萬民皆勞)의 정신에서 모두가 노동자다. 오늘의 조선은 푸로(프로)혁명기가 아님은 물론이니 계급투쟁보다도 민족의 해방이요 자주독립기임을 확실히 인식해야" 하며, "우리 노동자는 좌(左)니 우(右)니 갈리우지 말고 한데 뭉치자"고 했다.[40] 그리고 대한노총의 메이데이 행사를

36) 「해방 후 첫 번 마지한 메-데-행사 성대. 오월 일일 서울운동장에서」, 『조선일보』, 조선일보사, 1946.5.3; 「암흑과 억압의 굴레를 벗고 환호 속에 맞이한 메-데- 육십주년」, 『한성일보』, 한성일보사, 1946.5.3; 임송자, 앞의 책, 61~62쪽.
37) HQ USAFIK, 『G-2 WEEKLY SUMMARY』, 1946.8.29. 미군정이 1946년 11월 7일에 법령 제121호를 발포하고, 17일부터 실시한 것을 계기로 대한노총은 1일 8시간노동에 대해 관심을 갖기 시작했으나 법령을 어긴 자본가에 대해 관대한 입장을 취했다. 그 예는 화신과 경전에서 군정법령 제121호 2항 위반으로 적발되자 "기업가의 양심에 호소하여 관계당국의 급속한 선처가 있기를 바란다"는 내용의 성명서를 발표한 것에서 드러난다. 「노동법 위반에 선처 요망」, 『조선일보』, 조선일보사, 1947.11.8.
38) 조선공산당 서울시위원회, 「노동자, 일반근로자, 시민, 학생 여러분! 오늘은 해방 후 처음 맞이한 5월 1일 메이데이다(1946.5.1)」, 김현식·정선태 편저, 앞의 책, 276쪽.
39) 박찬표, 앞의 책 참조.

보도하면서 노동자를 비롯한 근로대중을 "생산의 돌격대", "조국 재건의 초석"으로, 그리고 노동부 신설을 알리는 기사에서는 "인류의 꼬치요(꽃이요) 국가의 초석"으로 호명하였다.[41] 『조선일보』는 사설에서 근로대중이란 공산주의자만 부르는 고유명사가 아니라 "일부 특수층을 제외하고는 노동자나 농민이나 봉급자 소시민 그 어느 계급이나 다 근로계급"이라고 강조했다.[42]

이러한 주장은 노동자를 비롯한 근로계급이 좌익 전평에서 벗어나 반공 조직인 대한노총의 조직원으로서 단합해야 한다는 의미를 담고 있는 것이었다. 우익세력은 물론이고 『동아일보』를 위시한 보수우익지에서 전평을 비롯한 좌익세력을 '파괴분자', '산업재건의 방해자'라는 담론을 생산해 냈는데, 대한노총에서도 결성 때부터 "우익(대한노총)=민족=건설", "좌익(전평)=반민족=파괴"라는 등식으로 담론을 만들어 조직 활동의 원동력으로 삼았다.

물론 이러한 담론은 좌우대립의 대결장에서 자신의 이념적, 조직적 정당성을 내세우기 위해 생산된 것이었다. 그런데 과연 '좌익(전평)=반민족=파괴'라는 등식이 성립할 수 있는가. 전평은 1946년의 메이데이 행사에서 "산업은 건국의 기초, 노동자는 국가의 초석", "자본가는 돈을, 기술자는 기술을, 노동자는 노력을 산업부흥에 바치자", "일하지 않는 자는 먹지 말라"는 슬로건을 내세웠다.[43] 그리고 산업건설과 노동운동에 공로가 많은 분회와 노동자를 표창했다.[44] 나아가서 전평에서는 노동자를 "자주경제의 건설자이며 진실한 애국자"로 명명하였으며,[45] 1946년 7월 15일부터 21일까지를 산업건설특별추진주간으로 정하고 ① 생산능력 증대, ② 공장 주위 청소,

---

40) 「일하자! 태극기 밑에서. 우리는 건설의 역군. 대한노총연맹서 행사준비. 해방 후 처음 맞는 "메이데이"」, 『동아일보』, 동아일보사, 1946.4.23.
41) 「조국재건의 일로로! 전국 각지에서 "메이데이" 기념행사」·「노동부를 신설. 방금 노동법도 심의중」, 『동아일보』, 동아일보사, 1946.5.1, 1946.7.13.
42) 「(사설) 메-데-」, 『조선일보』, 조선일보사, 1946.5.1.
43) 「노동자는 세계평화의 수호자. 오늘 감격의 날·메-데-! 모여라·서울운동장의 기념식」, 『조선인민보』, 조선인민보, 1946.5.1.
44) 안태정, 『조선노동조합전국평의회』, 현장에서 미래를, 2002, 224~225쪽, 302~303쪽.
45) 「산건 추진기간. 경평의 창의적 활동」, 『전국노동자신문』, 전국노동자신문, 1946.7.12.

③ 노동시간 규율 엄수(출근, 퇴근, 결근 방지), ④ 비(非)애국기업가의 모리행위 적발 등을 실천사항으로 내세웠다.[46] 이러한 사실에서 알 수 있듯이 '전평=생산파괴'라는 담론은 좌우대립의 대결장에서 상대방을 적대화하려는 목적을 갖고 생산되고, 유포된 것이었다.

그렇다고 좌익만이 노동계급과 근로대중을 위해 올바른 길을 걸었다고 속단할 수는 없다. 당시 좌우대립이 심화되면서 일반 대중의 노동조합에 대한 불만이 높아만 갔다는 사실을 상기할 필요가 있다. 1946년 미군정 공보부에서 파악한 여론동향을 보면, 응답자의 47%가 노동조합에 대해 불만을 표시했고, 13%가 만족, 40%가 무응답이었다. 노동조합에 대한 비판여론이 높은 주된 원인은 노동자의 직접적인 요구와는 관련이 없는 것에 활동을 집중하였기 때문이라고 진단했다.[47] 이러한 조사결과는 미소공위 결렬 이후 추진된 좌우합작운동이 순항하지 못하고 있던 당시의 상황을 반영하고 있는 것이다. 또한 전평과 대한노총이 좌우세력의 대립과 맞물려 노동대중이 처해있는 현실을 외면하고 정치적 이해관계에 따른 세력경쟁에 집중하고 있는 것을 일반인 다수가 외면하고 있었다는 사실을 대략적으로나마 파악할 수 있는 근거가 된다.

미군정이 1946년 7월에 법령 제97호를 공포한 것을 계기로 우익세력은 노동담론에서 '민주주의'를 전유하여 '반공노조=민주주의 노조'로 고착시켜 나갔다. 우익세력은 노자협조를 지향하면서 반전평 활동, 반공투쟁을 '애국적'이고, '생산적'이며 '민주주의적'인 노동활동으로 노동자계급에게 각인시키고자 노력을 기울였다. 특히 노동담론에서 '반공노조=민주주의 노조'로 인식을 전화시키는데 유리한 국면을 제공한 것이 바로 9월총파업과 10월항쟁이었다. 9월총파업 이전에는 미군정 쪽에서 전평을 파괴적인 조직으로만

---

46) 「"땀"으로 생산하야 산업재건에. 산업건설특별추진주간 오는 십오일부터 일주일간 실시」, 『동아일보』, 동아일보사, 1946.7.11; 「산건 추진기간. 경평의 창의적 활동」, 『전국노동자신문』, 전국노동자신문, 1946.7.12.
47) HQ USAFIK, 『G-2 PERIODIC REPORT』, 1946.8.2.

규정하지는 않았다. 군정청 노동국의 할로웨이는 대한노총 조직을 관제조합으로 규정한 반면 전평에 대해 우호적이었으며,[48] 군정청 노동국은 동양방적 쟁의를 계기로 6월 11일에 이르러 전평을 노동자의 대표단체로서 권리가 있다는 것을 인정했다.[49] 장택상 경기도경찰부장도 1946년 7월 2일의 회견에서 "전평이 언제나 협조적 태도로 나감에 많은 경의를 표하고 싶다. 일반사업주 측에서는 전평은 파괴적이요 건설적이 아님을 운운하나 내가 체험한 바에 의하면 이상과는 정반대인줄 확신한다"고 언급하기도 했다.[50] 전평에서도 9월총파업 이전까지 미군정에 협조적인 태도를 견지했으며, 1946년 7월에 발표한 노동법령에 대해서도 "노동조합을 부인하고 파괴할려는 반동적 기업가 관리인에게는 철추를 의미"한다고 해석하면서, 노동입법의 급속한 실시를 요망한다는 내용의 담화를 발표하기도 했다.[51] 그러나 이러한 상황은 9월총파업과 10월항쟁을 거치면서 급변했고, 이에 따라 우익세력과 대한노총에 유리한 국면을 제공했다.

9월총파업과 10월항쟁 후 하지 중장은 성명을 발표하여 전평을 포함한 좌익세력을 "노동자가 아닌 순전한 정치적 선동자"로 몰아붙였다. 그리고 10월항쟁에 대해서는 "파업과는 관계가 거진 없고 오직 파업의 요구를 가용(假用)하여 감행한 살육뿐"이었다고 주장했다.[52] 이러한 미군정의 시각은

48) 노동운동의 회고담, 「대한노총 결성 전후」, 『노동공론』, 노동공론사, 1972.1, 178쪽, 180쪽. 할로웨이는 1947년 3·22총파업 후 세계노련 대표가 한국을 방문하자 상당한 관심을 표명했으며, 전평에서 한철과 문은종이 조직재정비를 위해 분주할 때에도 우호적인 자세를 취한 것으로 보인다.

49) 「대열의 통일강화로서 활동의 자유를 확보하자」, 『전국노동자신문』, 전국노동자신문, 1946.6.14; 「전평 합법성 전취 노동자 대표단체로 인정」, 『독립신보』, 독립신보, 1946.6.15.

50) 「전평은 건설적. 기업가들은 인식을 고치라. 장 부장(部長) 노련 가입을 축하」, 『조선인민보』, 조선인민보, 1946.7.3. 장택상은 대한노총과 전평의 대립으로 영등포 지역을 비롯한 각 공장에서 유혈사태가 일어나자 "노동단체는 정치색을 떠나 노동자의 복리를 위한 기관으로 활동하라고" 경고하면서 앞으로 유혈사건이 발생할 때에는 단체 간부를 검거할 방침이라고 표명했다. 「노동단체는 노동자 위한 활동기관. 금후는 간부를 철저히 단속. 장 경찰부장 테로 배후단체에 경고」, 『동아일보』, 동아일보사, 1946.8.27.

51) 「전평 담화. 노동정책 발포에 대하야」, 『조선인민보』, 조선인민보, 1946.7.31.

52) 「철도파업과 하지 중장 방송. 진심으로 복업을 간망」·「영남사건에 대한 하지 중장 성명. 선동자에 오도된 민중. 파괴와 살인은 어데서나 범죄행위」, 『조선일보』, 조선일보사, 1946. 10.2, 10.15; 「남조선 민중은 자중하라. 소요사건에 대한 하지 중장의 성명」, 『경향신문』, 경향

거의 모든 우익세력에게서도 동일하게 나타나고 있었다. 『한성일보』는 9월 총파업을 "일종의 정치적 파괴공작", "노동자의 희생에서 자파 성세(聲勢)를 확대 선전하자는 혼담(魂膽)"으로 몰아갔으며, 박헌영 체포령 철회와 『인민 보』·『현대일보』·『중앙신문』 등 3대 좌익신문의 정간해제를 요구하기 위해 파업이라는 수단을 동원한 것으로 비판했다.[53]

대한노총에서도 9월총파업을 "공산계열의 모략책동에 부화뇌동"하여 야기된 것으로, 그리고 단순한 노동쟁의가 아니고 "북방 모(某) 세력의 조종"에 의해 일어난 것으로 몰아갔다.[54] 10월 1일에 결성된 전국근로자동맹은 파업과 항쟁을 주도한 좌익세력을 "선량한 무산근로대중을 기만, 유혹, 농락하는 적색계열 반동분자들"로 규정하였다.[55] 이와는 다른 각도에서 9월 총파업, 10월 항쟁을 비판한 세력이 바로 삼당합당 과정을 거치면서 결성된 사회노동당(사로당)이었다. 사로당은 파업을 방해하거나 보이콧했으며,[56] 파업투쟁을 '이립삼 일규주의(一揆主義)'로 비판했던 것이다.[57]

이에 대해 조선공산당은 총파업의 목적이 "전 인민의 생활이 똑같은 파멸로 들어가게 됨을 반대하여 일어난 것이며, 제국주의 정책 밑에서 우리 민족이 재차 식민지 노예로 전락됨을 항거하여 일어난 것"이라고 주장했다.[58] 그렇지만 우익에서 제기하고 있는 '전평=파괴적, 비민주적인 조직', '대한노총=생산적, 민주적인 조직'이라는 담론의 틀은 점차 영향력을 발휘해 갔다.

주목할 점은 미군정과 우익의 비난 공세가 있었지만, 9월총파업에 전평

신문사, 1946.10.15; 「식량파업과 하지중장 성명(하)」, 『동아일보』, 동아일보사, 1946.10.16.
[53] 「(사설) 직시 복업을 요청한다」, 『한성일보』, 한성일보사, 1946.10.1.
[54] 「무모한 거조(擧措)는 가치(可恥). 노총 오십만 맹원은 직장에서 감투(敢鬪). 파업문제에 대한노총 담」, 『한성일보』, 한성일보사, 1946.10.5.
[55] 「파업은 파괴적인 모략! 근로자는 건국의 전위로. 근로동맹 성명」, 『한성일보』, 한성일보사, 1946.10.6; 전국근로자동맹, 「무산근로자 대중에 고함」, 김현식·정선태 편저, 앞의 책, 316쪽.
[56] 허성택, 「조선노동운동의 1년간의 회고와 전망」, 『전국노동자신문』, 전국노동자신문, 1947.1.28.
[57] 김대경, 「일반정세와 우리의 과업-남로당 결당대회를 보고-」, 『민주주의』 9호, 민주주의, 1947.1, 7쪽.
[58] 조선공산당, 「재차 남조선 인민에게 고함(1946.10)」, 김현식·정선태 편저, 앞의 책, 319쪽.

원 뿐만 아니라 대한노총원도 가담하였다는 사실이다.[59] 민생문제가 심각했기 때문에 전평 소속 노동자나 대한노총 소속 노동자의 경제적인 요구는 동일했다고 볼 수 있다. 그렇지만 얼마 안 있어 대한노총원은 지도부에서 파업을 반대하고 직장을 사수하라고 지시하자 순응하는 자세를 취했다.[60] 대한노총 지도부의 지시와 호소에 다수의 노동자들이 순응했다는 것은 압도적인 물리력에 의해 저항의 끈을 놓은 것으로 해석할 수 있는 측면이 있다. 그러나 전평원과 대한노총원의 파업 참여로 형성된 하층통전이 발전적으로 지속되지 못한 것에는, 그리고 '전평=파괴적, 비민주적인 조직', '대한노총=생산적, 민주적인 조직'이라는 담론이 영향력을 발휘하게 된 데에는 조선공산당과 전평 지도부에게도 책임이 있다.

3·22총파업은 반공노조로서 대한노총이 민주주의적인 노조로 변신할 수 있는 결정적인 계기가 되었다.[61] 이러한 파업에 대해 미군정과 우익에서는 '파괴행위'로 공격하였으며, 우익신문은 "이번 동맹파업은 단순한 경제문제로 파업이 아니고 국제 국내의 모든 정치문제를 제기한 종합적인 총파업을 목적한 것"으로 보도했다.[62] 이후 미군정 노동부는 4월에 이르러 대한노총 조직을 명실상부한 '민주적인 노조'로 거듭날 수 있도록 '대표노조 선거'를 추진하였다.[63] 이어서 6월에 노동부장 이대위는 "민주주의적 노동조합의 발전과 장려를 도모하는 것은 현하 조선의 노동정책 수립상 가장 중대한 과업"이라고 언명했다. 또한 "본래의 목적과 사명을 떠나 정치사상의 선전과 파괴행동을 감행"하는 노동조합은 정당한 노동조합으로 인정하지 않겠다고 경고했다.[64]

이러한 상황에서 대한노총이나 산하 노동조합은 자신들이 '민족적이고,

---

59) 임송자, 앞의 책, 66~67쪽.
60) HQ USAFIK, 『G-2 PERIODIC REPORT』, 1946.9.25.
61) 「3월총파업의 요구조건」, 『전국노동자신문』, 전국노동자신문, 1947.4.22.
62) 「파업의 성질과 요구. 24시간 파업이라고 격문」, 『조선일보』, 조선일보사, 1947.3.23.
63) 대표노조선거에 대해서는 임송자, 앞의 책, 89~90쪽 참고.
64) 「정치색을 띠운 노동조합. 정당한 단체로 인정않겠다」, 『동아일보』, 동아일보사, 1947.6.8.

건설적인 노동자', '산업건설의 기수'로 뭉친 조직이라는 것을 거듭 주장하면서 '반공노동자', '반공노동조합'으로서의 면모를 과시해 나갔으며, 아울러 지방조직을 확대, 강화해 나갔다.

1947년 3월에 개최한 전국대의원대회에서 대한노총은 〈선언문〉을 통해 "편향적인 자본주의세력의 형성을 배제하며 일방으로는 계급독재적 정치조직을 배격하여 자유로운 민주주의적 사회와 공존공영의 국민경제 재건을 위하여 투쟁한다"고 천명하였다.[65] 5월 3일 경전노동조합 선전부 이름으로 발표된 성명서에서는 "어떠한 모략과 선동이라도 분쇄하고 민족적 의식을 기간으로 건설에 총진군하여 노동자의 사명을 완수하겠다"라고 주창했다.[66] 대한노총 선언문과 경전노조 성명서에서 볼 수 있듯이 대한노총이나 그 산하 조직은 자신의 조직을 "자유로운 민주주의적 사회와 공존공영의 국민경제 재건"을 위한 조직체, "민족적 의식"으로 전평의 "모략과 선동을 분쇄"함으로써 "노동자의 사명"을 완수하는 조직체로 자임했다.

특히 경전노조는 "내부에 침투된 적색분자들의 모략"에 의해 전차 운행이 감소되거나 중단되어 서울시민이 격심한 고통을 겪었지만, 자신들이 '적색분자'를 제거하는 등 문제 해결에 적극 나서게 되었다는 점을 강조했다.[67] 즉, 3월 22일의 24시간 파업으로 전차운행이 불능상태에 빠졌으나 직장숙청을 단행하여 '좌익분자들을 소탕'하고, 노조원들의 '직장사수'와 노력에 의해 교통난 완화와 교통질서가 바로잡히게 되었다는 것이다.[68] 대한노

---

65) 대한노총은 이때 선언문에서 "국민경제를 좀먹는 악질모리배와 악질친일파를 숙청"한다고 밝히고, 당면행동강령으로 "8시간 노동제", "최저임금제", "파업권" 등을 내세웠지만, 이러한 선언과 당면행동강령이 실천활동으로 연결되었는지를 따져볼 때 극히 회의적이다. 따라서 이러한 선언문과 당면행동강령은 선언적인 의미 이상은 아니었다고 볼 수 있다.

66) 「건설에 총진군 대한경전노조 성명」, 『동아일보』, 동아일보사, 1947.5.4.

67) 「전차 격감은 회사의 고의적 태만. 종업원조합서 진상 공개」, 『조선일보』, 조선일보사, 1947. 7.13.

68) 「매일 4, 5대 증발. 병든 전차 원기 회복. 경전 고장차 수리에 개가」·「시민의 발 전차 또 증발」, 『동아일보』, 동아일보사, 1947.8.21, 9.3; 「전차 70여대 운행에 승차난 완화」·「전차 증발로 호평. 공무원(工務員) 노고로 85대 운행」, 『경향신문』, 경향신문사, 1947.9.4, 9.11; 「경전에서 본 좌익의 직장음모」, 『신태평양』 제9호, 신태평양, 1947.9.13; 「전차 백대 운전. 기념축하 꼿전차 등장」, 『조선일보』, 조선일보사, 1947.9.21.

총 서울시연맹 선전부에서도 담화를 발표하여 "과거 경전 종업원 5천명이 전평 세력 하에 있었을 때는 불과 20여 대 밖에 움직이지 못하던 것이 대한 노총 간판 밑에 불면불휴의 결과로 이미 70대를 돌파하고, 8월 26일까지는 다시 전차 1백대를 완전히 운전하게 되었"다면서 이것은 "대한노총의 진실한 노동자의 승리와 국가독립을 위한 기본이념을 실천으로서 증명하는 것"이라고 주장했다.[69] 이렇게 대표노조로서 인정받은 대한노총 경전노조는 전평을 '파괴적'인 노조로 몰아가면서 선전을 강화해 나갔다. 이와 함께 영등포지구 50여개의 공장 경영주들도 노동조직을 분열, 파괴하고 있는 전평 세력에 대해 엄벌에 처할 것을 관계당국에 진정하기도 했다.[70]

3·22총파업 이후 전평세력은 크게 감소하였다. 1947년 6월에 발표한 경기도 노동국 조사에 따르면, 총파업 사건 전까지 전평 소속 노동조합이 69개, 대한노총 소속 노동조합이 18개였는데, 총파업 이후 전평 소속 노동조합 10여개, 조합원 2만 여 명이었으며, 대한노총 소속 노동조합 80여 개, 조합원 6만여 명으로 나타났다.[71] 이러한 수치는 당시 조사통계의 신뢰도를 고려해 볼 때 다소 정확도가 떨어지지만 명백히 전평 세력의 극감을 반영하고 있는 것이다. 전평세력의 약화가 대한노총의 조직 강화로 이어졌다고 단정할 수는 없지만[72] 분명한 사실은 전평 세력의 극감으로 대한노총은 점차 활동공간을 넓혀 나갈 수 있었으며, 그에 비례하여 우익세력이나 대한노총에서 생산하고 유통했던 '반공노조=민주주의 노조'라는 노동담론도 우월적인 지위를 확보해 나갈 수 있었다는 점이다.

---

69) 「진실한 노동운동 오직 실천에 있을 뿐. 대한노총 서울시연맹 담화」, 『동아일보』, 동아일보사, 1947.9.21.
70) 「불순 노동단체 급속 해체시키라. 영등포 오십여 공장서 진정」, 『동아일보』, 동아일보사, 1947.8.27.
71) 「현 노동자의 동태」, 『조선일보』, 조선일보사, 1947.6.13.
72) 임송자, 앞의 책, 91~93쪽.

2. 노자협조의 '모범노동자' 만들기

미군정에서는 9월총파업, 10월항쟁 이후 좌익 노동세력을 배제하고 대한노총이 주창하고 있던 '노자협조'를 실현하기 위해 여러 가지 정책적인 노력을 기울였다. 전국노동주간 행사도 이러한 정책의 하나로 볼 수 있다. 노동주간 행사는 1946년 12월에 처음 실시되었는데, 그 목적은 법령 제97호의 취지[73]를 널리 알리고 노동자들의 근로의욕을 고취하기 위한 것이었다. 미군정은 노동법령과 노동정책을 선전보급하기 위해 12월 2일부터 1주일 동안 각 노동단체, 공장, 광산 등지를 방문하고, 강연회를 개최하였다. 이는 노동자들에게 시간엄수, 조퇴·결근·사고방지, 규율 준수, 물자 절약, 위생 관념 등을 체득시킬 목적으로 전개한 것이다. 이러한 행사는 주로 강연회와 함께 좌담회, 강습회를 실시하는 것으로 진행되었다. 그리고 근로의욕 고취와 노자협조 실현이라는 취지에 걸맞게 모범근로자 표창과 함께 '선량사업주'를 표창하는 행사도 개최했다. 이러한 행사가 진행되는 1주일을 날짜별로 구분하여 12월 2일 청소일, 3일 시간려행일(時間勵行日), 4일 사고방지일, 5일 물자절약일, 6일 기계애호일, 7일 계몽일, 8일 위안일(慰安日)로 정하여 추진했다.[74] 전국노동주간 행사는 이후에도 계속되었다.

전국노동주간 행사는 전평이 추진했던 산업건설특별추진주간이라는 행사를 차용한 것으로도 볼 수 있는데, 시간엄수, 조퇴·결근·사고방지, 규율 준수는 전평의 행사내용과 동일한 것이었다. 그런데 전평이 내세운 "비(非)애국기업가의 모리행위의 적발"은 행사 내용에 포함되어 있지 않았다. 무엇보다도 노동자들의 근로의욕을 무너뜨리고 노사협조를 불가능하게 한 요인은 기업주들의 임금체불이나 착취, 모리행위, 부당노동행위였으며, 부

---

73) 1946년 7월 23일에 공포된 미군정 법령 제97조에 대해서는 임송자, 앞의 책, 104쪽 참조.
74) 「모범노동자와 선량사업주를 표창. 래월부터 노동주간 실시」·「근로정신을 선전보급. 래월 2일부터 전국노동주간」, 『동아일보』, 동아일보사, 1946.11.6, 11.24; 「전국노동주간 12월 2일부터」·「노동주간 행사순서」, 『경향신문』, 경향신문사, 1946.11.24, 11.30; 「노동주간 일정 결정」·「노자협조로 산업을 부흥. 힘찬 구호 밑에 노동주간을 전개」, 『동아일보』, 동아일보사, 1946.11.30, 1946.12.3.

두노동에서 오랜 관행으로 일삼아 오던 하역회사의 중간착취였다. 그런데도 이러한 부당한 행태를 시정하기 위한 노력은 기울이지 않은 채 묵인하였으며, 덮어놓고 노동자의 근로의욕과 애국심에 의해 노사협조가 가능할 것으로 호도하였다.[75] 이러한 점에서 미군정이 실시한 전국노동주간의 성격을 간취할 수가 있다. 또 한 가지 주목할 사항은 "노동과 경영의 노동협력은 모든 방해를 막을 수 있다"는 표어를 내걸고 행사를 진행했다는 점이다. 이 표어에는 '노사협조'와 '전평 배제'라는 두 가지 큰 뜻을 담고 있다. 표어에서 "모든 방해"라는 것은 좌익 활동 특히 전평의 활동을 가리키고 있는 것임은 물론이다.

이렇듯 미군정은 좌익 노동세력을 배제하고 대한노총이 주창하고 있던 '노자협조'를 실현하기 위해 여러 가지 정책적인 노력을 기울였으며, 전국노동주간 행사를 통해 미군정 노동정책에 순응하는 노동자들을 선발하여 모범노동자로 표창했다. 또한 언론에서는 좌익세력이나 좌익 전평에 소속한 노동자를 배제한 상태에서 일반 노동자나 우익노조 소속 노동자를 '생산의 돌격대', '국가재건의 초석'으로 호명하였으며, 노동규율을 준수하고 자본가와 경영자에게 협조적인 자세를 취할 것을 요구하였다.

전국노동주간 행사는 1947년에도 이어졌으며, 과도정부 노동부 주최로 10월 20일부터 26일까지 추진되었다.[76] 1946년도의 행사와 마찬가지로 각 도 단위로 청소, 시간여행(時間勵行), 사고방지, 물자절약, 기계애호 등을 강

---

75) 대한노총에서 뒤늦게나마 모리배 처단을 주장하는 성명서를 발표할 정도로 모리배 문제는 심각하였다. 그러나 대한노총은 모리배 처단을 위한 구체적인 활동을 전개하지는 않았다. 「모리배 처단하라」·「전체 통제 요망. 대한노총이 성명」, 『조선일보』, 조선일보사, 1947.1.9, 1947.1.28.

76) 「생산능률을 촉진. 20일부터 노동강조주간」·「20일부터 근로사상 함양에 서울시 노동주간 실시」, 『경향신문』, 경향신문사, 1947.10.2, 10.18; 「땀'에 빛나는 근로군상. 20일부터 노동자 주간」·「땀 흘려 힘껏 일하자. 노동강조주간. 20일부터」, 『동아일보』, 동아일보사, 1947.10.3, 10.18; 「씩씩하게 일하자. 근로강조주간을 실시」, 『조선일보』, 조선일보사, 1947.10.21. 노동주간 행사에 대해 전평에서는 "민주주의적 노동법의 철저한 실시가 없을 뿐 아니라 노동조합운동의 자유 보장이 없는 현 상황에서 이러한 노동주간을 설정하고 노동운동을 강조한다는 것은 결국 도로와 공허에 지나지 않는다"는 내용의 담화를 발표했다. 「노동주간 실시에 대해 전평 상위서 담화 발표」, 『조선중앙일보』, 조선중앙일보, 1947.10.17.

조하고 실천하는 행사와 더불어 모범노동자를 표창하였다. 1948년에 들어서는 경기도에서 도내 각 산업기관에 종사하는 노동자를 대상으로 "다른 사람의 모범이 될 만한 건실한 인물, 그리고 기술을 개량시켜 생산증진에 이바지 한 인물"을 뽑아 표창했다.[77]

대한노총과 그 산하 조직은 미군정의 좌익공세가 강화됨에 따라 활동공간이 넓어지자 이를 적극 활용하여 전평을 '반민주적'이고 '반민족적'인 세력으로 몰아붙이면서 반공노조로서 기반을 다져나갔다. 그리고 이승만·한민당의 단정노선에 합류하여 '타공전선'에서 실력을 유감없이 발휘함으로써 대한민국 정부수립에 지대한 역할을 했다.

정부수립 이후에도 국가는 근로정신과 애국정신을 고취하기 위한 담론을 생산하였으며, 사회부에서는 노동문화협회를 조직하고, 노동자를 대상으로 포스타를 현상모집하는 행사를 실시하기도 했다. 서울시에서도 1949년 11월에 노동표어를 현상모집하여 1950년 1월에 심사발표를 하였는데, 이때 당선작의 표어를 보면 "나라는 섰다 일해야 산다"(1등), "빛나는 대한민국 노동으로 보답하자" / "나가자 일터로 빛내자 대한민국"(2등), "행복은 근로에서 평화는 생산에서" / "노동은 신성하다 굳세게 일하자" / "노동으로 빛내자 삼천리 금수강산"(3등) 등이었다.[78]

또한 미군정기에 실시한 전국노동주간 행사를 1949년 10월에는 '노동강조주간'으로 이름을 변경하고 노동포스터 전시회나 전람회를 개최하는 한편 모범노동자와 사업주를 표창하는 행사를 열었다. 노동강조주간 행사는 "한 방울의 땀은 이 땅의 힘"이란 구호 아래 10월 21일부터 27일까지 실시되었는데, 언론에서는 이러한 행사를 보도하면서 "산업의 재건은 전 민족적인 과업으로 애국적인 기업정신과 애족적인 근로의욕을 북돋아 자주경제의 확립으로 민생문제를 해결하고 나아가 강토통일에 이바지하여야 할 것"이라고 강조하였다.[79] 근로정신과 애국정신을 고취하기 위한 목적으로 정부

---

77) 「근로자를 표창. 경기도 내에서 선택 중」, 『조선일보』, 조선일보사, 1948.2.8.
78) 「노동표어 당선작 발표」, 『동아일보』, 동아일보사, 1950.1.6.

당국에서 정책적으로 행사를 계속 추진하였는데, 1949년 12월 1일부터 노동조합 중견인물을 지도 육성한다는 목적으로 노동조합 간부 강습회를 개최하였으며,[80] 1950년의 메이데이 행사에서는 모범노동자와 사업주를 표창하였다.[81] 이러한 정부 당국의 행사는 한국전쟁으로 중단되기도 했지만, 1952년에는 11월 17일부터 23일까지 "근로의욕 고취"와 "산업부흥"을 목적으로 노동강조주간 행사를 개최할 수 있었다.[82]

3. 노동자, 체제 대결을 위한 반공의식의 담지자

대한민국 정부 수립과정에서 남한 내 좌익 전평이 거세되고 잔존세력이 지하로 잠복함으로써 미군정기의 좌우대립, 전평과 대한노총의 대결 양상은 거의 사라졌다. 따라서 노동담론의 내용 구성도 좌익세력과 전평을 '적대세력', '제거해야 할 대상'으로 설정하던 것에서 북한과의 체제 대결에 중점을 둔 것으로 변화해 갔다. 노동담론의 이념적 지형이 반공이데올로기에 기반한 것에는 변함이 없지만 담론의 내용구성에서 변화를 보이고 있는 것이다. 즉, 5·10선거 이후의 노동담론은 '노동자의 공산주의화'를 방지하기 위해서 그들의 기본권리 확보나 대우 개선이 필요하다는 논리를 내세우는 경우가 많아지고 확대되어 갔다.

이러한 변화상을 구체적으로 살펴보자. 6월 14일, 전진한 의원이 노동자의 '이익균점권'을 보장하자는 제안서를 대한노총 이름으로 국회에 제출하였는데, 이 제안서에는 공산주의 방지를 위해서 노동자의 권리 확보가 필요하다는 논리가 담겨져 있다. 즉, "공산당 독재와 자본가로부터 노동자·농민을 구출하고 나아가 우리 민족을 동족상잔의 참화로부터 해방하는 유

---

79) 「노동강조주간 전개」·「북돋우자 근로욕. 색다른 두 주간행사」, 『동아일보』, 동아일보사, 1949. 10.16, 10.21; 「(사설) 노동강조주간」, 『동아일보』, 동아일보사, 1949.10.22.
80) 「노조 간부 강습회」, 『동아일보』, 동아일보사, 1949.12.2.
81) 「노동자의 명절에 선물, 모범노동자와 사업주를 표창」, 『자유민보』, 자유민보, 1950.4.21.
82) 「노동강조주간 설정」, 『마산일보』, 마산일보, 1952.11.15.

일무이한 방도"는 곧 노동자의 이익균점을 보장하는 것이라면서 헌법 조문에 노동자의 이익균점권을 포함시키자고 제안하였다.[83] 이러한 제안에 대해 전평에서는 6월 29일에 성명서를 발표하여 "일반 근로인민을 현혹하고 기만하여 그 반동성을 은폐하려는 점에서 더욱 반동적인 것"이라고 비판하였다.[84]

또한 전진한은 문시환 의원과 함께 국회에 헌법 제17조(근로조항) 수정안을 제출했다. 7월 3일의 국회 제1회 제24차 회의에서 문시환 의원은 "정치적으로 민주주의만 실행할 것이 아니라 경제적으로 민주주의를 실행"할 것을 주장했으며, 전진한 의원도 "우리가 민주주의 노동을 전개하지 않을 것 같으면 국내적으로는 근로대중에게 위반이 될 것이고, 국제적으로는 우리가 남북을 통일할 기본을 잃고 또 일면에 있어가지고 남조선 정권이 남북을 통일할 수 없는 한 개의 정권이라고 볼 수밖에 없을 것"이라고 발언했다.[85]

한편 김봉진의 글에서도 노동자들이 공산주의에 물드는 것을 방지하기 위해서는 그들의 기본권리 확보나 대우 개선이 필요하다는 논리를 확인할 수 있다. 김봉진은 근로계급의 경영참가를 통한 발언권 확보와 이익균점이

---

83) 임송자, 「전진한의 협동조합 및 우익노조 활동」, 김택현 외, 『민족운동과 노동』, 선인, 2009, 201~202쪽. 이익균점권을 포함시키자는 대한노총의 주장은 국회에서 상당한 논란을 불러 일으켰지만, 결국 채택되어 헌법 제18조 2항에 "영리를 목적으로 하는 사기업에 있어서는 근로자는 법률의 정하는 바에 의하여 이익의 분배에 균점할 권리가 있다"는 조문이 만들어졌다.

84) 「대한노총 제안 비판. 전평에서 견해를 발표」, 『조선중앙일보』, 조선중앙일보, 1948.7.6. 전평에서 대한노총의 제안서가 반동적인 이유를 다음과 같이 구체적으로 제시하였다. 첫째, 그들은 북조선과 같은 진보적 노동법령의 제안과 사회보험제를 실시함이 없이 추상적으로 법률의 범위 내에서 노동의 기본권리를 요구하고 있다. 둘째, 그들은 중요산업의 국유화를 요구하지 않고 노동과 기술을 자본으로 간주하여 기업의 이익분여(利益分與)에 참여함을 요구하고 있다. 이는 파시스트들이 이미 우리들에게 허위선전한 진부한 수단이다. 셋째, 그들은 모든 기업운영에 노동자의 참여권을 주장하며 노자협의회 구성을 제의하고 있다. 그러나 전 산업수단과 토지를 자본가와 지주가 독점하고 있는 사회에 있어 노동자의 기업체 운영 등에 참여함은 달콤한 수단으로 노동자를 기만하는 것이다. 넷째, 그들은 유상몰수 유상분배의 토지개혁을 부르짖음으로써 지주의 이익을 노골적으로 대변하고 봉건적 토지소유제도를 유지 강화하여 우리 조선의 민주발전을 억누르려고 하고 있으나 조선의 노동자 농민들은 이러한 기만에 속지 않는다.

85) 국회사무처, 『국회속기록』 제1회 제24차, 1948.7.3; 임송자, 「전진한의 협동조합 및 우익노조 활동」, 김택현 외, 앞의 논문, 203쪽. 결국 전진한 의원의 수정안은 부결되었다.

필요하다면서 "사회주의를 가미한 사회정책만이 경제위기를 구출하고 자본주의를 재건할 수 있는 유일의 방도"라고 주장하였다.[86] 정부 당국자의 발언에서도 이러한 논리를 발견할 수 있는데, 1949년 10월, 사회부 노동국장 전호엽은 "노동자의 기본적 권리를 극력 옹호하는 동시에 그들의 대우를 개선하여 생활을 안정시킴으로써 노동자의 공산주의화를 방지하여야 할 것"[87]이라고 밝히고 있다.

공산주의에 대한 방파제를 구축하기 위해서 노동자의 권익을 충족시켜 주어야 한다는 논리는 1949년 11월의 귀속재산처리법 제정과정에서도 확인할 수 있다. 귀속재산의 우선적 불하자 범위를 놓고 논의가 진행되었는데, 처음 국회를 통과한 〈산업위원회안〉에 대한 수정안에는 우선 불하권자로 '종업원조합'이 포함되어 있었다.[88] 이때 수정안을 제시한 장홍염 의원은 다음과 같이 발언했다.

> 우리나라 경제는 헌법에 규정된 바와 같이 완전한 자본주의 체계로 나가는 것이 아니라 균등 경제로 응해 나가기 위해서 이 균등한 사회를 건설하자면, 첫째 노동자를 대우해야만 하는 것이 사실입니다. …… 노동자, 농민을 제외하고는 공산주의 방파제를 쌓지 못할 것입니다. 공산주의 홍수를 막기 위해서 농민, 노동자에게 농지를 준다는 농지개혁법을 제정했으며, 여기에 따라서 역시 귀속재산에 있어서 농민에게 농지와 이익을 균점시키는 것과 같이 이 기업체 운영에 있어서 노동자에게 그 이익을 균점시켜야 됩니다.[89]

이렇듯 장홍염 의원은 대한노총이 전평과의 대결을 통해 기업체를 지켜온 업적을 인정하여 종업원조합에게 공장 불하권을 부여하라고 주장하면

---

86) 김봉진, 「한국경제의 회고와 전망」, 『개벽』 11권 1호, 개벽사, 1949.3, 45쪽.
87) 「노조 발전 노력. 전 노동국장 담」, 『동아일보』, 동아일보사, 1949.10.30.
88) 국회사무처, 『국회속기록』 제5회 제42차, 1949.11.16; 공제욱, 『1950년대 한국의 자본가 연구』, 백산서당, 1993, 71~72쪽. 전진한 의원 외 40인의 수정안에는 '종업원조합 대표'를 삽입할 것을, 장홍염 의원 외 13인의 수정안은 '종업원조합'을 포함시킬 것을 주장하였다. 두 개의 수정안을 합쳐 '종업원조합'으로 결정하였다.
89) 대한민국국회사무처, 『국회회의록』 제5회 제42차, 1949.11.16.

서 노동자의 권리 확보에 의해 노동대중을 규합시킬 수 있을 것이며 공산주의에 대항하는 방파제 구축이 가능하다고 강조하였다. 같은 자리에서 전진한은 장홍염 의원의 의견에 동조하면서 "전 국민의 각계각층이 힘을 합해서, 마음을 합해서 각자의 이기심을 버리고 대통령이 창조하신 일민주의(一民主義)로 해 나가지 아니할 것 같으면 도저히 대한민국이 공산주의 때문에 살아나갈 도리가 없"다고 발언했다.[90]

전진한의 발언에서 주목되는 점은 이 대통령이 주창한 일민주의를 내세워 귀속재산에 우선 불하권자로 종업원조합을 포함시켜야 만이 '공산주의 발호'에 대처할 수 있다고 주장한 점이다. 일민주의는 이승만 정권 초기에 국시, 당시, 단시 등으로 채택될 정도로 강한 영향력을 미치고 있었으며, 문벌·반상 차별, 남녀 차별, 지역 구별, 빈부 차등을 철폐하겠다는 4대 정강을 주요 내용으로 하고 있다.[91] 이러한 일민주의의 논리에는 전체주의적 발상 또는 파시즘적 사고가 내포되어 있는데도 이승만과 그 추종자들은 민주주의 발전을 위해 일민주의를 철저하게 실현해야 하는 이념으로 떠받들었다.[92] 대한노총의 노동지도자들도 일민주의에서 내세우고 있는 '공산주의 극복', '계급 타파', '빈부 차등 철폐' 등을 여과 없이 받아들였으며, 전진한 또한 일민주의를 구현하기 위해서는 귀속재산처리에서 우선 불하대상자로 '종업원조합 대표'를 넣어야 한다고 주장하고 있는 것이다. 전진한 의원 외 40인의 수정안과 장홍염 의원 외 13인의 수정안은 하나로 합쳐져 '종업원조합'으로 결정되어 국회를 통과했지만, 정부에 의해 '종업원조합'이 삭제되고 '종업원'으로 대치되었다.[93]

90) 국회사무처, 『국회속기록』 제5회 제42차, 1949.11.16.
91) 양우정 저, 『이대통령 건국정치이념: 일민주의의 이론적 전개』, 연합신문사, 1949; 안호상 편술, 『일민주의의 본바탕』, 일민주의연구원, 1950; 이승만 저, 『일민주의 개술』, 일민주의 보급회총본부, 1954 등을 참조.
92) 서중석, 『이승만의 정치이데올로기』, 역사비평사, 2005, 16~18쪽. 서중석은 일민주의를 '한국형 파시즘'으로 규정하고, 일민주의와 민주주의, 일민주의와 영도자론, 일민주의와 도의·도덕론 및 가족유기체론, 일민주의와 노동계급·농민, 일민주의와 민족주의 등으로 나누어 분석했다. 이에 대해서는 서중석, 『이승만의 정치이데올로기』, 역사비평사, 2005 참조.
93) 공제욱, 앞의 책, 73~74쪽.

대한노총 철도연맹 위원장 주종필은 『경향신문』 1950년 3월 25일자에 기고한 글을 통해 정부가 발표한 경제안정 15원칙의 하나인 최저임금제 확립의 의의를 다섯 가지로 요약하였는데, 여기에서도 '반공'을 위해서는 노동자의 권리 확보가 필요하다고 피력했다. 즉, 최저임금제는 "근로자로 하여금 조국 대한민국을 절대 신뢰시킬 수 있으며 따라서 적구(赤狗) 침투의 모든 기회가 봉쇄될 것"이며, "조국통일을 위한 반공탄환으로서의 자부(自負)를 갖게 할 것이며 이북 애국동포의 의거를 정치적으로 준비하게 될 것"이라고 그 의의를 부여했다.[94] 간단히 말해서 노동자가 대한민국을 신뢰하고, '반공탄환'으로서 자부심을 갖게 하려면 노동자의 권리 확보 즉 최저임금제를 실현해야 한다는 주장을 펼치고 있는 것이다.

　　노동담론은 남한 체제의 우월성을 과시하기 위한 목적으로 북한의 '참혹한 노동실정'과 남한의 노동상황을 대비시킴으로써 선전을 극대화시키는 방향으로도 전개되었다. 미군정기에도 남과 북을 대비시켜 선전술로써 노동담론을 유포하였지만, 정부수립 이후에, 특히 1948년 12월 12일 유엔총회에서 "대한민국 정부가 유엔한국임시위원단 감시 아래 선거에 의해 수립된 유일한 정부"라는 것을 선언한 이후에 보다 구체화되었다고 볼 수 있다. 이 대통령은 1949년 1월 11일에 중앙방송국을 통해 〈이북 동포와 인민군에게〉라는 제목으로 연설하였는데, 이를 보도한 『동아일보』는 "공산독재와 굳게 싸워라", "38선은 미구(未久) 철폐"라는 표제를 달았다.[95] 2월 8일에는 국방본부에서 "북한 괴리집단이 해산될 날이 목전에 닥쳐왔다"고 강조하는 방송을 하였다.[96] 이범석 국무총리는 3월 8일에 유엔한국위원단과 회담하였는데, 그는 "북쪽의 괴뢰정권은 대한민국과 대치될 뿐만 아니라 대한민국이 인정치 않는 공산세력으로 강작(强作)된 것이라는 관점에서 우리는 먼

94) 「15원칙에 요망(완) 노임: 주종필」, 『경향신문』, 경향신문사, 1950.3.25.
95) 「이대통령 북한동포를 격려」, 『동아일보』, 동아일보사, 1949.1.13.
96) 「건설에 매진하자. 이북 괴뢰정권 미구(未久) 해산. 군 정보과 방송」, 『동아일보』, 동아일보사, 1949.2.11.

저 이들의 비합법적 무력체(武力體)를 해제시키고 5·10선거 시와 동일한 입장에서 민의에 의한 총선거를 거처 합법적인 통일정부를 수립하여야 할 것"이라고 밝혔다.[97] 이러한 방송 내용과 국무총리의 발언 등에 기초하여 언론에서는 월남동포의 입을 빌려 북한의 실상을 선전하였는데,『동아일보』 1949년 5월 13일자에서 다음과 같이 보도하였다.

> "이북에 있는 절대 다수의 동포는 괴뢰독재정권에 신음하고 있다. …… 노동 자는 8시간 노동제의 미명하에 노동시간 외에 강압적으로 매일 그 어떠한 집 회에도 참석할 의무를 지게 되어 있어 자유로운 시간의 여유를 갖지 못한다. 세금으로써 시민의 고혈을 착취하기 위하여 상업은 대소를 막론하고 등록제 로 되어 있으며 과중한 세금에 생계를 유지할 수 없다."[98]

북에서는 1946년 6월 24일에「북조선 노동자 및 사무원에 대한 노동법령」 을 발표하였고, 9월에는 노동법령을 실시하기 위한 정부조직으로 노동부 를 설치하였다.「북조선 노동자 및 사무원에 대한 노동법령」의 주요 내용 은 노동자와 사무원들에게 8시간 노동제를 실시한다는 것이었다.[99] 미군정 에서는 이러한 노동법령에 대응하여 "민주주주의적 노동조합의 발전을 장 려"한다는 것을 주요 내용으로 하는 법령 제97호를 발표하는데, 그 실상은 전평 배제와 대한노총 육성을 목적으로 한 것이었다. 법령 제97호를 뒤이 은 법령은 미군정이 끝나는 기간까지 나오지 않았다.[100] 미군정기에 노동

---

97)「대소협상만 타당 북한단체는 포섭할 뿐. 한위에 정부의 통일안 피력호(披瀝乎)」,『경향신문』, 경향신문사, 1949.3.10.
98)「이북은 지옥 월남동포 담」,『동아일보』, 동아일보사, 1949.5.13.
99) 이진순,「해방후 북한의 노동정책(1945-1950)」, 성균관대학교 석사학위논문, 1999, 19~20쪽.
100) 다만 두 개의 통첩, 즉 1947년 5월 29일의「노동조합운동의 지도에 관한 건」과 5월 30일의 「노동당국이 취급할 노동쟁의의 한계에 관한 건」이 있을 뿐이다. 이 두 개의 통첩은 노 동조합에 대해서 "순전히 경제투쟁을 목적으로 한 단체이어야"한다고 명시하였으며, 단 체협약의 협약 체결 단위를 공장사업장, 직장단위로 하며 산업별 단위로 하지 않도록 지 시하였다. 임송자,「미군정기 대한독립촉성노동총연맹에 관한 연구」, 성균관대학교 석사 학위논문, 1994), 19~22쪽; 김삼수,「한국 자본주의 국가 성립과 그 특질(韓國資本主義國家 の成立とその特質)」, 동경대 박사학위논문, 1991, 78~82쪽.

법령 제정에 대한 논의가 있었지만 실제로 실현을 보지 못하였고, 정부수립 이후에도 지연되고 있었다. 이러한 상황에서 북에서 실시하고 있는 노동법령에 공격을 가할 필요가 있었고, 이를 반영하여 언론에서는 8시간 노동제가 허구적이라는 담론을 구성하기 위해 월남동포의 입을 빌려 선전하였던 것이다. 즉, 북에서는 8시간 노동제를 실시하고 있지만 실제로는 '노동자의 자유를 억압하고 착취'하고 있는 것이 북한의 실정이라는 논리를 만들어 내고 이를 유포시킨 것이다.

IV. 맺음말

한국사회를 제어하고 규율하는 강력한 기제였던 반공이데올로기가 노동영역에서 어떠한 과정을 거쳐 형성되고 고착되었는지에 주목하였으며, 해방 이후 극단적인 좌우대립 속에서, 그리고 전평과 대한노총의 대결국면에서 만들어진 노동담론은 반공체제가 한국사회에서 뿌리를 내리도록 하는데 상당한 역할을 하였다는 인식에 기초하여 연구를 진행하였다. 앞서 기술한대로 우익 정치세력, 대한노총 지도자, 우익언론 등에서 생산하고 유통시킨 노동담론은 반공이데올로기에 기반한 것이었으며, 전평 배제의 노동담론이 점차 우위를 점하면서 노자협조의 '모범노동자상(像)'이 만들어지고, 대한노총은 '반공'과 결합된 '민주노조'로 변신할 수 있었다. 또한 정부수립 이후에는 공산주의에 대한 방파제 구축이라는 틀 속에서 노동담론이 전개되었고, 이러한 구조 속에 노동자들은 순응, 포섭, 긴박되어 갔다고 볼 수 있다.

해방 후 노동자들은 일제하 파시즘적 노동에서 벗어나 계급적인 역량을 강화할 수 있는 활동의 공간을 확보하게 된다. 정당·사회단체나 지식인도 일본 자본의 본국으로의 철수, 남북분단으로 인한 경제관계의 단절 등으로 공업생산의 급격한 위축과 전면적 파탄에 처한 당대 현실에서 새로운 국가 건설을 위한 생산의 중요성을 인식하고, 경제부흥과 건설사업의 주요 동력으로 노동자를 비롯한 근로대중에 주목했다.

좌익세력과 전평으로 대표되는 좌익 노동조합은 노동자를 "애국자", "평화 애호자", "진실한 건설자"로 호명하면서 새 국가 건설에 적극 참여할 것을 주창했다. 같은 맥락에서 "민족자본의 양심적인 부분"과 협동전선을 형성하여 산업건설운동을 전개함으로써 인민정권 수립의 기초로 삼고자 했으며, 이러한 정책은 해방 후 노동자를 비롯한 근로대중의 욕망과 결합되어 활성화됨으로써 해방정국 초기에 노동국면을 주도할 수 있었다.

반면 우익은 반공의 가치체계에 기반하여 좌익 주도의 노동활동을 비난하고 공격하는 전략을 내세웠다. '신탁통치 정국'을 주도해 나가면서 좌파를 반민족세력으로 몰아갔으며, 이러한 과정에서 좌익에 우호적이었던 근로대중을 견인, 포섭하고자 했다. 한마디로 이 시기는 극단적인 좌우 대결로 치달으면서 서로 대중을 전취하려는 의욕이 분출된 시기였으며, 노동문제를 둘러싼 좌우대립은 대한노총 결성 이후 본격화되었다고 할 수 있다.

좌우세력은 각각 자신이 '민주적인' 조직임을 내세우면서 상대편을 '비민주적'인 조직으로 몰아세워 비판했다. 노동담론 또한 '파괴와 건설', '애국과 매국', '민주와 반민주'라는 구도 속에서 생산되고 유포되었다. 우익세력과 언론에서는 메이데이 행사를 계기로 반공이념 확산과 '반공노동자' 창출에 나섰으며, 대한노총으로 대표되는 우익 노동조직은 "우익(대한노총)=민족=건설", "좌익(전평)=반민족=파괴"라는 등식으로 담론을 만들어 조직활동의 원동력으로 삼았다.

노동담론에서 '반공노조=민주주의 노조'로 인식을 전환시키는데 유리한 국면을 제공한 것이 바로 9월총파업과 10월항쟁이었다. 총파업과 항쟁을 거치면서 전평에 대한 미군정의 인식이 급변했으며, 이러한 상황은 우익세력과 대한노총에 유리한 국면을 제공하였다. 이리하여 '전평=파괴적, 비민주적인 조직', '대한노총=생산적, 민주적인 조직'이라는 담론의 틀은 점차 영향력을 발휘해 갔다.

3·22총파업은 반공노조로서 대한노총이 민주주의적인 노조로 변신할 수 있는 결정적인 계기가 되었다. 무엇보다도 3·22총파업 이후 미군정 노동부에서 실시한 '대표노조 선거'는 대한노총 조직을 명실상부한 '민주적인 노조'로 거듭날 수 있도록 영향을 미친 계기가 되었다. 이러한 유리한 분위기 속에서 지방조직 확대를 더욱 강화하여 대한노총이나 산하 노동조합은 자신들이 '민족적이고, 건설적인 노동자', '산업건설의 기수'로 뭉친 조직임을 내세우면서 '반공노동자', '반공노동조합'으로서의 면모를 과시해 나갔다. 3·22총파업 이후 전평세력은 크게 감소하였고, 이러한 전평 세력의 약화가 대한노총의 조직 강화로 이어졌다고 단정할 수는 없지만 대한노총의 활동 공간 확대와 더불어 우익세력이나 대한노총에서 생산하고 유통시켰던 '반공노조=민주주의 노조'라는 노동담론도 우월적인 지위를 확보해 나갔다고 볼 수 있다.

한편 미군정에서는 노자협조의 '모범노동자'를 만들기 위해 여러 가지 정책적인 노력을 기울였으며, 그 일환으로 추진된 것이 노동주간 행사이다. 강연회와 계몽활동을 통해 '노자협조'의 '모범노동자상(像)'을 주입시켰으며, 전평에 소속한 노동자를 배제한 상태에서 일반 노동자나 우익노조 소속 노동자를 '생산의 돌격대', '국가재건의 초석'으로 호명하였다. 근로정신과 애국정신을 고취하면서 모범노동자를 창출하기 위한 국가의 기획은 정부수립 이후에도 지속되었다.

정부 수립 이후 노동담론의 내용은 변화되었다고 볼 수 있는데, 노동자들이 공산주의에 물드는 것을 방지하기 위해서는 그들의 기본권리 확보나 대우 개선이 필요하다는 논리를 내세운 담론이 자리를 잡게 되었다. 전진한을 비롯한 노동지도자나 국회의원은 노동자의 이익균점권, 근로계급의

경영 참가, 그리고 귀속재산 불하 대상으로 종업원조합 포함 등을 제기했
는데, 이들이 내세운 논리는 '노동자의 공산주의화' 방지였다. 공산주의에
대한 방파제 구축을 위해서는 노동자의 권익을 충족시켜 주어야 한다는 주
장은 대한노총 지도자뿐만 아니라 여타 지식인이나 정부 당국자들의 발언
에서도 확인할 수 있으며, 이러한 노동담론은 남한 체제의 우월성을 과시
하기 위한 목적으로 남북의 노동상황을 대비시켜 선전을 극대화하는 방향
으로도 전개되었다.

▨ 참고문헌

1. 자료

신문: 『경향신문』, 『독립신보』, 『동아일보』, 『마산일보』, 『매일신보』, 『자유민보』, 『자유
신문』, 『전국노동자신문』, 『조선인민보』, 『조선일보』, 『조선중앙일보』, 『한성일보』.
잡지: 『개벽』, 『노동공론』, 『대조』, 『민고』, 『민주주의』, 『신태평양』, 『조선경제』.
HQ USAFIK, 『G-2 PERIODIC REPORT』, 한림대 아시아문화연구소 영인본.
_____, 『G-2 WEEKLY SUMMARY』, 한림대 아시아문화연구소 영인본.
공보처, 『대통령 이승만 박사 담화집』, 공보처, 1953.
국사편찬위원회 편, 『자료 대한민국사』 15, 국사편찬위원회, 2001.
_____, 『자료 대한민국사』 16, 국사편찬위원회, 2001.
국회사무처, 『국회속기록』 제1회 제24차, 1948.7.3.
_____, 『국회속기록』 제2회 제2차, 1948.12.22.
_____, 『국회속기록』 제5회 제42차, 1949.11.16.
김양재, 『노동조합 교정』, 돌베개, 1987.
김현식·정선태 편저, 『'삐라'로 듣는 해방 직후의 목소리』, 소명출판, 2011.
조선인민당, 『인민당의 노선』, 신문화연구소출판부, 1946.

2. 연구서 및 논문

공제욱, 『1950년대 한국의 자본가 연구』, 백산서당, 1993.
김봉국, 「1945~1953년 한국의 민족·민주주의론과 냉전담론」(전남대 박사학위논문,
　　　2017.2.

김삼수, 「韓國資本主義國家の成立とその特質」, 東京大 박사학위논문, 1991.

박원순, 『국가보안법 연구』 1, 역사비평사, 1990.

박찬표, 『한국의 국가형성과 민주주의』, 후마니타스, 2007.

서중석, 『이승만의 정치이데올로기』, 역사비평사, 2005.

_____, 『조봉암과 1950년대』 상, 역사비평사, 1999.

_____, 『한국현대민족운동연구』 2, 역사비평사, 1996.

안태정, 『조선노동조합전국평의회』, 현장에서 미래를, 2002.

안호상 편술, 『일민주의의 본바탕』, 일민주의연구원, 1950.

양우정 저, 『이대통령 건국정치이념: 일민주의의 이론적 전개』, 연합신문사, 1949.

_____ 편저, 『이승만 대통령 독립노선의 승리』, 독립정신보급회, 1949.1 재판.

이승만 저, 『일민주의 개술』, 일민주의보급회총본부, 1954.

이정은, 「1950년대 노동 지배 담론과 노동자의 대응」, 『역사비평』 83, 역사비평사, 2008.5.

이진순, 「해방후 북한의 노동정책(1945-1950)」, 성균관대학교 석사학위논문, 1999.

임송자, 「미군정기 대한독립촉성노동총연맹에 관한 연구」, 성균관대학교 석사학위논문, 1994.

_____, 「전진한의 협동조합 및 우익노조 활동」, 김택현 외, 『민족운동과 노동』, 선인, 2009.

_____, 『대한민국 노동운동의 보수적 기원』, 선인, 2007.

한국노동조합총연맹, 『한국노총 50년사』, 한국노동정보센터, 2003.

■ 임송자 - 「반공이데올로기에 기반한 노동담론의 지형(1945~1950)」
『역사학보』 238권, 2018에 실린 것을 일부 수정한 것이다.

학병, 전쟁 연쇄 그리고 파병의 논리

선우휘의 「물결은 메콩강까지」(1966)를 중심으로

장세진(한림대학교)

I. 복수(複數)의 전쟁들

한때 프로문학의 이론적 기수로 이름을 날렸던 팔봉 김기진은 한국전쟁이 아직 끝나지 않은 시점인 1953년 2월, 「전쟁문학의 향방」이라는 글에서 다음과 같은 국제 정세와 문학 조류의 인식을 토대로 향후 한국문학의 행로를 고민하고 있어 눈길을 끈다.

소위 세기말적인 비애가 충만한 가운데서 이십세기 초두에 로서아 혁명은 일어났던 것이다. 계급 분화는 대다수의 생활고를 가져오고 여기서 도피적 염세적 절망적 감동과 사색이 일전(一轉)하야 환경 개조에의 노선을 취하는 것도 당연한 이치라 할 것이다…… 지금 소련의 문학은 이 두 사람(맑스와 레닌을 말함-인용자)의 사상과 실천 방법을 그들의 전선으로, 방향으로 하고서 성장하고 있는 것이다…… 이 문학은 코민포름의 조직과 마찬가지로 국제적 문학 전선을 형성하고 있는 것이다. 이때 싸우는 우리 대한의 문학은 어떠한가? 지금 어떠한 방향으로 가고 있으며, 또는 정확하게 말하야 어떠한 방향으로 가야만 할 것인가?[1]

한국전쟁을 배경으로 소련과 한국의 문학을 일종의 대척점으로 배치하는 팔봉의 인식은 우리에게 익숙한 냉전적 진영론의 한 전형에 해당되는 터라, 지금의 눈으로 보자면 특별히 새로울 것이 없어 보인다. 그러나 한 개인이든 사회 전체든 어떤 새로운 사태에 직면했을 때, 상황 인지(認知)를 위해 과거의 유사 경험을 꺼내어 비교·대조하는 '보편적인' 사유 습관을 고려해 본다면, 이러한 전쟁 이해 방식이 실상 그리 자명했던 것만은 아니다. 비록 한반도에서 벌어지지 않았다고는 해도, 1950년대 초반이라는 이 시점은 대다수 한국인들이 어떤 식으로든 경험했던 근(近) 과거 아시아·태평양전쟁의 기억이 아직 바래지지 않았을 시기였다. 이러한 맥락에서 보자면, 팔봉의 글이 전형적으로 보여준 전쟁 인식은 당시 문인들뿐만 아니라 한국인들이 일반적으로 공유했던 저 논리, 즉 과거 태평양전쟁과 한국전쟁을 전혀 다른 차원의 이질적 전쟁으로 분리해서 사유하거나 혹은 아예 참조의 대상으로조차 떠올리지 않았던 '단절'의 논리에 입각해 있는 셈이다.[2]

그러나 사태는 정말 그런 식으로 일어났을까. 큰 그림에서 보았을 때, 한국전쟁이 '식민주의적 아시아'에서 '냉전 아시아'로 거대한 패러다임 전환이 이루어지는 역사의 주요 결절점에 자리잡고 있었던 것은 분명하다. 그러나 이 전환의 성격이란 실상 단절적이기보다는 오히려 일정한 연속성을 띤 레일 위에서 서서히 이루어졌거나 혹은 두 패러다임이 교착되면서 상당 부분 동시적으로 진행되었다고 보는 편이 보다 더 정확하다. 이처럼 연속과 단절을 이분법적으로 접근하지 않고 양자 사이의 상관관계를 강조하는 것은

---

1) 김기진, 「전쟁문학의 향방」, 『전선문학』, 1953.2.
2) 한수영, 「두 개의 전쟁, 하나의 인식-백철의 전후비평에 나타난 "한국전쟁"의 이해를 중심으로」, 『민족문학사연구』 46권 0호, 2011 참조.

240 ▮ 2부_ 이데올로기의 반향

일본 역사학자 나카무라 마사노리(中村政則)가 주장한 '관전사(貫戰史, trans-War History)'의 시각이기도 하다. 일본의 '전전=전쟁', '전후=평화'라는 일반적인 도식을 수정할 것을 제안하고, 일본의 전후체제가 1920년대부터 시작된 전시동원체제에 그 원형을 두고 있다는 이 발상[3]은 전후 한국의 경우에도 실은 시사하는 바가 적지 않다.

물론, 한국의 전시동원체제 및 여기서 파생된 냉전문화는 분단과 전쟁으로 인한 휴전 상태라는 조건과 뗄 수 없는 관계에 있는 것이 사실이다. 그러나 최근 한국문학 연구에서는 과거의 앞선 전쟁을 통해 자발적으로 내면화한 경험과 논리들이 시간을 격해 전후 시기 고스란히 재등장하거나 혹은 선택적인 가공을 통해 후대에 반복 출현하고 있는 양상을 왕성하게 발견해내고 있는 중이다.[4] 그간 관습적으로 구획된 채, 따로 논의되어 오던 식민지 시기 문학과 해방기 이후 문학(주로 1950년대까지)이 이로써 동일한 지평에서 논의될 수 있는 프레임이 마련된 것이라면, 이 글은 그 조망의 시야를 좀 더 아래로 확장하는 시도라고 할 수 있다. 다시 말해, 아시아 · 태평양전쟁과 한국전쟁 사이의 연관성과 차이뿐만 아니라 1960년대 한국의 베트남전쟁 개입까지를 선행 전쟁들과의 일정한 시계열(time-series)적 관계망 속에서 조망하려는 기획이라고 할 수 있다. 일견, 베트남전쟁은 아시아 · 태평양전쟁이나 한국전쟁과 시 · 공간적으로 멀리 떨어져 있다고 생각하기 쉽지만, 이 길고 고통스러웠던 전쟁이야말로 '식민주의적 아시아'와 '냉전 아

---

3) 나카무라 마사노리, 유재연·이종욱 역, 『일본전후사 1945~2005』, 논형, 2006.
4) 관전사를 주요한 방법론으로 활용하는 가운데 이른바 전후세대와 그들의 전후문학을 집중적으로 살펴보고 재평가하려는 대표적 기획으로는 한수영의 『전후문학을 다시 읽는다』, 소명출판, 2015를 들 수 있다. 한수영의 저서에서 과거와의 연속성을 드러내는 텍스트들은 '해방' 이후 식민지의 기억을 망각하려는 집단적 심리 상태에 의미 있는 균열을 야기하는 예외적이고 징후적인 텍스트로서 상당히 긍정적으로 평가되고 있다. 반면, 프레임 자체는 유사하고 공통점이 많지만, 제국/식민지의 경험이 해방 이후 국민국가 만들기에서 무의식적으로 전유, 재작동되는 측면을 비판적으로 주목한 경향의 연구로는 권명아, 『식민지 이후를 사유하다-탈식민화와 재식민화의 경계』, 책세상, 2009, 정종현, 『제국의 기억과 전유』, 어문학사, 2012. 가장 최근의 연구 성과로는 식민지 말기 문학과 해방기 민족문학을 연속이나 단절의 관점이 아닌, '둘이면서 하나로 볼 것을 제안한 오태영의 『팰럼시스트 위의 흔적들-식민지 조선문학과 해방기 민족문학의 지층들』, 소명출판, 2018 등을 들 수 있다.

시아'의 패러다임이 중첩되는 지점에서 발발한 사건이었다. 그러므로 베트남전쟁에 대한 한국 사회의 개입 문제는 미국이 적극적으로 관여한 동아시아 역내에서의 전쟁 연쇄나 관전사의 입장에서 이제 새롭게 다루어질 필요가 있다. 요컨대, "'연속과 단절' 사이의 양자택일이 아니라, 그 양면을 글로벌한 시점에서 포착할 수 있는 시각"[5]이 전후 일본 사회 뿐 아니라 우리에게도 역시 유효한 까닭이다.

이처럼 관전사의 시각으로 베트남전쟁을 포함한 동아시아의 전쟁 연쇄를 바라볼 때, 가장 흥미로우면서도 문제적인 작가 중의 한 사람으로 단연 선우휘를 손꼽을 수 있지 않을까. 널리 알려졌다시피, 1921년생인 선우휘는 이른바 학병세대에 속하는 대표적인 작가인데, 여기서 학병이란 식민지 고등교육의 수혜를 받은 동시에 아시아·태평양전쟁에 일본 군적(軍籍)으로 참전했던 조선의 젊은이들을 특정해서 가리키는 용어이다. 물론, 조선인 학병 제도에서 이공계와 사범대를 제외시켰던 일제의 정책 탓에, 사범대 출신인 선우휘가 직접 학병으로 차출되지 않았던 사실을 감안할 필요는 있다. 그럼에도 선우휘의 출세작 「불꽃」(1957)이 여실히 보여주듯이, 이미 1950년대에 그는 여타 작가들과는 달리 과거와의 연속성을 재현하는 학병 인물을 일찌감치 등장시킨 바 있다. 비록 선우휘 자신은 모면했지만, 동세대 젊은이들 중 누군가는 반드시 체험했을 학병의 경험을 예외적으로 형상화했던 선우휘의 세대의식은 그런 의미에서 실은 남다른 것이었다. 일찍이 학병세대와 그들의 자기의식을 한국(문학)사의 중요 화두로 제시했던 김윤식의 지적대로라면, 세대의식이란 "최소한 10년의 묶음 속에서 그 밀도가 개인에게 조금씩 다르긴 해도"[6] 여전히 강력한 것이며, 특히 선우휘의 경우

---

[5] 남기정, 「전후 공간의 설계사 요시다 시게루」, 『한국·동양정치사상사학회 학술대회 발표논문집』, 2011.

[6] 김윤식, 「학병세대의 원심력과 구심력」, 『이병주 연구』, 국학자료원, 2015, 68쪽. 여러 지면을 통해, 김윤식은 "학병세대의 과제를 이 나라 문학 한복판으로 이끌어들인 것의 첫 번째 주자는 두루 아는 바 「불꽃」, 1957.7의 선우휘이다"는 요지로 평가한다. 이러한 평가는 그가 직접적으로는 학병을 체험하지 않았던 선우휘가 작가로서 갖는 한계를 인정하면서 이루어진 것이다.

작가적 개성과 출발점을 구성하는 결코 무시할 수 없는 요소였던 셈이다. 물론, 학병세대라는 의식이 발현되었다는 사실 그 자체가 드물고 귀하다는 의미에서 생겨나는 문학(사)적 의의는 이러한 세대의식이 후대에 실질적으로 어떤 효과를 발휘했는가 하는 문제와는 별개의 차원에 놓여 있을 터이다. 동일 작가의 텍스트라 하더라도 개별 사례마다 어떤 사회적, 정치적 컨텍스트에 놓이느냐에 따라 그 효과가 달라질 수 있는 만큼, 당대성을 고려하며 섬세하게 평가되어야 할 사안이라는 점 역시 분명하다.

그러한 의미에서 보자면, 선우휘가 『중앙일보』에 연재한 장편소설 「물결은 메콩강까지」(1966.6.9~1967.2.28)는 특히 문제적인 위치에 놓일 수밖에 없는 텍스트이다. 우선, 이 소설은 학병의 경험을 가진 주인공과 그의 친구들이 한국전쟁을 거쳐 어느덧 40대로 접어 든 1960년대 중반, 바야흐로 그들이 또 하나의 전쟁인 베트남전쟁을 바라보는 세대적 감상(感想)과 소회를 잘 보여준다. 실제로, 이 서사의 핵심에는 정부의 베트남 파병과 전쟁 개입에 대한 주인공의 태도가 서서히 '긍정적'으로 변모해나가는 과정이 놓여 있다. 뿐만 아니라, 화가로 등장하는 주인공이 어느 시점에서 직접 베트남으로 종군 여행을 떠난다는 소설 전개를 고려해보면, 이 텍스트는 전투병 파병이라는 당시의 사회적 이슈와 관련하여 상당히 직접적인 친정부적 프로파간다(propaganda)의 성격을 띠었다고 할 수 있다.[7] 더욱이 기자였던 현실 속의 선우휘 자신, 이 작품의 연재 기간 중 '신문학(新聞學, journalism) 연수'라는 명목으로 장기 체류하던 도쿄에서 베트남으로 직접 건너가 한국군 맹호부대의 주요 작전 지역인 퀴논을 취재한 바 있다. 예측 가능한 일이지만, 파병된 한국 병사들의 활약상을 그린 선우휘의 이 종군 기록들은 「물결은 메콩강까지」 속에 묘사된 전투 내용과 많은 부분 흡사하다. 그동안 학계

에 제대로 알려지지 않았던 이 소설의 존재에 먼저 주목했던 김종욱의 연구에 따르면, 이 텍스트를 기점으로 선우휘 문학은 시대와 비판적으로 대결하는 부정성(negativity)의 순도와 동력을 결정적으로 잃게 된다.[8]

선행 연구의 성과를 참조하는 가운데, 이 글은 관전사라는 특정한 관심 아래 동시대의 정치·사회적 맥락 속에서 이 텍스트를 재배치하여 읽고자 한다.[9] 재배치에 있어 이 글에서 우선적으로 착안한 부분은 1960년대 중반 세 전쟁에 관한 담론이 동시다발적으로 공론장에 등장했다는 점이다. 이후 본문에서 자세히 언급하겠지만, 아시아·태평양전쟁이 이 시기 부쩍 다시 소환된 것은 당시 베트남파병보다 훨씬 더 주목도가 높은 현안이었던 한일협정 비준 반대라는 맥락에서였다. 그러한 의미에서 보자면, 이 글은 베트남전쟁과 파병 문제를 그 자체로만 한정시켜 살피는 것이 아니라, 한일협정 체결이 상징하는 '65년 체제'라는 보다 포괄적인 국면 속에 놓고 보기를 제안하는 글이기도 하다.[10] 한일협정이나 베트남 파병 모두 동아시아 반공 블록의 공고화라는 미국 대외정책의 일환 속에서 실행된 하위 범주의 사건들이고 보면, 이러한 접근은 어쩌면 당연하기도 하다. 실제로 당시 두 사안은 한국에서 거의 동시적으로 진행되었는데, 한일협정을 반대하는 학생과 시민들의 시위에 비상계엄령이 내려진 것이 1964년 6월 3일이었고, 한국군 최초의 파병 동의안은 바로 이 계엄령하에서 이루어졌다. 그뿐만 아니라, 『조선일보』편집국장이던 선우휘가 필화 사건을 겪은 것도 계엄령 하 정부가 언론을 장악하려는 기도 하에 언론윤리위원회법 제정을 무리하게 시도하는 맥락에서 벌어진 일이기도 했다.[11] 이 사건으로 선우휘가 편집국장

8) 김종욱, 「베트남전쟁과 선우휘의 변모」, 『우리말글』 63집, 2014.12.
9) 관전사라는 시각에서 아시아태평양전쟁에 대한 반성과 성찰이 베트남전쟁 재현을 포함한 196·70년대 박연희의 작품 세계 전반을 해명하는 주요 키워드라는 논지의 선행 연구로 김진규, 「박연희 소설 속 냉전기 동아시아에 대한 탈민족적 인식-미완 장편 『방황』과 「갈증」을 중심으로」, 상허학보 52집, 2018.2.
10) 이러한 발상에서 베트남전쟁 문제에 접근하는 선행 연구로는 류동규, 「65년 체제 성립기의 학병서사: 『관부연락선』을 중심으로」, 『어문학』 130, 2015.12; 장인수, 「한일협정, 베트남전쟁, 그리고 학병수기-『청춘만장』을 중심으로」, 『반교어문연구』 47권 2호, 2017.
11) 『조선일보』편집장이던 선우휘와 기자 리영희가 함께 겪은 필화 사건에 관해서는 김종욱,

자리에서 물러난 후, 정부와 신문사 차원의 일종의 '배려' 속에서 그가 연수 명목으로 도일(渡日)했다는 것, 이 기간에 베트남 전장에 종군했다는 사실은 「물결은 메콩강까지」라는 텍스트 자체가 고스란히 '65년 체제'의 산물이었다는 점을 웅변하는 것이기도 하다.

그러니 다음과 같은 질문에서 시작해보면 어떨까. '65년 체제'가 가동된 무렵, 과거 복수의 전쟁들에 관한 기억은 어떤 방식으로 소환되고 있었을까. 한 가지 미리 말해 두자면, 그 전쟁들 사이 특정 부분의 유사성이 과도하게 강조되는가 하면, 어떤 유사성은 아예 인지조차 되지 않기도 했다. 이, 무)의식적이고 선택적인 연관과 배제는 무엇을 의미하며, 결과적으로 이 전쟁 기억들이 수행한 실제 효과는 어떤 것이었을까. 선우휘의 텍스트를 본격적으로 살펴보기 이전, 우선 1960년대 중반 전쟁을 둘러싼 공론장의 분위기를 점검해둘 필요가 있다.

Ⅱ. 두 개의 전쟁 조합: 한국전쟁과 베트남전쟁

아시아·태평양전쟁과 한국전쟁이 나란히 논의되는 일이 거의 없었던 데 비하자면, 한국전쟁과 베트남전쟁 사이의 관계는 전혀 다른 담론 전개의 양상을 보였다는 사실에서 일단 시작해보자. 베트남에서의 전황이 깊어질수록 아니 좀 더 정확히 말해, 미국의 베트남전 개입이 본격화될수록 이 복잡한 내력을 가진 전쟁의 선행 사례로 한국전쟁이 소환되는 경우가 점점 더 빈번해지는 중이었다. 동아시아에 대한 미국의 반공 군사 개입이라는 공통점을 토대로, 두 전쟁이 긴밀한 한 쌍을 이루는 이 현상은 1965년 10월, 한국군의 대규모 전투 병력이 베트남으로 파병[12]되는 무렵을 전후해서는

위의 글을 참조.

한층 더 뚜렷해지게 된다.

> 미국은 한국동란 시 16만 명의 전사상자를 내었고 18억불의 전비를 투입했다.
> 만 3년의 비극은 휴전으로서 일시적 총화는 멎었다⋯⋯ 6.25 동란 때는 유엔
> 군의 이름으로 공산침략자를 무찔렀다. 지금 우리는 연합군의 이름으로 바로
> 그 적을 월남에서 질책하고 있는 것이다⋯⋯ 시간적으로는 10년도 차差요, 공
> 간적으로는 위도와 경도가 다른 것 뿐 10년 전 한국에서 발병했던 중공의 병
> 원체는 지금 월남 땅에서 한창 만연 중이며 보균 상태에 있는 김일성에 의해
> 똑같은 병원(病原)은 언제 다시 우리 강토에서 번질지 모른다. 이른바 성동격
> 서(聲東擊西)의 전술인 것이다.[13]

베트남 파병의 실행 주체인 군(軍) 측에서 나왔던 주장임을 감안해야 하
겠지만, 그러나 실은 정도의 차이가 있었을 뿐 월남을 한국의 "제2국방
선"[14]이나 "제 2전선"으로 자기화하는 견해는 당시 대중들에게 널리 퍼진
정세 판단이자 부정할 수 없는 '사실'로 받아들여졌다. 국군의 대규모 전선
공백이라는 현실적인 이유를 들어 파병을 반대한 지식인들조차도 월남이
"제2국방선"이라는 논리로부터 자유롭기는 힘들었다.[15] 무엇보다, 시 · 공간
을 단숨에 뛰어넘어 두 전쟁을 유보 없이 동일시하며 베트남 전쟁을 '우리
의 문제'로 전유할 수 있었던 가장 유력한 근거는 미국과 중국의 대립, 즉
한국전쟁의 교전 당사자였던 중국(PRC)이 베트남전쟁의 배후로 또다시 지

---

12) 알려진 대로, 1964년 9월의 1차 파병은 130명의 야전병원 부대와 10명의 태권도 교관들로
이루어진 비전투 부대의 파병이었다. 곧이어 미국은 전투병 파병 요청을 해왔고, 월남 증
파안은 1965년 8월 국회를 통과하여 2개월 후인 10월 지휘관 채명신 휘하 수도사단과 제
2해병여단이 파병되었다. 이렇게 시작된 파병의 규모는 1973년까지 총 34만 6천여 명에
달했다.

13) 최광일, 「월남전의 본질과 우리의 자세」, 『공군』, 1966.7.

14) 김점곤, 「월남전에의 한국군 파견에 따르는 문제점」, 『자유공론』, 1966.1.1.

15) 「월남전쟁: 정담(鼎談), 김점곤, 부완혁, 유장순」, 『사상계』, 1966.5 이 대담 역시 동남아시
아에서 나날이 영향력을 증대하는 중국군의 봉쇄가 베트남전쟁의 가장 큰 목적 중 하나
라는 전제 하에 이루어졌다. 대담에 참여한 김점곤은 군인 출신의 교육자로 당시 파병에
찬성하는 입장이었다. 부완혁은 1967년 12월 장준하로부터 『사상계』를 인수받아 발행인
겸 사장이 되는 인물이며, 유장순은 전 경제기획원 장관을 지낸 인사였다.

목되는 상황 바로 그것이었다. 두말 할 나위 없이, 이러한 인식은 이른바 도미노 현상에 의해 동남아시아 지역 전체가 중국의 영향권 안에서 끝내 공산화되고 말 것이라는 미국 측의 대외적인 베트남전쟁 명분과 그 궤를 같이하는 것이었다. 돌이켜 보건대, 베트남에 관한 미국의 모든 전략은 한국전쟁에서 이미 한 번 호되게 경험한 바 있는 "중국의 개입에 대한 공포를 고려하면서 수립"되었다고 보아도 과언은 아니었다. 실제로, 존슨 대통령이 후일 미군의 자작극으로 알려지게 될 '통킹만 사건'이라는 무리수를 두어가면서까지 베트남전쟁에 대한 적극적 개입을 선언한 1964년 역시 중국이 핵무기 실험에 성공한 바로 그 해였다.[16]

그런데 이 대목에서 한 가지 반드시 짚고 넘어가야 하는 사실이 있다. 베트남전쟁의 냉전적 성격을 극대화하면서 한국전쟁의 확장된 전선으로 이 전쟁을 간주하는 논리는 그 특유의 예언적이고 자기실현적인 성격으로 인해, 얼마 지나지 않아 움직일 수 없는 눈앞의 현실로 화해 한국인들 앞에 나타났다는 점이다. 실제로, 1966년 8월 한국의 두 번째 전투 부대 파병이 결정되자 북한의 김일성은 같은 해 10월 조선로동당 당 대회에서 "조선로동당과 조선 인민들은 베트남 인민들의 투쟁을 자기 자신들의 투쟁으로 간주하며, 베트남 인민들을 돕기 위해서 모든 가능한 노력을 다하겠"[17]다는 이른바 '항미원월(抗美援越)'의 방침을 적극 선언하기에 이른다. 당시 북한의 노력이 크게 두 가지 형태로 나타났다는 것은 비교적 최근에야 자세히 밝혀진 사실인데, 우선 남한이 남베트남에 대해 그랬듯이 북한 역시 북베트남에 직접 공군력을 파병하는 방식[18], 다른 한편으로는 한반도 영토 내에

---

16) 박태균, 『베트남전쟁: 잊혀진 전쟁, 반쪽의 기억』, 한겨레출판, 2015, 62~63쪽 따옴표 안의 술회는 베트남 주둔 미군 사령관인 웨스트모얼랜드의 것이다.

17) 이재봉, 「日사과 요구하는 한국, 베트남엔 제대로 사과했나」, [베트남 전쟁] <4> 남한의 적극적 제안, 미국의 무리한 요구, 북한의 필사적 대응, 『프레시안』, 2018.7.26.

18) 당시 미군의 북폭에 대항할 북베트남의 공군력은 명백한 열세였지만, 소련과 중국은 전쟁의 확전을 우려하여 조종사 파병은 거절하고 전쟁 물자만 지원했던 것으로 알려져 있다. 북한은 사회주의 국가들 간의 연대라는 명분 이외에도 한국전쟁 이후 상당히 변모했을 미군의 공군 기술을 실전에서 경험하고 연구할 수 있다는 군사적 실리를 고려하며 조종사들을 파병했던 것으로 보인다. 북한의 파병 규모는 베트남과 북한 양쪽의 기록이나 증

서 직접 대남 무력 도발을 격화한다는 군사 전략을 감행한 것이었다.

특히, 한반도 내에서 이루어졌던 후자의 전략을 통해 당대 한국인들이 느꼈던 전쟁 체감 효과는 더 즉각적이고 극적이었다. 그 결과 1966년 10월 이후 국내 상황은 그야말로 급변하게 된다. 비무장지대에서의 군사적 교전[19]은 물론이고 조업 중인 한국 어선이 납북되는 사고가 1967년에만 수십 차례 빈발하였다.[20] 북한 공작원에 의한 경의선 철도 폭파 및 남쪽의 영토 깊숙이 침투한 무장 게릴라화한 간첩들, 그리고 그들과의 총격전은 흡사 전시를 방불케 하는 것이었다. 고조되었던 1967년 남한의 군사·안보 위기는 이듬해에도 그대로 이어지는데, 무장 간첩에 의해 수도 서울의 방위선이 활짝 뚫려 청와대가 불시에 급습(1.21) 당하는가 하면, 바로 이틀 뒤에는 저 유명한 미군 첩보함 푸에르블로호의 나포 사건(1.23)이 연달아 일어나게 된다. 북측의 공세에 대한 남쪽의 보복성 공격 역시 거세져, 바야흐로 1968년 은 정전 이후 남북의 군사적 충돌이 최고점에 달한 해였다.[21] 간첩 침투가 예상되는 산간 지방을 중심으로 상설 대응 조직을 만들고자 했던 정부가 전국 규모로 조직을 확대시키고, 준(準) 전시 상태라는 전제 하에 국민들을 동원하는 소위 민간방위체제에 눈을 돌린 것도 바로 이 무렵이었다.[22]

그러므로 일련의 이 군사적 충돌 사태는 북한에 의한 도발 사건이 단순

언이 정확히 일치하지는 않으며, 연구자들에 따라 숫자가 조금씩 달라진다. 베트남전쟁 전 기간에 걸쳐 북한이 조종사를 포함하여 지원 인력까지 합산, 최소 1000명 이상이 참전 했을 것으로 추산하는 의견으로는 이신재, 「북한 공군의 베트남전쟁 참전」, 『현대북한연구』 19(3), 2016.12.

[19] 「군사정전위, 북괴의 월경에 항의」, 『동아일보』, 1967.12.22.

[20] 「올해 들어 납북 어선 39척」, 『경향신문』, 1967.12.26. "치안국은 26일 금년 들어 각 해상에서 총 39척의 어선과 339명의 어부가 북괴에 의해 강제 납북되었다고 밝히고 이와 같은 북괴의 만행에 대한 대책을 국방부와 합동으로 마련했다."

[21] 교전 중에 죽거나 다친 남한의 군인과 경찰, 주한미군과 민간인, 대북 침투 공작 중에 사망하거나 행방불명된 남한 공작원들까지를 고려하면 1968년 한 해 동안 남쪽의 사망자 숫자만 500명을 넘어섰다. 홍석률, 『분단의 히스테리』, 창비, 2012, 59~60쪽.

[22] 박정희 정부는 1967년 여름부터 북측 공비의 침투가 잦아질 것으로 예측하고 민방위법 제정을 서둘렀다. 그러나 여러 논란 끝에 1961년 이미 공포된 채 시행령 없이 사문화되어 있던 향토예비군 설치법을 활용하기로 결정한다. 이로써 전국 250만 재향 군인을 무장시키고, 여기에 필요한 무기 공장을 건설할 방침이 정해진다. 「투시(透視) 1968년, 2) 향토예비군」, 『동아일보』, 1968.12.10.

히 양적으로 증가했다기보다는 어떤 종류의 질적인 변환을 예고하는 것이었다. 확실히, 북한은 서구의 식민 열강들을 물리치고 사회주의 혁명에 근접해가는 "북베트남이라는 교과서"를 참조하면서 "게릴라전을 위한 기지 구축을 한국에서 기도하고 있는" 것으로 보였다.[23] 요컨대, 한국의 '제 2국방선'이라 일컬어진 월남의 전장이 한반도로 옮겨져 오히려 '제2의 월남전'이 한국에서 벌어지는 형국이었다. 다만, 북한이 시도한 그 전쟁 방식이 과거와 같은 한국전쟁과 같은 유형이 아니라 베트남전쟁이라는 새로운 유형이었다는 사실을 기억해 둘 필요가 있다. "외부로터의 전면 침공이 아니라 남한 내에서 '혁명운동'을 양성하고, 게릴라투쟁을 일으키는 것. 물론, 북한의 시도가 결과적으로 남한 내부의 자발적인 혁명 운동으로 이어지지 못하고, "모험주의적 무력 공세"[24] 수준에 그치게 되었다는 것은 주지의 사실이다. 그럼에도 불구하고, 이 첨예했던 군사적 대치 상황을 돌이켜본다면, 국민의 생명과 재산을 보호하며 국가 안보를 지키기 위해 베트남 전선에 파병을 결정했다는 한국 정부의 정책은 사실상 정반대의 결과를 야기하고 있는 중이었다.[25]

한편, 이 대목에서 새삼 궁금해지는 것은 한국전쟁이 아닌 아시아·태평양전쟁의 기억이 1960년대 중반 소환되었던 경우에 관해서이다. 각종 미디어를 통해 한국전쟁과 베트남전쟁의 냉전적 유사성이 마치 확성기를 틀어놓은 듯 일방적으로 강조되었다 하더라도, '제국'에 동원되었던 과거 젊은 이들에 관한 기억이 베트남 파병 국면에서 다시 환기되는 일은 없었을까. '용병'이라는 단어까지는 아니더라도, 과거와 현재 사이의 이 부인할 수 없는 식민주의적 유사성이 묻어두었던 과거를 공통 기억의 수면 위로 떠오르게 하지는 않았을까. 실제로, 과거 학병의 경험들은 1960년대 중반 다시금 부상하며 새롭게 환기되고 있는 터였다. 선우휘의 「물결은 메콩강까지」는

23) 조진구, 「중소대립, 베트남전쟁과 북한의 남조선혁명론 1964~1968」, 『아세아연구』 46(4), 2003.12.
24) 홍석률, 위의 책, 64~65쪽.
25) 박태균, 위의 책, 37쪽.

이 질문에 직접 맞닿아 있는 텍스트이지만, 지나간 과거를 불러내는 그의 소환 방식은 하나의 문제적 전형을 보여주는 사례라고 할 수 있다.

Ⅲ. 학병 경험과 파월(派越)의 논리

1. 전쟁, "운명" 같은 것

언급했던 대로, 학병 출정을 면제 받은 선우휘였지만 「물결은 메콩강까지」의 주요 인물들에게 그는 식민지 시기 학병의 경험을 부여했다. 화가로 등장하는 주인공 "남기욱"과 그의 절친인 외교관 "조일연"은 학병 동기일 뿐만 아니라 두 사람을 포함하는 옛 친구들의 모임인 '클럽'의 멤버들 역시 학병이나 한국전쟁 참전 동기이다. 말하자면, 그들은 모두 과거의 군적을 인연으로 모인 40대 중반 장년의 남성들이다. 한국전쟁과 베트남전쟁이라는 당대의 익숙한 조합 이외에 과거 아시아·태평양전쟁이 여기 함께 배치되었다는 사실 만으로 눈길을 끄는 것이지만, 보다 주목할 만한 사실은 과거 일본 군인으로 참전한 학병 경험이 베트남 파병의 명분을 정당화하는 소설의 내적 논리로 활용되고 있다는 점이다. 이 논리는 어떻게 가능한가.

> 기욱은 "전쟁…… 그렇지만 할 건 못 되지"하고 혼잣말로 중얼거린다……
>
> (중략)
>
> "뭣보다 죽는 목숨이 가엾으니까 말일세" "그야……"
> "살아남아 갖고서야 무슨 소리인들 못하겠나." "물론, 그렇지만 기욱이, 나는 그렇게 생사에만 초점을 두는 전쟁 회피론에는 공명할 수 없어."
> "……"
> "일전에 내 몇촌 동생이 나더러 야단을 하더란 말이야." "뭐라구?" "음. 죽는 건 어느 세댄데 그러느냐구?" "흐음, 그렇게 나오면 할 말이 없어지지." "아니, 나

는 가만히 있지 않았어."

"그럼?" "대체로 사십대는 일제말기에, 삼십대는 육이오에 전쟁이란 걸 경험해
야 했어. 그러니 이제 이십대가 죽음과 대결해야 한다는 건 지극히 공평한 게
아니냐. 그런데 어째서 그걸 꺼려 하느냐구?"

"……" 26)

　　모든 세대가 각자 저마다 주어진 짐이 있다는 이 논리는 물론 주인공 "남
기욱"이 아니라 그의 친구 "조일연"의 것으로 제시되어 있기는 하다. 그러나
시간이 갈수록 주인공이 친구의 견해에 익숙해지며 어느새 이를 받아들이
게 된다는 서사의 전체 방향을 고려해본다면, 이 논리가 누구의 입에서 처
음 발화되었는가 하는 문제는 실은 부차적이다. 오히려 주인공 "남기욱"은
그들이 "직접 전쟁을 두 차례나 겪었"(74)던 세대이며, 어떻게 해도 자신들
이 전쟁이라는 원점으로 되돌아오고야 마는, 말하자면 "전쟁에 들려 있는
(憑) 세대"(73)라는 "조일연"의 세대 규정에 깊이 공감하는 입장이기도 하다.
일견, 전쟁을 부정하면서도 어쩔 수 없이 전쟁에로 이끌리는 이 불가피한
전쟁과의 친연성이란 그들이 1960년대 중반 조우한 베트남전쟁을 결코 남
의 일처럼 보아 넘길 수 없으리라는 것, 이 전쟁에 어떤 방식으로든 곧 연
루되어 갈 것임을 예고하는 설정인 셈이다. 주인공 "남기욱"이 한국전쟁의
상처를 극복하지 못한 채, 처자를 이북에 두고 온 월남자라는 괴로운 자의
식 속에 살아가고 있다는 설정 역시 과거의 전쟁이 주인공을 붙들고 놓아
주지 않는 현재 상태를 말해주기도 한다.

　　'각 세대는 저마다의 십자가가 있다'는 이 소설의 명제로 다시 돌아와 보
면, 분명한 것은 이 논리가 베트남전쟁을 일련의 전쟁 연쇄 속에 배치함으
로써 비로소 가능해진 일종의 '사실 효과'라는 점이다. 말하자면, 베트남전
쟁의 특수성을 최대한 약화시킨 채 이 전쟁을 세대마다 감당해야 하는 '전
쟁들' 중의 하나로 정위(定位)하는 것. 이제 베트남전쟁의 구체적, 역사적

---

26) 선우휘, 「물결은 메콩강까지」, 『신찬(新撰)한국문학전집 9』, 창우문화사, 1980, 75쪽.

(맥락적) 성격은 사라지고, 전쟁은 마치 옛날이야기 속 젊은이들이 세상 속으로 나아갈 때면 반드시 맞부딪치게 되는 어떤 종류의 시련, 혹은 성년의 문턱을 넘기 위한 보편적인 입사(initiation)의 계기 같은 것이 되어버린다. 요컨대, 그것이 아시아·태평양전쟁이 되었든 한국전쟁이나 베트남전쟁이 되었든 전쟁은 추상적인 무시간대에 놓인, 많은 '전쟁들' 중의 하나가 된다.

아울러 이 대목에서 함께 지적되어야 할 것은 아시아·태평양전쟁의 학병 경험을 도입함으로써 이 서사가 당시 정부 발(發) 전형적인 프로파간다와는 다소간 성격을 달리하게 되었다는 점이다. 주지하다시피, 정부의 대(對) 국민 설득 포인트는 베트남전이 반공 진영의 십자군 전쟁이며27) 아울러 우리의 안보를 지키기 위한 불가피한 참전이라는 논리였다. 물론, 이 소설에도 예외 없이 자유민주주의 수호 전쟁으로서 한국전과 베트남전의 유사성을 서술하는 대목이 적지 않게 등장하는 것은 사실이다.28)

그러나 제국주의 침략의 첨병에 나섰던 조선인 학병의 과거를 추가 삽입함으로써 이 텍스트가 노리는 효과는 실상 조금 다른 곳에 있었던 것으로 보인다. 이러한 맥락에서 눈 여겨 보아야 할 지점은, 한 번은 우연이지만 그 우연이 거듭되면 운명이 된다는 류의 통념적이면서도 쉽게 벗어나기 어려운 인식이 이 서사에 강하게 작동하고 있다는 점이다. 그럼에도 자신들의 의지와는 무관하게 연루되었던 학병의 경험을 필두로 내세운 뒤, 한국전쟁과 베트남전쟁을 이와 서로 닮아 있는 전쟁 연쇄로 배치함으로써 마침내 피할 수 없는 운명적 전쟁들의 계보가 완성된다는 논리이다. "운명? 어쩌면 가장 나쁜 말인지 모른다. 그렇지만…… 이 상황을 그저 냉철히 「주어

---

27) 박대통령은 9일 하오 서울운동장에서 열린 월남파병 환송 국민대회에서 "건국 이래 처음으로 있게 되는 이 월남파병의 역사적 장거에 즈음하여 우리 정부나 온나라 국민은 우리 장병들이 오직 조국의 명예와 반공의 대의를 위하여 그 맡은 바 자유의 십자군을 자부하도록" 당부했다. 「박대통령 치사 요지」, 『경향신문』, 1965.2.9.

28) 예컨대, 미군이 가득 진주한 도시 사이공의 풍경과 미군들이 가는 곳이면 으레 넘쳐나는 양공주들의 낯익은 모습은 인종적 차이에도 불구하고 주인공으로 하여금 "여기는 외국일 수 없었다. 여기는 바로 십여 년 전의 코리아·서울이 아닌가?"(155) 외치게 만드는 근거이기도 하다.

진 현실」이라고 하기는 어렵다. 현실이라기보다 운명이라야 옳다."(203) 식민지 시대 이래, 개인이 자신의 의사와 상관없이 정치와 집단의 이름으로 강제 동원되는 사례들의 연속으로 역사를 바라보는 수난사적 관점을 이 대목에서 읽어내는 것은 그리 어려운 일이 아니다. 더욱이, 학병세대가 젊음의 한복판에서 경험한 근·현대 한국의 역사 속에 민족 수난의 관점으로 해석되기 쉬운 요소들-식민 지배와 분단, 내전과 같은-이 다수 존재했던 것은 분명한 사실이기도 하다. 그러나 이 요소들만을 배타적으로 강조하는 관점에서라면, 개인은 계급이나 젠더 등 다양한 포지션으로 세분화됨에도 불구하고 피해자의 위치로 언제까지나 고착되고 동질화되기 쉽다. 결과적으로, 집단과 역사, 구조의 커튼 뒤로 개인은 사라져 버리게 되며 개인이 구조와 공모한 지점들은 역사의 사각지대로 실종될 수밖에 없다.

그러나 학병 경험과 관련하여 이 소설의 가장 문제적인 대목은 불가피한 '운명'을 '비극'으로 이해하고, 이 비극을 어떻게 받아들일까 하는 소위 태도의 윤리로 프레임을 전환시킨다는 데 있다. 수동적으로 주어진 운명을 능동적으로 감내하는, 개인이 가질 수 있는 태도로서의 성실함이나 아름다움으로 어느새 초점을 이동시키는 전략 말이다. 이로써, 이 서사는 동서양을 막론하고 정치 프로파간다들이 궁극적으로 바라 마지않는 상태, 즉 의도(intention)와 이해관계를 초월한, 일종의 '아름다움'이라는 미적 상태='미학화'의 경지를 겨냥해 보인다.

그러나 물러서지 않고…… 사지에 들어가는 명령에도 충실히…… 그리고 더욱 느끼는 생(生)에의 불타는 집념을…… 그러면서 증오에 얼굴을 일그러뜨리는 일 없이 봄 바람 같은 미소를 결의의 입술에 머금을 수 있다는 것…… 그러자 자기는 끝내 그와 같은 상황에서 그와 같은 표정을 지어보지 못했다는 아쉬움이 찌꺼기처럼 남는다…(중략)… 그러니까 기욱에게 있어서 이세경 소위의 그것은 월남에 가 있는 젊은이들의 얼굴 표정을 상징하는 것이어야 하는 것이라고 할까. 그러나 그러한 기욱의 생각은 전쟁을 낭만적으로 보려는 것과는 다르다. 어찌 전쟁이 낭만적일 수 있으랴! [29]

주인공 "남기욱"이 깊은 연정을 품고 있는 여인 "이은경"의 이복동생 "이세경"은 그가 일제 시기 학병에 소집되었을 당시의 나이와 꼭 같은, 스물두 살의 앳된 청년으로 설정되어 있다. 불우한 유년 시절을 보낸 청년이 월남의 전장에 자원한 뒤 환하게 짓는 미소를 이토록 강조한다는 것은 결국이 서사가 '운명'을 묵묵히 받아들이되 고결한 방식으로 패배하는 인간의 드라마인 '비극(tragedy)'의 차원을 기도하고 있음을 말해준다. 물론, 이런식의 미학적 재현이 전쟁을 낭만화하는 것과는 다르다고 작가 자신 육성으로 직접 개입해 설명하고는 있지만, 두 개의 태도를 구별해내기란 실상 쉽지 않은 일이다.

사태를 좀 더 명확하게 하기 위해, 운명을 능동적으로 끌어안는다는 이영웅적이고 비극적인 행위를 구체적인 현실의 언어로 직역해보자. 필연적으로, 그것은 더 많은 적군 그러니까 전선이 불분명했던 베트남전쟁의 성격상 다수의 민간인을 실제로 죽여야 하는 행위를 반드시 포함할 터였다. 그러나 태도의 윤리가 더 많은 명분 없는 살인과 파괴적인 살상으로 귀결되어야 하는 것이라면, 이를 과연 참된 윤리로 일컬을 수 있을까. 게다가 한국 정부의 명분대로라면, 이 전쟁은 자유민주주의를 지키기 위해 수많은 베트남인을 도와주러 가는 전쟁이기조차 했다. 운명의 수동성을 적극성으로 전환한다는, 이 비극적 고귀함이란 애초 베트남의 전장에서 획득될 수 있는 가치이기는 한 것인가. 「물결은 메콩강까지」는 딜레마에 가까운 이 질문들을 과연 성공적으로 해결하고 있을까.

2. 희생의 논리: "죽이는 입장이면서도 스스로가 죽음을 당하는 경우"

평범하게 가정을 꾸리는 일에도, 그림을 그리는 일에도 전력을 다할 수 없어 무기력에 빠져 있던 주인공 "남기욱"은 삶의 변화를 희구하는 심정으로, 자신의 삶의 원점인 전쟁의 한복판으로 무작정 떠나는 베트남 종군의

---

29) 선우휘, 위의 책, 103~104쪽.

길을 선택한다. 그런데 전장과 직접 대면하는 일이란, 비록 관찰자의 신분이라 할지라도 처참한 학대와 살육의 현장을 곧장 목격할 수 있다는 사실을 의미한다. 돌이켜 보면, 소설 속 시점인 1966년경 하반기 무렵이라면 국내 신문에서는 한국군의 용감성과 전과(戰果)를 전달하기 바빴던 터라 한국군에 의한 베트남 민간인 학살 사건 같은 것은 전혀 보도되지 않을 즈음이었다.[30] 그러나 참전 기간 중 약 9000명 이상으로 추정되는 한국군의 베트남 민간인 학살은 실은 이 시기에도 이미 자행되고 있는 중이었다.[31] 예컨대, 1965년 12월 22일에는 빈딘 성 퀴논(Quy Nhon)시에 있는 턴지앙촌 등지에서 한국군 작전 병력 2개 대대가 "깨끗이 죽이고, 깨끗이 불태우고, 깨끗이 파괴한다"는 구호 아래 어린이, 여성, 노인을 포함한 베트남 민간인 50여 명을 학살했던 것으로 밝혀졌다.[32]

그런데 빈딘 성 퀴논이란 한국군 맹호부대의 주요 작전 지역 중 하나였던 동시에 선우휘가 종군기자 자격으로 직접 방문한 곳이기도 했다.[33] 한국군의 민간인 학살은 언론뿐만 아니라 군대 자체 내에서도 엄격히 통제하는 정보였던 까닭에 선우휘가 종군 취재 과정 중에서 약 9개월 전에 발생했던 퀴논 시 턴지앙촌 학살의 존재를 알게 되었을 확률은 그다지 높지 않아 보인다. 한편, 선우휘가 종군했던 맹호부대는 퀴논 북방 30km에 위치한 빈딘성 푸캇부 중탄 산 일대에서 이른바 6호 작전을 수행 중이었다. 그들의

---

30) 예컨대, 다음과 같은 기사들이 대표적이다. 「적 사살만 6천여 명 월남 종합 전과」, 『경향신문』, 1966.12.22; 「맹호부대 태풍 3호 작전」, 『동아일보』, 1966.12.19; 「베트콩 공격 격퇴 청룡 부대 전과」, 『경향신문』, 1966.11.21; 「맹호 6호, 작전의 평가 크게 성공한 지구전법」, 『경향신문』, 1966.11.19; 「베트콩 1161명 사살」, 『경향신문』, 1966.11.11, 「베트콩 등 1900여 명 사살」, 『경향신문』, 1966.10.26; 「백마들 첫 접전」, 『경향신문』, 1966.10.17; 「맹호, 적 338명 사살」, 『동아일보』, 1966.9.30; 「포효하는 맹호, 찾아온 손님 대접, 대민사업에도 전력」, 『동아일보』, 1966.2.3.

31) 「양민 숫자는 9천 명 이상」, 『한겨레 21』 297호, 2000.3.2.

32) 木村貴(Kimura Takashi), 「國際法上 베트남 良民虐殺行爲에 관한 연구-한국군에 의한 학살 행위를 중심으로」, 『법학연구』 41(1), 2000,12.

33) 파병 군인들의 사기 진작과 국내 여론전을 위해 당시 언론인들의 베트남 전선 방문은 정부가 적극 주선했던 것으로 보인다. 「천주필 동남아향 발, 언론계 중진 14명도」, 『동아일보』, 1966.12.5.

이 전투는 미군도 오랫동안 고전을 면치 못했던 지역에서 "국군 파월 이래 최초라고 할 만큼의 전과(戰果)가 한꺼번에 쏟아져" 나와 이후 꽤나 유명해지게 될 전투였다.[34] 더욱이 선우휘의 말대로라면, 그는 전례가 없는 한국군의 승리를 민간인으로서 유일하게 목격한 증인인 셈이었다.

그런데 이 대목에서 놓치지 말아야 할 사실 하나는 선우휘가 「종군기」의 취재 기록에서는 전혀 언급하지 않았던 특정 장면을 「물결은 메콩강까지」에서는 상당히 자세하게 보여주고 있다는 점이다. 맹호부대의 작전 중 사로잡힌 베트남 양민 한 명이 도주를 시도하다 한국군에 의해 사살당하는 장면이 바로 그것이다. 선우휘가 쓴 「종군기」의 상당 부분이 소설의 전투씬으로 고스란히 활용되었던 점을 생각해보면, 확실히 이 장면은 소설 창작 시 군이 새롭게 추가된 부분이라고 할 수 있다. 추측컨대, 소설의 허구(fiction)적 성격의 힘을 빌려 선우휘는 어떤 목소리를 내려 한 것일까? 잔인한 전쟁에 대한 고발 혹은 폭로인가. 혹 그것이 아니라면, 오히려 정반대로 게릴라 전장의 불가피한 특성에 대한 성심 어린 변호인가. 흥미롭게도, 그의 목소리에는 이 상반된 두 메시지가 매우 혼란스럽고도 불균등한 비율로 모두 포함되어 있다. 우선, 이 장면은 베트남전쟁에서 한국군에 의한 민간인 살해의 흔적이 희미하게나마 당대 시점으로 포착된 경우인지라 주목해 볼 만한 가치가 있다는 것만은 분명하다. 그럼에도 불구하고, 이 삽화에서 실상 전면화 되고 있는 것은 민간인 살해로 인해, 아니 살해 그 자체보다는

---

34) 선우휘, 「탄막 속의 격투, 푸캇 고지」, 『조선일보』, 1966.10.13. 선우휘, 「맹호 6호작전 종군기, 제1신 ② 군종이 앞선 적진 돌파」, 『조선일보』, 1966, 10.16.
「맹호 6호 작전의 평가, 크게 성공한 지구전법」(『경향신문』, 1966.11.19)이라는 신문 기사에 따르면, 베트남전쟁에서 미군 전술의 핵심은 유동하는 게릴라들을 탐색하고 소탕하는(search and destroy)하는 데 있다. 그리고 이 전법을 지탱하는 것이 바로 미군이 보유한 공군력을 바탕으로 한 기동력(mobility)이다. 따라서 미군은 베트콩 게릴라와 마찬가지로 힛-앤-런(hit and run) 전략을 구사했는데, 미군의 이런 전술은 시간이라는 측면에서 제한적인 성격을 가진다. 미군이 게릴라 주력을 분쇄한다고 해도, 나머지는 다시 마을에 침투, 병력과 보급을 새롭게 하게 되기 때문이다. 당시 맹호부대의 6호 작전은 이런 점에 착안, 앞서서 버티는(sit-on-tactics) 지구전법을 구사한 군사 작전 상의 실험으로 높이 평가되었다. 맹호부대의 6호 작전의 결과, 베트콩 사살 1161명, 포로 515명, 용의자 체포 653명, 무기 노획 497정 등의 전과를 올렸는데 그것은 적어도 그 시점까지 거둔 전과 중 가장 큰 규모였다.

주인공 "남기욱"이 현장을 목격했다는 사실 때문에 더욱 괴로워하는 한국군 소대장의 모습이다.

> "그만 나쁜 것을 보셨습니다." "……" "못 볼 것을 보셨어요." "……" "이제까지 그런 불상사는 없었는데요. 하필이면 오늘따라……" (중략)
> "이런 감정은, 저지른 일을 숨기고 그렇게 사실을 은폐해서 누구를 속이려는 것과는 다릅니다. 책임을 지라면 지지만…… 그것이 두려워서가 아니라 그런 불상사를 다른 누구에게 보이고 싶지는 않단 말입니다."……
> 괴로우면 괴로운 대로 자기네들만의 비밀로써 저마다 마음 속에 나누어 간직하고 싶다는 것이리라…… 그런데 그만 그네들은 기욱에게 그네들만이 간직해야 할 비밀의 일종을 엿보인 것이다. 나쁜 것을…… 못볼 것을…… 그래서 젊은 소대장은 괴로워하고 있는 것이다. 괴로워한다는 것-이것이 얼마나 귀한 것인가?[35]

이런 종류의 민간인 사살이란 한국군이 전투를 수행하는 과정에서 발생할 수밖에 없는 어쩔 수 없는 사건이라는 것, 게다가 '불상사'를 외부인이 목격했다는 사실 때문에 한층 더 괴로워하는 이 젊은 군인의 자책을 "남기욱"은 어렵지 않게 이해하는 것으로 묘사된다. 차라리 '공범의식'에 가까운 이 이해와 공감은 바로 주인공이 과거에 겪었던 전투 경험들에서 비롯된 것으로, "지난 날-자기도 역시 그런 마음씨를 가졌"(228)기 때문에 이해 가능한 상황이다. 실전의 특성을 잘 알고 있는 주인공이기에, 생사가 걸린 전투의 와중에도 괴로워할 수 있는 한국군의 마음 자체가 드물고 귀한 것임을 이내 알아본다는 논리인 셈이다.

그런데도 이 장면에는 선우휘의 애초 의도를 초과하는 석연치 않은 그 무엇이 여전히 남아있을 수밖에 없다. 한국군의 진정성을 독자들에게 전달하려는 작가의 열성적인 노력에도 불구하고, 이 장면에서는 베트남인들을 공산 침략자들로부터 지켜주고 도와주러 왔다는 한국인들의 상상적 자기

---

[35] 선우휘, 위의 책, 227~229쪽.

이미지가 어떤 식으로든 균열이 갈 수밖에 없기 때문이다. 숨어 있던 동굴에서 잡혀 나온 마을 사람들이 슬픈 저주처럼 나지막하게 되뇌는 단어가 "맹호"임을 알았을 때, 누구의 남편일지 모르는 남자가 한국군에게 얻어맞는 광경을 베트남 여인들이 가만히 바라볼 때, 주인공은 드디어 "부녀자들이 자기를 응시하는 눈길을 보는 것이 차차 견딜 수 없게"(226) 된다.

이러한 맥락에서 보자면, 한국군의 활약상을 위주로 그것을 한국 독자들에게 전달하는 종군기의 '취재' 기록과 소설 「물결은 메콩강까지」가 자신에게 부과한 미션은 조금 달랐던 것으로 보인다. 결국, 후자의 미션이란 베트남인들의 이 견디기 어려운 응시에도 불구하고 한국군이 계속해서 참전해야 하는 논리를 찾아내는 일이었다. 실제로, 선우휘는 이 소설 속에서 몇 가지 시도를 보여주는데, 그 중 하나가 바로 당시 서구뿐만 아니라 일본을 포함하여 활발한 반전(反戰) 강연으로 국제적 주목을 받았던 사르트르의 '평화론'을 상대화하는 것이었다. 주지하다시피, 사르트르는 당시 아시아로서는 드물게 베트남 반전 운동이 활발했던 일본 도쿄에 초청되어 여러 차례 강연 활동을 한 바 있다. 선우휘가 베트남으로 종군하기 직전까지 머물렀던 도쿄에서 사르트르의 방문과 어떤 식으로든 조우했으리라는 것은 충분히 짐작이 가는 일이다. 게다가 선우휘 자신 사르트르가 주창한 '참여(engagement)' 개념을 전유한 가운데 국내에서 1950년대 이른바 참여문학론의 기수로 활동했던 사정을 떠올려보자. 이제, 반전 평화를 설파하는 사르트르를 어떻게 넘어설 것인가 하는 문제는 이 소설의 주인공에게, 아니 1960년대 중반의 선우휘에게 매우 절실한 과제였던 것으로 보인다. "사르트르는 탁월하다. 그렇다고 불란서 지식인이 아닌 다른 나라의 지식인도 그의 발언을 그대로 받아들이고 그처럼 행동하여야 하는가 어떤가? …… 뒷골목의 주점에서 무기를 들고 사람을 죽이며 훈장을 받는 병사들을 어리석다고 비웃을 수 있었다. 있다. …… 그러나 그것으로 될까"(196 · 197)

물론, 어떤 개념과 지식, 그리고 사회 운동이 그것이 속한 공간의 특수성에 따라 달리 이해되고 평가되어야 한다는 주인공의 고민은 그 자체로는 타당해 보인다. 그러나 사실 상 이 논리는 평화와 인간 생명의 존중이라는 보편적 가치와의 정당한 대결을 회피하거나 누락하면서 성립된 것이기에 그 지반은 매우 불안정할 수밖에 없다. 무엇보다, 그렇게까지 해서 한국군이 베트남전쟁을 통해 얻으려 하는 바가 정확히 무엇인지 이 텍스트는 명시적으로, 그리고 의도적으로 발화하지 않는다. 미국 정부가 지급하는 달러를 받고 참전한 '용병'이라는, 어찌해도 부정할 수 없는 사실을 직접적으로 환기하게 될 우려가 있어서일까. 파병이 가져다 줄 미래의 부(副)와 경제적 요인들이란 「물결은 메콩강까지」가 주력해서 그린 부분이 오히려 아니었다는 점을 떠올릴 필요가 있다. 이 대목은 선우휘의 텍스트가 확실히 미적 차원에서 기획되었음을, 실리를 초월하는 어떤 장소에서 참전의 명분과 태도를 찾는 데 몰두하고 있다는 사실을 보여준다.

그렇다면, 소설의 결말에 이르러 이 미션은 결국 성공으로 끝이 나는가. 이 물음에는 절반은 그렇고, 절반은 그렇지 못하다는 대답이 가장 어울릴 듯하다. 정당한 명분을 찾는 데 성공하지 못한 대신, 소설은 주인공이 아끼던 젊은 "이세경" 소위의 전사(戰死)를 설정하여 비극의 효과를 최대화하기 때문이다. 즉, 베트남에서 처한 한국군의 입장이 "죽이는 입장이면서도 스스로가 죽음을 당하는 경우"(190)에 속한다는 사실을 한국 독자들에게 다시금 일깨우고 있는 셈이다. 그러나 이세경 소위의 안타까운 죽음이 보여주듯, 이 소설의 강조점은 '죽이는 입장'보다는 '죽임을 당하는 경우'라는 후자에 가 있는 것이 사실이다. 의미심장하게도, 과거 학병과 한국전쟁의 경험이 다시 한 번 '논거'로서 활용되는 것도 바로 이 대목에서이다.

> 기욱은 멀리 십수년전을 생각한다. 그 절망의 패주 속에서 생각한 스스로의 죽음을-. 고향에의 개선을 생각하면 생각했지 서울을 버린 패주의 남하(南下)란 꿈에도 생각지 않았던 6.25의 비참한 경험! 그리고 그보다 수년 전 일본의 학병으로 끌려나갈 때 자기는 얼마나 거기서 빠져나가려고 애썼고, 그렇지 못

하고 끌려 나가게 되자 자기는 하루에도 수십 번 수백 번 죽음을 생각했던 것일까. 게다가 일본의 패주로 말미암아 착잡한 상황 속에 던져져서 느낀 죽음에 대한 공포와 불안! 그럴 때마다 자기의 젊음은 마멸되어 갔었다.…(중략)…그때와 지금…… 무엇이 다를 것일까.

전쟁에 끌려간 과거와 현재는 세 겹으로 오버랩 되어 있지만, 이 겹쳐짐을 통해 결국 사라지게 되는 것은 비록 불가피했다 하더라도 가해자로서 수행했던 역할과 그러한 의미에서 되풀이되는 역사의 달갑지 않은 반복이다. 더욱 불행한 사태는 그 '운명적인' 반복을 멈추기 위한 사유와 실천의 지평 자체가 이러한 입장에서라면 아예 생겨나기조차 어렵다는 사실이다. 반면, 클로즈업되고 확대되는 것은 일관된 희생자 혹은 민족/국가를 위해 불리한 선택지도 묵묵히 받아들이는 비극적인 수난자의 자화상인 셈이다. 그렇다면, 이제 새로운 질문들이 생겨난다. 1960년대 중반 소환된 학병의 기억은 모두 한결같이 이런 식이었을까. 비록 '학병세대'이기는 했어도, 선우휘가 직접적인 학병 체험자가 아니었음을 감안해보자. 실제 체험자의 기억이나 재현의 충실성은 한국 젊은이들이 파병되어 간 베트남전쟁을 혹시 다른 식으로 보여줄 수는 없었을까. 그러나 만약 이 경우에도 그렇지 못했다면, 여기에는 어떤 기제가 작동하고 있는 것일까.

3. 침묵의 논리: 학병 수기의 경우

"빗발치는 그 폭탄 속에서 내가 생명을 유지하고 있다는 것도 신기한 노릇이다. 그렇게도 경멸하던 「양키이즘」에 대한 놀라움이 차츰 싹터 오른다. 나만은, 아니 한국에서 얼떨떨하게 끌려 온 우리들만은 「양키」들아, 가려서 때려다오" 미군 공습에 대한 절망적인 공포 속에서도 자신이 침략의 주체인 일본인이 아닌, 식민지 조선인이라는 사실에 가느다란 희망을 걸었던 과거 상황을 회고하는 이는 바로 학병 출신의 작가 한운사[36]이다. 널리 알려졌다시피, 한운사는 조선인 학병과 일본 여성의 절절한 러브스토리로 선풍적인 인기를 끈 라디오 드라마 「현해탄은 알고 있다」(1960)의 저자이기도 했다.

그런데 한운사의 이 회고에 관해서는 그것이 이루어진 시기(1964)에 관해 두 가지 정도 함께 부기되어야할 사항들이 있다. 첫째, 이 회고는 한운사 혼자만의 것이 아니라 일종의 집단 수기 형태로『한국일보』에 「그로부터 19년-한국 출전 학병의 수기」라는 제목의 시리즈물로 연재된 것이라는 점이다.37) 학병들이 귀환하여 조직했던 '학병동맹'의 목소리가 해방 정국에서 '좌익'의 낙인이 찍혔던 이래, 한동안 잠잠했던 이들이 육성을 내기 시작한 계기는 바로 그들의 출정 날짜를 기념해 만든 '1.20 동지회'의 결성(1963)이었다. 최근 역사학 쪽의 연구를 통해 드러났듯이, 5.16 군사 쿠데타 이후 갑작스레 커진 군대의 위상은 어느새 '올드보이'가 된 학병들의 이러한 집단적 움직임을 진작시키는 데 크게 기여했다. 실제로, 1.20 동지회 결성 당시 박정희가 직접 참여했으며, 동지회의 초대 회장 장경순 또한 박정희와 함께 5.16 쿠데타의 주역이었다는 사실을 떠올려보자.38) 조선 최고의 엘리트였던 학병들이 이제 사회 각 분야의 안정적인 중진이 되어 있었던 사정과 함께, 특히 그들의 일본 군대 경험이 대한민국의 '건군'에 상당 부분 다

---

36) 한운사는 1923년생으로 충북 괴산에서 태어나 일본 쥬오(中央)대학교 예과를 수료하고 일본 나고야 중부 13부대에 입대했다.

37) 이 시리즈를 기획한『한국일보』의 이원교 역시 학병 출신으로, 이 시리즈는 1964년 7월 25일부터 연재되었다. 당시 시리즈의 필자는 한운사를 비롯하여 10명이었다. 한운사, ①「전쟁은 인간의 지랄병」, 1964.7.25; 김종대, ②「학병의 서부전선 이상없다」, 1964.7.26; 최영규, ③「살아난 소모품 목숨」, 1964.7.28; 최덕휴, ④「헌 벽지서 「임정」읽고 탈주」, 1964.7.30; 오덕준, ⑤「최초의 원자탄」, 1964.8.6.; 김성희, ⑥「생지옥의 오키나와」, 1964.8.9; 7회는 신문 상태 불량으로 확인 불가; 이가형, ⑧「버마 전선 패주 삼천리」, 1964.8.13; 박현섭, ⑨「포로로 맞은 8.15」, 1964.8.15; 민충식, ⑩「해방된 감격에 먹구름이」, 1964.8.16 이 시리즈 연재물은 1972년 잔국 각지에 흩어져 살고 있던 학병들의 집단 수기집인『청춘만장』의 모태가 되는 것으로도 유명하다. 1964년의 연재 시리즈는 거의 고스란히『청춘만장』에 실리지만, 필자에 따라서는 약간의 내용을 추가하거나 제목을 조금 손보는 정도의 수정이 이루어졌다.『청춘만장』에 관해서는 조영일,『학병서사 연구』, 서강대학교 국어국문학과 박사학위논문, 2015.

38) 오제연, 「조선인 학병 출신의 기억과 망각; 학병과 간부후보생의 "지원" 동기를 중심으로」,『성대사림』57권 0호, 2016.

시 활용되었다는 것, 그 결과 학병 출신 인사들이 당시 군의 요직을 차지하고 있었던 정황과 깊은 연관이 있는 대목이라 할 수 있다.[39]

둘째, 1964년은 한일협정 반대 운동의 기운이 절정에 달했던 이른바 6·3의 해로, '굴욕적' 협상을 반대하는 진영에서든 정권 차원에서든 일종의 보상 심리로 민족주의의 에토스를 경쟁적으로 내세우던 무렵이었다. 식민지 시절을 회고하는 것이 하나의 유행이 되어버린 시기, 말하자면 얼마나 억울하게 우리가 그 시기를 견디어 왔으며 과거 일본은 얼마나 악랄하고 잔혹했는지, 또한 현재 일본은 얼마나 '재식민/신식민'의 검은 야심을 숨기고 있는지에 관한 이야기들이 한꺼번에 터져 나올 즈음이었다. 요컨대, 고양된 민족주의는 1960년대 중반 시점에서 아시아·태평양전쟁을 배경으로 한 학병 서사가 다시금 생산되고 소비된 직접적인 배경인 셈이었다.

『한국일보』의 수기로 다시 되돌아와 보면, 연재된 수기의 회고 내용들이 대부분 전장의 숨 막히는 공포와 지난한 고생담, 탈출담을 담은 것이었던 만큼, 이 수기들이 기본적으로 전쟁을 반대하고 평화를 지지할 것이란 점은 어렵지 않게 예측할 수 있다. 실제로, 이 시리즈의 첫 포문을 열었던 한 운사의 수기 제목은 「전쟁은 인간의 지랄 병(病)」이기조차 했다. 그러나 이들의 반전(反戰) 평화 무드가 과거 아시아·태평양전쟁에 선택적으로 한정되었다는 점은 분명해 보인다. 연재가 시작된 1964년 7월은 한국군 역사상 최초로 이루어지는 해외 파병 동의안이 국회를 통과하는 시기였지만, 그럼에도 이 집단 수기 시리즈에서 베트남전쟁에 대한 언급은 전혀 찾아볼 수가 없었다. 오히려 시간이 조금 지나 이 수기 시리즈가 단행본으로 확대 출간된 『청춘만장』(1972)의 경우, 몇몇 필자들은 1966년의 선우휘가 꼭 그러했던 것처럼 일본 시민사회의 베트남전 반대 분위기를 "무정견"한 것으로

---

[39] 장경순은 1923년 전북 김제 출생이다. 학병 시절 당시 중국 전선에서 복무했으며 귀국 후 잠시의 교사 생활을 걸쳐 대한민국 육군에 입대하였다. 한국전쟁 중의 전과로 육군 준장이 되었으며, 장도영, 김종필 등과 함께 5.16 군사정변에 가담하였다. 제6대부터 10대까지 5선 국회의원이었으며, 1963년에서 1971년까지 국회부의장을 지냈다.

비판하는 쪽에 서 있기조차 했다. 예컨대, 언론계에 종사했던 김상현의 다음과 같은 언급을 들어보자. "미국의 핵우산 밑에서 트랜지스터 상혼(商魂)으로 잔뜩 배가 불러진 그들(일본-인용자)이, 더구나 월남전의 군수 경기로 피 한방울 흘리지 않은 채 앉아서 감즙(甘汁)만 들이마신 그들이 이제 와서 중공과 하노이를 두둔하며 닉슨 미국 대통령의 북핵 확대를 죄악시한다는 것은 너무 지나치지 않은가 말이다."[40] 한편, 당시 육군준장이던 임택주의 논리 역시 주목할 만하다. 그는 아시아·태평양전쟁에서 일본인 학병의 경우, "확고한 전쟁 목적이 정립되어 있었겠지마는 우리 한국 학생들은 왜 싸워야 하는가, 왜 죽어야 하는가" 알 수 없었다면서 명분 없는 전쟁을 강도 높게 비판한다. 그러나 대한민군 육군 준장인 그의 베트남 전쟁관은 이제 예측 가능한 것이다. "한국동란 때 미국의 많은 청년들이 피를 흘렸고 지금은 월남 땅에서 우리 젊은 한국 청년들이 피를 흘리고 있다"며 그는 "혈맹은 사상, 언어, 영토, 피부색을 초월"하는 것이라고 힘주어 주장한다.[41]

물론, 학병의 전장 경험을 가진 이들로서 베트남전쟁이나 파병 문제를 반대한 사례가 전혀 없었던 것은 아니다. 예컨대, 선우휘와 동향 출신으로 『사상계』의 편집위원이자 당대의 영향력 있는 이데올로그였던 신상초의 경우를 살펴보자. 동경제대 법학부 출신으로 학병에 끌려 나갔다 중국 쪽 전선에서 극적으로 탈출한 그는 1960년대 중반 파병 국면에서 확실한 반대 의사를 거듭 표시한 인사였다. 그는 항간에 널리 퍼져 있는 사고방식 즉, "미국의 요청으로 미국과 같이 군사 행동을 취하게 되는 것이니 밑져야 본전"이라는 통념적인 견해를 비판하면서 아무리 우의 깊은 동맹이라도 이러

---

40) 김상현, 「배갈과 고량」, 『청춘만장: 태평양전쟁에 끌려갔던 학병수기집』, 1.20동지회문화부 편, 1973. 이 글의 필자인 김상현은 1922년 경북 안동 태생으로, 일본 쥬오(中央) 대학 예과를 졸업하고 같은 대학 법학부를 중퇴했다. 북지파견군 衣 4292 부대 소속이었으며, 귀국 이후에는 미국 노스웨스턴 대학에서 신문학을 수학한 이후, 조선일보 논설위원, 동화통신사 편집국장 등 언론계에서 일했다. 인용된 대목은 <현해탄의 어제와 오늘>이라는 별도 제목 아래 쓰여진 글로, <1972.4記> 라는 문구가 추가되어 있는 것으로 보아 앞부분의 수기 내용보다 이후에 덧붙여진 것으로 보인다.

41) 임택주는 1922년생 전남 구례 출생이다. 메이지대학 법학과를 졸업했고, 와가야마 중부 24부대에서 복무했다.

한 태도는 "민족적인 주체 의식과 국가적인 자주성을 거의 잊어버리다 싶이한 사고 방식"이라고 일갈했다. 나아가, 신상초는 한국이 파병에 동참함으로써 아시아·아프리카 블록에서 고립을 자초하게 될 사태를 우려했는데, 요컨대 그는 "나쇼날 인터레스트"의 손익 계산서를 신중히 작성해야 한다는 관점에서 파병을 반대했던 당시 야당의 입장에 서 있던 셈이다.[42]

다만, 흥미로운 것은 이러한 선명한 정치적 견해 표명에도 불구하고, 1966년 단행본으로 발간된 신상초의 학병 수기『탈출』에서는 정작 과거의 전쟁과 현재의 전쟁인 베트남전쟁이 직접적으로 결부되어 언급되는 경우가 발견되지는 않는다는 점이다. 과거의 특정 사건을 집중적으로 서술한다는, 수기의 장르적 특성 때문에 생긴 결과일까. 행여, 그렇다 하더라도『탈출』의 제 2부가 「관점」이라는 부제 아래 신상초의 비판적 정치 시론들을 다수 엮었음에도 불구하고, 이 지면에조차 파병 관련 이슈를 다룬 그의 글들이 오롯이 빠져 있다는 점은 어떻게 보아야 할까. 편집상의 편의나 우연으로 돌리기에는 여전히 의아한 대목일 수밖에 없는데, 그러나 이 궁금증은 「을사년(1965년)을 보내며」라는 「관점」의 맨 마지막 글을 보면 비로소 풀리게 된다. 이 글은 시종일관 한일협정의 졸속 체결과 그로 인한 일본 자본에 의한 재식민화를 몹시 우려하면서 끝이 나는데, 그러한 의미에서 보자면 이 마지막 글은『탈출』의 다음과 같은 서문과 정확히 수미쌍관한 구조를 이루는 까닭이다. "우리 국민 가운데는 국제정치의 좌표가 달라짐에 따라 지난 일제의 악독잔인한 식민통치의 쓰라린 경험을 잊어버리고 또 공산 학정에 대한 기억마저 희미해진 동포들이 결코 적지 않다. 나는 이 분들

---

42) 신상초, 「월남전쟁과 한국-동맹관계와 「나쇼날 인터레스트」, 『기러기』, 1965.7.30.
　　신상초와 마찬가지로, 학병에 끌려갔다가 북지 전선에서 탈출에 성공했던 『사상계』의 발행인 장준하 역시 베트남 파병에 반대했다는 것은 잘 알려진 사실이다. 예컨대, 한국군의 전투병 파병이 이루어진 1965년 10월, 『사상계』는 권두언에서 미국의 대한정책을 다음과 같이 비판했다. "한일협정의 졸속, 굴욕, 위헌, 매국적인 체결을 감행하고 한국군의 월남파병을 결정하는 데 있어 한국민이 도저히 납득할 수 없는 비민주주의적인 사태 진전을 보고 미국은 다행한 일이라고 축하의 뜻을 표명하는데 주저하지 않았을 뿐더러 심지어는 그런 민주 역행적인 정치 현상에 미국 정부가 적극 개입한 흔적이 날이 갈수록 명백하여져가는 것을 가장 유감스럽게 생각하지 않을 수 없다."

에 대해서 나의 경험담을 전해 주는 것이 자유사회를 유지 발전시키는 데 다소라도 도움이 되리라고 믿고 있기 때문이다."[43]

이 단행본 수기의 저본이 된 신상초의 글이 「일군 탈출기」[44]와 「중공 탈출기」[45]라는 사실을 감안하면, 이 제목이 뜻하는 '탈출'이 무엇으로부터의 탈출인지 보다 선명해진다. 실제로, '반일/민족주의'와 '반공'을 전면에 내세운 신상초의 『탈출』은 학병 수기의 계보에서 두 가지 정도 두드러진 특징을 갖는데, 하나는 일본 군대에서 장교로 승급하는 길이었던 간부후보생의 문제[46]를 깊이 있게 다루었다는 점이다. 신상초에 따르면, 학병 지원 일반은 불가피한 강제의 성격이 강했던 반면, 학병 복무 기간 중 간부후보에 지원한다는 것은 전혀 다른 차원의 일로 그것은 명백한 자발적 친일이라는 판단이 가능해진다. 애초, 중국 전선에서 목숨을 걸고 탈출해 조선의용군에 가담한 전력을 가진 신상초였던 만큼 그는 일본 군대에 그대로 잔류했던 다른 학병 출신들에 비해 친일 이슈에 관해 거리낌 없이 당당할 수 있었고, 간부후보 지원 문제에 대해서도 한층 예리할 수밖에 없었다. 한편, 『탈출』은 식민주의 침략 전쟁의 성격이 강했던 아시아·태평양전쟁에서 냉전의 선(先) 징후들을 미리 포착해 독자들에게 전달하는 데 매우 열성적이기도 했다.

> 점차 학병 간에 사상적 대립이 싹트기 시작하고 공산당은 좌경화한 자를 적극 도와주는 반면 좌경을 노골적으로 거부한 사람들을 경계하게 되었다. 이 해 8월 추석을 전후해서 적(赤)과 백(白)의 싸움은 절정에 달했다. 우리들은 민족 통일 전선 원칙에 입각해서 우리를 중경 정부 쪽으로 보내달라고 공공연히 요구했다 …(중략)… 우리들은 중경 행을 갈망했다.[47]

---

43) 신상초, 『탈출-어느 자유주의자의 수기』, 녹문각, 1966.
44) 신상초, 「일군 탈출기」, 『신동아』, 1964.9.
45) 신상초, 「중공 탈출기」, 『신동아』, 1965.3.
46) 오제연, 위의 글.
47) 신상초, 『탈출』, 위의 책, 113~114쪽.

일본 군대를 탈출해 천신만고 끝에 들어갔으니 신상초 개인에게는 생명의 은인이라고도 할 수 있는 팔로군이었을 테지만, 이 장면은 끝끝내 팔로군의 사상적 경향에는 동화될 수 없었던 그 자신의 '이념적' 초상을 보여주는 에피소드인 셈이다. 거꾸로 생각하면, 과거 팔로군과의 접촉에 관해 어떤 식으로든 신원 증명이 필요하다는 사후적인 판단일 수도 있었다. 어느쪽이 되었든, 이러한 사실들이 결국 알려주는 것은 신상초의 학병 수기 『탈출』 역시, 앞서 언급한 『한국일보』의 시리즈 연재물처럼, 한일협정으로 대표되는 '65년 체제'의 맥락 한가운데서 쓰이고 읽혔다는 점이다. '65년 체제'란 무엇인가. 글로벌한 차원에서는 미-일-한의 삼각 반공체제를 성립하기위해 한국과 일본의 국교 정상화가 기획되었지만, 국내적으로는 무리한 협정 강행으로 인해 일본의 신식민주의에 대한 비판적 감수성이 자연스레 학습되어 전 국민적으로 최대한 신장되고 첨예화된 시기였다.

그렇다면, 이 대목에서 다음과 같은 질문을 해보는 것은 어떨까. 어쩌면, 이 시기의 학병 수기들이 1960년대 초중반 트리컨티넨탈(아시아 · 아프리카 · 라틴아메리카) 지역에서 꿈틀대던 '제3세계 민족주의'와 접속할 수도 있지 않았을까? 실제로, 1963년 대통령선거에서 박정희가 제3세계 민족주의의 뉘앙스가 다분한 '민족적 민주주의'의 슬로건을 내세워 대중적으로 성공했던 점을 생각하면 가능성이 전혀 없는 질문은 아니었다. 그러나 결과적으로 보았을 때, 이 시기 학병 수기 필자들의 감각은 그 방향으로 나아가지는 않았다. 비록 불가피했다 하더라도, 자신들에게 뒤집어 씌워진 '친일'의 오명을 벗겨내기 위해 기성세대가 된 과거의 학병들은 이 반(反) 식민주의의 감각을 매우 협소하게, 제한적으로 사용한 까닭이었다. 이제, 이 반(反)식민주의적 감각은 과거의 피식민 경험에 대한 피해의식을 강조하는한편, 반일로 환원되는 민족적 울분 쪽으로만 경사될 터였다. 그로 인해, 당시 아시아 지역에서 현재 진행형으로 벌어지고 있는, 더욱이 한국 스스로깊숙이 발 담그게 된 신식민주의의 글로벌한 움직임에 대해서는 눈을 감게 만드는 결과를 낳게 될 것이었다. 보지 못하니 말할 수 없는 것은 당연하지 않을까. 이것이야말로, 1960년대 중반 쓰여진 학병 수기들이 현재 진행형의 베트남전쟁에 관해 서로 약속이라도 한 듯 일제히 잠잠한 이유였다.

Ⅳ. 결론: 예술은 무엇을 기억하는가

'65년 체제'의 핵심에는 한일국교 수교 정상화가 놓여 있다. 그러나 그때 국회가 오랫동안 '한일협정비준동의안'과 '전투사단월남파병동의안'을 함께 상정했던 데서 알 수 있듯이[48], 베트남전쟁은 65년 체제를 구성하는, 그러나 자주 언급되지는 않았던 또 하나의 축이었다.[49] 돌이켜 보건대, 1960년대 중반은 전쟁과 전쟁을 기억하는 담론들이 공론장에 가득 찬 시기였다고 해도 지나친 말은 아니었다. 그것은 진행 중인 현재의 전쟁(베트남전쟁)이었으며, 과거이지만 동시에 현재인 전쟁(한국전쟁)인가하면, 오랫동안 잊혀진 과거완료의 전쟁이었으나 한일협정 반대 국면에서 갑작스레 되살아난 전쟁(아시아·태평양전쟁)에 관한 다양한 이야기들이었다. 세 전쟁 간의 관계는 기묘했는데, 서로 짝을 이루어서만 이야기되는 경우이거나(한국전쟁-베트남전쟁) 혹은 그 반대로 서로 깊숙이 연관되어 있으면서도 좀처럼 나란히 거론되지 않는 전쟁들이기도 했다(아시아·태평양전쟁-한국전쟁, 아시아태평양전쟁-베트남전쟁). 요컨대, 이 전쟁들의 냉전적 성격은 확대되고 과장되었던 반면, 식민주의적 성격은 6·3이 일으킨 '반일민족주의'의 대칭 쌍이라는 맥락에서만 선택적으로 강조된 셈이었다.

---

48) 「전투부대 파월안 통과」, 『경향신문』, 1965.8.13. 당시 여당이었던 공화당은 한일협정 비준 동의에 반대하는 야당 의원들의 의원직 사퇴 제출로 사실상 일당 국회 상태에서 협정비 준동의안과 파병동의안을 함께 상정했다. 그러나 야당 의원 부재 상태에서 한일협정비준 동의안을 통과시키기 부담스러웠던 여당은 파병안만을 먼저 가결시키게 된다.

49) 장인수, 위의 글.

세 전쟁 사이에 지극히 선별적인 조합만이 이루어진 상황을 고려한다면, 선우휘의 『물결은 메콩강까지』는 확실히 눈길을 끄는 예외적인 텍스트였다. 이 텍스트가 학병이라는 매개를 통해 서로 연관을 이루지 못하던 세 전쟁을 하나의 시야 안으로, 하나의 무대 위로 함께 불러들였던 것만은 틀림없는 사실이기 때문이다. 그런데도, 이 소설이 세 가지 전쟁을 한 데 엮는 데 사용한 키워드가 바로 '운명'이었다는 점은 문제적일 수밖에 없다. 확실히, 운명이란 학병세대가 마음속 깊이 간직한 한국 근·현대사의 불운한 희생자, 수난자라는 일관된 자기규정을 표현하는 단어였다. 운명이라는 이 단어는 일견 이데올로기에 관심 없는 초월적, 미학적 아우라를 풍기지만, 그러나 이 단어가 당시 실제로 수행한 일은 이국땅에서의 명분 없는 젊은 죽음을 정당화하는 프로파간다의 역할이었다. 다른 이도 아닌 학병세대에게서 이러한 논리가 탄생했다는 사실을 우리는 어떻게 받아들여야 할까.

학병세대에 관한 연구자이며 최근 저서에서 이들을 대한민국 건국의 "설계자"로 호명했던 김건우에 따르면, 학병세대에게서 공통으로 발견되는 '운명'론은 일종의 모방이며 동시에 결여로서의 절실한 욕망이다. 조선인 학병들은 자신들과 함께 제국의 전쟁에 동원된 일본인 학병 "동기들처럼 죽음을 자신의 '운명'으로 받아들일 수 있는 장치 혹은 '기표'인 국가를 필요로 했"다는 것, 말하자면 '남'의 전쟁에 끌려가는 자신들에게는 처음부터 없던 국가를 그들은 "간절히 욕망"했다는 것이다[50]. 의미심장하게도, 『물결은 메콩강까지』의 주인공 "남기욱"은 "조국을 위해서니 자유 수호를 위해서니" 하는 베트남전 파병의 공식 명분을 입에 올리기 어색해하고 비아냥거리는 젊은 기자에게 되묻는다.

> "그런데 자네들 세대는 왜 그런 걸 그렇게 싫어하지?"
> "예?"
> "조국을 위해서 자유를 위해서라면 뭐가 그렇게 역겨운가 말이야?" …(중략)…

---

50) 김건우, 「운명과 원한-조선인 학병의 세대의식과 국가」, 『서강인문논총』 52집, 2018.8.

"우리들 또래에게는 조국이니 민족이니 자유라는 말은 좀 더 엄숙하게 느껴져."

"그렇게까지요?"

"음, 이십대 전후에 그런 것이 없어서 무척 부러웠던 탓인지도 몰라."

"……"51)

내내 부재했던 국가가 분단된 형태로 수립되었을 때, 적어도 선우휘에게 있어 그 국가가 어떤 방향을 취해야 할지는 조국/민족에 덧붙여 자유라는 말이 엄숙하게 느껴진다는 위 구절에서 이미 확고하게 제시되어 있다. 앞서 신상초의 『탈출』에 빈번히 등장하는 "자유", "자유주의자"라는 단어가 넓은 의미의 자유주의(사회 제도 일반이 개인의 자유를 보장하는 선에서 존재한다는)라기보다는 냉전적 자유주의를 가리켰던 것처럼 말이다.

물론, 귀환한 학병들이 해방기에 좌익 성향을 띠기도 했다(그들의 대부분은 이후 북쪽을 선택했다)는 점을 감안하면, 이 경험이 국가의 이념을 반드시 반공 자유주의 쪽으로만 정향하지는 않았을 것이라 추측해볼 수도 있을 것이다. 실제로 학병세대 소설가로서 선우휘와 늘 비교, 대조되곤 하는 이병주의 경우, 그의 대표작 『관부연락선』은 학병 체험 못지않게 아니, 오히려 그보다 훨씬 더 커다란 비중으로 해방기의 좌우 갈등을 집중적으로 재현해낸 작품이기도 하다. 『관부연락선』의 실질적 주인공 "유태림"의 정치적 스탠스는 '자유주의적 중도'가 분명하기는 하지만, "유태림"이라는 인물을 핍진하게 그려내는 과정에서 그보다 훨씬 더 왼쪽에 있던 해방기 사회주의자(특히, 지리산에 들어가 빨치산이 된)들의 모습이 "유태림"과 더불어 비로소 한국 소설의 무대 위에 의미 있는 역할로 등장하게 된다.52) 더욱이,

---

51) 선우휘, 「물결은 메콩강까지」, 위의 책, 182쪽.

52) 북한과는 달리 남한에서 빨치산 문학은 1970년대 들어와서야 본격적으로 창작된다. 빨치산의 존재가 흐릿하게 그려진 『관부연락선』에 비하자면, 1972년 『세대』지에 연재되기 시작한 이병주의 『지리산』은 빨치산이라는 이슈를 정면으로 다루었다. 김복순, 「지식인 빨치산 계보와 『지리산』」, 『인문과학연구논총』 22, 2000.12. 물론, 남한 문학의 빨치산 재현에 관해 훨씬 거슬러 올라가 해방기 이태준의 「첫 전투」(1949)를 꼽을 수도 있지만, 이 작품은 월북이라는 이태준의 체제 선택 이후에 창작되었다.

이병주가 『관부연락선』의 연재를 시작한 1968년 4월은 유명한 '동백림' 사건의 관련자들이 간첩 혐의로 구속되어 재판에서 최고 사형까지 선고받은 엄혹한 시점이었다.[53] 말하자면, 당시 통치 권력은 북한이 베트남전쟁을 통해 유효하게 학습했다는 남한 내 '혁명운동' 전략의 존재를 '동백림' 사건을 통해 국민들에게 가시적으로 입증한 셈이었다. 그러므로 시기와 상황의 엄중함을 고려해 본다면, 『관부연락선』에서 이루어진 빨치산의 소설적 재현이 아무리 우회적이고 암시적인 차원이라 할지라도 결코 간단한 문제가 아니었던 정황을 짐작할 수 있다. 1972년 데탕트의 기운 속에서 연재될 이병주의 『지리산』은 실은 이러한 경로를 거쳐 세상에 나올 준비를 하고 있었던 셈이다. 평생 빨치산이 아니었을까 주변의 의심을 사면서도 결국 반공주의적 입장을 벗어나지 않고, 기묘하게 박정희 정권과 거리가 가까워졌다는 비판까지 듣게 되는 이병주였지만[54], 적어도 그는 자신의 과거 학병 경험을 '용병'이라는 어휘를 동원해 설명했던 드문 사례였다.

누구보다, '자유'라는 단어를 엄숙하게 받아들였던 선우휘에게로 다시 돌아가보자. 이 자유가 선우휘의 예술관에 어떤 식으로든 영향을 미칠 것이라는 사실은 명백한 것이었다. 실제로, 베트남 전장 취재와 일본에서의 저널리즘 연수를 마치고 1967년 귀국한 선우휘는 문학의 사회 참여 문제를 둘러싼 소위 순수·참여 논쟁 국면에 논자로 직접 뛰어들게 된다. 지난 날 사르트르식 현실 참여를 외쳤던 입장에서 그가 극적으로 돌아서리라는 것은 살펴본 대로, 이미 『물결은 메콩강까지』에서 예견되었던 바이기도 하다.

---

53) 「정하용, 정규명 두 피고에 사형」, 『경향신문』, 1968.12.5. "서울고법형사부는 5일 하오 2시, '동백림을 거점으로 한 북괴 대남 적화 공작단' 사건 재항소심 선고 공판에서 12명의 관련 피고인 중 정하용(34), 정규명(40) 등 2명의 피고인에게 국가보안법 반공법을 적용, 사형을 조영수 피고인(35)에게는 무기징역을 선고했다." 윤이상, 천병희, 최정길 등에게도 사형이 구형되었지만, 이들에게는 징역 10년 자격정지 10년의 선고가 내려졌다.
54) 조영일은 5.16 이후 혁명 재판소에서 징역 10년을 선고받고, 2년 7개월을 복역한 이병주가 박정희에게 원한 감정을 가지고 있었으며, 박정권의 권력 실세들과 개인적 친분이 있었던 것과는 별도로 적어도 텍스트 자체에서 정권과 타협한 흔적을 찾기는 어렵다고 평가한다. 조영일, 「이병주는 그때 전향을 한 것일까-리영희가 기억하는 이병주에 대하여」, 『황해문화』 80, 2013.9.

선우휘는 불문학자 김붕구가 주장해서 비평가들 사이에 논란이 된 명제(싸르트르의 현실 참여를 추종하면 결국 프롤레타리아 혁명에 도달한다)를 공공연히 지지했고, 그 연장선상에서 "문학은 문학 이외의 다른 무엇에 써 먹는 것은 아니라는 생각이 날로 나의 마음 속에서 신념화하여" 간다고 토로했다.

그러나 해가 바뀐 1968년 2월, 문학의 현실 참여 문제를 놓고 선우휘와 대담을 나눈 신예 비평가 백낙청은 문학이 도구가 될 수 없다는 선우휘의 견해야말로 원래 사르트르의 것임을 강조하고 있어 흥미롭다.[55] 백낙청이 읽은 사르트르에 의하면, 문학의 본질은 자유이며 그래서 당연히 어떤 도구도 될 수 없다는 것, 아니, 한 걸음 더 나아가 문학은 자신의 본질인 자유에 대한 억압을 물리침으로써만 존재할 수 있다는 것이었다. 요컨대, 선우휘를 비판하는 백낙청 논리의 핵심은 선우휘가 최근 부정하게 된 사르트르를 다시금 그에게 되돌려주는 것이었고, 선우휘가 여전히 어떤 방식의 참여는 기꺼이 승인하면서 또 다른 방식의 참여는 절대 불가하다는 선택적이고 편의적인 논리를 구사하고 있다는 사실을 보여주는 것이었다.

『물결은 메콩강까지』의 결말로 되돌아 가보면, 백낙청의 진단이 실상 그릇되지 않았음을 알 수 있다. 화가인 주인공 "남기욱"은 아끼던 "이세경" 소위가 전사한 월남의 전장을 당분간 떠나지 않기로 결심하고, 한국의 지인들에게 그의 심경을 알리는 편지를 쓴다. "남아서 저는, 만나서 원하는 사람들에게마다 초상화를 그려주렵니다. 우리네의 젊은이들에게…… 눈이 파랗고 머리가 흰 미국의 백인 병사들에게…… 월남의 늙은이나 어린이들에게, 월맹이나 베트콩 포로들에게…… 그래서 인간으로서의 아픈 공감을 느끼렵니다." 주인공 "남기욱"의 그림과 그의 예술이 전장의 현실에 깊숙이 '연루'되어 있으며, 베트남전쟁이라는 당대 한국 사회의 현안에 밀착되어 있다는 점은 명백해 보인다. 그럼에도 불구하고, 선우휘는 그것을 '공감

55) <대담> 작가와 평론가의 대결-문학의 현실 참여를 중심으로/선우휘, 백낙청, 『사상계』, 1968.2.

(sympathy)'이라는 오래된 미학의 용어를 빌어 표현한다. 한국군의 참전을 정당화하고 뒷받침하는 정서로서의 '아픈 공감'.

그렇다면, 거꾸로 미학의 역사라는 관점에서 선우휘의 입장을 바라보면 어떨까. 사실 그의 태도에서, 급진성을 잃어버린 19세기 자율성 미학의 잔재를 재활용하며 등장한 20세기 파시즘 미학의 보수적 전략을 연상하는 것은 그리 어렵지 않다.[56] 문학이 정치의 도구가 아님을 타자에게 끊임없이 역설하면서도, 자신은 스스로 정치 그 자체로 화하는 것. 이는 일찍이 벤야민이 파시즘 미학의 공세에 맞서 '(현실을) 낯설게 만드는' 전략으로 기획한 '예술의 정치화'가 아니라, 반대로 그가 경계하고 또 경계하고자 했던 '정치의 미학화' 바로 그것이 아닐까.

▨ 참고문헌

1. 기본자료

김기진, 「전쟁문학의 향방」, 『전선문학』, 1953.2.

김점곤, 「월남전에의 한국군 파견에 따르는 문제점」, 『자유공론』, 1966.1.1.

남재희, 「한겨레 창간의 주니어 공동대표 임재경형-아프레게르 문청파 프랑스적 자유인」, 『프레시안』, 2015.12.24.

선우휘, 「물결은 메콩강까지」, 『신찬(新撰)한국문학전집 9』, 창우문화사, 1980.

_____, 「탄막 속의 격투, 푸캇 고지」, 『조선일보』, 1966.10.13.

_____, 「맹호 6호작전 종군기, 제1신 ② 군종이 앞선 적진 돌파」, 『조선일보』, 1966. 10.16.

신상초, 「월남전쟁과 한국-동맹관계와 「나쇼날 인터레스트」」, 『기러기』, 1965.7.30.

_____, 「월남 증파 문제: 국론을 결정하는 기준은 무엇이냐」, 『기러기』, 1966.4.30.

_____, 「일군 탈출기」, 『신동아』, 1964.9.

_____, 「중공 탈출기」, 『신동아』, 1965.3.

_____, 『탈출-어느 자유주의자의 수기』, 녹문각, 1966.

---

56) 오문석, 「예술의 정치화와 정치의 미학화」, 『문학비평용어사전』, 국학자료원, 2006

이재봉, 「日사과 요구하는 한국, 베트남엔 제대로 사과했나」, [베트남 전쟁] <4> 남
　　　　한의 적극적 제안, 미국의 무리한 요구, 북한의 필사적 대응, 『프레시안』,
　　　　2018.7.26.
최광일, 「월남전의 본질과 우리의 자세」, 『공군』, 1966.7.
「그로부터 19년-한국 출전 학병의 수기」①~⑩, 『한국일보』, 1964.7.25~1964.8.16.
「월남전쟁: 정담(鼎談), 김점곤, 부완혁, 유장순」, 『사상계』, 1966.5.
『청춘만장: 태평양전쟁에 끌려갔던 학병수기집』, 1.20동지회문화부 편, 1973.
<대담> 작가와 평론가의 대결-문학의 현실 참여를 중심으로/선우휘, 백낙청, 『사상
　　　　계』, 1968.2.
*무기명의 신문기사는 본문의 각주로 대체함

2. 논문 · 단행본

권명아, 『식민지 이후를 사유하다-탈식민화와 재식민화의 경계』, 책세상.
김건우, 「운명과 원한-조선인 학병의 세대의식과 국가」, 『서강인문논총』 52집,
　　　　2018.8.
김복순, 「지식인 빨치산 계보와 『지리산』」, 『인문과학연구논총』 22, 2000.12.
김윤식, 「학병세대의 원심력과 구심력」, 『이병주 연구』, 국학자료원, 2015.
김진규, 「박연희 소설 속 냉전기 동아시아에 대한 탈민족적 인식-미완 장편 『방황』
　　　　과 「갈증」을 중심으로」, 상허학보 52집, 2018.2.
김종욱, 「베트남전쟁과 선우휘의 변모」, 『우리말글』 63집, 2014.12.
남기정, 「전후 공간의 설계사 요시다 시게루」, 『한국·동양정치사상사학회 학술대회
　　　　발표논문집』, 2011.
류동규, 「65년 체제 성립기의 학병서사: 『관부연락선』 읽기」, 『어문학』 130호,
　　　　2015.12.
박태균, 『베트남전쟁: 잊혀진 전쟁, 반쪽의 기억』, 한겨레출판, 2015.
오문석, 「예술의 정치화와 정치의 미학화」, 『문학비평용어사전』, 국학자료원, 2006.
오제연, 「조선인 학병 출신의 기억과 망각; 학병과 간부후보생의 "지원" 동기를 중
　　　　심으로」, 『성대사림』 57권 0호, 2016.
오태영, 『팰럼시스트 위의 흔적들-식민지 조선문학과 해방기 민족문학의 지층들』,
　　　　소명출판, 2018.
이신재, 「북한 공군의 베트남전쟁 참전」, 『현대북한연구』 19(3), 2016.12.
장인수, 「한일협정, 베트남전쟁, 그리고 학병수기-『청춘만장』을 중심으로」, 『반교어

문연구』 47권 0호, 2017.

정종현, 『제국의 기억과 전유』, 어문학사, 2012.

조영일, 『학병서사 연구』, 서강대학교 국어국문학과 박사학위논문, 2015.

_____, 「이병주는 그때 전향을 한 것일까-리영희가 기억하는 이병주에 대하여」, 『황
해문화』 80, 2013.9.

조진구, 「중소대립, 베트남전쟁과 북한의 남조선혁명론 1964~1968」, 『아세아연구』
46(4), 2003.12.

한수영, 「두 개의 전쟁, 하나의 인식-백철의 전후비평에 나타난 "한국전쟁"의 이해
를 중심으로」, 『민족문학사연구』 46권 0호, 2011.

_____, 『전후 문학을 다시 읽는다』, 소명출판, 2015.

홍석률, 『분단의 히스테리』, 창비, 2012.

나카무라 마사노리, 유재연·이종욱 역, 『일본전후사 1945~2005』 논형, 2006.

木村貴(Kimura Takashi), 「國際法上 베트남 良民虐殺行爲에 관한 연구 - 한국군에
의한 학살 행위를 중심으로」, 『법학연구』 41(1), 2000,12.

■ 장세진 – 「학병, 전쟁 연쇄 그리고 파병의 논리-선우휘의 「물결은 메콩강까지」(1966)를 중심으로」
『사이』 25권, 2018에 실린 것을 일부 수정한 것이다.

3부
냉전의 세계사적 파동

냉전 초(1947~1953년) 소련 포스터에 나타난 '평화' 이미지

황동하(순천대학교)

I. 머리말

냉전은 '말과 이미지'의 전쟁이기도 했다. 그것은 제1, 2차 세계대전과 달리 공개적인 연설의 공세와 신문 기사의 잇따른 포격으로 시작되었다. 1946년 3월 5일, 미주리주 풀턴에서 윈스턴 처칠(Winston Churchill)은 '철의 장막(iron curtain)' 연설을 했다. 3월 14일 스탈린(Иосиф Сталин)은 『프라브다(Правда)』에 처칠의 연설에 답변하는 기사를 실었다. '철의 장막', '벽', '문명', '야만', '자유세계', '노예 세계', '내부의 적'과 같은 말이 냉전적 수사로 재생산되었다. 이런 말은 대중의 전폭적인 지지를 얻으려고 고안된 것이기도 했다.

이미지도 마찬가지이다. 아마도 냉전의 가장 상징적인 이미지는 원자탄이 핵폭발할 때 생기는 '버섯구름'일 것이다. 〈적색 위협(Red Menace)〉(1949),

〈나는 공산주의자와 결혼했다(I Married a Communist)〉(1949), 〈나는 FBI를 위한 공산주의자였다(I Was a Communist for the FBI)〉(1951) 등과 같은 영화도 서방과 제3세계에서 냉전을 떠오르게 하는 이미지 가운데 하나이다. 이안 플레밍(Ian Fleming)이 만든 007 첩보영화의 주인공인 제임스 본드나, 르카레(John le Carré)[1]의 소설 속 이중 스파이 캐릭터, 그리고 핵전쟁 대처법을 위해 만든 홍보영화 〈엉클샘(Uncle Sam)〉 등을 통해 냉전의 이미지는 끝없이 유포되었다. '말'이든 '이미지'이든, 그것은 철의 장막 양측의 대중에게 냉전을 내면화하는 데 중요한 역할을 했다.

이 글은 '문화 냉전'(The cultural Cold War)[2]이 아닌 '냉전 문화(Cold War Culture)'라는 틀을 사용할 것이다. '냉전 문화'는 어떻게 모든 사회적 존재가 냉전의 전 지구적 동력을 통해 형성되었는가를 고찰할 수 있게 해준다고

---

[1] 존 르 카레는 영국 스릴러 작가로 데이비드 콘웰로 알려졌다.

[2] 문화 냉전이란 '전망'을 냉전사 연구에 접목했다고 할 수 있다. 문화 냉전은 미국과 소련 양국이 정치, 경제, 군사뿐만 아니라 문화, 예술, 교육, 오락, 생활양식까지를 포함하여 헤게모니를 확립하고, 세계인의 '마음'을 얻기 위해 전개한 문화·정보·미디어 전략 전반을 가리킨다(기시 도시히코·쓰치야 유카 엮음, 김려실 옮김, 『문화 냉전과 아시아. 냉전연구를 탈중심화하기』, 서울, 소명출판, 2012, 16쪽. 문화 냉전 관련 연구는 대략 다음과 같다. Robert Haddow, *Pavilions of Plenty: Exhibiting American Culture Abroad during the 1950s,* Washington dc, Smithsonian, 1997; Frances Stonor Saunders, *Who Paid the Piper? The CIA and the Cultural Cold War,* London, Granta Books, 1999; Yale Richmond, *Cultural Exchange and the Cold War,* Philadelphia, University of Pennsylvania, 2003; David Caute, *The Dancer Defects: The Struggle for Cultural Supremacy during the Cold War,* Oxford, Oxford University Press, 2003; Jessica C.E. Gienow-Hecht and Frank Schumacher, eds., *Culture and International History,* New York, Berghahn Books, 2003; Hugh Wilford, *The Mighty Wurlitzer. How The CIA Played America,* Cambridge, Massachusetts, Harvard University Press, 2008; Nicholas Cull, *The Cold War and the United States Information Agency: American Propaganda and Public Diplomacy, 1945-1989,* Cambridge, Cambridge University Press, 2008; Giles Scott-Smith, *Networks of Empire: The US State Department's Foreign Leader Program in the Netherlands, France and Britain 1950-1970,* Brussels, Peter Lang, 2008; Laura A. Belmonte, *Selling the American Way. U.S. Propaganda and the Cold War,* Philadelphia, University of Pennsylvania Press, 2008; Jack Masey & Conway Morgan, *Cold War Confrontations: us Exhibitions and their Role in the Cultural Cold War,* Baden, Lars Muller, 2008). 국내에서 냉전사 연구의 흐름을 정리한 글로는 노경덕, 「냉전사와 소련연구」, 『역사비평』 101, 서울, 역사문제연구소, 2012; 노경덕, 「냉전연구의 새로운 시각과 관점」, 『통일과 평화』 3권 2호, 서울대 통일평화연구원, 2011; 백원담, 「냉전 연구의 문화적·지역적 전환 문제」, 『中國現代文學』 75, 한국중국현대문학학회, 2015. 그 밖에도 '문화 냉전' 관련 국내 연구는 폭발적으로 늘고 있다.

생각하기 때문이다.3) 말과 이미지, 의지, 이데올로기의 투쟁으로서 냉전은 의도적이든 아니든 그 시대의 문화에 표출되었다. 따라서 문화는 그 시대의 사건, 태도, 관심 등을 알 수 있는 이상적인 자료이다. 이 글은 이미지, 즉 '냉전 문화'의 시각성에 주목할 것이다. 이미지는 그저 냉전을 설명하는 배경적 역할을 하는 것이 아니라, 냉전의 필수적인 부분이라고 할 수 있다. 이미지는 냉전 시기를 구체적으로 증언하는 자료라고 할 수 있다.

분석 대상은 냉전 초(1948~1953) 소련이 제작한 프로파간다 포스터이다. 한 인간이나 집단이 다른 인간이나 집단을 설득한다는 행위 자체는 본질에서 정치적이다. 인간의 사회 내적 존재형식 자체가 정치적인 데서 비롯된 것이다. 포스터의 언어는 한 시대의 정치문화와 인문학적 전통과 예술적 전통을 두루 보여주는 현대적인 시각 커뮤니케이션 언어이다. 포스터는 전달하려는 확실한 목적과 내용을 지닌 수단으로 과거부터 현재까지 시대를 반영하는 대표적인 선전 매체로 사용됐다.

프로파간다 포스터는 문학이나 영화에 비해 빠르고 값싸게 만들 수 있고, 쉽게 복사와 변형할 수 있으며, 특별한 장소에 구애받지 않기 때문에 널리 유포되고 쉽게 접할 수 있어 선전 매체로서 장점이 있다. 아울러 선전의 주제를 일목요연하게 시각화하는 포스터의 특성은 다른 매체와 견주어 보더라도 언어적 장벽도 뛰어넘을 수 있게 한다. 특히 포스터의 시각적 특성은 그 자체로 사료로서의 가치를 지닌다. 포스터의 이미지는 특정 주제에 대해 한편의 서사를 만든다.4) 이는 "개인이나 집단들이 상상의 세계를 포함해 사회를 바라보는 정형화된, 그러나 서서히 변해가는 방법들에 대해 증언"하는 것이다.5)

포스터와 같은 이미지에 관한 연구는 이미지를 해석·독해하는 비주얼

---

3) Patrick Major and Rana Mitter, "Culture," in Saki Dockrill and Geraint Hughes eds., *Palgrave Advances in Cold War History*, Basingstoke, Palgrave Macmillan, 2006, p.241.
4) James Aulich, *War Posters: Weapons of Mass Communication*, London, Thames and Hudson Ltd, 2011, pp.7~42.
5) 피터 버크 지음, 박광식 역, 『이미지의 문화사』, 심산, 2005, 242쪽.

리터러시(visual literacy)의 관점에서 이미지에 함축된 사회성, 정치성 등에 집중하는 경향을 띤다. 그것은 특정한 작품이나 그 내용을 분석하는 데 있어서 예술적 반성, 미적 구조의 차원에서만 보지 않고 콘텐츠에 담겨 있는 심층 의미, 즉 사회적 함축성의 차원에서 보고 이해하려는 것이다. 이런 점에서 주어진 작품을 '텍스트'로 삼고 그 기호를 읽어내어, 이론적이고 분석적인 관점에서 의미 작용의 과정을 밝히는 기호학은 이미지를 해석·독해하는 데 여전히 중요한 방법론이다.[6] 그것은 함축의미(connotation)[7]가 거의 명확하게 드러나는 이미지, 즉 포스터와 같이 메시지가 명확한 이미지를 분석할 때 더욱 쓸모 있다. 이러한 방법론과 함께 포스터를 분석할 때, 시대와 사회의 정신적, 문화적 측면을 함께 고려할 것이다.

Ⅱ. '적'을 다시 만들기

　　냉전 시기에 동구 공산주의 국가와 서구 자본주의 국가는 보편적 행복에 대한 배타적 접근, 미래의 사회적 조화, 평등이라는 약속을 포함하여 세계에 대한 자신들의 해석을 구축했다.[8] 그러나 이러한 해석을 구축하는 일은 쉽지 않았다.

　　1945년 4월 25일, 스탈린그라드(Сталинград)[9]에서 진군한 소련 병사와

---

6) 물론 이에 대한 비판도 있다. 보기를 들면, 마르틴 졸리에 따르면 기호학은 '해석이 가능한 것', 즉 '말할' 거리가 있는 것에 집중하기 때문에, 감각적인 정보가 주는 미학적 감동, 기쁨, 상상력을 배제하고 가능한 한 가장 엄정한 수단을 이용하여 가장 논리적인 해석의 방향을 제시한다. 따라서 이미지의 언어적 해석이 가능해야만 이미지의 기호학적 연구가 가능해지며 언어적 요소 외의 요소들은 기호학이 고려하는 대상에 속하기 어렵다(마르틴 졸리, 이선형 역, 『이미지와 기호, 고정 이미지에 대한 기호학적 연구』, 동문선, 1994, 40쪽).
7) 무언가 생각하게 만드는 함축적 사상이 내포된 아이디어적 본질을 말한다. 존재의미, 콘셉, 가치, 사상 등을 생산하는 모태라 할 수 있다.
8) Peter Romijn, Giles Scott-Smith & Joes Segal, eds., *Divided Dreamworlds? The Cultural Cold War in East and West*, Amsterdam, Amsterdam University Press, 2012, p.2.

노르망디(Normandy)에서 다가오고 있는 미국 병사들은 독일군을 나누려고 엘베(Elbe)강 강둑에서 만났다. 그 사건은 제2차 세계대전의 종식이 멀지 않았음을 알리는 신호였다. 그러나 엘베의 만남은 독일군을 분쇄하는 것 이상이었다. 이날에, 수백 명의 소련 병사와 미국 병사는 결코 잊을 수 없는 우애와 연대를 경험했다. 그들은 서로 악수했고 서로 껴안았으며, 선물을 주고받았다. 그들은 함께 미국 노래를 불렀고 러시아 보드카를 마시면서, "고인이 된 루스벨트(Franklin D. Roosevelt) 대통령, 트루먼(Harry S. Truman) 대통령, 처칠(Winston Churchill) 수상, 스탈린 장군, 그리고 우리 모두 사이의 '영원한 우애'를 위해" 건배했다.[10] 전후 평화와 우호가 지속될 것 같았다.

실제로 제2차 세계대전은 참전자 모두에게 평화에 대한 갈망과 군국주의적인 선전에 대한 의심을 남겨 놓았다. 대중 사이에는 평화주의가 널리 퍼져 있었다. 이런 분위기는 '적'을 다시 만드는 일을 어렵게 만들었다. 게다가 전쟁 때 동맹국 사이에서 끊임없이 진행된 프로파간다 활동은 새로운 적의 창출이라는 문제를 더욱 복잡하게 만들었다. 미국인과 다른 유럽 국가의 시민들 사이에서는 소련의 인기가 높았다. 소련에서도 미국과 영국 등에 대한 공감이 형성되어 있었다. 이러한 정서는 전시의 경험이었다. 그 경험은 쉽게 잊히지 않는다.

이런 상황에서, 냉전 초기에 프로파간다 캠페인은 옛 동맹국을 새로이 '적'으로 만들어내는 것이다. 적을 만들어내는 것은 역설적이긴 하지만 자아의 창조(소련인의 정체성 탐구)를 통해 시작한다.[11] 적의 창조는 공포를 새롭게 불러일으키고 이데올로기적 단결을 강화하는 것이었다.[12] 이런 기

---

9) 스탈린그라드의 옛 도시 이름은 차리친(Царицын)이었다. 1925년에 스탈린은 차리친을 스탈린그라드로 바꾸었다. 1962년 후르쇼프(Никита Сергеевич Хрущёв)가 도시 이름을 볼고그라드(Волгоград)로 바꾸었다.

10) Mark Scott, *Yanks Meet Reds: Recollections of U. S. and Soviet Vets from the Linkup in World War II*, Santa Barbara, Capra Press, 1988), p.28. 엘베 '도킹'의 공식 행사는 1945년 4월 30일에 있었다.

11) Marja Vuorinen, ed., *Enemy Images in War Propaganda*, London, Cambridge Scholars Publishing, 2012, p.1.

12) Т.В. Волокитина, "Сталин и смена стратегического курса Кремля в конце 40-х годов: от

획은 영화와 만화책에서 스포츠, 음악, 발레에 이르기까지 문화의 모든 측면에 스며들었다.

소련 예술은 당국의 기획에 따라 새로운 전쟁 위협에 맞서 '평화를 위한 투쟁'에 적극적으로 동참했다. 보기를 들면, 표도르 레셰트니코프(Фёдор Решетников)는 1950년에 〈평화를 위하여! (За мир!-PAIX!)〉(그림 1)라는 유명한 그림을 그렸다. 그림을 보면, 멀리 붉은 깃발을 들고 시위하고 있는 파리 교외 거리의 노동자가 있다. 그림 정 중앙에는 겁이 없어 보이는, 조금은 당돌하기까지 한 아이들이 벽에 '평화'라는 단어를 쓰고 있다. 이것으로부터 노동자의 시위가 '반전' 시위였음을 알 수 있다.

'평화를 위한 투쟁'이라는 명분 아래, 예술가들은 새로운 '적의 도상(iconography of enemy)'을 만들어야 했다.

도상은 두 가지 방식으로 만들어졌다. 하나는 제2차 세계대전 동안 나치를 묘사했던 방법을 다시 쓰는 것이다. 다른 하나는 이른바 '상표 인지도(brand awareness)'라 할 수 있다. 19세기 이후 풍자만화에 자주 등장하는 캐릭터인 엉클 샘(Uncle Sam), 존 불(John Bull), 실크해트(top hats), 시가를 질겅질겅 씹고 있는 뚱뚱한 자본가, 의인화한 돈 가방에 들어간 금융업자 등은 되풀이해서 사용되었다. 냉전 시기에 새로 만들어진 '적의 도상'은 통화기호(달러)였다. 미국 달러는 정치적 악을 나타내는 새로운 '스바스티카(swastika)'가 되었다.[13]

포토몽타주 작가인 지토미르스키(А. Житомирский)는 미국이라는 적을 묘사하는 데 달러 동전을 이용하기 시작했다. 〈늑대의 식욕(волчий аппетит)〉(그림 2)은 한 남자가 레스토랑에 앉아 음식을 먹으려 하는 모습이다. 남자의 머리는 미국 은화(silver coin)로 가려져 있다. 그가 먹으려고 한 음식은

компромиссов к конфронтации," А. О. Чубарьян, отв. ред. и др., *Сталинское десятилетие холодной войны: факты и гипотезы,* Moscow, Наука, 1999, pp.10~22.

13) Konstantin Akinsha, *The Second Life of Soviet Photomontage, 1935-1980s,* Doctor of Philosophy, Edinburgh, University of Edinburgh, 2012, p.281.

그림 1. Фёдор Решетников, <За мир!>, 1950(http://opisanie-kartin.ru/reshetnikov-fedor/za-mir/)(검색일: 2017년 1월 20일)

그림 2. А. Житомирский. <волчий аппетит (늑대의 식욕)>, Photomontage. 1947(출처: А. А. Купецян, под. Ред., Мастера Советской Карикатуры А. Житомирский(Москва: «Советский художник», 1986), 책 표지).

지구본이다. 뉴욕 도시 풍경을 배경으로 하고 있다. 이것으로 볼 때, 은화로 의인화한 사람은 미국인이라고 할 수 있다. 그는 지구를 어디서부터 잘라 먹을까 생각에 잠겨 있다. 결국 은화는 미국 자본가 또는 미국 제국주의자를 재현한 것이라고 할 수 있다. 냉전 시기에 소련의 포스터와 포토몽타주, 캐리커처 등에 달리 기호를 많이 쓴 것은 '소련의 적=미국'이라는 것을 뚜렷이 각인시키려 한 것이다.

적을 다시 만들려는 냉전의 기획은 "불확실성을 없애고 혼란스러운 세계를 다시 구성하려는" 시도였다.[14] 상징적 '적'의 창조와 '적'과의 투쟁으로서 여론 조작이라는 냉전의 전략은 초기 단계에서 발전했다. 한 국가의 다른 국가에 대한 도덕적·지적·문화적 우위의 원리와 적의 정치적 이념과 문화적 가치를 추종하는 배반자인 '내부의 적'을 색출하는 패러다임도 이 시

---

14) Ron Robin, *The Making of the Cold War Enemy: Culture and Politics in the Military-Intellectual Complex,* Princeton and Oxford, Princeton University Press, 2003, p.3.

기에 나타났다. 그런 기획은 20세기 내내 소련과 미국뿐만 아니라, 전 세계 사람들의 사고방식과 삶의 방식에 영향을 미쳤다.

그림 3. 보리스 예피모프, 「파리회담까지, 그리고 파리회담 뒤에」 『프라브다』 1947.07.19.(Борис Ефимович Ефимов, "До и по сле 'Парижского совешания'", Правда, 19 июль 1947.)

청중의 행위에 영향을 줌으로써 청중의 세계관을 조작하는 것은 많은 프로파간다 이론에서 중요 주제 가운데 하나이다. 보기를 들면, 해럴드 라스웰(Harold Lasswell)의 고전적인 정의에 따르면, 프로파간다는 "재현의 조작을 통해 인간 행동에 영향을 끼치는 기술"이다.[15] 또 프로파간다는 "지각을 형성하고, 인식을 조작하기 위한 계획적이고 체계적인 시도이자, 프로파간디스트가 바랐던 의도

를 이룰 수 있도록 대중의 대응을 끌어내려는 직접적인 행위"이다.[16] 이러한 정의를 염두에 둘 때, 프로파간다는 사물이 실제이든 아니든 관계없이 그것을 사실로 보이게 만드는 틀 또는 "해석의 도식"을 만들어내는 것이다. 프로파간디스트는 "그들이 행동하고 있는 세계에 틀을 만들기"를 바란다.[17] 보기를 들면, 소비에트 포스터가 당국의 노선에 따라 미국을 전쟁을 도발하는 제국주의자로 묘사했을 때, 그것은 미국인들이 전쟁을 일삼는 제국주

---

15) H. D. Lasswell, "Propaganda," in R. Jackall ed., *Propaganda,* Basingstoke, Macmillan, 1995, p.13.

16) G. S. Jowett & V. O'Donnell, *Propaganda and persuasion,* Thousand Oaks, Sage, 2004, p.7.

17) D. A. Snow, E. B. Rochford Jr., S. K. Worden & R. D. Benford, "Frame alignment processes, micromobilization, and movement participation," *American Sociological Review*, Vol. 51, No. 4(Thousand Oaks, California, the American Sociological Association, 1986, p.461.

의자라고 믿게 함으로써 청중의 마음에 실제의 모습을 만들어내는 것을 목적으로 한다. 이것은 결국 전쟁도발자에 반대하는 소련을 압도적으로 지지하게 하는 것이기도 하다.

그런 틀은 "문화적 울림"에 의존한다.[18] 청중의 문화적 배경이 틀을 해석하는 과정에 영향을 미칠 수 있기 때문이다. 문화적으로 울림을 주는 틀은 청중에게 더 호소하기 쉽다. 프로파간디스트가 우리의 지각을 목표로 삼는 방식은 우리의 기존의 지식과 과거 경험, 이러한 경험을 하게 했던 문화적 영역에 의존한다. 언어, 이미지, 상징을 이용함으로써, 프로파간디스트는 일정한 맥락에서 일정한 지각을 형성하려고 한다.[19] 보기를 들면, 소비에트 냉전 프로파간다는 러시아 신화학, 역사와 고전 문학을 언급한다. 이 모든 것은 청중의 마음속에 문화적 울림을 일으키게 한다. 게다가, 같은 이미지를 되풀이해서 이용함으로써, 어떤 주제는 더욱 큰 울림을 끌어낼 수 있다. 냉전 시기 소련 포스터나 만화에 자주 등장하는 실크해트와 달러는 사악한 자본가와 제국주의자를 상징한 것이다. 보기를 들면, 보리스 예피모프(Б. Е. Ефимов)가 1947년에 『프라브다(Правда)』에 실은 만화(그림 3)는 마셜 플랜의 여러 측면을 비판하고, 파리회담 뒤 미국에게서 신속한 원조를 얻으려는 서구 지도자의 희망을 웃음거리로 만들었다. 이 만화에서 대부분의 유럽 국가의 대표는 작은 인물로 그려졌는데, 드골 임시정부의 외무장관인 비도(G. A. Bidault)와 영국 외무장관 베빈(E. Bevin)은 크게 그려졌다. 그들은 '달러'를 향해 뛰어가고 있지만, 곧 실망하고 말았다. 뚱뚱하고 큰 미국인(트루먼)은 '돈 줄 사람은 생각지도 않는데, 김칫국부터 들이키고 있다'는 듯 그들을 경멸적으로 쳐다보았다. '실크해트'와 '달러' 말고도 죽음과 관련된 상징으로서 해골, 뼈, 총 등도 자본주의 진영을 비판하는 상징이었다.[20]

---

18) D. A. Snow & R. D. Benford, "Ideology, frame resonance and participant mobilization," *International Social Movement Research*, Vol. 1, No. 1, London, 1988, pp.208~211.

19) Jowett & O'Donnell, *Propaganda and persuasion*, pp.8~9.

프로파간다에서 전쟁은 '선과 악' 사이의 투쟁으로 전형적으로 묘사된다. 소련의 프로파간다도 우리와 그들이라는 이분법 체계에 따라 세계를 두 축으로 나누었다. 그런 이항 대립은 러시아 문화에서 전통적인 것으로 여겨졌다. 그것은 차르 러시아에서 이미 이용되고 있었지만, 20세기 초 소비에트 러시아에서 혁명에 뒤이은 내전 시기에 더욱 강조되었다.[21] 이러한 러시아의 문화적 이원론은 냉전 시기에도 적용되었다. 소련 당국은 프로파간다를 이용함으로써 곳곳에 퍼져 있는 적을 향한 적대감을 창조하고 강화하려고 했다. 냉전 시기에 소련의 주적인 미국의 이미지는 소비에트 지도부에게 필요한 스테레오타입, 이를테면 '미국 제국주의자들의 소련에 대한 공격 위협이 강화되고 있다!', '미국은 제3차 세계대전의 선동자다!', '제국주의가 전쟁을 일으킨다면, 그것은 전사할 것이다!'와 같은 것으로 정형화되었다. 이와 관련해서, 소련인의 가장 중요한 과업도 형성되었다. 그것은 '제3차 세계대전을 막는 것', '전쟁선동가의 음모를 무효로 만드는 것'이었다.[22] 소비에트 이데올로기는 또다시 세계를 흑과 백으로 칠했고, '자본주의의 포위'라는 조건에서 전쟁의 불가피성에 대한 문제를 제기했다. 따라서 이미지를 해석하려면, 맥락, 캡션, 코드(이미지의 시각언어)를 함께 분석해야 한다.[23]

---

[20] Thomas C. Wolfe, *Governing Soviet Journalism: The Press and the Socialist Person after Stalin,* Bloomington & Indianapolis, Indiana University Press, 2005, p.2.

[21] V. E. Bonnell, *Iconography of power: Soviet political posters under Lenin and Stalin,* Berkeley, University of California Press, 1999, p.187.

[22] Н. И. Николаева, "Новый образ США. Изменения в советской политике и пропаганде в 1947-48 гг.", http://psyfactor.org/lib/propaganda16.htm, 검색일: 2018년 1월 19일.

[23] E. Gombrich, *The image and the eye: Further studies in the psychology of pictorial representation,* London, Phaidon, p.154.

Ⅲ. 냉전 초 소비에트 포스터와 평화 이미지

포스터와 같은 시각 이미지는 하나의 텍스트로서 두 개의 차원, 즉 내용과 표현으로 나누어 읽을 수 있다. 먼저 표현, 즉 기표의 측면을 보면, 표현의 형식은 내용의 전달을 위한 시각적 요소를 말한다. 보기를 들어 색, 형태, 질감 등 분석 대상인 시각 이미지의 표면에 드러나 있는 시각적, 형식적 요소와 그 요소 사이의 구성 방식을 뜻한다. 내용은 기호의 기의적 측면에 해당하는 것으로, 표현의 형식과 관련된 특정한 의미적 측면을 말한다. 포스터를 분석할 때 자주 이용되는 방법은 캔버스 안에서 공간 활용과 기호의 도상학적 역할이다.[24] 공간 분할 속에 담긴 문화코드, 이른바 관습적 공간 이해와 이를 통한 이미지 투여는 서양 회화사에서 오랜 역사를 지녔다. 이미지 속의 공간 배열은 요소들 사이의 관계와 역할을 규정하고 여기서 의미의 차이를 만들어낸다. 이를테면, 이미지 속 요소들의 구성적인 의미 또는 메타 기능은 수직축과 수평축을 통해 해독될 수 있다. 왼쪽은 불순하고 부정적이며, 사탄과 악마의 공간이다. 오른쪽은 정숙하고, 순결하며 성스럽고 정의로운 공간이다. 위와 아래의 배치는 '이상적인 것(ideal)'과 '현실적인 것(real)'을 각각 재현한다.[25] 중심과 주변의 구성은 이미지 구성 요소들 사이의 정보적 가중치나 중요도에 따라 중심과 주변으로 배열시켜 상대적으로 구조화하는 시각적 구성이다. 물론 이미지를 구성할 때 이러한 배열이 반드시 적용되는 것은 아니다. 이미지의 생산 주체의 전략에 따라, 특정한 배열이 사용되고 혼합되기도 한다. 이와 같은 이미지 구성의 '법칙'을 통해 냉전 초기 소비에트 포스터를 분석할 것이다.

---

[24] Meyer Schapiro, "On Some Problems in the Semiotics of Visual Art: Field and Vehicle in Image-Signs," *Semiolus*, vol. 6, no. 1, Dutch, Foundation for Dutch Art-Historical Publications, 1972-1973, p.12.

[25] 하인리히 뵐플린 지음, 박지형 옮김, 『미술사의 기초개념: 근세 미술에 있어서의 양식발전의 문제』, 서울, 시공사, 2012, 177~206쪽.

냉전 초기 포스터에 나타난 '평화' 이미지는 두 가지 차원에서 분석할 수 있을 것이다. 첫째로는 국제적으로 소련을 평화의 수호자로, 미국과 미국의 하수인인 국제연합을 전쟁도발자로 규정한 것이다. 둘째로는 국내적 차원으로 전시 동맹국인 자본주의적인 서구 문명, 특히 미국의 본질을 공격하는 것이다. 미국은 경제적 · 인종적 착취, 가짜 민주주의, 비참함, 자유가 없는 사회로 비판받았다.[26] 이런 포스터는 소련의 적에 대한 적대감을 불러일으킬 뿐 아니라, 냉전을 바라보는 대중의 시각을 만들어냈다.

1. 평화의 수호자 – 전쟁광

그림 4. 고보르코프(Виктор Говорков),
<어리석은 짓 하지마!(Не балуй!), 1947
(출처: http://www.plakaty.ru/plakaty/voennye/ne_
baluy/)(검색일: 2017년 2월 10일)

1946년 3월 14일 자『프라브다』지에 스탈린은 처칠의 〈철의 장막〉 연설에 대한 답변을 실었다. 스탈린은 전 영국인 동맹자를 '전쟁광'이라고 칭하면서 히틀러에 비유했고, 소련의 국제주의를 처칠의 '인종주의적' 앵글로-색슨의 세계 지배 야욕과 대비시켰다.[27] 이는 동맹국에 대한 불신과 동맹국의 행위가 전쟁을 불러올 수도 있다는 것을 밝힌 것이다. 1947년에 고보르코프(В. Говорков)가 그린 〈어리석은 짓 하지마!(Не балуй!)〉(그림 4)도 '어제'의 동맹국에 대한 소련의 태도를 보여주고 있다. 포스터의 구성은 젊은 소련 병사와 늙은 자

---

26) Timothy Johnston, *Being Soviet: Identity, Rumour, and Everyday Life under Stalin 1939–1953*, London, Oxford University Press, 2011, p. 168.

27) 블라디슬라프 M. 주코프 지음, 김남섭 옮김, 『실패한 제국. 냉전시대 소련의 역사』(서울, 아카넷, 2016, 159쪽.

본가를 대비시키고 있다. 젊은 소련 병사는 차분하고 재치 있어 보인다. 늙은 사람은 우스꽝스럽고 어리석게 묘사되었다. 그는 한쪽 손에 원자탄을 쥐고 있는 것으로 보아 미국인이다. 포스터는 선과 악의 공간 분할을 따르고 있다. 선은 소련 병사가 위치한 위쪽과 오른쪽의 공간이다. 악은 늙은 사람이 있는 아래쪽과 왼쪽의 공간이다. 전쟁이 끝나고 난 뒤, 세계가 나아가야 할 '미래의 가치'(평화)는 젊은 소련 병사가 재현하고 있고, '과거의 가치'(전쟁)는 늙은 사람을 통해 재현되고 있다.

이 포스터는 자본주의가 전쟁을 낳고, 공산주의가 평화를 낳는다는 것을 보여주고 있다. 따라서 소련은 평화의 수호자로, 미국은 공격자로 분명히 제시하고 있다.

쿠크릐니크스이(Кукрыниксы)는 1947년에 〈얄타협정과 포츠담협정을 위배하고 있는 미국, 영국, 프랑스〉라는 포스터를 제작했다(그림 5-왼쪽). 이 포스터는 미국의 '강압'으로 영국과 프랑스가 얄타와 포츠담협정을 파기하고 있는 모습이다. 소련은 이런 행위를 전후 세계에 새로운 대결을 부추기고 있는 것으로 해석했다. 1947년 3월 2일 트루먼 독트린이 발표된 뒤, 소련 언론은 3월 14일에 트루먼 연설을 『프라브다』에 실었다. 그 뒤 소련 언론은 트루먼 연설을 힘과 영향력을 바탕으로 삼은 외교정책의 표명으로 여겼다. 더 나아가 소련 언론은 트루먼이 미국의 팽창주의를 숨기기 위한 위장으로서 자유의 방어를 이용했다고 강력히 비판했다.[28]

---

28) G. Roberts, *Stalin's War: From world war to cold war, 1939-1953*, New Haven and London, Yale University Press, 2006, p.313.

그림 5. 왼쪽) Кукрыниксы, <The U.S., Britain, and France violating the Yalta and Potsdam agreements(알타협정과 포츠담협정을 위배하고 있는 미국, 영국, 프랑스>, 1947 (출처: https://library. brown.edu/cds/Views_and_Reviews/item_views/artist_itemlevel_H-K.php?id=81&view_type=artist_index) (검색일: 2017년 2월 11일)/, 오른쪽) Н. А. Долгоруков, Б. Е. Ефимов, Фридлянд), <Поджигателям новой войны следовало бы помнить позорный конец своих предшественников! Н. Булганин(새로운 전쟁의 교사자들은 그들의 전임자들의 결말을 기억해야 한다!)-불가닌>, 1947(출처: https://regnum. ru/pictures/2327375/70.html)(검색일: 2017년 2월 11일)

돌고루코프(Н. Долгоруков)와 예피모프가 1947년에 제작한 포스터(그림 5-오른쪽)도 영국과 프랑스 등을 전쟁 교사자로 규정한 것이다. 이들이 전쟁을 일으킨다면, 그 결과는 제2차 세계대전의 전쟁 교사자들이 걸었던 길과 같을 것이다. 포스터에 등장하는 서구 정치가들은 캐리커처 기법을 써서 작게 묘사되었다. 왼쪽/오른쪽의 공간 분할은 악/선이라는 이항 대립의 원칙에 충실했다. 악은 결국 선을 이길 수 없다. 그 상징은 왼쪽 밑에 있는 까마귀이다. 까마귀는 죽음의 공간을 나타내는 매개체로 자주 쓰인다. 색채의 대조도 뚜렷하다. 강렬한 붉은 색을 이용한 오른쪽 공간과 녹색-검은색을 주로 쓴 왼쪽 공간. 왼쪽 위에 있는 '달러'와 '스바스티카'는 미국이 유럽의 전쟁 교사자를 매수하여 앞장서게 했으며, 나치와 함께 강력한 반공 보루를 새로 마련하려는 의도를 지니고 있다는 점을 드러내고 있다.

ALEXANDER ZHITOMIRSKY, *Hysterical War Drummer*, 1948

ALEXANDER ZHITOMIRSKY, The New Napoleons — Truman and Churchill, 1950

그림 6. 왼쪽) Александр Житомирский, Истерический барабанщик войны, 1948(출처: А. А. Купеця н, под. Ред., Мастера Советской Карикатуры А. Житомирский(Москва: «Советский художник», 1986), p.20) /(오른쪽) Александр Житомирский, The New Napoleons — Truman and Churchill, 1950 (출처: http://thesovietbroadcast.tumblr.com/image/121755593969)(검색일: 2017년 11월 1일)

냉전 초기에는 트루먼과 처칠을 '전쟁광'으로 묘사한 이미지(그림 6)가 집중적으로 유포되었다. 보기를 들면, 지토미르스키는 트루먼을 히틀러와 같은 전쟁광으로, 트루먼과 처칠을 나폴레옹으로 묘사한 포토몽타주를 제작했다.[29] 포토몽타주에서 사용된 사진은 '시각적 사실의 스케치가 아니라 사실의 엄밀한 고착'임을 보여준다. 먼저 〈신경질적인 전쟁의 드럼연주자(Ист ерический барабанщик войны)〉를 보면, '히로시마와 나가사키의 도살자'인 트루먼 대통령은 미국 자본을 상징하는 월스트리트의 꼭두각시로 미국 자본의 이익을 대변하고 있음을 풍자하고 있다. 트루먼의 그림자로 히틀러를 묘사한 것은 또 다른 전쟁의 가능성을 뚜렷이 전달하고 있다. 두 번째 〈새로운 나폴레옹-트루먼과 처칠(The New Napoleons-Truman and Churchill)〉에는 권력욕과 돈에 굶주린 트루먼과 처칠이 나온다. 트루먼과 처칠은 나폴레옹 모자를 함께 쓰고 있다. 그 모자에는 달러가 표시되어 있다. 트루먼과 처칠을 나폴레옹에 빗댄 것은 나폴레옹과 마찬가지로 그들이 세계정복욕

---

29) 장우인, 「혁명의 깃발-러시아 아방가르드와 포토몽타주」 『현대미술학 논문집』 15-2, 현대 미술학회, 2011, 221쪽.

을 갖고 있다는 것을 암시한 것이다. 이 포토몽타주는 트루먼과 처칠이 또 다른 전쟁을 도발한다 할지라도 1945년의 히틀러와 같은 운명이 될 것이라고 암시하고 있다. 포토몽타주 오른쪽 윗부분에 해골의 모습을 한 히틀러가 그것을 증명해준다(1950년에 지토미르스키는 팔짱을 끼고 나폴레옹 자세로 서 있는 처칠과 트루먼을 묘사한 포토몽타주를 만들었다. 두 정치가는 달러 기호가 새겨진 커다란 초승달 모양의 모자를 쓰고 있다. 그들 뒤에 있는 벽에는 두 명의 초상화가 있다. 치통을 앓고 있는 듯 붕대로 얼굴을 감싼 나폴레옹은 1812년의 모습이다. 짧게 자른 콧수염을 한 해골에 붕대를 감은 두 번째 초상화는 1945년으로 되어 있다. 나폴레옹과 히틀러는 그들을 나타내주는 모자를 쓰고 있다. 나폴레옹의 초승달 모양 모자에는 황제 나폴레옹을 상징하는 '엔(N)'자가 새겨 있다. 히틀러의 해골 위 모자는 스바스티카 문양으로 장식되어 있다. 처칠과 트루먼을 나폴레옹과 히틀러에 견준 까닭은 그들이 전쟁광임을 강조하려 한 것이다.

그림 7. К. Иванов, В. Брискин, «Остановить преступников! 멈춰, 전쟁광!», 1952(출처:http://www.vnikitskom.ru/antique/auction/46/18925/)(검색일: 2017년 11월 6일)

1949년 4월 북대서양조약기구(NATO)가 창설되자, 소련 프로파간다는 이런 기조를 더 분명히 담아냈다. 평화 세력과 그 적들 사이의 관계는 크기의 과장과 상징주의라는 예술적 기제를 통해 또렷이 드러났다. 이바노프(К. Иванов)와 브리스킨(В. Брискин)이 1952년에 그린 〈멈춰, 전쟁광!(Остановить преступников!)〉(그림 7)이라는 제목의 포스터이다. 포스터에는 보통 소련 여성과 국제연합 휘장을 두른 병사가 나온다. 소련 여성은 '전쟁광'인 병사를 공개적으로 비난하고 있다. 포스터에서 여성 노동자와 병사는 비대칭적으로 구성되어 있다. 여성 노동자의 얼굴은 눈빛을 통해 단호함을 드러낸다. 그녀의 팔은 긴장감이 느껴진다. 쭉 뻗은 손끝은 병사를 비난하고 있다. 전쟁광인 병사는 크다만 것같이 작고, 위험한 행동을 하다 들킨 것처럼 어리둥절한 모습이다. 이 포스터는 평화를 갈망하는 국가의 강력한 힘을 시각적으로 강조하려는 것이었다. 포스터는 또 적이 여전히 위험하다는 것을 지적한 것이기도 하다.

빅토르 코레츠키(В. Корецкий)는 '평화를 위하여!'라는 주제로 여러 편의 포스터를 제작했다. 〈우리는 평화를 요구한다!(Мы требуем мира!)〉(그림 8)은 '사회주의 리얼리즘'의 원리에 따라 시각적 서사의 주요 인물로서 '혁명적 인물', '긍정적 영웅' 등과 같은 익명의 사람을, 그리고 '추상성'과 달리 '사실성'을 주로 이용하고 있다.[30]

포스터에는 위풍당당한 노동자와 회의 탁자에 앉아 있는 정치 지도자와 군인들이 있다.

이 포스터는 적대적 이미지를 솔직하게 드러냈다. 여기 모여 있는 정치가들 가운데, 미 국무장관 딘 애치슨(D. Achson), 미국 대통령 해리 트루먼, 전 영국수상 윈스턴 처칠, 그리고 영국 외무장관 베빈이 있다. 그들 맞은편에는 제복을 입은 군인들이 앉아 있다. 테이블 위에는 원자탄, 군함, 전투기를 포함해 여러 전쟁 도구가 있다. 초인과

그림 8. В. Корецкий, 〈Мы требуем мира!(우리는 평화를 요구한다!)〉, 1950(출처:https://artchive.ru/artists/22279 ~Viktor_Borisovich_Koretskij/works/507339~My_trebue m_mira)(검색일: 2017년 11월 6일)

---

30) B. Rosenthal, *New Myth, New World: From Nietzsche to Stalinism*, Philadelphia, Pennsylvania State University Press, 2002, pp.293~294.

도 같은 노동자가 단호한 표정으로 회의 탁자를 주먹으로 꽝 내리치자, 테이블 위에 있는 문서가 사방으로 흩어졌다. 소련 노동자는 그들의 전쟁 도발 행위를 즉각 포기할 것을 요구한다.

소련 노동자의 요구가 정당하다는 것은 포스터의 구성을 통해서 강화되었다. 일반적으로 수직축에서 위와 아래는 선과 악의 대립적 구분을 뜻한다. 위에서 내려다보는 익명의 노동자는 포스터 공간의 중심을 차지하고 있다. 이런 공간 분할은 노동자의 요구(우리는 평화를 요구한다!)를 정당한 것으로, 서구 정치가와 군인들의 행위를 부당한 것으로 인식시킨다.

이 포스터는 냉전의 확대를 반영하고 있다. 전쟁 뒤 소련이 동유럽에 위성국가를 수립함으로써, 미국은 공산주의가 더는 확산하지 못하게 하는 봉쇄정책을 채택했다. 소련은 북대서양조약기구의 수립을 전쟁을 선동하는 제국주의자로 비판하는 프로파간다 캠페인으로 대응했다.[31]

그림 9. И. А. 간프(Ганф/Янг), <Народы мира не хотят повторения бедствий войны. И. Сталин(세계의 인민은 재앙과도 같은 전쟁이 되풀이되길 바라지 않는다-스탈린)>, 1949 (출처: http://redavantgarde.com/collection/show-collection/ 1928-people-of-the-world-do-not-want-the-repeat-of-the-war-disaster-i-stalin.html)(검색일: 2017년 11월 6일)

공격적인 서구에 맞서 싸우는 동구를 대표하는 인물은 정치 엘리트가 아니라, 노동자이다. 그 노동자는 '영웅'처럼 묘사되었다. 그러나 서유럽에 대한 묘사는 비대칭적 구성, 경멸적이고 아이러니한 이미지로 이루어졌다. 그것은 혐오감이나 우스움을 갖게 함으로써 관찰자의 부정적 정서를 강조하려는 것이었다.[32]

31) 이와 관련해서 А. В. Фатеев, *Образ врага в советской пропаганде. 1945-1954 гг.*(Москва, ИРИ РАН, 1999를 참조할 것.
32) Katarzyna Murawska-Muthesius, "Socialist Realism's Self-Reference? Cartoons on Art, c. 1950," in David Crowley and Susan E. Reid ed., *Style and Socialism: Modernity and Material Culture in Post-War Eastern Europe*, Oxford, Berg, 2000, pp.155~157.

간프(И. А. Ганф(Янг))는 1949년에 〈세계의 인민은 재앙과도 같은 전쟁이 되풀이되길 바라지 않는다(Народы мира не хотят повторения бедствий войны.)〉(그림 9)는 포스터를 그렸다. 자본가를 상징하는 실크해트와 노동자를 상징하는 헌팅캡의 대비가 뚜렷하다. 자본가와 노동자의 얼굴도 음험함과 명쾌함의 대조를 이룬다. 자본가는 왼손에는 경제적 후원과 오른손에는 나토(Северо-Атлантический пакт, НАТО))라는 문구를 쓴 총검을 들고 있다. 그는 당근과 채찍으로 소련 노동자를 유화 또는 위협하려고 한다. 그러나 소련 노동자는 전 세계 민중의 지지를 통해 단호히 평화를 위한 투쟁을 선언한다. 포스터의 공간 분할은 왼쪽-악/오른쪽-선이라는 구분을 쓰면서, 소련의 반전 행위에 정당성을 부여하고 있다.

코레츠키는 시인 마야코프스키(В. Маяковский) 서거 20주기를 기념해서 포스터를 제작했다(그림 10).[33] 이 포스터는 시인의 작업을 냉전의 무기로 이용한 것이다. 소비에트 깃발을 배경으로 마야코프스키가 펜과 노트를 들

고 있다. 노트에는 "나는 펜을 총검과 비슷하게 하길 바란다"는 문구가 쓰여 있다. 그의 펜은 어깨 너머에 있는 총검을 통해 강화되고 있다. 펜은 전쟁도발자 집단의 갑작스러운 등장으로부터 소련을 방어하고 있다. 처칠은 시가를 입에 물고 "소련에 맞선 전쟁"이라는 타오

그림 10. В. Б. Корецкий, <МЫ ТРЕБУЕМ МИРА НО ЕСЛИ ТРОНЕТЕ...В. Маяковский(우리는 평화를 요구한다, 그러나 만일 우리를 건드린다면...마야코프스키〉, 1950(출처: https://gdavydoff.mirtesen.ru/photos/20544202249), 검색일: 2017년 3월 6일)

---

[33] 잡지 아가뇩(Огонёк, № 15, 9 апреля, 1950, pp.1~9.)에는 알렉세이 수르코프(А. Сурков)가 「혁명의 시인(ПОЭТ РЕВОЛЮЦИИ)」이라는 제목으로 마야코프스키 서거 20주기를 다룬 글이 실렸다.

르는 햇불을 치켜들고 맨 앞줄에 있다. 그 뒤에는 군인과 정치가들이 따르고 있는데, 그들 가운데 스바스티카 깃발을 하늘 위로 높이 들고 있는 사람도 있다. 전쟁도발자인 처칠과 그 무리는 벼랑 끝에 서 있다. 또 스바스티카 기가 상징하는 것은 '파시스트'이다. 제2차 세계대전 뒤 '파시스트'는 단순히 제2차 세계대전 동안 소련의 적을 묘사하기보다는 '적'이란 말과 동의어가 되었다.[34) 이를 통해 코레츠키는 그들의 전쟁 선동 노력이 헛수고가 될 것이라는 점을 보여주고 있다.

'평화를 위한 투쟁' 프로파간다는 포스터의 또 다른 소재인 스파이 담론과 겹쳐 읽을 때 다른 의미를 생산해낸다. "전후 소비에트 정권은 숙청 재판을 하지 않았다. 그러한 살인적인 광경이 공적 생활에서 사라졌을 때, 스파이, 사보타주하는 사람, 여러 종류의 내부의 적에 집착했다. …… 훌륭한 드라마를 위해 그리고 소비에트 질서의 응집력을 위해서도 아주 중요한 '적'은 이제 거의 언제나 외국인이었다."[35)

여기서 외국인은 미국과 영국 등 서구인만을 뜻하지 않는다. 스탈린 말기에 유대인을 향한 공격이 시작되었다는 사실을 통해, 외국인은 소련 안의 유대인으로 읽어낼 수도 있을 것이다.

1946년 5월, 스탈린은 서방문화에 지나치게 존경을 표하는 작가들에 대해 불평을 늘어놓았다.[36) 아마 스탈린은 1812년 조국 전쟁이 차르 체제를 동요시켰던 것을 떠올렸을 수도 있을 것이다. 신문 지상에는 '스멀스멀 기어드는 서방의 영향', '당신은 어디에 있는가? 집에, 아니면 서양에?' '바다 너머의 원숭이들', 서방의 유행에 '굴복하지 마시오!', '음악이 아니라 껍데기' 등의 제목을 가진 기사들이 등장했다.[37)

---

34) N. Tumarkin, *The living & the dead: The rise & fall of the cult of the World War II in Russia*, New York, BasicBooks, 1994, p.222.

35) Kenez Peter, *Cinema and Soviet Society, 1917~1953*, Cambridge, Cambridge University Press, 1992, pp.235~236.

36) Melvyn P. Leffler and Odd Arne Westad, ed., *The Cambridge History of the Cold War, vol. 1: Origins*, Cambridge, Cambridge University Press, 2010, p.442.

37) Е. В. Кочетова, *Средства массовой информации и цензура в послевоенные годы: 1945-*

1948년 9월 22일, 『문학신문(Литературная Газета)』에는 작가 고르바토프 (Б. Л. Горбатов)의 글 〈미국의 문화의 대가들이여, 당신들은 누구와 함께 하는가?(С кем вы, американские мастера культуры?)'〉이 실렸다.

> 파시즘과의 전쟁이 끝난 지금 그 전쟁을 다른 형식으로 포장하면서, 우리 민중
> 이 격파한 그 전쟁을 실현한 비인간적인 이념을 또다시 전파하고 있는 사람들이
> 바로 당신들의 나라에 있다는 사실에 대해 진지하고 사고해볼 것을 요구한다.[38]

이런 일련의 사실을 통해 '평화를 위한 투쟁'은 소련 내부의 '정화'를 통해 제2차 세계대전 때 사회 전체에 대한 완화된 통제력을 다시 찾으려는 것으로 읽을 수도 있을 것이다.

2. 우리의 삶 – 그들의 삶

1948년 마셜 플랜이 실시된 뒤, 소련은 미국이 전 지구적 헤게모니를 잡는 것을 막으려고 반-자본주의 의제를 정식화했다. 소비에트 포스터에 자주 등장하는 '달러'의 상징성은 이런 맥락에서 읽어낼 수 있다. 미국 달러는 자본주의를 재현하는 것일 뿐 아니라, 미국이 막대한 부를 이용해서 나토를 통해 '보병'과 회원국의 충성을 구매할 수 있다는 인식을 재현한 것이다. 그것은 자본주의의 천박한 사물에 대한 또 다른 메타포이다. 달러의 신기루는 미국을 위해 서유럽이 이른바 자신의 이해관계를 포기한 것임을 보여주는 것이다.

자본주의를 비판하는 포스터는 높은 실업률, 가난에 찌든 생활조건, 식량과 주택과 소비재 부족을 자본주의 세계에서 일상의 한 부분이었다는 것을 보여주고 있다.

1953(на материалах Пензенской области), Дис. канд. наук., Пенза, 2006, p.75.

[38] *Литературная газета*, № 76, 22 сентября 1948, Москва, Издательство «Литературная газета», p.4.

그림 11. В. Б. Корецкий, <ПРИ СОЦИАЛИЗМЕ НЕТ МЕСТА БЕЗРАБОТИЦЕ! ПРИ КАПИТАЛ
ИЗМЕ МИЛЛИОНЫ БЕЗРАБОТНЫХ РУК!(사회주의 사회에는 실업자가 없다, 자본주의 사회에는
수백만의 실업자가 있다!)>, 1950.(출처: https://www.pinterest.co.kr/pin/305118943483267948/)(검색일:
2017년 2월 10일)

　　코레츠키가 그린 <사회주의 사회에는 실업자가 없다! 자본주의 사회에는
수백만의 실업자가 있다!>는 포스터도 자본주의 사회의 특징을 그대로 전
달하고 있다(그림 11). 자본주의는 타락, 전쟁도발, 무관심으로 특징지어진
적대 세력만이 아니라 전혀 다른 세계였다. 자본주의 체제는 노년, 나태, 정
지의 장소로 그려졌다. 소련은 젊음, 교육, 활력의 장소였다. 이 포스터는
사회주의 사회와 자본주의 사회의 고용 조건을 대조한 것이다. 왼쪽의 사
회주의 체제에서, 나이든 노동자와 젊은 노동자는 소련에는 고용 기회가
넘친다는 것을 지시하고 있는 수많은 고용 광고로 도배된 벽 앞에 있다. 젊
은 남성은 최근에 일을 얻었다. 그는 나이든 노동자에게 기계를 작동하는
법을 듣고 있다. 표지판에는 '스타하노베츠-속도경기자(СТАХАНОВЕЦ-СК
ОРОТНИК)'라는 문구가 있다. 나이든 노동자는 생산성을 증가시키는 기술
을 발전시킨 노동자 운동의 일원인 스타하노베츠였다. 이 운동은 1935년에
여러 차례 자신의 목표량을 완수한 석탄 노동자 알렉세이 스타하노프(АЛЕ

СЕЙ СТАХАНОВ)의 이름을 따라 불리게 되었다. 나이 든 스타하노비츠는 젊은 노동자에게 그런 효율적인 작업을 위해 요구된 전문화된 기술을 가르치고 있다.

포스터의 오른쪽에는 '미국인' 판이 있다. 노동자의 손은 나태해 보이고, 얼굴은 시무룩해 보인다. 그의 뒤에 펼쳐진 네온사인을 불빛으로 가득한 밤거리 모습은 노동자의 상태를 더욱 비참해 보이게 한다. 뉴욕 타임스퀘어에는 살찌고 실크해트를 쓴 자본가들이 카멜 담배와 플랜터 땅콩의 광고판, 번지르르한 거리를 당당히 활보하고 있다. 이것은 도시의 물질적 즐거움을 누리고 있는 자본가의 모습은 실업자의 자포자기에 아랑곳하지 않는 미국문화의 데카당스의 이미지를 전달하고 있는 듯하다. 왼쪽과 오른쪽 이미지는 서로 충돌하는 기회와 불평등이라는 세계가 드러나 있다. 또 서로 충돌하는 공간을 통해 두 사회의 차이를 읽을 수 있다. 즉 왼쪽에 소련의 일자리 광고 벽은 러시아 예술의 단조로운 상징 공간을 지시하고 있다. 반면에 오른쪽에 있는 원근법적으로 나타난 도시 경관이 서방의 부르주아적 소비에 대한 엠블럼이지만, 지루한 도시인의 일상에 즐거움을 주기 위한 얕은 용기와 같다. 오른쪽에 구직자의 손가락처럼, 자본주의의 불공정은 언어의 세계로 침범하고 있다. 캐리커처와 시각적 극단주의를 통해 작업할 필요가 있는 포스터 예술가는 흔히 유형 또는 고정된 배역을 이용한다. 보기를 들면, 그들은 이상적인 소비에트 시민과 불쌍한 서방 시민을 견주어 그린다.[39] 실제로 냉전은 자본주의의 "똑바로 봐!"와 공산주의의 "너의 눈을 믿지 마!"라는 두 개의 경쟁적인 저주 사이의 폭력적인 전 세계적 투쟁으로 다시 해석될 수 있다.[40]

〈자본주의 국가에는 노동권이 없다! 사회주의 국가에는 노동권이 있다!〉(그림 12)는 자본주의의 조건을 사회주의의 조건과 대조한 것이다. 자

---

39) Robert Bird, Christopher P. Heuer ed., *Vision and Communism: Viktor Koretsky and Dissidents*, New York, The New Press, 2011, pp.25~26.
40) *Ibid.,* p.79.

그림 12. Виктор Борисович Корецкий, <В Странах Капитализма БЕСПРАВИЕ ТРУДА! В Стране Социализма ПРАВО НА ТРУД!(자본주의 국가에는 노동권이 없다!, 사회주의 국가에는 노동권이 있다!)>, 1948(출처:https://live-kartina.ru/internet-magazin/v-stranah-kapitalizma-bespravie-truda-v-strane-socializma-pravo-truda.html), 검색일: 2017년 11월 6일)

본주의 세계에서 풀 죽은 노동자는 주먹을 꽉 쥐고 어깨를 구부리며, 얼굴을 숙인 채 등을 보이고 서 있다. 이런 모습은 일자리를 찾을 수 없는 상황에 대한 분노를 나타내는 것이다. 그는 뉴욕을 상징하는 마천루를 배경으로 서 있는데, 그의 아래쪽에는 수많은 군중이 플래카드를 들고 시위하고 있다. 경찰이 군중 가운데 한 사람을 공격하고 있다. 왼쪽에는 개인 회사의 간판을 새긴 건물의 끝자락이 있다. 오른쪽은 사회주의 세계이다. 그 사회에서 노동자는 기본권으로서 고용을 보장받고 있다. 한 젊은이는 양복을 입고 고개를 들고 앞을 바라보면서 거리를 성큼성큼 걸어가고 있다. 그의 모습은 자신감에 차 있고 안정적으로 보인다. 그는 손에 『프라브다』를 쥐고 있다. 그의 뒤에는 소련의 붉은 깃발이 날리고 건설하고 있는 대규모, 현대적인 건물이 있다. 그의 오른쪽에는 낫과 망치의 간판을 한 건물의 끝자락이 있다. 이 건물은 모스크바의 금속공장으로서 수없이 많은 숙련노동자에게 고용의 기회를 제공할 수 있는 공장으로 알려져 있다. 코레츠키는 자본주의와 견주어 사회주의의 매력을 극대화하려고 여러 가지 장치를 이용했다. 또 사회주의 사회의 색채는 자본주의의 어두운 단색과 대조시키고 있다.

전쟁에서 승리한 뒤 서구와 냉전으로 대치한 소련은 자국민을 자본주의로부터 '보호'해야 할 대상으로 전제하고 전쟁 승리와 전후 사회의 복구를 위한 기념비적 성과 달성을 지배적인 파토스로 고양하려고 했다. '4차 5개년 계획'을 주제로 한 포스터가 이 시기에 많이 등장하는 이유는 바로 그 때문이다.

그림 13. В. И. Говорков, "Те же годы, да разные 'погоды'(같은 시기, 다른...날씨)", 1950. Американская промышленность. Советсткая промышленность(출처:https://ru.wikipedia.org/wiki/%D0%A4%D0%B0%D0%B9%D0%BB:Te_ zhe_gody.jpg)(검색일: 2017년 11월 6일)

고보르코프(В. И. Говорков)가 1950년에 그린 포스터이다(그림 13). 이 이미지는 소련과 미국의 생산성을 날씨에 견준 것이다. 왼쪽의 '악'의 공간에는 형체가 일그러진 '실크 해트'를 쓴 부르주아가 '전쟁 계획'이라는 문구가 새겨진 문서를 손에 쥐고 있다. 그의 마음은 아주 불편해 보인다. 잔뜩 인상을 쓴 표정은 어둡고 불만스럽다. 단적인 상징은 바로 마음속 생각을 표현한 '위기'라는 단어이다. 전쟁 계획을 성공적으로 수행해야 하지만, 미국의 생산성은 영하 22도였다. 오른쪽 '선'의 공간에는 즐거운 표정의 노동자가 있다. 소련의 생산성은 20도였다. 사람이 활동하기 좋은 온도로 생산성을 나타내고 있다. 전체적으로 이 포스터는 소련의 삶을 쾌적한 것으로 제시한 것이다. 소련에서의 삶은 미국과는 견줄 수 없을 만큼 우월하다.

소련의 삶의 우월성을 선전하는 기사도 정기적으로 게재되었다.

> 소비에트 국가와 도시들, 마을에는 모든 것을 할 수 있는 아동 시설들이 만여 개씩 건설되어 있다. …… 어린이들은 삶의 꽃이요, 우리의 미래이자 기쁨이라고 소비에트 사람들은 말한다. 그 어떤 자본주의 국가도 노동자의 자녀를 위해 우리 사회주의 권력 아래에서와 같은 조건을 마련해줄 수는 없을 것이다. 따사로운 빛이 스며드는 멋진 탁아소에는 눈처럼 흰 시트가 덮여 있는 작은 침대들이 있다. 유모들은 새하얀 가운을 입고 있다. 어린이집에서는 온종일 즐겁고 청량한 목소리가 끊이지 않는다. …… 소비에트 국가에서는 아이들을 위한 모든 조건이 갖추어져 있고, 행복하고 기쁜 사람으로 향하는 넓은 길이 활짝 열려 있다.[41]

이런 기사들은 소련에서 삶의 우월함을 증명할 뿐 아니라, 권력이 민중을 끊임없이 보살펴준다는 확신을 주입한 것이다.

〈사랑하는 스탈린-인민의 행복!〉(그림 14) 포스터는 스탈린을 사람들의 행복의 징표로서 제시하고 있다. 스탈린은 레닌 묘 위에 있는 연단에 서 있다. 지도자 앞에 있는 독특한 붉은 화강암으로 된 무덤을 볼 수 있다. 붉은 광장에서 진행되는 행렬을 사열하고 있다. 저 멀리 국립역사박물관의 첨탑 구조가 있다. 반대편에는 굼(ГУМ)으로 알려진 19세기 쇼핑 아케이드인 국영상점이 있다. 건물 위의 깃발에는 소련을 '우호와 영광의 보루'라고 극찬한 문구가 쓰여 있다. 행렬은 이 시기 동안 일반적이었다. 환호하는 소비에트 시민의 무리는 스탈린과 레닌의 초상, 붉은 깃발, 장미꽃 다발을 들고 있다. 사람들은 열광적으로 그들이 '사랑하는 스탈린'을 환영하고 있다. 스

---

41) *Сталинское знамя*, № 104(1134), 1 июня 1946, Пенза, Издательство газеты "Сталинское знамя".

탈린은 함께 손뼉을 치면서 화답하고 있다. 군중은 소련의 아이들과 여러 민족 집단의 대표가 포함되어 있다.

그림 14. В. Б. Корецкий, <ЛЮБИМЫЙ СТАЛИН-СЧАСТЬЕ НАРОДНОЕ!(사랑하는 스탈린- 인민의 행복!)>, 1950(출처: http://www.sovposters.ru/view/177)(검색일: 2017년 11월 6일)

행복을 강조하고 아이들의 존재를 부각하는 것은 스탈린 시기의 중요한 슬로건 가운데 하나를 떠올리게 한다. '스탈린 동지, 우리의 아이들이 행복한 어린 시절을 누릴 수 있게 해주어서 고맙습니다.' 이 슬로건은 1932년 사회주의적 경쟁 속에서 물질적 풍요를 누린 집단의 답변이었다. 전후 국가를 재건설하는 과정에서, 이른바 '사회주의적 경쟁'의 논리가 이용되었음을 알 수 있다.[42]

이런 프로파간다 포스터는 '적의 본질'과 서방의 삶을 통해 평화를 사랑하고 행복한 삶이 이어지는 소련의 이미지를 시각적으로 재현한 것이다. 그것은 소련이 추구하려고 한 '평화' 이미지였다. 냉전 동안 소련에서는 포스터와 같은 시각적 선전의 세계가 더욱 발전했다. 게다가 소련 시민은 늘 '평화를 위해 싸울' 것이고 '평화의 대의가 전 세계를 정복하게 될 것이라는

---

[42] 브룩스는 전후 복구 과정에서 '선물의 경제'가 다시 도입되었음을 알 수 있다고 했다 (Jeffrey Brooks, *Thank You, Comrade Stalin: Soviet Public Culture from Revolution to Cold War*, New Jersey, Princeton University Press, 2001), pp.83~105를 참조.

신념을 지녔다. 그것은 '평화 의식'을 담론적으로 실천하는 것이었다. 이러한 시각적 선동의 세계와 담론적 실천을 통해, 정치와 일반 사람들 사이의 수렴이 일어날 수 있었다. 그 결과 평범한 소련인은 평화 투쟁을 말하기 시작했고 시각적 이미지의 프리즘을 통해 세계를 바라보게 되었다. 세냐프스카야(E. C. Сенявская)의 표현을 빌자면, "사실들과 허구의, 실재하는 사건과 선전용 상투적 문구들의 더할 나위 없이 멋진 결합"[43]을 보여준 것이다. 만일 냉전을 "집단적 상상력에 대한 끊임없는 공격"으로 이해한다면,[44] 소련인은 이 시기에 적과 접촉할 수 없었다. 그들은 위기의 시기 동안 그들이 어떻게 행동하고 느껴야 하는지에 대한 국가의 확고한 명령을 통해 봉쇄 상태에 놓였다. 이러한 지적 자율성의 상실은 조지 오웰이 냉전이 끼친 큰 영향을 '노예제의 재부과'(the reimposition of slavery)라고 묘사했던 것과 같았다.[45]

Ⅳ. 맺음말

냉전 초 소련 포스터에서 중심이 되는 인물 표상은 정치 엘리트가 아니라, 사회주의 건설의 첫 시기에 전형적인 익명의 인물인 노동자였다. 사회주의 노동자의 영웅심과 반대로, '전쟁광'인 미국과 유럽 정치지도자와 군인들의 인물 묘사는 비대칭적 구성, 경멸적이고 역설적인 이미지로 이루어졌다. 그런 이미지는 보는 사람에게 역겹거나 우스꽝스러운 정서를 불러일

[43] E. C. Сенявская, "Героические символы: реальность и мифология войны", *Отечественная история*, № 5(Москва, Институт российский истории, 1995), p.31.

[44] M. Geyer, "Der kriegerische Blick. Rückblick auf einen noch zu beendenden Krieg", *Sozialwissenschaftliche Informationen* 19, 1990), pp.112~115.

[45] G. Orwell, "You and the atomic bomb", *Tribune*, 19 October 1945, online at: http://gutenberg.net.au/ebooks03/0300011h.html#part33, 검색일: 2018년 2월 15일.

으켰다. 일그러진 표정을 짓고 있는 왜소한 인물이 그 보기이다. '평화를 위한 투쟁'과 관련된 소비에트적 수사의 이미지도 중요하다. 평화 세력과 그들의 적들 사이의 관계는 상징주의를 예술적 기제로 활용하고 있다. 서방의 전쟁광을 소비에트 노동자가 강렬하게 비난하는 손짓이 포스터 구성에서 큰 비중을 차지한다. 포스터 예술가들은 평화를 갈망하는 국가의 강력한 집단을 시각적으로 강조해야 했다. 그들은 소련이 적보다 도덕적 · 정치적으로 우월하다는 것을 보여주려고 적의 이미지를 과장되게 일그러뜨리거나 과소평가하는 재현 방식을 즐겨 썼다.

소련의 평화 캠페인은 1940년대 말에 시작되었다. 그것은 주로 해외의 '동조적 여행가들'(fellow travellers)의 호응을 끌어내려고 했을 뿐 아니라, 국내적 소비를 위해 계획된 것이었다. 냉전 초에 시작된 평화를 위한 십자군은 소비에트 수사의 가장 중요한 요소가 되었다.

왜 이 시기에 '평화'라는 말이 소련의 프로파간다 수사로 통합되었는가? 이때 평화는 무엇을 뜻하는가?

> 우리, 소련 인민에게, 평화는 탁월한 노동이다. 그것은 새로운 집, 새로운 도시와 새로운 농촌이다. 우리에게 평화는 들판에 나무가 우거진 지구이고 문학과 예술의 새로운 작업이다. 우리에게 평화는 높은 수확량과 토실토실한 가축이다. 그것은 멀리 북쪽 지역에서 감귤 열매가 나는 것이고 남쪽 지역의 사막에 물을 끌어들이는 것이다. 평화는 인민의 친구이다.[46]

1949년 모스크바 평화대회에서 대표자가 평화를 정의한 글이다. 얼핏 보기에, 그것은 평화를 정의한 것이 아니라, 소련이 지향하고 있는 새로운 사회의 모습을 상상한 것으로 보인다. 평화와 새로운 사회의 모습이라는 서로 관련이 없는 것을 병합한 까닭은 무엇일까. 그것은 전쟁 뒤 소련이 맞닥뜨린 대내외적 '현실'에서 찾아볼 수 있다. 제2차 세계대전 뒤 소련의 현실

---

46) М. Турсун-Заде, "Мой отстоим дело мира," *Огонёк*, 4 Сентября 1949, №. 36, p.12.

은 상상할 수도 없을 만큼 가혹했다. 약 1,710개의 도시와 정착지가 파괴되었다. 7천 개가 넘는 농촌이 파괴되었다. 6백만 채 이상의 건물이 사라졌다. 공장 32,000개, 41,000개의 발전소도 파괴되었다.[47] 전쟁에서 이겼지만, 소련은 만신창이가 되었다. 전후 국제질서도 옛 동맹국 사이의 협력이 아닌, '대결'로 치달았다. 따라서 평화는 소련이 전쟁의 폐허와 국제적 '대결'에서 벗어나기 위한 전제 조건이었다.

국가는 오랜 전쟁으로 지친 소련인을 '안정'이 아닌, 재건설이라는 전쟁 아닌 전쟁으로 내몰 수밖에 없었다. 전쟁이 끝나고 나서 곧바로 더 나은 삶에 대한 희망은 산산조각이 났다. 강대국 사이의 알력은 그저 평화와 정상 상태로 돌아가길 바랐던 소련 사람을 혼란스럽게 했다. 1917년 뒤 국가가 경험했던 고립으로의 귀환은 소련 사람이 찾으려 했던 평화를 위협했다. 그들은 이제 전쟁과 같은 불행한 일이 일어나지 않는 것만으로도 행복이라고 생각했다. 1940년대 말에 소련이 '평화 캠페인'을 시작한 것은 바로 이런 대내외적 조건 때문이었다.

따라서 소련 포스터에서 평화는 피폐해진 경제를 다시 세우는 재건설만이 아니라, 혁명이 약속했던 더 나은 미래를 건설하는 것이었다. 더 나아가 평화는 전쟁의 부재만이 아니라, 혁명이 가져오게 될 미래였다.

▨ 참고문헌

Литературная газета, № 76, 22 сентября 1948, Москва, Издательство «Литературн ая газета».

Правда, 19 июль 1947

Сталинское знамя, № 104(1134), 1 июня 1946, Пенза, Издательство газеты "Сталин ское знамя".

---

[47] A. Werth, *Russia at war, 1941-1945*, London, Barrie & Rockliff, 1964, pp.232~233.

기시 도시히코·쓰치야 유카 엮음, 김려실 옮김, 『문화 냉전과 아시아. 냉전연구를 탈중심화하기』, 서울, 소명출판, 2012.

마르틴 졸리, 이선형 역, 『이미지와 기호, 고정 이미지에 대한 기호학적 연구』, 서울, 동문선, 1994.

블라디슬라프 M. 주코프 지음, 김남섭 옮김, 『실패한 제국. 냉전시대 소련의 역사』, 서울, 아카넷, 2016.

장우인, 「혁명의 깃발-러시아 아방가르드와 포토몽타주」, 『현대미술학 논문집』 15-2, 서울, 현대미술학회, 2011.

피터 버크 지음, 박광식 역, 『이미지의 문화사』, 심산, 2005.

하인리히 뵐플린 지음, 박지형 옮김, 『미술사의 기초개념: 근세 미술에 있어서의 양식발전의 문제』, 서울, 시공사, 2012.

A. Werth, *Russia at war, 1941-1945*, London, Barrie & Rockliff, 1964.

James Aulich, *War Posters: Weapons of Mass Communication*, London, Thames and Hudson Ltd, 2011.

B. Rosenthal, *New Myth, New World: From Nietzsche to Stalinism*, Philadelphia, Pennsylvania State University Press, 2002.

D. A. Snow & R. D. Benford, "Ideology, frame resonance and participant mobilization," *International Social Movement Research*, Vol. 1, No. 1, London, 1988.

D. A. Snow, E. B. Rochford Jr., S. K. Worden & R. D. Benford, "Frame alignment processes, micromobilization, and movement participation," *American Sociological Review*, Vol. 51, No. 4, Thousand Oaks, California, the American Sociological Association, 1986.

David Crowley and Susan E. Reid ed., *Style and Socialism: Modernity and Material Culture in Post-War Eastern Europe*, Oxford, Berg, 2000.

E. Gombrich, *The image and the eye: Further studies in the psychology of pictorial representation*, London, Phaidon.

G. Orwell, "You and the atomic bomb", *Tribune*, 19 October 1945, online at: http://gutenberg.net.au/ebooks03/0300011h.html#part33, 검색일: 2018년 2월 15일.

G. Roberts, *Stalin's War: From world war to cold war, 1939-1953*, New Haven and London, Yale University Press, 2006.

G. S. Jowett & V. O'Donnell, *Propaganda and persuasion*, Thousand Oaks, Sage, 2004.

H. D. Lasswell, "Propaganda," in R. Jackall ed., *Propaganda*, Basingstoke, Macmillan, 1995.

Jeffrey Brooks, *Thank You, Comrade Stalin: Soviet Public Culture from Revolution to Cold War,* New Jersey, Princeton University Press, 2001.

Kenez Peter, *Cinema and Soviet Society, 1917~1953,* Cambridge, Cambridge University Press, 1992.

Konstantin Akinsha, *The Second Life of Soviet Photomontage, 1935-1980s,* Doctor of Philosophy, Edinburgh, University of Edinburgh, 2012.

M. Geyer, "Der kriegerische Blick. Rückblick auf einen noch zu beendenden Krieg", *Sozialwissenschaftliche Informationen* 19, 1990.

Marja Vuorinen, ed., *Enemy Images in War Propaganda,* London, Cambridge Scholars Publishing, 2012.

Mark Scott, *Yanks Meet Reds: Recollections of U. S. and Soviet Vets from the Linkup in World War II,* Santa Barbara, Capra Press, 1988.

Melvyn P. Leffler and Odd Arne Westad, ed., *The Cambridge History of the Cold War, vol. 1: Origins,* Cambridge, Cambridge University Press, 2010.

Meyer Schapiro, "On Some Problems in the Semiotics of Visual Art: Field and Vehicle in Image-Signs," *Semiolus,* vol. 6, no. 1(Dutch, Foundation for Dutch Art-Historical Publications, 1972-1973.

N. Tumarkin, *The living & the dead: The rise & fall of the cult of the World War II in Russia,* New York, BasicBooks, 1994.

Patrick Major and Rana Mitter, "Culture," in Saki Dockrill and Geraint Hughes eds., *Palgrave Advances in Cold War History,* Basingstoke, Palgrave Macmillan, 2006.

Peter Romijn, Giles Scott-Smith & Joes Segal, eds., *Divided Dreamworlds? The Cultural Cold War in East and West,* Amsterdam, Amsterdam University Press, 2012.

Robert Bird, Christopher P. Heuer ed., *Vision and Communism: Viktor Koretsky and Dissidents,* New York, The New Press, 2011.

Ron Robin, T*he Making of the Cold War Enemy: Culture and Politics in the Military-Intellectual Complex,* Princeton and Oxford, Princeton University Press, 2003.

Thomas C. Wolfe, *Governing Soviet Journalism: The Press and the Socialist Person after Stalin,* Bloomington & Indianapolis, Indiana University Press, 2005.

Timothy Johnston, *Being Soviet: Identity, Rumour, and Everyday Life under Stalin 1939*

–*1953*, London, Oxford University Press, 2011.

V. E. Bonnell, *Iconography of power: Soviet political posters under Lenin and Stalin*, Berkeley, University of California Press, 1999.

А. А. Купецян, под. Ред., *Мастера Советской Карикатуры А. Житомирский*, Москва: «Советский художник», 1986.

А. В. Фатеев, *Образ врага в советской пропаганде*. 1945-1954 гг.(Москва, ИРИ РАН, 1999.

А. Сурков, "ПОЭТ РЕВОЛЮЦИИ", *Огонёк*, № 15, 9 апреля, 1950.

Е. В. Кочетова, *Средства массовой информации и цензура в послевоенные годы: 1945-1953*, на материалах Пензенской области), Дис. канд. наук., Пенза, 2006.

Е. С. Сенявская, "Героические символы: реальность и мифология войны", *Отечественная история*, № 5(Москва, Институт российский истории, 1995.

Н. И. Николаева, "Новый образ США. Изменения в советской политике и пропаганде в 1947-48 гг.", http://psyfactor.org/lib/propaganda16.htm, 검색일: 2018년 1월 19일.

М. Турсун-Заде, "Мой отстоим дело мира," *Огонёк,* 4 Сентября 1949, №. 36.

Т.В. Волокитина, "Сталин и смена стратегического курса Кремля в конце 40-х годов: от компромиссов к конфронтации," А. О. Чубарьян, отв. ред.) и др., *Сталинское десятилетие холодной войны: факты и гипотезы*, Moscow, Наука, 1999.

http://opisanie-kartin.ru/reshetnikov-fedor/za-mir/, 검색일: 2017년 1월 20일.

http://redavantgarde.com/collection/show-collection/1928-people-of-the-world-do-not-want-the-repeat-of-the-war-disaster-i-stalin.html, 검색일: 2017년 11월 6일.

http://thesovietbroadcast.tumblr.com/image/121755593969, 검색일: 2017년 11월 1일.

http://www.plakaty.ru/plakaty/voennye/ne_baluy/, 검색일: 2017년 2월 10일.

http://www.vnikitskom.ru/antique/auction/46/18925/, 검색일: 2017년 11월 6일.

https://artchive.ru/artists/22279~Viktor_Borisovich_Koretskij/works/507339~My_trebuem_mira, 검색일: 2017년 11월 6일.

https://library.brown.edu/cds/Views_and_Reviews/item_views/artist_itemlevel_H-K.php?id=81&view_type=artist_index, 검색일: 2017년 2월 11일.

https://regnum.ru/pictures/2327375/70.html, 검색일: 2017년 2월 11일.

https://www.pinterest.co.kr/pin/305118943483267948/, 검색일: 2017년 2월 10일.

https://live-kartina.ru/internet-magazin/v-stranah-kapitalizma-bespravie-truda-v-strane-soci
    alizma-pravo-truda.html, 검색일: 2017년 11월 6일.

https://ru.wikipedia.org/wiki/%D0%A4%D0%B0%D0%B9%D0%BB:Te_zhe_gody.jpg,
    검색일: 2017년 11월 6일.

http://www.sovposters.ru/view/177, 검색일: 2017년 11월 6일.

https://gdavydoff.mirtesen.ru/photos/20544202249, 검색일: 2017년 3월 6일.

■ 황동하 – 「냉전 초(1947~1953년) 소련 포스터에 나타난 '평화' 이미지」
『역사학보』 238권, 2018에 실린 것을 일부 수정한 것이다.

냉전 초기(1950년대~60년대) 유엔의 위상변화

박원용(부경대학교)

I. 문제의 제기

유엔은 두 차례의 세계대전이라는 참상을 겪은 인류가 또 다른 파국을 미연에 방지하기 위해 창설한 국제기구였다. 국제연맹의 실패를 목격한 바 있는 국제정치의 지도자들은 유엔을 세계평화와 안정을 실질적으로 구현할 수 있는 조직으로 정착시키고 싶었다. 이들은 이전의 국제연맹이 국제질서의 창출에 실패한 것은 국제정치를 움직이는 강대국들을 배제한 결과이기에 그러한 강대국들의 참여 없는 새로운 국제기구는 무의미하다고 보았다. 2차 세계대전 이후 세계질서를 주도하는 강국으로 부상한 미국과 소련의 참여는 유엔의 성공적 정착을 위해 필수적이었다.

미국과 소련은 자본주의와 사회주의를 대표하는 국가로서 이념적인 입장에서 화해를 모색하기는 어려워 보였다. 국제무대에서 총성 없는 전쟁의 시대였던 냉전의 시대가 도래한 것이었다. 이러한 냉전이 도래한 이유에 대해서는 공세적인 사회주의의 이데올로기를 '봉쇄'하려는 의도에서 시작되었기 때문에 그 궁극적 책임은 당연히 소련에 있다는 시각,[1] 이와는 반대로 소련의 위협을 지나치게 확대 해석하여 대응한 서방의 지도적 국가들에게 냉전의 책임을 물어야 한다는 시각,[2] 어느 한편의 책임을 묻기 보다는 미국과 소련의 상호 오해와 책임을 강조하면서 어느 정도의 타협점을 모색하려는 시각[3]이 제시된 바 있다. 소련의 붕괴 이후에 공개된 사료를 기반으로 최근에 와서는 다시 냉전의 전개에 있어서 소비에트의 책임을 강조하는 소위 "신정통주의적" 시각이 살아나고 있는 실정이다.[4] 냉전초기의 유엔의 위상변화를 살펴보려는 것이 필자의 주안점이기 때문에 냉전을 둘러싼 시각차에 대해서 상세히 설명할 여유는 없다. 하지만 여기서 그것을 간단히 지적하는 이유는 냉전의 책임을 어느 한쪽에만 일방적으로 물을 수 없다는 시각이 존재하는 만큼 냉전초기의 유엔의 위상 변화를 살펴보기 위해서도 당시에 유엔의 성립과 작용에 관계하였던 다양한 요소들을 고려해야 한다는 유비적 관점을 수용하기 때문이다.

루즈벨트, 처칠, 스탈린이 1945년 2월 얄타에서 유엔 창설에 관한 최종적 합의에 도달했을 때 그들은 이상적 원칙만을 가지고 유엔과 같은 국제기구가 정립될 수는 없다고 생각했다. 그들은 유엔이 국제연맹의 전철을 밟지 않으려면 얄타회담을 주도한 국가들을 포함해서 국제정치의 새로운 강자로 부각되고 있는 중국, 그리고 유럽의 국제무대에서 강국 역할을 해왔던

---

[1] Louis Halle, *The Cold War as History*, New York: Perennial, 1991; Herbert Feis, *From Trust to Terror: The Onset of the Cold War,* 1945-1950, New York: W. W. Norton, 1970.

[2] Gar Alperovitz, *Atomic Diplomacy: Hiroshima and Potsdam,* London: Boulder, 1994; Gar Alperovitz, *The Decision to Use the Atomic Bomb and the Architecture of an American Myth*, New York: Alfred A. Knopf, 1995.

[3] John Lewis Gaddis and Lloyd C. Gardner et al. "The Emerging Post-Revisionist Synthesis on the Origins of the Cold War," *Diplomatic History* 7/3, 1983, 171~190쪽.

[4] 노경덕, 「냉전사와 소련 연구」, 『역사비평』 101, 2012 겨울, 319~321쪽. 절충주의적 입장을 가지고 있던 게디스는 소련 붕괴 이후 공개된 자료를 섭렵한 후 냉전에서 소련의 책임을 강조하는 신정통주의적 입장으로 돌아섰다.

프랑스가 국제평화와 안전을 유지하는 데 주도적인 역할을 해야 한다고 생각했다. 그리하여 5대 강대국으로 구성된 안전보장이사회는 모든 회원 국가들에게 구속력을 갖는 결정을 내리고, 경제제재나 봉쇄를 명령하며 국제 평화와 안전을 유지하거나 회복하는 데 필요하다면 육해공군의 무력동원의 권한을 가질 수 있었던 것이다.[5]

강대국들의 지배적 영향력 인정과 그들의 협력관계 지속이 새로운 국제 질서 창출의 전제라는 인식을 기반으로 국제정치의 지도자들은 유엔을 출범시켰지만 그들은 머지않아 이러한 전제를 지켜나가기가 쉽지 않다는 사실을 발견했다. 1945년 6월 유엔 헌장이 채택된 지 한 달도 지나지 않아 최초의 원자탄 실험이 성공하고 1949년 7월 소련마저 핵무기를 보유하게 되었을 때 미국과 소련이 과연 애초의 기대대로 새로운 국제질서 구축의 동반자 관계를 지속할 지는 의문의 대상이었다. 유엔을 출범시켜 2차 세계대전과 같은 또 다른 참화를 방지하자는 데 동의했던 두 당사자가 새로운 국제질서의 패권을 놓고 경쟁하는 아이러니한 상황이 연출된 것이다.

강대국들 간의 주도권 다툼만이 문제는 아니었다. 유엔 창설 당시 51개 회원국 수는 창설 20주년인 1964년에 114개국으로 증가했다. 이러한 회원국 수의 증가는 식민지배로부터 해방된 아시아, 아프리카, 라틴 아메리카 지역의 국가들이 유엔에 가입함으로써 가능했다.[6] 유럽과 미주 국가들이 회원국의 중심이 되었던 초기의 상황에서 이러한 회원국의 다양화는 결국 유엔 내의 균형이 변화하였다는 상황의 반증이었다. 총회의 안건에 대해 이들 신입 회원국들은 안보리 상임이사국의 입장에 반하는 도전적 투표를 던지기도 했고 기존 경제 질서의 재편을 유엔 무대에서 주장하기도 했다. 유엔이 명실상부한 평화로운 국제질서를 구축하는 데 기여하기 위해서는 이러

5) *Charter of the United Nations.* http://www.un.org/en/documents/charter/charter7.shtml 유엔헌장 42조, 검색일 2013년 3월 10일.

6) Lawrence Finkelstein, "The United Nations: Then and Now," *International Organization,* 19/3, Summer, 1965, 380쪽.

한 신생 국가들의 도전 또한 이겨내어야 했다.

냉전 초기 유엔의 이러한 개략적 상황만을 기준으로 판단한다면 유엔이 명실상부한 국제기구로서의 위상을 확보했다고 단언하긴 어렵다. 그렇지만 1970년대의 데탕트 국면이 전개될 무렵부터는 국제기구로서 유엔의 역할은 증대되어 나갔다. 이러한 위상변화의 과정, 즉 유엔이 냉전 초기에 직면했던 국제기구로서의 한계의 구체적 내용은 무엇이었으며 그러한 한계를 서서히 극복해 나갔던 계기를 살펴보는 것이 이 글의 목적이다. 이러한 시도를 통해 냉전 종식 이후 유엔의 달라진 위상과 국제평화유지군의 활동에 치우쳐 있는 국내의 유엔 연구현황[7]을 어느 정도 보완할 수 있을 것이다. 이 시기가 우리 입장에서 또한 중요한 이유는 유엔은 한국전쟁의 발발과 더불어 한반도에 유엔참전군의 형태로 관여하였고 그들의 흔적은 부산에 '유엔기념공원'의 이름으로 남아있기 때문이다. 요컨대 이 글은 한국 전쟁과 유엔기념공원을 통해 한국과 관련을 맺게 된 유엔이라는 국제기구를 성립 초기의 국제적 환경에 위치시켜 거시적으로 조망해보려는 시도이다.

Ⅱ. 사악한 공산주의 및 세계혁명의 '신화'

2차 세계대전 이후 국제정세는 대략 1946년부터 1950년 사이에 등장한 미국 주도의 전략적 판단에 의해 일반적으로 규정되었다. 이 시기는 트루만 행정부의 통치시기를 포함하고 있는데 트루만 행정부는 이전 행정부의 세계관과는 차이를 보이고 있었고 이러한 그들의 세계관은 냉전기 주도적인 서구의 세계관으로 자리 잡았다. 즉 트루먼 행정부는 소련의 지도부가

---

7) 정재관, 정성윤, 「유엔 평화유지활동에 대한 이론적 논쟁: 전략적 이해와 규범사이」, 『국방연구』 55/2, 2012, 25~46쪽; 김열수, 「탈냉전 후 유엔 안보리의 위상변화: 군사력 사용을 중심으로」, 『국제정치논총』 48/1, 2008, 349~374쪽.

국내 정치에서의 권력 추구에만 머물지 않고 세계 여러 나라 시민들의 정신과 영혼을 사로잡으려 하고 있다고 생각했다. 소련은 헤게모니를 추구하였던 이전의 세력과는 달리 "우리의 신념에 적대적인 광신적인 믿음에 의해 생기를 얻고 있으며 세계의 나머지 지역에 자신의 절대적 권위를 강요"하려는 존재였다.[8] 이러한 방식으로 소련을 규정한다면 소련은 절대로 자신에게 주어진 영역에 만족하지 않고 끊임없이 그 영역을 확대해 나가려는 '사악한' 존재이다.

소련과 미국 사이의 경쟁은 따라서 권력과 국가적 이해가 걸린 싸움일 뿐만 아니라 공산주의와 반공산주의, 자유세계와 전체주의 간의 싸움이다. 자유세계의 누구도 부인할 수 없는 지도자로서 미국은 소련의 권력을 억제해야 할 사명이 있고 때와 장소를 불문하고 공산주의의 확장 위협이 있을 때 이것을 봉쇄해야만 한다. 반공산주의는 십자군과 같은 것이 되어야 하며 두 이념 사이의 투쟁에서 타협이라고는 있을 수 없다. 국무장관 델레스는 1957년 "그 어떤 확고한 타협안"이 두 체제 사이에서는 존재할 수 없다고 선언했다.[9] 1981년 레이건 대통령이 소련을 '악의 제국'으로 규정할 때도 그러한 가능성이 없어 보인 점은 마찬가지였다.

냉전의 동서 대립을 십자군과 같이 종교적 투쟁으로 제시하는 방식은 1940년대 후반 미국의 정치인들이 사용하는 방식 중의 하나였다. 미국의 외교사가인 존 스페니어는 "반공산주의적 십자군으로서의 냉전"이 공식적 해석으로 채택될 수 있었던 이유를 패권 정치의 추구에 주저하였던 의회에 매력적으로 비쳤기 때문이라고 주장했다.[10] 광신적 이교도와 같은 존재에 대항하여 끝이 없고 위험하며 예측할 수 없는 투쟁을 전개하는 미국의 십자군 이미지는 미국인뿐만 아니라 서구인들 모두에게 잘 부합했다. 그들은

---

[8] John Spanier, *American Foreign Policy since World War II*, Washington: Congressional Quarterly Press, 12th Edition, 1991, p.43.

[9] W. Bruce Lincoln ed., *Documents in World History*, 1945-1967, San Francisco: Chandler Publishing Company, 1968, p.281.

[10] John Spanier, *American Foreign Policy*, 43쪽.

민주주의를 수호하기 위해 엄청난 희생을 치루며 싸웠던 세계대전이 또 다시 민주주의를 위협하는 냉전으로 급격하게 전환된 세계질서를 환멸감을 느끼며 바라보았다. 냉전이 십자군과 같은 신성한 사명을 미국이 완수하기 위해 벌이는 전쟁이라는 이미지는 미국인들의 심정적 지지를 받을 수 있는 호소였다. 물론 이러한 호소가 얼마나 유효하게 지속될 수 있는가라는 문제는 별개의 문제였다.

1961년 『계간여론』이라는 미국의 잡지는 냉전과 관련하여 흥미로운 여론 조사결과를 발표했다. 갤럽, 미국 여론조사연구소 등에 의뢰한 이 조사는 냉전의 의미에 관한 미국인의 인식 정도, 미국의 대외정책에 대한 평가 등 다양한 항목의 설문 조사결과를 포함하고 있었다. 제3세계의 국가들이 공산주의로 넘어가지 않도록 최근에 의회가 승인한 40억 달러의 지출 예산을 여론의 조사연도인 1957년에도 배정해야 하는가의 질문에 대해 민주, 공화, 무소속의 정치적 성향에 관계없이 58%~59%로 과반 이상이 찬성했다.[11] 냉전에서 승리하기 위한 대외 원조의 필요성에 대해 미국 시민들이 공감하고 있다는 지표였다. 그렇지만 그러한 원조의 효과에 대해서 여론의 평가는 우호적이지 않았다. 미국과 소련 중 다른 나라의 국민들에게 자신의 견해를 지지토록 하는 '선전전'에서 어느 쪽이 승리했다고 생각하느냐의 질문에 대한 여론 조사결과를 보면 이 점은 분명히 드러난다.[12]

나라 조사시점	소련	미국	무응답
1955년 2월	23%	44%	33%
1958년 5월	35	38	27
1958년 10월	38	44	18
1960년 7월	36	38	26
1961년 2월	40	32	28

표 1. 미국과 소련의 선전전에 대한 미국 여론의 변화

---

[11] Hazel G. Erskine, "The Gold War: Report from the Polls," *Public Opinion Quarterly* 25/2, summer, 1961, 300쪽.

[12] Erskine, "The Gold War: Report from the Polls," p.302.

표에서 드러나듯이 조사의 기점인 1955년 2월을 기준으로 하면 미국은 러시아에 대한 이데올로기 선전전에서 잘하고 있다는 평가를 받고 있었다. 1958년 10월의 여론조사도 44% 대 38%로 여전히 미국이 냉전에서 잘하고 있다는 평가를 하고 있었다. 그러나 1960년 7월에 이르면 그 차이는 불과 2%로 줄어들고 1961년 2월에 오면 오히려 냉전의 승자는 미국이 아닌 소련이라고 생각하는 미국인의 비율이 더 많았다. 이러한 결과는 1958년 10월, 미국과 영국, 프랑스의 서구세력들이 6달 안에 서베를린으로부터 군대를 철수해야 한다는 흐루쇼프의 최후통첩으로 야기된 베를린 위기에서 기인한바 컸다. 미국의 아이젠하워와 케네디 행정부는 흐루쇼프의 이러한 최후통첩에 대한 지지부진한 대응 끝에 결국 1961년 8월 소련의 기습적인 베를린 장벽의 구축을 막지 못했다. 미국인들에게 자본주의에 우호적인 분위기가 조성되어 있는 베를린을 하나의 도시로 지켜내지 못하고 동서로 양분시킨 것은 사회주의의 이데올로기를 효과적으로 제압하지 못한 결과처럼 보일 수 있었다.

미국 내에서 소련의 이데올로기 공세에 밀리고 있다는 여론을 인식하고 있기나 한 듯 소련 당 지도부는 1950년대 중반에 이르러 자신감을 보이고 있었다. 1956년 20차 당 대회는 "자본주의의 포위"의 시대는 끝이 났다고 선언하였다. 즉 1945년 이후 "사회주의적 세계체제"가 등장하였고 1956년에 이르면 인류의 3분의 1 이상이 "우호적인 사회주의 국가"에 살고 있으므로 소비에트의 고립은 종식되었다는 것이다. 지구 인구의 다수를 차지하는 제3세계의 주민들이 이데올로기적이나 정치적으로 소련에 끌리고 있기 때문에 소련은 이들 국가와 평화적 유대관계를 맺고 있다.[13] 게다가 당시 소련의 지도자들은 자본주의 국가 내의 노동계급이 추가적인 '원군'의 역할을 한다는 상상을 하고 있었다. 궁극적으로 "자본주의 진영과 사회주의 진영 사이의 위태로운 모양의 균형은 더 이상 존재하지 않으며 단지 미국과 그

---

13) V. Kubálková and A. A. Cruickshank, *Marxism-Leninism and the Theory of International Relations*, London: Routledge & Kegan Paul, 1980, p.162.

밖의 주요 자본주의 국가들이 상당한 정도로 쇠락해 가는 불균형의 상태" 만이 존재한다는 전망을 하고 있었다.[14)]

소련 공산당 지도부는 이와 같이 세계 공산주의 혁명의 믿음을 간직하고 있었다. 물론 그 이후의 세계정세는 그들이 바라는 대로 전개되지 않았다. 냉전기에 각각의 진영을 대표하는 지도부의 이데올로기적 오류를 부각하는 것이 이 글의 목적은 아니므로 그러한 오류의 세부적 내용을 거론할 필요는 없다고 본다. 우리가 생각하지 않을 수 없는 것은 세계혁명의 가능성이 현실적으로 희박했지만 당시의 소련 지도자들이 그러한 믿음을 버리지 못한 이유이다. 그들은 자신들의 국내에서의 정당성과 동맹 세력들 간의 결속을 강화하기 위해서 그것을 믿는 것처럼 행동하도록 강요받았다. 공산주의 사회는 "적대적 신념에 의해 작동하는 사회가 성취한 속도보다 빠른 속도로 진보"하기 때문에 세계혁명은 멀지 않았다.[15)] 스탈린 이후의 소비에트 지도자들은 다른 방식의 믿음을 받아들이기 힘들 정도로 경직된 이데올로기 교육을 통한 사회화 과정을 겪었기 때문에 세계혁명의 믿음을 간직하고 있었다.[16)]

이들이 세계혁명의 신화에 대한 믿음을 강하게 가지고 있을 때 또 다른 반대편의 자본주의 진영 지도자들은 '사악한 공산주의'라는 신화에 대한 믿음을 간직하고 있었다. 양립할 수 없는 이데올로기를 가지고 있는 국가들은 비록 국제적 협력이라는 대의를 가지고 유엔이라는 기구로 결속하긴 했지만 그들 사이의 실효성 있는 협력은 어려워 보였다. 냉전기의 유엔이 냉전이라는 시대적 조건을 극복하는 것은 쉽지 않았다는 의미이다.

냉전을 주도하는 국가들의 국제정책 방향뿐만 아니라 그들과 더불어 회원국으로서의 자격을 지니는 제3세계 국가들의 세계관 또한 냉전 초기 유

---

14) Ibid., p.166.
15) Adam Ulam, "Soviet Ideology and Foreign Policy," Erik P. Hoffman and Frederic J. Fleron eds., *The Conduct of Soviet Foreign Policy*, New York: Aldine Publishing Company, 1980, pp.136 ~53.
16) Kubálková and Cruickshank, *Marxism-Leninism*, p.190.

엔의 위상을 검토하는 과정에서 빠뜨릴 수 없는 요소이다. 이들 회원 국가
는 총회의 장에서 각자의 세계관을 바탕으로 투표 행위를 통해 국제기구로
서의 유엔의 위상에 영향을 미쳤기 때문이다.

III. 냉전기 제3세계 국가들의 대외 인식

유엔의 설립 초기 미국 내에서는 집단적인 신 세계질서를 추구하는 유엔
이 국가의 주권을 침해할 수도 있다는 이유로 비판적인 입장을 보이는 그
룹이 있었다. 메사추세츠 주의 은퇴 사업가 로버트 웰치 2세(Robert Welch
Jr.)가 이끌고 있던 이 그룹은 집단주의를 서구문명의 핵심 위협으로 간주
하였고 유엔의 진정한 목표는 "하나의 사회주의적 세계정부를 건설"하는 것
이기 때문에 미국을 유엔으로부터 탈퇴시키는 운동을 전개했다.[17] 보수주
의자였던 이들의 관점에 따르면 중국과 소련과 같은 사회주의 국가들이 유
엔의 핵심기구에 진출한 상태에서 유엔이 미국의 이익에 부합할 수는 없다
는 것이었다.

이들의 주장은 결국 초기 유엔 내부의 정치적 역학관계를 어떻게 보고
있느냐의 문제였다. 유엔이 집단적 차원에서는 서구 국가들에 의해, 그리고
개별적 차원에서 볼 때도 미국에 의해 지배받고 있지 않다는 의식을 그들
은 하고 있었다. 이러한 인식은 유엔의 회원국가의 증가현상과 결부되어
등장했다. 이 문제와 관련한 초기의 연구 성과에 따르면 미국은 유엔 초기
에 총회를 주도하는 역할을 하였지만 회원 국가의 수가 늘어나면서 총회에
대한 통제력을 점차 상실하였다고 한다. 세부적인 면까지 들어가면 약간의

---

17) Matthew Lyons and Chip Berlet, *Right-Wing Populism in America: Too Close for Comfort*,
New York: The Guilford Press, 2000, p.179.

차이를 보이는 것도 사실이지만 이들 연구는 1955년 1차로 유엔 회원국의 수가 늘어나기 이전까지 미국은 총회에서의 2/3의 지지를 바탕으로 유엔을 이끌어 나갔다고 주장한다. 1955년부터 1958년까지의 기간을 볼 때 미국의 지위는 유엔 내에서 상당히 약화되긴 했지만 여전히 자국에게 유리한 결정을 이끌어 낼 수 있을 정도의 지위를 유엔 내에서 유지하고 있었다. 그렇지만 1960년 이후 회원국의 수가 또 다시 늘어나면서 미국의 주도권은 종말을 고하게 되었다. 이제 저개발의 신생 비동맹 국가들이 유엔의 성격과 의제를 결정했다.[18]

1955년 4월 15일에 인도네시아 반둥에서 개최된 아시아-아프리카 회의는 국제무대에서 비동맹 국가들의 역할 증대를 가능케 하는 계기를 제공했다는 점에서 특별히 주목받는 사건이었다. 반둥회의에 직접 참가했던 미국의 흑인 작가의 표현을 빌리자면 그것은 서구의 '백인'지배 국가들에 의해 지배받고 멸시받았던 '유색' 인종들, 즉 "인류의 약자들"의 회합이었다.[19] 그러나 반둥회의를 주도하였던 인도네시아의 수카르노 대통령은 자신들이 더 이상 "제국주의의 피해자"가 아니고 "다른 위상과 입장을 가지고 있는 자유로운 국민의 대표자"라고 선언했다. 이러한 선언은 제3세계로 통칭되는 신생 독립국이 강대국의 도구나 먹잇감이 되지 않겠다는 주체적인 의지의 표현이자 자본주의와 사회주의, 어느 쪽에도 치우치지 않으며 독자적 길을 모색하겠다는 선언으로 받아들여질 수 있었다. 제3세계의 국가들이 이데올로기의 면에서 그러한 중립을 유지한다면 미국은 반둥회의를 하나의 기회로서 활용할 수도 있었다. 그렇지만 공산화된 중국의 참석은 미국에게 동시에 위협으로 다가왔다. 사회주의 이데올로기와 유색인종으로서의 동류의식을 중국이 반둥회의의 참가자에게 전파한다면 반둥회의는 오히려 사회

---

18) Inis L. Calude, Jr., *The Changing United Nations*, New York: Random House, 1967, p.39, 66; Hans J. Morgenthau, *Politics among Nations: The Struggle for Power and Peace,* 4th rev. ed., New York: Alfred A. Knopf, 1967, pp.469~471.
19) Richard Wright, *The Color Curtain: A Report on the Bandung Conference*, New York: The World Publishing Company, 1956, p.11.

320 ▎ 3부_ 냉전의 세계사적 파동

주의 이념이 확대되는 장으로서 활용될 수 있는 것이었고 그렇게 된다면 국제적 세력관계에서 미국의 위상은 약화될 수밖에 없는 것이었다.[20]

반둥회의 참가자들은 냉전기에 미국과 소련의 대의에 일면적으로 추종하지 않았음을 보여준다. 미국이 주도하는 동남아시아 조약기구(SEATO)의 성원이었던 태국과 필리핀의 행동에서 이러한 점은 분명하게 드러난다. 즉 그들이 미국 주도의 국제기구에 가입하였다는 사실이 반둥회의에서 미국의 입장을 일방적으로 대변하였다는 의미는 아니었다. 그들은 한때 공산주의 중국과 협력적 태도를 보이면서 동시에 미국 국무장관 덜레스에 대해 비난을 주저하지 않았다. 이러한 그들의 다면적 행동방식은 냉전 정책을 주도하는 미국의 정책을 일면적으로 가져갈 수 없도록 하였다. 냉전 정책의 전개는 따라서 강대국의 주도에 의해 일방적으로 형성되지만은 않았다.[21]

독자적인 행보를 걷기 시작한 제3세계 국가들의 유엔 진출이 유엔 내에서 미국의 위상에 획기적인 변화를 초래하지는 않았다는 주장도 있다. 즉 총회의 투표결과를 분석해 볼 때 미국은 1950년 이전, 혹은 1956년에서 1959년보다 1950년과 1955년 사이에 자국의 입장을 지지하는 회원국을 덜 확보하고 있었다는 것이다. 또한 1960년부터 1966년 기간 전체를 보자면 미국의 전반적 지위는 유엔 내에서 하락하기는 했지만 1960년과 1962년 기간만을 분리하여 본다면 여전히 우월한 지위를 유지하고 있었다. 특히 냉전의 문제와 관련된 안건에서 미국은 1955년 이후뿐만 아니라 1960년 이후에도 자국에 유리한 결정을 이끌어 낼 수 있었다는 것이다.[22] 결국 회원국의 변화가 유엔 내에서의 미국의 위상변화를 초래하지 않았다는 의미였다.

그렇지만 식민주의의 지배에서 벗어나 유엔에 진출한 제3세계 국가들의

---

20) Jason Parker, "Cold War Ⅱ: The Eisenhower Administration, the Bandung Conference, and the Periodization of the Postwar Era," *Diplomatic History* 30/5, November, 2006, pp.869~871.

21) 보다 자세한 내용에 대해서는 다음을 참조. Pang Yang Heui, "The Four Faces of Bandung: Detainees, Soldiers, Revolutionaries and Statesmen," *Journal of Contemporary Asia*, 39/1(Feb. 2009, pp.63~86.

22) Edward T. Rowe, "Changing Patterns in the Voting Success of Member States in the United Nations General Assembly: 1945-1966," *International Organization* 23/2, Spring, 1969, pp.231~253.

투표행위와 관련된 양적 분석만을 통해 미국의 주도권이 1960년 이후에도 지속되었다는 주장은 제3세계 지도자들의 국제정세에 대한 정서적 판단을 고려하지 않았다고 생각한다. 제3세계의 지도자들은 제국주의적 침략에 의한 자국 국민의 수탈이라는 과거의 아픈 경험을 간직하고 있었다. 새로운 미래를 만들기 위해 출발하는 상황에서 그들은 자신들이 처한 현재의 상황을 "과학적으로 분석"하고 과거의 불행을 초래했던 당사자들에 대한 비난이 필요했다. 마르크스-레닌주의 이데올로기에 이들이 경도되었던 이유이다.

자와할랄 네루는 『인도의 발견』이라는 자신의 저서에서 마르크스-레닌주의의 매력을 다음과 같이 표현하고 있다. "마르크스와 레닌에 관한 공부는 나의 정신에 강한 영향을 미쳤고 역사와 당대의 정세를 새로운 시각에서 보도록 도와주었다."[23] 세네갈의 초대 대통령 레오폴 셍고르 또한 이 점에서는 다를 바 없었다. "우리는 마르크스-엥겔스로부터 출발할 것이다. 그들의 한계, 그들의 부적절함, 그들의 실수가 무엇이든지 간에 그들은 다른 누구보다도 정치 및 경제 사상을 혁명적으로 바꾸어 놓았다."[24]

제국주의를 자본주의의 최후단계로 규정한 레닌의 사상은 탈식민지주의의 시대가 도래하기 이전이나 그 이후에도 제3세계 지도자들의 사고에 흔적을 남기고 있었다는 사실은 다음을 통해서도 알 수 있다. 네루는 간디를 인용하면서 간디는 소수의 부자와 가난에 찌든 대중 사이의 가장 큰 차이를 다음의 두 요인 때문이라고 생각하였다: "외세의 지배와 그에 뒤따르는 착취, 그리고 서구의 자본주의적 산업문명." 세네갈의 셍고르는 "유럽 대중의 생활수준이 단지 아시아와 아프리카 대중의 생활수준을 희생하여 상승할 수 있었다는 점은 사실일 뿐만 아니라 이제는 하나의 상식이다"라고 주장했다.[25] 칠레의 대통령 살바도르 아옌데는 1972년 유엔의 총회장에서 다음과 같이 지적했다. "다음과 같이 분명한 변증법적인 관계가 존재한다. 즉

---

23) Jawaharlal Nehru, *The Discovery of India*, New York: The John Day Company, 1964, pp.26~27.
24) Léopold Sédar Senghor, *On African Socialism*, New York: Frederick A. Praeger, 1964, pp.26~27.
25) Nehru, *The Discovery of India*, p.410; Senghor, *On African Socialism*, p.33

제국주의는 저개발이 존재하기 때문에 존재한다. 저개발은 제국주의가 존재하기 때문에 존재한다."[26] 2차 세계대전이 끝나고 본격적인 탈식민주의 시대가 도래한 시점에서도 제3세계 지도자들의 의식 속에서는 불평등한 경제관계가 세계질서를 주도하고 있다는 생각이 남아있었다.

유엔 내의 기구 라틴 아메리카 경제협의회(Economic Commission for Latin America, ECLA)에서는 제3세계의 저발전에 대한 나름대로의 처방을 내리고 있었다. ECLA는 1948년 라틴 아메리카 국가들의 경제 협력을 촉진하기 위해 설립된 유엔 내의 기구로서 1984년에는 카리브해 국가들까지 포함하여 라틴 아메리카 및 카리브 해 경제협의회(ECLAC)로 확대된 조직이었다. 아르헨티나 경제학자 라울 프레비쉬가 정식화 한 'ECLA 독트린'은 서구의 자본가들이 잉여 생산물을 가난한 국가들의 시장에 떠넘기거나 원료를 싼 가격에 획득하기 위해 저임금을 수단으로 가난한 국가를 착취한다는 전제에서 더 나아갔다. 즉 프레비쉬와 그의 지지자들은 자본주의 국가들에 의해 주도되는 세계경제의 기만적 구조를 문제 삼았다. 그들에 따르면 산업화된 국가와 비산업화된 국가로 세계가 양분되어 있는 한 공산품의 가격은 원료의 가격에 비해 더 빠르게 상승할 수밖에 없었다. 이러한 상황에서 국제무역의 조건은 산업화된 국가들에게 언제나 유리하도록 확정된다고 그들은 주장했다.[27] 따라서 제3세계 국가들이 이러한 곤경에서 탈출하기 위한 유일한 방법은 주도적인 자본주의 국가들의 반대를 극복하고 산업화를 성취하는 것이었다.

제3세계의 저개발과 자본주의의 착취가 밀접하게 연관되어 있다는 주장은 제3세계의 지도자들에게 어떤 의미에서 정치적으로 유용할 뿐만 아니라 도덕적으로 정당한 것이었다. 즉 그들은 이러한 분석을 활용하여 숨겨진

---

26) Salvador Allende, "Speech to the United Nations, excerpts," 4 December 1972. https://www.marxists.org/archive/allende/1972/december/04.htm., 검색일: 2018.11.27.

27) *Proceedings of the United Nations Conference on Trade and Development,* Geneva, 23 March-16 June 1964, vol. Ⅱ.; Report by the Secretary General, New York: United Nations, 1964.

'진실'을 드러내는 고발자로서 스스로를 부각시켜 지도자로서의 위치를 정당화할 수 있었다. 또한 그러한 믿음을 근거로 쿠바의 카스트로와 같은 일부 지도자는 제3세계 운동의 국제적 지도자로까지 부상할 수 있었다.

제3세계의 지도자들은 1964년과 1981년 사이에 개최되었던 유엔의 여러 포럼에서 미국과 유럽의 자본주의 국가들이 주도하는 "부르주아 경제의 평등 신화"를 거부하고 "제국주의와 저개발의 신화"를 옹호하였다. 1964년 제1회 국제연합 무역개발회의(UNCTAD)가 끝날 무렵 개발도상국의 경제적 이익을 보다 공고히 하기 위한 77그룹의 제안은 이러한 경향을 분명히 드러내고 있었다. 77그룹은 현재와 같은 불평등한 국제 경제구조에서는 저개발 국가들을 위한 "보호주의의 국제화"로 요약될 수 있는 경제정책이 필요하다고 제안했다.[28] 제3세계의 저개발 상태를 벗어나기 위해서 "자유시장 메카니즘을 전반적으로 대체하고 제한하기 위한 포괄적인 규제"가 필요하다는 인식이었다. 물론 미국을 대표로 하는 서방측은 "부의 효율적인 분배자로서 시장체제의 가치를 강조하였고 발전과정에서 사적자본의 역할을 증대시켜야"한다고 여전히 주장하고 있었다. 자본주의 열강들의 관점에서 제3세계의 근본적 발전은 "산업경제의 지속적인 성장과 활력"에 여전히 달려 있는 것이었다.[29] 77그룹의 제안에 대한 이러한 반응은 다시 제3세계의 지도자들의 입장에서 "국제적 협력의 가능성"을 부정하는 것과 다름이 없었다. 경제발전의 성과를 선진 국가들이 독점한다면 유엔과 같은 국가기구를 통한 국제협력은 헛된 구호에 불과했다.

제3세계 국가들이 선진 국가들의 주도에 의해 작동하는 세계 경제구조에 비판적이었다는 사실은 선진 국가들의 영향력이 강한 유엔과 같은 국제기구의 위상 확립을 어렵게 만들 수도 있었다. 특히 신생 독립국가들의 유엔

---

28) H. W. Arndt, *Economic Development: The History of Idea*, Chicago: University of Chicago Press, 1987, pp.81~82.

29) Branislav Gosovic and John Gerard Ruggie, "On the Creation of a New International Economic Order: Issue Linkage and the Seventh Special Session of the UN General Assembly," *International Organization* 30/2, Spring, 1976, pp.324~325.

진출이 활발하였던 1960년대 이후의 상황을 고려한다면 더욱 그러했다. 그러나 냉전의 첨예한 이데올로기 갈등이 화해 무드로 변화한 1970년대에 들어와 유엔은 국제 분쟁을 해결하거나 아니면 적어도 해결의 실마리를 제공하는 중재자로서의 위치를 확보해 나가기 시작하였다. 유엔의 이러한 위상 확보가 가능했던 것은 유엔을 강대국의 이해관계만이 아니라 대다수 회원의 의지를 반영할 수 있는 국제기구로서 만들고자 하는 의식적 노력이 있었기 때문이었다.

IV. '신화'를 벗어나 '현실'로

냉전 시대에 미국과 소련이 유엔에서 우월한 지위를 차지하기 위해 경쟁했지만, 유엔을 운영하는데 필요한 대부분의 경제적 기여는 미국으로부터 나왔다. 1954년 유엔과 UNESCO, WHO와 같은 유엔 산하기구의 총 예산은 대략 8,300만 달러였다. 유엔의 이러한 전체 예산에서 미국이 기여한 액수는 2,400만 달러로 대략 30%의 비중을 미국이 부담하고 있었다. 또한 당시에 미국은 그리스에만 6,800만 달러의 차관과 전 세계적으로는 11억 달러의 차관을 제공하고 있던 세계 제1의 차관 제공국이었다.[30] 유엔을 유지하는데 필요한 인력과 자금의 상당부분을 미국이 제공하고 또한 유엔에 가입하고 있는 세계 도처의 개발도상국들에 대한 원조를 미국이 제공하였다는 사실은 유엔의 정책 방향이 미국의 대외정책의 방향과 결코 무관할 수 없다는 암시였다. 소련이 유엔에 경제적으로 기여한 정도를 미국과 비교해 보면 이점은 더욱 분명히 드러난다. 스탈린의 사망 이후 소련은 유엔에 기여

---

30) U. S. Department of Commerce, *Statistical Abstract of the United Stats, 1954*, Washington, D.C.: Goverment Printing Office, 1954, pp.899~900, p.974.

금을 내기 시작하였는데 1950년대 후반에 소련이 약속한 액수는 불과 2백만 달러에 불과했다. 같은 기간 동안 미국이 약속한 기여금 액수는 3,800만 달러였다.[31] 20세기 후반까지 국제기구에 대한 미국의 경제적 기여에 필적할 수 있는 나라는 존재하지 않았다.

소련은 대외적 경제원조 면에서 미국에 훨씬 못 미쳤지만 제3세계의 자생적 발전방향에 동조한다는 태도를 취함으로써 국제무대에서 결코 고립된 상태가 아니었다. 흐루쇼프는 반둥회의 이후에 행한 연설에서 제3세계의 입장에 동조한다는 입장을 드러내고 있었다. "제3세계의 국가들은 세계 사회주의 체제의 구성원들은 아니지만 독립적인 국가경제와 국민들의 생활수준을 향상시키기 위해 지금까지의 업적을 바탕으로 앞으로 나갈 수 있다. 그들은 이제 근대적인 시설을 위해 이전의 지배자들에게 간청할 필요가 없다."[32] 제국주의적 수탈을 경험한 바 있던 대다수의 제3세계 국가들에게 흐루쇼프의 이러한 지적은 그들이 주체적으로 발전할 수 있다는 희망을 제시하는 것이기 때문에 소련에 대한 우호적 이미지를 강화시킬 수 있었다. 1962년 파리의 아프리카 유학생들을 대상으로 한 설문조사를 보면 이들이 소련에 대한 호감의 정도를 대략 유추해 볼 수 있다. 즉 서구의 국가들 중 심정적으로 자신들이 가장 지지하는 국가를 물어보는 질문에 대해 대략 25% 학생이 선호국가로 소련을 꼽은데 반해 미국을 선택한 학생은 3%에 불과했다.[33] 민주적인 정치질서를 확립했다는 미국보다도 그들에게는 약자와의 유대의식을 보이는 소련이 더 믿음직하게 다가왔던 것이다. 더구나 스프트닉호를 우주에 먼저 쏘아올림으로써 소련은 기술적인 면에서도 미국에 결코 뒤지지 않는다는 점을 입증하였다. 소련은 이데올로기와 기술적인 측면 모두에서 미국을 능가하는 대상처럼 비쳤다.

---

31) 소련의 수치는 다음에 나와 있다. Alexander Dalin, *The Soviet View of the United Nations*, Cambridge, M.A.: MIT Press, 1959, p.65.

32) Odd Arne Westad, *The Global Cold War,* Cambridge: Cambridge University Press, 2007, p.68.

33) David Engerman, "The Second World's Third World," *Kritika: Explorations in Russian and Eurasian History* 12/1, Winter, 2011, pp.183~211.

케네디 행정부의 미국의 대외정책은 이러한 환경 변화에서 전임 트루만 행정부의 기조를 그대로 유지할 수 없었다. 케네디 정부는 제3세계의 지지를 얻지 못한다면 냉전에서 미국의 입지는 축소될 수밖에 없다고 인식하고 있었다. 케네디 정부가 미국은 라틴 아메리카, 아프리카 등지의 개발도상국과 협력적 관계를 구축해야 된다고 밝힌 딘 러스크를 신임 국무장관으로 임명한 것은 이러한 정책방향을 분명히 암시하는 것이었다. 러스크는 1965년의 한 연설에서 미국이 세계의 나머지 지역으로부터 고립된다면 "우리 스스로와 후손에 허용된 자유의 축복을 더 이상 보장할 수 없다"고 지적했다. 그에 의하면 "현대적 통신기술과 운송수단의 속도, 현대적 무기의 파괴력의 범위"는 2차 세계대전의 종전 이전까지 가능했던 거리와 시간의 제약으로 인한 미국 안보를 더 이상 보장하지 않는다. 즉 미국의 안전은 우리를 둘러싸고 있는 "전체적 환경"이 안전하지 못하다면 보장받을 수 없다는 것이었다.[34] 미국은 개발도상국들의 자유와 민주주의를 성취하기 위한 과정에서 그들에 대한 적극적인 협조자로서의 위치를 확보함으로써 미국의 안전과 번영도 보장받을 수 있다는 논리였다.

"세계의 경찰"이 아닌 "세계 공동체"의 건설을 미국이 진정으로 필요하다고 생각한다면 유엔과의 협조는 필수적이라고 그는 생각하였다. "유엔의 깃발은 세계 공동체의 상징"으로서 세계의 어느 곳에서도 나부낄 수 있다. 반면에 독립적 민족국가의 권리를 확보하기 위해 많은 국가들이 노력하는 현 시점에서 어느 한 주권국가의 국기가 특정 지역에 휘날린다면 그것은 그 나라의 국민들에게 "모욕적"으로 간주될 수 있다. 미국이 지향해야 되는 외교정책의 방향은 따라서 유엔헌장이 요구하는 세계 공동체의 건설, 즉 "각각의 독립국들이 필요에 따라 자신의 제도를 만들어 내는 독립 국가들의 공동체이면서 공동의 이해를 위해 효과적으로 협력하는 공동체"의 건설을 목표로 해야 하는 것이었다.[35] 세계 공동체의 건설은 미국의 혼자 힘으

---

34) Dean Rusk, "The Impact of Independence," *World Affairs* 128/1, April-June 1965, pp.10~13.

35) Dean Rusk, "The Bases of United States Foreign Policy," *Proceedings of the Academy of*

로 가능하지 않고 유엔과 같은 국제기구와의 긴밀한 협력에서 가능하다는 논리였다.

러스크의 주장은 일차적으로 미국의 대외정책이 더 이상 제국주의적 지향을 갖지 않는다는 전제와 유엔이 어느 한 국가의 이익에도 치우치지 않고 명실상부한 국제기구로서의 기능을 수행한다는 전제를 동시에 포함하고 있었다. 그렇지만 국제기구로서의 유엔이 올바로 자리를 잡아나가고 있다는 주장을 의심쩍게 하는 조짐이 없지만은 않았다. 사회주의에 어느 정도 동조하는 듯이 보이는 제3세계 국가들의 유엔 진출은 사회주의가 유엔에서도 자라나고 있다는 의심을 자라나게 했다. 이런 상황의 전개 속에서 유엔을 세계의 평화질서 구축에 기여하는 발전적 조직으로 만들기 위해서는 유엔을 실질적으로 운영해 나가는 대표자의 영향력이 중요할 수밖에 없었다. 냉전시대의 유엔 사무총장이 시대적 제약을 뛰어넘어 진정한 국제기구의 대표자로서 영향력을 발휘할 필요가 있었다.

안전보장이사회 상임이사국의 거부권은 유엔을 특정 국가의 이해에 좌지우지되지 않는 국제기구로서 자리를 잡게 하는데 회의를 불러일으킬 수 있었다. 유엔의 최고행정가로서 사무총장의 역할을 기대할만한 이유가 여기에 있었다. 유엔 헌장 15장 97조부터 99조까지 사무총장의 위치와 역할에 대한 규정을 내리고 있다. 특히 99조는 사무총장은 스스로의 판단으로 국제평화와 안보를 위협할 수도 있는 문제를 안전보장이사회에 회부할 수 있다고 규정하고 있었다.[36] 이러한 규정에 따라 사무총장이 상임이사국의 이해를 원만히 조정하는 '조용한 외교'를 펼칠 수 있다면 유엔은 강대국의 영향력에 표류하는 한계를 극복할 수 있을 것이다.

냉전기 유엔의 위상정립에 기여한 사무총장의 역할과 관련하여 주목해야 될 인물은 2대 총장인 스웨덴의 다그 함마르셸드(Dag Hammarskjöld)이

Political Science 27/2, January, 1962, pp.98~110.
[36] *Charter of the United Nations.* http://www.un.org/en/documents/charter/charter15.shtml, 검색일: 2013년 3월 5일.

다. 1대 총장인 노르웨이의 트뤼그베 할브단 리(Trygve Halvdan Lie)는 초대 총장으로서 1947년의 팔레스타인 위기, 1948-9년의 베를린 위기와 같은 국제적 분쟁의 해결 실마리를 찾는데 기여했다. 리는 유엔 초기의 이러한 활동을 통해 사무총장의 대체적 역할과 위상을 형성하는데 기여했다. 그렇지만 그는 한국전쟁의 발발과 관련하여 벌어진 유엔의 대처과정에서 친미적인 성향을 드러내고 말았다. 한국전쟁의 처리를 위해 유엔 안보리가 소집되었지만 소련은 새롭게 출범한 중국의 공산당 정부의 유엔가입을 유엔이 허용하지 않는다는 이유로 회의에 불참했다. 소련이 불참한 상태에서 안보리는 유엔의 이름 아래 미국의 개입을 정당화하는 3개 결의안을 통과시켰다. 소련은 유엔헌장 28조의 규정, 즉 안보리가 열리기 위해서는 안보리의 구성국들이 언제나 참여해야 한다는 규정을 내세워 안보리의 결의안은 무효라고 주장하였다. 따라서 안보리의 결의안을 이행하기 위한 사무총장의 행동은 소련의 입장에서 불법적인 것이었다. 소련은 이러한 이유로 1951년 2월, 리의 사무총장 연임에 대해 거부권을 행사했다. 유엔 총회의 지지로 그는 재임에는 성공하였지만 소련의 그에 대한 적대적 입장은 가시지 않았다. 더구나 유엔의 간부직원의 임명을 둘러싼 미국 정부와의 갈등으로 미국 내에서도 그에 대한 적대적 태도가 조성됨에 따라 2기 임무를 다 채우지 못하고 1953년 4월 사임했다.[37)

스웨덴 출신의 2대 사무총장 다그 함마르셸드는 1대 총장에 비해 유연한 사고를 가지고 있는 인물이었다. 그는 국제기구로서 유엔이 위상을 확고하게 정립하기 위해서는 미국과 소련의 어느 쪽에도 치우치지 않는 사무총장의 모습이 중요하다고 생각했다. 함마르셸드는 또한 국제평화와 안정을 확보하는 데 필요하다면 전통외교와 유엔의 헌장만으로 해결될 수 없는 한계를 뛰어넘어 사무총장으로서 적극적 역할을 수행해야 한다는 의지를 가지고 있었다. 예를 들어 안전보장이사회의 "의사결정 과정이 교착상태에 빠

---

37) Stephen Ryan, *The United Nations and International Politics*, New York: St. Martin's Press, 2000, pp.40~43.

졌다든가 특히 양 진영 간의 대립이 진공상태로 빠져 들었을 때 유엔 사무총장은 독립적으로 행동"[38]해야 한다는 것이었다. 따라서 그는 유엔헌장 99조가 부여한 사무총장의 역할을 적극적으로 해석한 인물이었다. 안전보장이사회와 총회가 국제적 위기의 해결을 위한 적극적 기능을 하지 못할 경우 사무총장은 단지 유엔 내의 최고의 행정가가 아니라 그러한 위기가 조성된 최전선의 지휘관이 되어야 한다고 생각했다. 수에즈 운하 위기 때 이러한 의지는 잘 드러났는데 함마르셸드는 당시 지금의 유엔평화유지군의 전신이라 할 수 있는 유엔 비상군(UN Emergency Forces: UNEF)을 파견하여 수에즈운하 위기해결에 기여하였다. UNEF는 두 강대국의 지원을 전제로 움직이지만 안보리의 상임이사국은 군대구성에 참여할 수 없으며 분쟁지역과 이해관계가 없는 국가들로 구성된다는 원칙 등을 정함으로써 문제해결에 기여했다.[39]

함마르셸드가 물론 그 이후의 국제분쟁에서 탁월한 조절능력을 언제나 발휘한 것은 아니었다. 소련의 헝가리 침공에 대해 그는 유엔 차원에서 조사위원회를 꾸려야 했지만 소련 측의 비협조로 뚜렷한 성과를 내지 못했다. 콩고의 내전 위기와 관련해서도 함마르셸드의 조절능력은 이전과 같은 성과를 내는 데 실패했다. 콩고의 내전 종식을 위해 유엔차원의 평화유지군이 이전과 마찬가지로 파견되었지만 광물자원 매장지역의 분리를 주장하는 반군세력을 소련이 지원하면서 평화유지군이 분쟁지역에서 중립을 유지해야 한다는 기본원칙이 무너졌다. 또한 함마르셸드의 핵심 참모중의 하나가 CIA와 깊은 연계가 있다는 사실이 폭로됨으로써 유엔이 결국은 미국의 이익에 봉사하는 하수인에 불과하다는 비판도 소련에 의해 강력하게 제기되었다.[40] 그럼에도 불구하고 함마르셸드는 그의 임기동안 그 이후의

---

38) 강성학, 「유엔 사무총장의 권한과 세계평화를 위한 지도력」, 『평화연구』 16/2, 2008, 37쪽.
39) 강성학, 「유엔 사무총장의 권한과 세계평화를 위한 지도력」, 66~67쪽.
40) Mark Mazower, *Governing the World: The History of an Idea*, New York: Penguin Press, 2012, p.268.

유엔 평화유지군이 국제평화와 안정을 유지하는 핵심도구로 정착할 수 있
도록 기틀을 마련하였다. 전기 작가의 평가에 따르자면 함마르셸드는 냉전
이라는 시대적 제약 아래에서 유엔의 역할과 효율성을 증대시키기 위해 지
속적으로 노력한 인물이었다.[41] 어떤 의미에서 그는 냉전의 시대환경을 최
대한으로 이용하기 위해 '조용한 외교'를 펼치면서 유엔의 최고 집행자로서
사무총장의 위상 확립에 기여했다. 이런 맥락에서 그는 3대 사무총장 미얀
마의 우 탄트(U Thant), 4대 사무총장 오스트리아의 쿠르트 발트하임(Kurt
Waldheim) 등이 국제문제의 조정자로서의 역할을 할 수 있는 기틀을 마련
하였다고 할 수 있을 것이다. 냉전의 환경에서 유엔과 관련하여 만들어진
'신화'가 존재하였다 하더라도 유엔이 그러한 '신화'에 의한 한계에만 갇혀
있지는 않았던 것이다.

V. 나가는 말

냉전을 주도하였던 미국과 소련이 유엔의 의사결정과 관련하여 강력한
권한을 가지고 있는 안보리의 상임이사국의 지위를 차지하고 있는 구조적
특성을 고려할 때 새로운 국제질서의 창출을 주도하는 유엔의 운명은 처음
부터 순탄치 않았다. 미국은 자본주의에 적대하는 소련을 '사악한 공산주의'
로 규정하고 공산주의 이념의 수출을 소련이 지속한다는 의구심을 가지고
있었다. 반면에 소련은 미국을 제국주의적 야욕을 가지고 제3세계 민중의
열망을 무시하며 자본주의 체제의 이익만을 극대화하기 위해 노력하는 탐
욕스러운 존재로 바라보았다. 이러한 이념적 대립이 해소되지 않는 한 국
제기구로서의 유엔의 성공 가능성은 많아 보이지 않았다.

---

41) Brian Urquhart, *Hammrskjold*, London: The Bodley Head, 1972, p.595.

제3 세계 국가의 유엔 진출은 유엔이 두 강대국의 영향력 확대를 위한 장으로 전락해 버리는 위험성을 어느 정도 차단해 주었다. 제국주의적 침탈의 경험을 가지고 있는 제 3세계 국가들은 미국이 주도하는 자본주의적 발전모델을 적극적으로 추종하지 않았다. 그렇다고 해서 일부 국가들의 지지가 있었긴 하지만 소련이 제시하는 사회주의적 발전모델도 그들에게 유일한 대안은 아니었다. 반둥 회의에서 드러났듯이 그들은 어느 쪽에도 경도되지 않는 그들만의 독립적 발전모델을 모색하고 있었다. 이러한 그들의 태도는 유엔의 운영 방향에도 영향을 미칠 수밖에 없었다. 즉 그들은 유엔의 전체 안건을 심의하고 결정하는 총회의 장에서 미국과 소련의 이해만을 대변하는 두 집단이 아니라 각자가 속해 있는 지역권이나 각자의 내부적 특수성을 감안하여 다양한 목소리를 내놓는 집단이었다. 유엔이 국제 질서 구축을 위한 다양한 논의의 장으로 발전해 간다는 지표였다.

미국의 대외정책 변화와 유엔의 최고 집행자인 사무총장의 역할도 유엔이 냉전기의 한계를 조금씩 벗어날 수 있는 계기를 마련해 주었다. 미국은 제3세계 국가들의 자생적 발전을 위한 협조가 미국의 이익에도 부합될 수 있다는 인식을 점차 가지게 되었다. 미국은 유엔의 정상적 활동을 위한 재정지원도 아끼지 않았다. 유엔의 사무총장 또한 유엔이 미국의 재정지원을 가장 많이 받는 국제기구라 하더라도 그것을 미국의 입김만을 반영하는 기구가 아닌 명실상부한 국제기구로 확립하기 위해 적극적 노력을 전개했다. 2대 사무총장 함마르셸드는 유엔의 이러한 위상정립에 기여한 인물 중의 하나였다.

유엔은 설립 초기부터 국제질서를 주도하는 대표 기구로서의 위상을 확보하고 있지는 않았다. 세계의 모두가 희망하는 국제질서를 창출하는 기구로서의 위상 전환을 위해서는 냉전기의 첨예한 이념적 대립을 뛰어 넘을 수 있는 강대국의 정책변화, 그리고 국제질서의 다각화 및 유엔을 실질적으로 끌어나갈 수 있는 대표자의 권한 증대 과정을 필요로 하였다. 동서화해의 데탕트 국면이 조성될 무렵에 이르면 국제질서의 주도자로서의 유엔의 역할은 더욱 중요하게 보였다. 그렇지만 이러한 요구에 부응하여 유엔이 그 이후에도 지속적으로 명실상부한 국제기구로서 국제사회에서 확실히 자리매김하였는가의 문제는 또 다른 검토를 필요로 한다.

▨ 참고문헌

1. 1차사료

Charter of the United Nations.

http://www.un.org/en/documents/charter/charter15.

Proceedings of the United Nations Conference on Trade and Development, Geneva, 23 March- 15 June 1964, vol. II, Report by the Secretary General, New York: United Nations, 1964.

U. S. Department of Commerce, Statistical Abstract of the United States, 1954, Washington, D.C.: U.S. Government Printing Office, 1954.

2. 2차사료

강성학, 「유엔 사무총장의 권한과 세계평화를 위한 지도력」, 『평화연구』16/2, 2008, 160~215쪽.

김열수, 「탈냉전 후 유엔 안보리의 위상변화: 군사력 사용을 중심으로」, 『국제정치논총』 48/1, 2008, 349~374쪽.

노경덕, 「냉전사와 소련 연구」, 『역사비평 101호』, 2012 겨울, 319~321쪽.

정재관·정성윤, 「유엔 평화유지활동에 대한 이론적 논쟁: 전략적 이해와 규범사이」, 『국방연구』 55/2, 2012, 25~46쪽.

Alpervovitz, Gar, *The Decision to Use the Atomic Bomb and the Architecture of an American Myth,* New York: Alfred A. Knopf, 1995.

_____, *Atomic Diplomacy: Hiroshima and Potsdam,* London: Boulder, 1994.

Arndt, H. W. *Economic Development: The History of Idea,* Chicago: University of

Chicago Press, 1987.

Calude Jr. Inis L, *The Changing United Nations*, New York: Random House, 1967.

Dalin, Alexander, *The Soviet View of the United Nations*, Cambridge, M.A.: MIT Press, 1959.

Feis, Herbert, *From Trust to Terror: The Onset of the Cold War, 1945-1950*, New York: W. W. Norton, 1970.

Halle, Louis, *The Cold War as History*, New York: Perennial, 1991.

Kubálková, V. and A. A. Cruickshank, *Marxism-Leninism and the Theory of International Relations*, London: Routledge & Kegan Paul, 1980.

Lincoln, W. Bruce ed., *Documents in World History, 1945-1967*, San Francisco: Chandler Publishing Company, 1968.

Lyons, Matthew and Chip Berlet, *Right-Wing Populism in America: Too Close for Comfort*, New York: The Guilford Press, 2000.

Mazower, Mark, *Governing the World: The History of an Idea*, New York: Penguin Press, 2012.

Morgenthau, Hans J., *Politics among Nations: The Struggle for Power and Peace*, 4th rev. ed., New York: Alfred A. Knopf, 1967.

Nehru, Jawaharlal, *The Discovery of India*, New York: The John Day Company, 1946.

Ryan, Stephen, *The United Nations and International Politics*, New York: St. Martin's Press, 2000.

Senghor, Léopold Sédar, *On African Socialism*, New York: Frederick A. Praeger, 1964.

Spanier, John, *American Foreign Policy since World War II*, Washington: Congressional Quarterly Press, 12th Edition, 1991.

Urquhart, Brian, *Hammrskjold*, London: The Bodley Head, 1972.

Westad, Odd Arne, *The Global Cold War*, Cambridge: Cambridge University Press, 2007.

Wright, Richard, *The Color Curtain: A Report on the Bandung Conference*, New York: the World Publishing Company, 1956.

Caporaso, James A, "Dependency Theory: Continuities and Discontinuities in Development Studies," *International Organization* 34/4, Autumn, 1980, pp.605~628.

Engerman, David, "The Second World's Third World," *Kritika: Explorations in Russian and Eurasian History* 12/1, Winter, 2011, pp.183~211.

Erskine, Hazel G, "The Cold War: Report from the Polls," *Public Opinion Quarterly*,

252/2, Summer, 1961, pp.300~315.

Gaddis, John Lewis and Lolyd C. Gardner et al., "The Emerging Post –Revisionist Synthesis on the Origins of the Cold War," *Diplomatic History* 7/3, 1983, pp.171~190.

Gosovic, Branislav and John Gerard Ruggie, "On the Creation of a New International Economic Order: Issue Linkage and the Seventh Special Session of the UN General Assembly," *International Organization* 30/2, Spring, 1976, pp.309~345.

Heui, Pang Yang, "The Four Faces of Bandung: Detainees, Soldiers, Revolutionaries and Statesmen," *Journal of Contemporary Asia* 39/1, Feb. 2009, pp.63~86.

Parker, Jason, "Cold War Ⅱ: The Eisenhower Administration, the Bandung Conference, and the Periodization of the Postwar Era," *Diplomatic History* 30/5, November, 2006, pp.867~892.

Rowe, Edward T, "Changing Patterns in the Voting Success of Member States in the United Nations General Assembly: 1945-1966," *International Organizations* 23/2, 1969, Spring, pp.231~253.

Rusk, Dean, "The Impact of Independence," *World Affairs* 128/1, April-June 1965, pp.10~13.

_____, "The Bases of United States Foreign Policy," *Proceedings of the Academy of Political Science* 27/2, January, 1962, pp.98~110.

Ulam, Adam, "Soviet Ideology and Foreign Policy," Erik P. Hoffman and Frederic J. Fleron eds., *The Conduct of Soviet Foreign Policy,* New York: Aldine Publishing Company, 1980, pp.136~153.

■ 박원용 – 「냉전초기(1950년대~60년대) 유엔의 위상변화」
『인문사회과학연구』 14권, 2013에 실린 것을 일부 수정한 것이다.

탈냉전시대의 냉전적 러시아 역사 재현

한국 공교육 세계사 교과서를 중심으로

노경덕(이화여자대학교)

I. 서론

러시아가 세계사의 흐름과 전개에 큰 영향을 미친 나라라는 점에는 이견이 있을 수 없다. 우리 역사와의 상호연관성 및 그 긴밀성의 측면에서도, 러시아는 19세기 제국주의 시대 이후 한반도 문제에 직간접적으로 연루되었던 여타 서양 열강들, 즉 영국, 프랑스, 독일 그리고 미국에 비해 절대 뒤처지지 않는 중요성을 가진다. 하지만 이런 중요성에도 불구하고, 러시아 역사는 그동안 국내 공교육 교육과정, 특히 역사교육에서 상대적으로 경시되었다. 그리고 그 희미하고 얕은 재현 속에서조차 러시아의 역사는 다른 서양 국가에 비해 부정적인 이미지로 전달되기 일쑤였다. 이는 두말할 것 없이 지난 세기 후반부터 우리 사회를 무겁게 짓눌러온 냉전과 분단 현실 그리고 반공주의 사고에서 기인한 것이다. 러시아, 즉 당시 소련이 미국 주도의 이른바 '자유' 진영의 대척점이었다는 사실은 우리 공교육 교과서의 러시아 역사에 대한 부정 일변도의 재현에 결정적인 영향을 끼쳤다. 이는 지난 세기 우리 공교육, 더 좁게는 역사교육 내용의 주요 특징이기도 했던 서양 중심주의, 그 중 특히 미국 의존성과 결부되면서 더욱 공고해졌다.[1] 공교육 역사 교과서가 해당 사회를 구성하고 유지하는 기능을 핵심으로 하는 "전형적인 지배 담론"이라는 점을 염두에 둔다면, 위와 같은 현상은 사실 특별할 것도 없다.[2]

우리나라 공교육이 냉전 시대 동안 내내 보여주었던 러시아 역사 경시와 부정적 형상화는 그 냉전이 적어도 국제 정치의 장에서 끝이 나고 20년의 시간이 지난 탈냉전시대에도 근본적으로 바뀌지 않았다. 21세기에 만들어진 공교육 교과서들도 지난 세기 그것들이 가졌던 편협한 관점과 불공정한 서술 태도를 대부분 그대로 반복하고 있다. 본고는 현재 고등학교 세계사 교과서의 러시아사 서술 분석을 통해, 그것이 만들어 내는 이미지들을 분석하고 나아가 그 정치적 효과를 탐구하려 한다.[3] 그 과정에서 우리가 러시아 역사에 대해 지금까지 암암리에 당연시해왔거나 사실상의 전제로 받아들였던 것, 또는 그에 대한 문제 제기나 극복 노력 없이 냉전 시대의 서술 관행을 그대로 따랐던 것 등이 드러날 것이다. 본고는 교과서 내용뿐만 아니라 그것이 따르고 있는 형식과 구조에도 주목하는 신 지성사의 담론분석 방법론을 동원한다. 이 방법론은 러시아 역사를 바라볼 때 우리 공교육

---

[1] 우리 세계사 교과서가 러시아 역사를 어떻게 다루어왔는지는 많은 연구가 존재하지는 않는다. 20년 전 민경현의 논문이 가장 대표적이자, 사실상 유일했다. 민경현, 「한국 세계사 교과서의 러시아사 서술」, 『사총』 45, 1996. 다만 근자에 들어 몇몇 연구들이 진행되고 있다. 윤상원, 「고등학교 한국사와 세계사 교과서 속 러시아 서술의 내용 비교 분석」, 한국서양사학회 하계 학술대회 자료집, 2016. 러시아 역사 서술 전반을 다룬 것은 아니었지만, 류한수, 「제2차 세계대전의 "잊힌 전선": 한국 사회와 학계의 독소전쟁 인식」, 『러시아연구』 27권 1호, 2017.

[2] 양호환, 『역사교육의 입론과 구상』, 책과 함께, 2012, 180~181쪽.

[3] 본고는 2016년 기준 현행 교육과정에 있는 고등학교 『세계사』 4종(교학사, 금성, 비상, 천재교육)을 모두 분석하였다. 7종 중학교 『역사 2』 역시 검토했지만, 고등학교 세계사 교과서 서술과 그 내용, 밀도, 범위 등에서 차이를 사실상 전혀 발견하지 못했기에, 분석 대상에 포함시키지 않았다.

교과서들이 사용하는 담론의 틀(discursive frames), 또는 그들이 있는 담론의 장(discursive field)을 더욱 선명히 보여줄 것이다.[4]

Ⅱ. 세계사 교과서가 주는 러시아 역사 이미지들

1. 서양과 다른 러시아

러시아 역사에 대한 우리 세계사 교과서 서술의 가장 두드러진 특징은 러시아를 다른 서양, 특히 서유럽과 떼어놓는다는 점이다. 하지만 매우 흥미롭게도, 세계사 교과서가 러시아 역사의 시작을 이야기할 때가 그 유일한 예외다. 러시아 국가의 기원에 대해서 교과서들은 모두 다 이른바 노르만 기원설을 채택하고 있다. 북유럽의 노르만인들이 상업과 교역 등을 목적으로 드네프르 강을 따라 남하하는 과정에서 러시아 국가를 세웠다는 학설은 현재 서방 학계에서 대체로 정설로 알려져 있고, 러시아 학계에서도 많은 이들의 지지를 받고 있다. 하지만 이와 경쟁하는 러시아 내부 기원설도 사라진 것은 아니다. 게다가 노르만 기원설 내부에서도 적지 않은 차이들이 존재한다. 요컨대, 이 문제는 여전히 논쟁중인 주제다.[5] 이는 우리의

---

4) 담론분석 방법론에 대한 훌륭한 설명으로는 Keith M. Baker, *Inventing the French Revolution: Essays on French Political Culture in the Eighteenth Century*, Cambridge, 1990 중 서론 참고. 교과서 분석에 이 방법론을 이용한 예로는 임종명, 「개정 고등학교 한국사 교과서의 한국현대사 서술과 민족·국가 대한민국」, 『역사와 교육』 제13집, 2011, 구자정, 「개발 독재 시기 한국 현대사 서술을 통해 본 현대 러시아의 한국 인식과 자기 인식: 러시아의 한국 현대사 인식 속에 투영된 현대 러시아의 자화상」, 『국제지역연구』 제14집 3호, 2010, 노경덕, 「푸틴 시대 러시아의 스탈린주의 다시 읽기: 필리포프 현대사 교과서를 중심으로」, 『서양사연구』 50호, 2014.

5) 1990년 이후 논쟁에 대해서는 Simon Franklin, "Pre-Mongol Rus': New Sources, New Perspectives?" *Russian Review* 60, 2001, pp.465~473. 이 논쟁에 대한 고전적 소개로는 Nicholas V. Riasanovsky, "The Norman Theory of the Origin of the Russian State," *Russian Review* 1, 1947, pp.96~110.

고조선 국가 기원에 대한 위만 기원설과 기자 기원설에 비견될 수 있을지 모르겠다. 이런 이설들은 생략하면서, 세계사 교과서는 러시아 국가의 형성을 노르만의 영국 국가 수립, 그리고 그들의 이동에 따른 서유럽 사회의 변화와 같은 주제들과 동일선 상에 배치했다.[6] 이런 서술은 자연스럽게 초기 러시아 역사를 서유럽 문명과 연결시키는 기능을 했다.

하지만 이 지점 이후, 세계사 교과서의 러시아와 서유럽의 연계 시도는 곧바로 끝이 나고 다시는 나타나지 않는다. 앞으로 러시아는 서유럽과는 확연히 구분되는 동쪽의 다른 문명으로 줄기차게 묘사될 것이다. 이런 묘사가 시작되는 첫 번째 장면은 교과서가 러시아의 중세 시대를 일방적으로 비잔티움 문화의 영향 속에서 다루는 것에서부터 연출된다. 한 교과서는 러시아 중세 역사의 성격을 규정할 때 비잔티움 문화에 의한 "동화"[7]라는 표현까지 사용했다. 이 규정을 통해 러시아가 비잔티움의 계승자임이 명시되는 동시에, 반면 그것과 서유럽과의 거리는 멀어진다. 이 이미지는 정작 비잔티움 국가의 뿌리가 고대 로마제국이었으며 그렇기에 러시아가 계승하는 것은 단순히 '동유럽'의 비잔티움이 아니라, 로마제국 전체의 유산이었다는 엄연한 역사적 사실이 완전히 생략됨으로써 강화된다. 교과서의 논리에 따르면, 이제 러시아는 동유럽 문명권에 속하게 되어, '일반' 유럽과는 다른 문명이 된 셈이다. 그 다름의 내용을 채우는 핵심은 물론 종교와 문화다. 거의 모든 교과서들이 이 부분에서 키예프 대공 블라디미르 1세의 정교로의 개종, 비잔틴 양식의 성 소피아 대성당 건립, 키릴 문자 발명 등을 비교적 자세히 다루면서 그 차이를 강조했다. 아래에서 보겠지만, 이후 교과서는 그 다름의 내용을 종교와 문화를 넘어 다른 분야에서도 계속해서 '발굴'하여 교사와 학생들에게 제시할 것이다.

이를 위해 교과서가 부각하는 시기는 절대 왕정 시대다. 교과서의 절대주의 서술은 유럽 전체가 가졌던 공통적 특성보다는 서유럽과 동유럽 절대

---

6) 특히 최상훈 외, 『고등학교 세계사』, 교학사, 2012, 이하 교학사로 약칭함, 99쪽.
7) 조한욱 외, 『고등학교 세계사』, 비상, 2012, 이하 비상으로 약칭함, 114쪽.

주의의 차이에 방점이 찍힌다. 그 차이를 강조하기 위해 교과서는 서유럽을 기준과 전범으로 삼아 동유럽에 결여된 것을 찾는 전략을 선택했다. 교과서에 의하면, "엘베 강 동쪽"은 상공업과 시민계급이 성장하지 않아, 서유럽과 다른 종류의 절대주의가 등장할 수밖에 없었다. 하지만 교과서 저자들은 이 동유럽 중에서도 유독 러시아의 특성을 부각하며, 이를 서유럽과 구분되는 대표적인 것으로 자리매김했다. 특히, 교과서는 같은 동유럽권에 속해 있었다는 프로이센과 오스트리아와는 달리, 러시아의 경우에는 "후진적"이라는 표현을 덧붙였다. 교과서 저자들에 의하면, 그 중 러시아만이 "오랫동안 후진성을 벗어나지 못하고" 있었다.[8]

교과서는 바로 이 후진성의 이미지를 통해 러시아를 서유럽과 계속해서 갈라놓는다. 저자들은 표트르 대제의 개혁들로 그것이 극복된 것과 같은 뉘앙스를 잠시 던지기도 했지만, 19세기 역사 서술에서 이 이미지를 곧바로 다시 등장시킨다. 19세기 유럽에서, 러시아는 자유주의를 발전시키고 국민국가를 건설했으며 산업화를 이룬 서유럽에 비해 후진적인 곳으로 자리매김 되어 있다. 교과서들은 프랑스 혁명 이후의 19세기 유럽의 변화를 각국별로 서술하는데, 자연스럽게(?) 러시아는 대부분 마지막에 등장한다.[9] 이 마지막에 배치된 러시아의 후진적 이미지는 곤궁한 농노들의 사진 자료 배치와 그들의 "뒤늦은" 해방령 이야기로 인해 더 강화된다. 당시 러시아 사회가 압도적으로 농촌적이었다는 사실을 드러내는 것과, 그 점을 후진성의 발로로 규정하고 강조하는 것은 매우 다른 작업일 것이다. 이를 테면, 같은 19세기 유럽 역사 서술에서 세계사 교과서는 역시 다수가 농촌적 사회에서 생활했으며 그 농촌적 심성 때문에 1848년 혁명을 지지하지 않고 나폴레옹 3세를 황제로 만들어주었던 프랑스 국가 농민들의 '반동성'을 강조한 적이

---

8) 김형종 외, 『고등학교 세계사』, 금성, 2012, 이하 금성으로 약칭함, 188쪽. 비상, 165쪽.
9) 교학사는 소제목으로 "러시아, 국민 국가 형성이 늦어지다"라고까지 표현했다. 교학사, 201쪽. 금성과 비상의 경우, 러시아는 미국 이후 마지막에 등장한다. 금성, 226쪽, 비상, 195쪽. 이탈리아와 독일 통일 앞에 등장했던 천재교육만이 유일한 예외였다. 김덕수 외, 『고등학교 세계사』, 천재교육, 2012, 이하 천재교육으로 약칭함, 223쪽.

없다. 더군다나, 교과서는 러시아의 농노해방이 신분제 폐지 정책의 일환이었다는 점, 즉 그것이 근대 국민국가로 나아가는 하나의 발걸음이었다는 사실을 명시하지도 않았다. 역시 프랑스 혁명기 신분제 폐지를 자유주의의 실현 및 국민국가의 성립과 연결시켰던 프랑스 역사의 서술과는 사뭇 다른 대우다. 러시아의 농노해방은 그저 후진적 나라의 뒤늦은 정책에 불과하다는 것이 교과서가 주는 메시지다. 그리고 교과서가 산업혁명, 또는 산업화 이야기를 하는 부분에서, 러시아는 유럽이라는 공간을 넘어 일본과 묶여 등장하기에 그 뒤처짐의 이미지가 더 짙어진다.[10] 이렇게 러시아를 유럽의 마지막 자리, 또는 심지어 이 경계 밖에 배치하는 전략은 서유럽을 선진적 모델로 제시함과 동시에, 러시아의 후진성을 도드라지게 만든다. 더욱 의미심장하게도, 그 선진적 측면은 어느덧 전형적인 것의 느낌을 획득하고, 따라서 러시아의 후진성에는 비정상적인 것의 이미지까지 덧붙게 된다. 흥미롭게도, 세계사 교과서가 러시아를 이렇게 후진적, 비정상적으로 다루는 이유는 그것의 약함을 강조하기 위함은 아니다. 한편으로 교과서는 표트르 대제의 업적을 칭송하면서 러시아가 "유럽의 강대국"이 되었음을 명시하기도 한다. 하지만 그 강대국의 모습이 러시아의 경우에는 다른 서유럽처럼 신분제 폐지, 의회의 설치, 선거권 확대 등과 같은 내부의 제도적 실천들로 드러나지 않는다. 대신 교과서는 러시아의 강력함을 열강의 일원으로서 제국주의 팽창에 앞장서는 모습에서 찾을 것이다. 즉, 서유럽과 구분되는 러시아의 이미지는 후진적이지만 팽창하는 강대국이다.

2. 팽창하는 러시아

앞서 언급했듯이, 세계사 교과서는 러시아가 전유럽적 로마제국의 계승자라는 사실을 생략하고, 이를 동유럽 문명권에 국한시켰다. 이런 서술 탓에, 러시아 역사가 전통적으로 가지는 기독교 제국으로서의 메시아적 사명,

---

10) 교학사, 204쪽; 금성, 231쪽; 비상, 198쪽; 천재교육 229쪽.

그리고 이슬람 문명권의 투르크, 이란 등과의 쟁패 등은 모두 다른 각도에서 이해될 수밖에 없게 된다. 즉, 교과서는 러시아 역사의 위와 같은 측면들이 로마제국의 유산과 이념적으로 관련되어 있다는 점은 보여주지 않는다. 교과서 지면에서 이들은 그저 제국주의 열강의 일원 러시아 제국에 고유한 팽창성의 발현일 뿐이다. 이 팽창하는 러시아라는 관념, 특히 그것의 이념적 원천을 드러내지 않으면서 공격성과 도발성만을 강조하는 것은 세계사 교과서가 러시아 역사를 서유럽과 떼어놓는 또 하나의 전략이다. 교과서가 바라보기에, 이 팽창성은 러시아의 근대와 현대 역사를 관통하는 특징이다.

교과서가 팽창하는 러시아의 이미지를 만드는 첫 번째 부분은 청 왕조 서술에서 네르친스크와 캬흐타 조약의 중요성을 상대적으로 부각하면서부터다.[11] 이는 곧 동아시아로 "팽창"해오는 강대국 러시아의 이미지 창출로 이어진다. 일부 학자들이 서유럽의 신항로 개척에 비견하기도 하는 러시아의 시베리아 진출에 대해 교과서는 자세한 언급이 없었다.[12] 특히, 그것이 창출한 상업 네트워크나 동서 교류의 기반 확대와 같은 세계사적 의미 등은 당연히(?) 서술에서 빠졌다.[13] 교과서가 보기에, 이는 그저 동아시아로 향했던 러시아 제국 팽창의 산물일 뿐이며, 당시 청 왕조는 이를 성공적으로 저지한 셈이다. 흥미롭게도, 서유럽의 신항로 개척 및 아메리카 대륙 진출 관련 교과서 서술은 이런 팽창의 이미지를 담고 있지 않다. 물론 최근 교과서들은 서유럽 백인들에 의한 원주민의 착취와 같은 문제에 각별히 신경 쓰고 있기는 하지만,[14] 여전히 이를 자행했던 서유럽 국가들의 이

---

11) 교학사, 134쪽; 금성, 153쪽; 천재교육, 158쪽.

12) Alexander Etkind, *Internal Colonization: Russia's Imperial Experience*, London, 2011, p.3.

13) 동시에 그것이 가지는 백인 문명 우월주의, 특히 그로 인해 시베리아의 소수민족들과 훗날 중앙아시아 나라들이 겪게 될 고충들도 덩달아 빠졌다. James Forsyth, *A History of the Peoples of Siberia: Russia's North Asian Colony, 1581-1990*, Cambridge, 1994.

14) 2015년 개정 교육과정의 고등학교 세계사 집필 기준도 이 점을 강조하는 듯 보인다. 교육부, 『2015 개정 교육과정에 따른 교과용도서 개발을 위한 집필기준(국어, 도덕, 경제, 역사)』, 2015년 12월, 97쪽.

탈냉전시대의 냉전적 러시아 역사 재현 ▌ 343

미지를 팽창과 지배 야욕으로까지 연결하지는 않는다.

러시아에 부여된 팽창과 지배 야욕의 이미지는 이른바 서세동점이 본격화되는 아편전쟁 이후의 중국 근대사 서술에서 다시 등장한다. 여기서 러시아는 열강의 일원[15] 중 유독 "팽창"이라는 단어의 세례를 자주 받는다. 교과서에 의하면, 일본의 성장 때문에 "팽창하던 러시아는 큰 위기감"을 느꼈지만, 영국과 미국은 "러시아 세력의 확장을 저지하려는" 입장이었다.[16] 나아가 교과서는 러시아의 팽창 대상이 중국만이 아니었음을 자세히도 일러준다. 이슬람권으로의 제국주의 경쟁에서 러시아는 영국과 더불어, 아니 영국 이상으로 팽창을 주도하는 주역으로 그려진다. 오스만 튀르크와의 전쟁, 아라비아 "침략" 그리고 이란에 대한 "간섭" 등은 모두 러시아 팽창의 주요 내용이었다.[17]

제국주의 열강의 경쟁 소산이라고 할 수 있는 제1차 세계대전 서술에서도 러시아는 그 기원의 주역 중 하나로 다뤄지며 팽창성을 재확인받는다.[18] 모든 교과서는 전쟁 기원 서술에서 러시아의 범슬라브주의를 언급하며, 이를 "러시아의 해외팽창을 옹호하려는 침략주의적 이념"이라고 친절히도 설명까지 해주었다.[19] 범슬라브주의가 과연 제1차 대전 직전 러시아의 정치와 사회에 얼마만한 영향력이 있었는지는 정확히 확인하기 어렵다하더라도, 근래의 학계에서는 최소한 이를 전쟁 기원의 직접적 원천으로 주목하는 경우가 거의 없다.[20] 교과서가 더 객관적인 서술을 지향했다면, '범슬라브주의는 오스트리아-헝가리 제국의 발칸반도 영향력에 대한 견제책으로

---

15) 교학사, 226쪽; 금성, 253쪽; 비상, 225쪽; 천재교육, 252쪽.
16) 천재교육, 258쪽.
17) 교학사, 238~239쪽; 금성, 267~268쪽; 비상, 233~236쪽; 천재교육, 273~276쪽.
18) 교학사, 253쪽; 금성, 285쪽; 비상, 249쪽.
19) 천재교육, 288쪽.
20) A. A. Григорьева. Панславизм: идеология и политика, 40-е годы XIX – начало XX вв., Иркутск, 2010. 범슬라브주의는 19세기 중엽에 가장 유행했던 것으로, 19세기 후반 발칸 전쟁 이후로는 사실상 그 영향력을 잃어버린다. 19세기 범슬라브주의에 대해서는 한정숙, 「슬라브적인 것과 유라시아적인 것: 범슬라브주의와 유라시아주의를 통해서 본 러시아 민족주의 이념」, 한국 서양사학회 편, 『서양에서의 민족과 민족주의』, 까치, 1999를 참고하라.

이용된 이데올로기다'라는 정도가 되었어야했다. 교과서가 이런 근래 학계에서 통용되지 않는 학설을 여전히 받아들이고 있는 이유는 자명해 보인다. 그것은 러시아의 팽창성을 강조해왔던 냉전 시대의 관행을 무의식적으로 따랐기 때문일 것이다. 물론 한 교과서는 범게르만주의 역시 침략주의적 이념이라고 밝히면서 균형을 잡으려 했지만, 여전히 독일의 서편, 서유럽의 제국주의적 침략성이나 공세성 등은 언급하지 않았다. 이로써 러시아는 실제 가장 큰 전쟁 발발의 책임자 독일과 동일선 상에서 다루어진 셈이 되었다.

이렇게 중동부 유럽이 한데 묶여 전쟁 발발, 즉 팽창의 주역으로 묘사되는 모습은 제2차 세계대전의 기원을 서술할 때도 등장한다. 교과서에서, 소련은 전쟁의 원흉 독일과 나란히 놓이며 전쟁 발발의 책임을 나누어 짊어지는 느낌이다. 이 느낌은 1930년대 유럽 국제정치의 맥락을 완전히 생략한 채, 갑작스레 독소 불가침 조약의 성립을 언급한 후 바로 전쟁 시작으로 서술을 옮기는 세계사 교과서의 글쓰기 전략 때문에 생겨난다. 특히, 나치를 사회주의에 대한 방파제로 이용할 목적으로 독일의 팽창을 용인하는 선택을 했던, 즉 이른바 유화정책을 1930년대 중후반에 펼쳤던 영국과 프랑스의 움직임이 교과서에서는 전혀 보이지 않기에 그렇다. 서유럽은 교과서에서 전쟁 발발에 책임에서 면제되어 있다.[21]

이와 같은 팽창성 강조와는 반대로, 세계사 교과서는 러시아가 세계사 또는 유럽사에서 평화 조약 또는 협정을 주도했던 장면은 부각하지 않거나 전면적으로 생략한다. 빈체제 성립 시점, 러시아가 유럽의 종교적 단합을 위해 주도했던 신성동맹의 평화 언사는 교과서에 없다. 냉전 발발 직후, 스탈린 등 소련의 일부 지도자들이 적극적으로 펼쳤던 평화 운동 역시 언급되지 않았다. 고르바쵸프 개혁의 핵심 요소였던 군축 협상도 그의 다른 내

---

21) 교학사, 263쪽; 금성, 296쪽; 비상, 261쪽; 천재교육, 296쪽. 유화정책 관련 고전적 연구로는 A. J. P. Taylor. *The Origins of the Second World War*, London, 1961. 국역본, A. J. P. 테일러, 『제2차 세계대전의 기원』, 유영수 역, 지식의 풍경, 2003. 이에 대한 최근 흥미로운 신외교사 연구로는 Daniel Hucker, *Public Opinion and the End of Appeasement in Britain and France*, London, 2011.

정 개혁 프로그램들에 밀려 교과서에서 부각되지 않았다.[22]

3. 무자비하고 잔인한 러시아

후진성과 대외적 팽창성과 더불어, 서유럽과의 구분을 위해 교과서가 찾은 러시아 역사의 특징 또 하나는 그것의 대내적 무자비함과 비인간적 모습이다. 교과서는 러시아의 내부 사회를 서유럽의 자유롭고 민주주의적인 것의 대척점으로 바라본다. 이런 의도는 19세기 서양 근대국가의 발전 서술 부분에서 두드러지게 관찰된다. 선거권 확대 과정이 깔끔히 도표로 정리되어 의회민주주의의 발전 모습이 명확히 그려지는 영국, 연속된 시민 혁명으로 근대국가가 완성되어가는 모습이 극적으로 묘사된 프랑스, 민족 통일로 인해 근대국가가 성립하는 과정이 시각화된 독일 및 이탈리아와 달리, 동시대 러시아는 "낙후"되고 "보수적인 반동 정치"가 펼쳐지며 "테러"와 "암살"이 만연했던 상태로 재현된다.[23] 위에서도 언급했지만, 사실 농노해방령과 같은 근대국가를 향한 조치의 존재에도 불구하고, 교과서 서술 속에서 러시아 제국은 전제 정치의 근간을 유지하려는 반(反)근대국가다. 이는 1990년대 이래 러시아와 서방 학계에서 활발히 이루어졌던 작업들, 즉 차르 시대 러시아의 근대화 노력과 그 성공 부문들을 드러내는 최신의 연구 동향과는 너무도 동떨어진 서술이다.[24]

---

22) 교학사, 270쪽; 금성, 305쪽; 비상, 276쪽; 유일하게 천재교육 『고등학교 세계사』만이 이 점을 언급했다. 305쪽.

23) 교학사, 201쪽; 금성, 226쪽; 비상, 195쪽; 천재교육, 223쪽.

24) 대표적인 연구들을 몇몇 나열하면 다음과 같다. Б.Н. Миронов, Социальная история России периода империи, XVIII-начало XX в. Том 1, 2, СПб., 1999, Joseph Bradley, 'Subjects into Citizens: Societies, Civil Society, and Autocracy in Tsarist Russia,' *American Historical Review* 107, no. 4, 2002, Daniel Beer, *Renovating Russia: The Human Sciences and the Fate of Liberal Modernity, 1880-1930*, Ithaca, 2008, Don K. Browney et al eds., *Russian Bureaucracy and the State: Officialdom from Alexander III to Vladimir Putin*, London, 2009, Ilya Gerasimov, *Modernism and Public Reform in Late Imperial Russia: Rural Professionals and Self-Organization, 1905-30*, London, 2009. 이런 연구들은 제정 러시아의 여러 제도나 기관들이 실제로 그리 "후진적"이지 않았음을 시사하는 작업들과 관련된다. 대표적으로 홀퀴스트는 제 1차 세계대전 당시의 러시아 곡물 조달 체계가 유럽에서 가장 선진적인

이 무자비한 러시아의 이미지는 20세기 러시아가 겪었던 일련의 대변동 서술과 결합될 때 더욱 강화된다. 교과서가 1905년 혁명의 서곡이었던 피의 일요일 사건을 묘사하는 장면에서는, 상트페테르부르크 시민들의 민주주의 및 자유주의를 향한 개혁 열망보다 이것이 잔인하게 진압되는 양상을 더 초점에 맞추었다. 교과서 저자들은 시위 군중에 대한 발포 사실을 특히 강조하면서 이를 "유혈" 또는 "강경" 진압, "무자비한" 발포[25]라는 원색적 표현으로 드러낸다. 프랑스 대혁명 시기 지방 농민봉기나 파리에서의 왕당파 반란에 대한 대대적이고 폭력적인 진압은 교과서에 위와 같은 거친 수식어로 재현되고 있지 않다는 점은 기억할 만하다.

흥미롭게도, 교과서는 1917년 혁명과 레닌과 관련해서는 갑작스레 위와 같은 시도를 중단한다. 세계사 교과서가 러시아혁명을 다루는 비중은 상대적으로 크며, 그 뉘앙스 역시 그때까지 러시아 역사 서술과 비교할 때 매우 긍정적이다. 특히, 교과서는 혁명의 폭력적, 독재적 양상, 그리고 이의 사회주의적 성격, 즉 사유재산권 폐지와 시장 제한 등보다, 이 혁명이 식민지 민족 운동에 준 영향을 상대적으로 강조해서 서술하면서 그 긍정성을 끌어낸다. 특히, 레닌과 관련된 부분, 코민테른이나 초기 신경제정책 부분의 서술은 우호적이다. 이 점 때문인지 소련 역사에서 흔히 간략한 간주곡으로 취급되는 신경제정책 부분에 대한 서술은 상대적으로 자세하다.

하지만 신경제정책 이후 스탈린 시대에 오면, 교과서는 러시아사 서술의 원래 스타일로 곧바로 회귀한다. 스탈린 시대에 대해, 교과서는 공업화 성과는 대체로 인정했지만, 그것의 비민주성과 폭압성을 부각함으로써 무자

것이었다고 주장했다. Peter Holquist, *Making War, Forging Revolution: Russia's Continuum of Crisis, 1914–1921*, Cambridge, 2002. 한편, 스톤은 최근의 연구 성과들을 종합해서 대전기 제정 러시아 군대의 운용방식이 후진적이지만은 않았음을 보여주었다. David R. Stone, *The Russian Army in the Great War: The Eastern Front, 1914-1917*, Lawrence, 2015.

25) 교학사, 291쪽; 금성, 287쪽; 비상, 254쪽; 천재교육 『고등학교 세계사』는 유일하게 상트페테르부르크 노동자와 주민들의 청원서를 사료로 제시함으로써, 그들의 자유주의와 입헌주의에 대한 열망을 보여주었다. 천재교육, 291쪽. 금성 『고등학교 세계사』 역시 이 사료를 실었으나, 당시 노동자들의 "노예와 같은 처지"라는 표현만을 두드러지게 하고, 이들의 개혁 요구 부분을 생략해 버렸다.

비한 러시아의 이미지를 이어간다. 특히, 조지 오웰의 『동물농장』은 소련 체제의 비인간성을 드러내는 자료로 적극적으로 이용되었다. 하지만 교과서는 정작 이 소설이 공산주의 체제뿐만 아니라 근대 사회 전체를 비꼬는 것이었다는 점, 그리고 오웰이 무정부주의적 사회주의자였다는 점을 알려주지는 않는다. 그 결과 자료는 단순한 반공주의와 러시아 사회의 비인간성을 선전하는 기능을 할 뿐이었다. 한편 스탈린시대 숙청과 공포 정치 앞에 "무자비한"이란 수식어를 굳이 붙이면서 그것의 독재적 측면을 극대화해서 강조하려다 보니 서술상의 비약을 범한 교과서도 생겼다. 스탈린이 "자신에 대한 비판을 일체 인정하지 않았으며"[26]라는 서술은 아마도 더 정확했던 다른 교과서의 서술, 즉 "정권에 대한 비판을 일체 허용하지 않고"[27]에 비해 근거가 없는 서술이었다.

4. 세계사에 기여나 역할이 없는 러시아

위에서 계속 살폈듯이, 러시아 역사에 대한 세계사 교과서의 주된 논조는 그것과 서유럽과의 구분이었다. 이는 단지 그들 사이 외정과 내치 면에서의 차이 강조에만 그치는 것은 아니다. 나아가 교과서 저자들은 러시아 역사는 서유럽과 달리 세계사, 특히 근대 이후의 세계사를 주도했던 적도, 또는 이에 대해 기여나 역할을 한 적도 별반 없었다고 암시한다. 우리의 세계사 교과서는 심지어 수많은 서방의 교과서나 개설서들도 인정하고 있는 러시아의 '기여'들조차 드러내지 않는다. 우선, 교과서는 러시아와 알렉산드르 1세가 나폴레옹 전쟁 이후 유럽 국제정치의 주도세력이었음을 명기하지 않고, 이 주인공을 빈체제의 실무자 메테르니히에만 돌린다.[28] 둘째, 많은 현대사가들이 20세기 국가 주도의 산업화 및 근대화 전략에 모델이 되었던

---

26) 교학사, 257쪽.
27) 금성, 288쪽.
28) 교학사, 193쪽; 비상, 191쪽.

것으로 평가했던 스탈린시대 5개년 경제계획의 세계사적 영향에 대해서도 전혀 언급이 없다. 이는 우리 현대사와도 깊은 관련이 있는 지점이기도 하기에, 그 배제가 더 의미심장하게 느껴진다.

셋째, 러시아, 즉 소련이 나치와 파시즘을 물리치고 계몽주의 근대성을 살린 주축 세력이었다는 점도 교과서는 사실상 생략했다.[29] "스탈린그라드 전투에서 중요한 승리"[30]라는 언급은 있었지만, 이 전투 및 이후 일련의 독소전 전투가 유럽 전선에서의 세계대전의 향방을 갈랐다는, 학계에서 널리 받아들여지는 평가는 반영되지 않았다. 소련군이 스탈린그라드 이후 독일군을 몰아내기 시작했다는 한 교과서의 서술은 전쟁 전체에 대한 기여도가 아니라 소련 자국 방어의 성공을 언급한 것일 뿐이었다.[31] 대신 교과서는 수많은 제 2차 세계대전 역사가들이 전쟁의 성패가 결정된 후의 사후적 행동이라 평가했던 노르망디 상륙을 가장 핵심적인 전시 작전처럼 서술했다.[32] 한 교과서는 유럽 전선에서의 전쟁 과정, 특히 소련의 역할을 모두 생략한 채, 노르망디만을 사진 자료로서 제시하여 시선을 집중시켰다.[33] 소련의 전쟁 기여도를 축소하다보니, 자연스럽게 그들이 전쟁을 승리하는 과정에서 치러야 했던 전대미문의 피해도 강조되지 않았다. 이를 언급한 유일한 교과서는 희생자 숫자를 이미 오래전 학계에서 업데이트한 데이터가 아니라 낡은 자료를 이용해 부정확하게 제시했다.[34] 4년의 전쟁 기간 중 2,700만이 사망했고 나치 패퇴에 결정적인 역할을 했던 소련이, 수사적 연설 외에 사실상 아무런 기능을 하지 못했던 프랑스 드골의 영국 망명 정부와 유사한 분량으로 다루어지고 있다는 점은 세계사 교과서의 태도를 압축적으로 말해준다.[35] 한편, 소련이 태평양전쟁의 종전과 관계가 있었다는

---

29) 더 자세한 논의로는 류한수, 위의 논문.
30) 교학사, 263쪽.
31) 금성, 297쪽.
32) 금성, 297쪽; 비상, 262쪽.
33) 천재교육, 296쪽.
34) 금성, 298쪽.
35) 교학사, 263쪽; 비상, 262쪽.

사실 역시 교과서는 전면 무시했다. 소련군의 만주 공격이 맥락 없이 언급되기만 했는가 하면[36], 어떤 교과서는 소련의 참전이 아니라 선전포고 사실만을 기록했을 뿐이다.[37]

넷째, 세계사 교과서는 러시아의 고급문화가 세계 문화에 끼친 성과를 거의 지목하지 않았다. 쇼스타코비치를 비롯한 몇몇 인물이 나열되어 있지만, 서양과 세계 문화에 지대한 영향을 끼쳤던 거인들인 톨스토이, 도스토예프스키, 차이코프스키 등은 대부분의 교과서에서 생략되었다. 러시아 출신 예술가 칸딘스키나 스트라빈스키 등도 마찬가지 대우를 받았다. 러시아 과학이 미쳤던 큰 공헌 역시 전면 배제되었고, 과학사는 지극히 서유럽 중심으로만 서술되었다.

Ⅲ. 결론

냉전 시대 우리 공교육 교과서들과 마찬가지로 21세기의 고등학교 세계사 교과서 역시 러시아 역사를 부정적 일변도로 재현하였다. 교과서 속 러시아 역사 이미지는 여전히 역사 발전의 전형으로 제시되는 서유럽의 역사와는 구분되고, 상반되며, 동떨어져 있고, 결국에는 뒤처진 것으로 드러난다. 하지만 그 뒤처짐은 결코 약함의 이미지로 연결되는 것이 아니라, 반대로 공격적이고 팽창적이며 지배 야욕을 가진 무시무시한 강대국의 모습과 맞닿는다. 외부세계에 공포의 대상인 러시아는 다시금 내적으로도 무자비하고 억압적인 정치 체제 및 사회 분위기의 공간으로 그려진다. 그리고 그 그림은 러시아의 제정기뿐만 아니라 이후 소련 시대에도 공통적으로 적용

---

36) 교학사, 263쪽.
37) 금성, 297쪽.

된다. 서로 상반된 정치 이념과 사회경제 모델을 지향했던 이 두 시대는 우리 교과서에 의하면 모두 민주주의와 개인적 자유 그리고 인권으로 표상되는 서양 세계와는 반대 위치에 존재했다는 점에서 하나다. 이처럼 대내외적으로 폭력적이었던 러시아 역사는 세계사의 전개와 인류의 발전에도 기여한 바가 없다고 우리 교과서는 암시한다.

우리 세계사 교과서의 러시아 역사에 대한 부정 일변도의 평가는 냉전이라는 역사적 국면의 산물이다. 이는 반공주의 질서 확립이라는 과거 우리 정치의 요구에 응대한 것임과 동시에, 전세계적으로 소련 공산주의의 팽창을 저지하려는 미국의 대전략(grand strategy) 아래에서 생겨난 결과물 중 하나인 것이다.[38] 현행 공교육 교과서들은 냉전 시대 미국의 주류 학계 및 교육계가 당시 적국 러시아 역사를 재현했던 방식과 틀을, 러시아 혁명사 부분만을 예외로 한다면, 국제 질서에서 냉전이 사라진 지 30년이 다 된 현시점에서도 여전히 그대로 따르고 있는 셈이다. 안타깝게도, 1989년 이후의 세계사 흐름과는 달리, 2010년대 초중반 우리 사회 내부에서는 냉전적 사고와 관행이 상당 부분 부활하는 모습이 목격되었다. 향후 이 틀을 벗어난 교과서 서술, 더 구체적으로는 러시아 역사 재현은 비단 우리 공교육의 문제만이 아니라, 이와 같은 전반적인 사회 분위기 극복 과정과도 관련이 있을 것이다.

---

[38] 물론 러시아 역사에 대한 부정적인 시각의 기원을 찾아 올라간다면, 19세기 세계 전역에서 러시아와의 경쟁구도에 있던 영제국의 문화 전략, 그리고 일제 강점기 소련와의 적대 관계를 대부분 기간 동안 유지했던 일본의 노력도 고려되어야 한다. 특히, 19세기 영국의 러시아 이미지 창출 작업은 학계의 관심을 받아야할 중요한 주제이다. 이때 만들어진 러시아 이미지가 이후 냉전 시대의 그것과도 연결되기에 더욱 그렇다. 관련 주제를 다룬 국내 학자의 작업으로는 박원용, 「적(?)과의 동침: 일차대전기를 중심으로 한 영국의 대(對)러시아 이미지 창출」, 제53회 전국역사학대회 서양사부 자료집, 2010. 제국 일본의 러시아 이미지 창출에 관련해서는 Alexander Bukh, *Japan's National Identity and Foreign Policy: Russia as Japan's 'Other'*, London: Routledge, 2011 중 제2장 참조.

◪ 참고문헌

최상훈 외, 『고등학교 세계사』, 교학사, 2012.
조한욱 외, 『고등학교 세계사』, 비상, 2012.
김형종 외, 『고등학교 세계사』, 금성, 2012.
김덕수 외, 『고등학교 세계사』, 천재교육, 2012.

양호환, 『역사교육의 이론과 구상』, 책과 함께, 2012.
한국서양사학회 편, 『유럽중심주의 세계사를 넘어 세계사들로』, 푸른역사, 2009.
А. А. Григорьева. Панславизм: идеология и политика, 40-е годы XIX – начало XX
    вв., Иркутск, 2010.
Б.Н. Миронов, Социальная история России периода империи, XVIII-начало XX в.,
    Том 1, 2, СПб., 1999.
Baker, Keith M., *Inventing the French Revolution: Essays on French Political Culture
    in the Eighteenth Century*, Cambridge, 1990.
Beer, Daniel, *Renovating Russia: The Human Sciences and the Fate of Liberal
    Modernity, 1880-1930*, Ithaca, 2008.
Browney, Don K. et al eds., *Russian Bureaucracy and the State: Officialdom from
    Alexander III to Vladimir Putin*, London, 2009.
Bukh, Alexander, *Japan's National Identity and Foreign Policy: Russia as Japan's
    'Other'*, London, 2011.
Etkind, Alexander, *Internal Colonization: Russia's Imperial Experience*, London, 2011.
Forsyth, James, *A History of the Peoples of Siberia: Russia's North Asian Colony,
    1581-1990*, Cambridge, 1994.
Holquist, Peter, *Making War, Forging Revolution: Russia's Continuum of Crisis, 1914–
    1921*, Cambridge, 2002.
Hucker, Daniel, *Public Opinion and the End of Appeasement in Britain and France*,
    London, 2011.
Gerasimov, Ilya, *Modernism and Public Reform in Late Imperial Russia: Rural
    Professionals and Self-Organization, 1905-30*, London, 2009.
Stone, David R., *The Russian Army in the Great War: The Eastern Front, 1914-1917*,
    Lawrence, 2015.
Taylor, A. J. P., *The Origins of the Second World War*, London: Hamish Hamilton,

1961. 국역본, A. J. P. 테일러, 『제2차 세계대전의 기원』, 유영수 역, 지식의 풍경, 2003.

강선주, 「유럽중심주의 담론을 통해 본 역사교육의 과제: 포스트모더니즘과 포스트 콜로니얼리즘의 도전」, 『역사교육』 131호, 2014.

구자정, 「개발 독재 시기 한국 현대사 서술을 통해 본 현대 러시아의 한국 인식과 자기 인식: 러시아의 한국 현대사 인식 속에 투영된 현대 러시아의 자화상」, 『국제지역연구』 제14집 3호, 2010.

노경덕, 「푸틴 시대 러시아의 스탈린주의 다시 읽기: 필리포프 현대사 교과서를 중심으로」, 『서양사연구』 50호, 2014.

류한수, 「제2차 세계대전의 "잊힌 전선": 한국 사회와 학계의 독소전쟁 인식」, 『러시아연구』 27권 1호, 2017.

민경현, 「한국 세계사교과서의 러시아사 서술」, 『사총』 45, 1996.

박원용, 「적(?)과의 동침: 일차대전기를 중심으로 한 영국의 대(對) 러시아 이미지 창출」, 제53회 전국역사학대회 서양사부 자료집, 2010.

윤상원, 「고등학교 한국사와 세계사 교과서 속 러시아 서술의 내용 비교 분석」, 한국서양사학회 하계 학술대회 자료집, 2016.

임종명, 「개정 고등학교 한국사 교과서의 한국현대사 서술과 민족·국가·대한민국」, 『역사와 교육』 제13집, 2011.

한정숙, 「슬라브적인 것과 유라시아적인 것: 범슬라브주의와 유라시아주의를 통해서 본 러시아 민족주의 이념」, 한국 서양사학회 편, 『서양에서의 민족과 민족주의』, 까치, 1999.

Bradley, Joseph, 'Subjects into Citizens: Societies, Civil Society, and Autocracy in Tsarist Russia,' *American Historical Review* 107, no. 4, 2002.

Franklin, Simon, "Pre-Mongol Rus': New Sources, New Perspectives?" *Russian Review* 60, 2001.

Riasanovsky, Nicholas V., "The Norman Theory of the Origin of the Russian State," *Russian Review* 1, 1947.

■ 노경덕 － 「탈냉전시대의 냉전적 러시아 역사 재현: 한국 공교육 세계사 교과서를 중심으로」 『역사교육』 142권, 2017에 실린 것을 일부 수정한 것이다.

필자소개(논문순)

류시현

광주교육대학교 사회과교육과 교수. 한국 근현대사를 전공했고, 최근에서는 '한국적인 것'의 사상적 계보와 근대 사상의 소개와 수용과 관련된 번역에 대해 공부하고 있다. 대표 논조로는 『동경삼재』(산처럼, 2016), 『한국 근대 역사학의 성립과 발전』(독립기념관(선인), 2017) 등이 있다.

임종명

전남대학교 사학과 교수. 한국 근현대사를 전공했고, 문화의 측면에서 탈식민시기 한민족과 전후 세계의 구성과, 국가변증법의 관점에서 대한민국의 국가성 재현과 표상에 대해 공부하고 있다. 대표 논문으로는 「탈식민지시기(1945-1950) 남한의 국토민족주의와 그 내재적 모순」(2007), 「제1공화국 초기 대한민국의 가족국가화와 내파」(2005) 등이 있다.

이병례

순천대학교 인문학술원 학술연구교수. 성균관대학교에서 박사학위를 받았다. 식민지 시기 노동사와 일상사를 연구하고 있다. 주요 논문에 「아시아-태평양전쟁기 '산업전사' 이념의 형상화와 재현」(2018), 「1930년대 초반 식민지 조선의 경제공황과 일상의 균열」(2016), 『민족운동과 노동』(공저/선인, 2009) 등이 있다.

차승기

조선대학교 국어국문학과 조교수. 지은 책으로는 『반근대적 상상력의 임계들』, 『비상시의 문/법』(그린비, 2016), 번역한 책으로는 『세계사의 해체』(공역/역사비평사, 2009), 『바흐친의 산문학』(공역/책세상, 2006) 등이 있다. 논문으로는 「잠행, 또는 언더그라운드의 운동」, 「기계, 노동, 신체」, 「폐허로부터의 비전」 등이 있다.

김예림

연세대학교 학부대학 교수. 저서로『국가를 흐르는 삶』(소명출판, 2015),『정치의 임계, 공공성의 모험』(공저/혜안, 2014),『분단시대의 앎의 체제』(공저/혜안, 2016),『한국의 근대성과 기독교의 문화정치』(공저/혜안, 2016),『동아시아 역사와 자기 서사의 정치학』(공저/엘피, 2018)가 있으며, 논문으로「마주침에 대하여-6월항쟁의 소설적 재현」(2016),「갱신의 그늘-'창비'라는 문제」(2017),「여행하는 자와 세 개의 지도-오다 마코토의 아시아 · 아프리카 그리고 한국과 북한」(2017) 등이 있다.

임송자

순천대학교 인문학술원 학술연구교수. 한국현대사 전공, 성균관대학교 사학과에서 박사학위를 받았다. 성균관대학교 연구교수, 한국방송통신대학교 학술연구교수, 순천대학교 HK연구교수를 지냈다. 지은 책으로『한국의 노동조합과 노동운동의 역사』(선인, 2016),『배움과 좌절의 갈림길, 야학』(서해문집, 2017), 논문으로「1950년대와 1960년대 전반기 노동운동의 좌절과 도전」(2016),「여순사건 이후 선무공작을 중심으로 본 지리산지구의 빨치산 진압」(2017),「여순사건과 순천지역 좌우익세력의 동향」(2018) 등 다수가 있다.

장세진

한림대학교 한림과학원 교수. 1945년 이후 미국이라는 글로벌한 타자를 매개로 냉전문화가 동아시아 및 한국 사회에 뿌리내리게 된 과정에 관심을 가지고 있다.『상상된 아메리카 : 1945년 이후 한국의 네이션 서사는 어떻게 만들어졌는가』(푸른역사, 2012),『슬픈 아시아 : 한국 지식인들의 아시아 기행(1945~1966)』(푸른역사, 2012),『숨겨진 미래 : 탈냉전 상상의 계보 1945~1972』(푸른역사, 2018) 등의 책을 썼다. 역서로는『냉전문화론 : 1945년 이후 일본의 영화와 문학은 냉전을 어떻게 기억하는가』(너머북스, 2010)이 있다.

황동하

순천대학교 인문학술원 학술연구교수. 1930년대 스탈린 시대를 전공하고 있다. 시각이미지 분석과 러시안 팩터를 열쇳말로 삼아 한국과 러시아를 '트랜스'하고 있다. 저서로는 『필사적인 포옹』(한국학술정보, 2006), 『러시아는 우리에게 무엇인가』(공저/신인문사, 2011) 등이 있고, 역서로는 『러시아혁명의 진실』(책갈피, 2011), 『서구 마르크스주의, 소련을 탐구하다』(서해문집, 2012) 등이 있다. 「식민지 조선의 백계 러시아인 사회」(2013), 「"오크노-타스"(OKHO-TACC)에 대한 도상학적 분석」(2015), 「'상징적 오브제(Symbolic Object)'와 기억: 레닌그라드 봉쇄(Блокада Ленинграда, 1941.9.8~1944.1.27)를 중심으로」(2016) 등이 있다.

박원용

부경대학교 사학과 교수. 서울대학교에서 학사와 석사를 마치고 미국 인디애나 대학교에서 혁명 이후 러시아의 고등교육 체제 개편을 주제로 박사학위를 취득했다. 혁명 이후 러시아 사회의 변화를 시각적 이미지, 일상의 경험과 관련시켜 논의한 다수의 논문이 있다. 현재 부경대학교 사학과 교수로 재직하면서 학생들에게 인류 역사의 흐름을 전 지구적 차원에서 전달하기 위해 노력하고 있다. 『E.H. 카 평전』(삼천리, 2012), 『10월혁명: 볼셰비키 혁명의 기억과 형성』(책세상, 2008)의 번역서와 『소비에트 러시아의 신체문화와 스포츠』(산지니, 2019), 『스포츠가 역사를 말하다: 정치, 계급, 젠더』(공저), 『소련형 대학의 형성과 해체』(공저) 등의 저서가 있다.

노경덕

이화여자대학교 사학과 부교수. 소련사 전공으로, 특히 스탈린시대 정치와 국제관계에 관심을 가지고 연구하고 있다. 대표 저작으로 『Stalin's Economic Advisors』(London, 2018), 「스탈린 외교를 바라보는 한 시각, 1927-1953」(2017), 「스탈린-트로츠키 경제 '논쟁' 재고, 1923-1927」(2016) 등이 있다.